PREPARACION

PARA

LA MUERTE

ó

CONSIDERACIONES SOBRE LAS VERDADES ETERNAS,

ÚTILES Á LOS FIELES PARA MEDITAR, Y Á LOS SACERDOTES
PARA EL PÚLPITO;

OBRA ESCRITA EN ITALIANO

POR S. ALFONSO MARÍA DE LIGORIO;

y traducida al castellano

POR DON JOAQUIN ROCA Y CORNET,

Redactor del antiguo periódico *La Religion*

NUEVA EDICION.

PARIS
LIBRERÍA DE GARNIER HERMANOS
CALLE DE SAINTS-PÈRES, 6

1867

Windham Press is committed to bringing the lost cultural heritage of ages past into the 21st century through high-quality reproductions of original, classic printed works at affordable prices.

This book has been carefully crafted to utilize the original images of antique books rather than error-prone OCR text. This also preserves the work of the original typesetters of these classics, unknown craftsmen who laid out the text, often by hand, of each and every page you will read. Their subtle art involving judgment and interaction with the text is in many ways superior and more human than the mechanical methods utilized today, and gave each book a unique, hand-crafted feel in its text that connected the reader organically to the art of bindery and book-making.

We think these benefits are worth the occasional imperfection resulting from the age of these books at the time of scanning, and their vintage feel provides a connection to the past that goes beyond the mere words of the text.

As bibliophiles, we are always seeking perfection in our work, and so please notify us of any errors in this book by emailing us at corrections@windhampress.com. Our team is motivated to correct errors quickly so future customers are better served. Our mission is to raise the bar of quality for reprinted works by a focus on detail and quality over mass production.

To peruse our catalog of carefully curated classic works, please visit our online store at www.windhampress.com.

PROTESTA DEL AUTOR.

En cumplimiento de los decretos de Urbano VIII, declaro que solo entiendo dar autoridad puramente humana, á los milagros, revelaciones y hechos de cualquier especie de que he tratado en el decurso de este libro. Declaro ademas que, al calificar á alguna persona con el título de *Santo ó Bienaventurado,* no he pretendido atribuírsele, si, segun la opinion mas generalmente recibida, no se la mira como tal : exceptúo siempre los casos aprobados por la Santa Sede.

LOS EDITORES.

En todas las obras del tan dignamente celebrado S. Ligorio, hemos recomendado el santo celo, la erudicion copiosa, la insinuante uncion del autor, la claridad de sus ideas, la natural suavidad de su estilo, y aquel embelesante candor con que cautiva el alma de los lectores, inspirándole sin esfuerzo lo mas sublime de los dogmas y lo mas puro de la doctrina evangélica. Pero la obra que ahora publicamos, á mas de reunir en el mas alto punto todas estas calidades, tiene un poder casi irresistible para mover, cautivar, arrastrar al corazon, triunfar de la prevencion mas obstinada, haciendo temblar al mismo tiempo á la mas helada insensibilidad.

Mucho se ha escrito sobre la muerte : muchos y muy preciosos tratados tenemos de nuestros ascéticos, acerca de aquel terrible trance, ora considerándole como la destruccion del cuerpo, el término de las glorias del mundo, ora como el momento decisivo de la suerte del alma y el principio de la eternidad. S. Ignacio de Loyola, Salazar, Nieremberg y sobre todos el venerable Granada han apurado casi la materia; este último parece haber como penetrado en vida los secretos del sepulcro, y obligado á la muerte á que le revelase sus arcanos. En su libro de la *Meditacion* y en su *Guia de Pecadores* empapado de los suspiros de Job, y eco fiel de las terribles amenazas con que anuncia el Evangelio aquel momento no sabido, en que vendrá el Hijo del hombre, no solo llegó á lo mas profundo y vivo á que puede llegar la elocuencia hablando de la muerte, sino que pareció agotar todos los recursos que le ofrecia un celo de apóstol para determinar á los mortales á que mediten y se preparen para su último fin. El Padre Nieremberg, ménos dulce que Granada, pero quizas mas terrible, con una voz de Ezequiel tronó al oído de los pecadores, descorriendo el velo de sus ilusiones en aquel momento formidable, que separa el tiempo de la eternidad. Su libro, aquel libro que marca la diferencia entre lo que es temporal y lo que es eterno, juzgado muchas veces sin ser conocido, es de lo mas sublime, de lo mas fuerte, de lo mas profundo que en nuestra lengua tenemos. Se ha dicho que aterraba á las almas débiles, como si el terror no fuese saludable y aun necesario para dispertar al hombre del letargo de la culpa.

No entraremos ahora en comparaciones, y diremos, con toda imparcialidad y sin espíritu de nacion, que Granada y Nieremberg son modelos de primer órden, y de una superioridad que no se puede aventajar. En ellos debieran buscar no solo las almas piadosas, sino hasta nuestros jóvenes literatos, las imágenes sublimes, los sentimientos elevados, las ideas generosas, la majestad y la belleza de la Religion cristiana, la suavidad de su doctrina, y los rasgos mas genuinos y sorprendentes de nuestra lengua magnífica... Pero volvamos á nuestro objeto. Amaestrado sin duda con tan insignes modelos, el santo obispo recientemente canonizado, el mas célebre de los ascéticos modernos, supo reunir en este tomo una materia inmensa, y formar de la *Preparacion para la muerte* un libro completo de meditaciones sobre las verdades eternas, un rico compendio de moral cristiana, un precioso tesoro para el sacerdote que enseña y para el fiel que aprende. Recogió el santo autor lo mas selecto que se ha escrito sobre la muerte, y lo mas importante que hay en la vida para asegurar el último trance. Interpoló sus pinturas, sus máximas, sus ejemplos, sus doctrinas y consejos, con oraciones y afectos hácia Dios, de manera que el alma, al meditar sobre las verdades que mas le importan, se halla siempre á los piés de Jesucristo: medita y pide, siente é implora. La contínua presencia de Dios, ante quien se halla profundamente postrada, la consuela y la alienta en las terribles imágenes que á veces se presentan á su vista y á su consideracion. ¡Modo ingenioso de alternar la meditacion con la plegaria, las miserias del hombre con el amor de Dios, las amenazas del Señor con el recurso práctico á su misericordia! Píntase la muerte con todos sus coloridos y circunstancias, la del pecador y la del justo. El corazon á veces se asusta y se estremece; pero en cada una de estas impresiones tiene el consuelo de arrojarse á los brazos de su Dios y de pedirle su santo amor. En los medios de prepararse para la muerte, compendió el santo autor los puntos mas importantes de la vida cristiana, que recorre breve, pero distintamente. El tiempo se le presenta con toda rapidez é incertitud, el mundo con sus engaños y su nada, la vida con todas sus miserias, el pecado con todo su horror, la gracia divina con todo su celestial embeleso. Si los horrores del infierno se ofrecen por un momento á la vista del pecador, es tan solo para infundirle un terror saludable, temperado luego con las bellas esperanzas que seguirán á su conversion y con la gloriosa corona con que será premiada su penitencia. Los brazos de Jesus crucificado se abren tiernamente para el pecador que estaba para caer en el abismo de la desesperacion: la Vírgen Santa, la Madre de Dios, y la madre de los hombres, convida con su amparo y proteccion al alma arrepentida, que halla, en el amor de Dios y en la comunicacion íntima con él en el Sacramento del Altar, la mas consoladora prenda de su perseverancia y del estrecho vínculo que debe unirla para para siempre con Jesucristo. El órden pues de este libro, el método con que está escrito, la distribucion de los puntos sobre que se ha de meditar y las afectuosas oraciones con que aquellos están enlazados, le constituyen un verdadero libro de oro, un libro insinuante y hasta cierto punto irresistible, que previene todas las objeciones, que suelta todas las dificultades, que enlaza las amenazas con los consuelos, las pruebas patentes de la justicia de Dios con las esperanzas de su misericordia. Este libro, puesto en manos de una persona medianamente instruida en los principios de la Religion y de un corazon recto y dócil, puede obrar prodigios, pues se conoce que el Santo lo escribió casi sin esfuerzo, como si le fuese inspirado, sin que la suavidad mengüe en nada su energía; pues es tal el enlace entre los temores y los consuelos, que insensiblemente el alma, despues de haber visto con viveza todo lo mas terrible que tiene la muerte, así para los ojos del cuerpo como para la meditacion del espíritu, se ve como conducida por los brazos de Dios como la oveja descarriada que el buen pastor cargó sobre sus hombres.

El mérito, pues, de este libro es grande, segun nuestro pobre concepto, en el órden espiritual : nosotros, á pesar de nuestra miseria, lo hemos sentido en nuestro corazon. Los mismos impulsos del corazon hemos seguido en su traduccion, en la cual nos hemos esforzado para que saliera sin esfuerzo. ¡Ojalá que tan puros y santos sentimientos no caigan cual semilla estéril en el corazon, como en una tierra ingrata! Adoremos los altos designios del Señor.

Á María concebida sin pecado, siempre Vírgen :
Á la que es llena de gracia y está colmada de todas las bendiciones entre todos los hijos de Adan :
Á la paloma, á la tórtola, á la que Dios ha amado con un amor de predileccion :
Á la que es honor del género humano, delicias de la Santísima Trinidad :
Hoguera de amor, modelo de humildad, espejo de todas las virtudes :
Madre del perfecto amor, madre de la santa Esperanza y madre de Misericordia :
Protectora de los desgraciados, apoyo de los débiles, luz de los ciegos, salud de los enfermos :
Áncora de confianza, ciudad de refugio, puerta 'el paraíso :
Arca de vida, íris de paz, puerto de salud :
Estrella del mar, océano de dulzura :
Reconciliacion de los pecadores, esperanza de los desesperados, socorro de las almas desamparadas :

Consoladora de los afligidos, fuerza de los moribundos, alegría del mundo ;

Uno de sus mas afectuosos y rendidos servidores se atreve, aunque indigno, á dedicarle humildemente esta obra.

súplicas. Ruego al lector no tome á disgusto el que yo pida con frecuencia á Dios en estas oraciones la gracia de la perseverancia y del amor, porque estas son la dos gracias mas necesarias para alcanzar la eterna salud. La gracia del amor de Dios es aquella gracia, dice S. Francisco de Sáles, que las contiene todas en sí misma, pues la virtud de la caridad hácia Dios trae consigo todas las demas virtudes : *Me vinieron todos los bienes juntamente con ella* (1). El que ama á Dios es humilde, casto, obediente, mortificado, posee, en una palabra, todas las virtudes. *Ama á Dios, y haz lo que quieras,* dice S. Agustin (2). Sí, no hay duda, porque quien á Dios ama evita cuanto puede disgustarle, y no procura sino complacerle en todo. La gracia de la perseverancia es aquella por cuyo medio se alcanza la eterna corona. Dice S. Bernardo, que el cielo se ha prometido á las almas que empiezan á llevar una vida arreglada, pero que no pertenece sino á los que perseveran hasta el fin (3). Mas Dios no concede esta perseverancia, como enseñan los Santos Padres, sino á los que la piden. Por esto dice Sto. Tomás que para entrar en el cielo se ha de orar continuamente (4). Y ántes habia dicho el Salvador : *Es menester orar siempre y no desfallecer* (5). ¿ Y por qué tantos pecadores, despues de haber logrado el perdon, no

---

(1) Venerunt autem mihi omnia bona pariter cum illa. *Sap.* VII. 11.
(2) Ama, et fac quod vis.
(3) Inchoantibus præmium promittitur; perseveranti autem datur. *S. Bernardi, serm.* 6 *de modo bene viv.*
(4) Post baptismum autem necessaria est homini jugis oratio, ad hoc quod cœlum introeat. 3. *p. q.* 39. *art.* 5
(5) Oportet semper orare, et non deficere. *Lucæ* XVIII. 1.

perseveran en la gracia de Dios? porque una vez perdonados, no piensan mas en pedir á Dios la perseverancia, principalmente durante las tentaciones, y de ahí es que vuelven á caer en el pecado. Y aunque la gracia sea enteramente gratuita, y que no podemos merecerla por nuestras propias obras, podemos no obstante, dice el P. Suárez, obtenerla infaliblemente por medio de la oracion; y S. Agustin habia dicho tambien que por la oracion se puede merecer el donde la perseverancia (1).

Demostraremos mas extensamente la necesidad de la oracion en un opúsculo, que publicaremos luego, cuyo título es *Importancia de la oracion*. Esta obrita, aunque corta, es fruto de un largo y penoso trabajo, pero lo considero de grande utilidad para todo el mundo. Y hasta me atrevo á decir que entre todos los libros espirituales no puede haber otro tan útil y tan necesario como el que trata de la oracion, bajo el aspecto de medio indispensable para obtener la salud eterna.

Las Consideraciones que presento ahora, podrán tambien ser de alguna utilidad para la predicacion á los sacerdotes que carecen de libros, ó que, si los tienen, les falta tiempo para leerlos. Yo he procurado enriquecerlas con textos de la Escritura y pasajes de los Santos Padres. Los textos son cortos, pero henchidos de sentido, tales como convienen para la predicacion. Uniendo los tres puntos en un solo discurso, se tiene ya la materia de un sermon. Me propuse recoger en gran número de autores los

---

1) Hoc Dei donum suppliciter emereri potest, id est supplicando impetrari potest. *De dono persev. cap* 6.

sentimientos mas vivos y que me parecieron los mas propios para mover, sembrándolos en abundancia y concisamente para que pueda escoger el lector los que mas le acomoden, y extenderlos despues á su sabor. Sea todo para la gloria de Dios.

Ruego á cuantos leyeren este libro, ya en mi vida, ya despues de mi muerte, que me encomienden á Jesucristo. Por mi parte prometo hacer lo propio por todos aquellos que tengan para conmigo la misma caridad. Viva Jesus, nuestro Amor, y María nuestra Esperanza.

PREPARACION

PARA

LA MUERTE.

CONSIDERACION PRIMERA.

PINTURA DE UN HOMBRE QUE ACABA DE MORIR.

Pulvis es, et in pulverem reverteris.
Porque polvo eres, y en polvo te convertirás (Gen. III. 19.)

PUNTO I.

Considera que tierra eres, y que en tierra te has de convertir. Dia vendrá en que será forzoso morir y podrirse en una sepultura, en donde serás roido de gusanos: *Tu cobertura serán los gusanos* (1). Todos deben sufrir la misma suerte, tanto el noble como el hombre de la plebe, tanto el monarca como el vasallo. El alma saldrá del cuerpo con la última contraccion de la boca, y pa-

(1) Operimentum tuum erunt vermes. *Is.* XIV. 11.

sará á su eternidad, y el cuerpo se reducirá á polvo: *Quitarás el espíritu de ellos, y desfallecerán, y se reducirán á polvo* (1).

Figúrate hallarte en presencia de una persona que acaba de exhalar el último suspiro. Examina este cadáver tendido sobre el lecho, la cabeza inclinada sobre el pecho, los cabellos esparcidos y húmedos aun del frio sudor de la muerte, hundidos los ojos, desencajadas las mejillas, el rostro de color de ceniza, la lengua y los labios de color de plomo, el cuerpo frio y pesado. ¿Quién no vuelve pálido, quien no se estremece á semejante espectáculo? ¡Cuántos han mudado de vida y abandonado el mundo al solo aspecto del cadáver de un pariente ó de un amigo! Pero mucho mas horrible es cuando el cadáver empieza á descomponerse. Apénas han discurrido veinte y cuatro horas desde la muerte de este jóven, y ya empieza á manifestarse la putrefaccion. Que se abran las ventanas, que se queme algun incienso, que se lleve cuanto ántes el cadáver á la iglesia ó al cementerio, porque infecta toda la casa. El cuerpo de un noble ó de un rico despedirá aun el hedor mas insoportable (2), dice cierto autor.

Ved ahí en lo que ha parado ese hombre soberbio, ese hombre que llevaba una vida obscena. Poco hace acogido con aplauso en todos los círculos de la sociedad, y hoy inspira horror y hastio á cuantos le miran. Los parientes se apresuran á sacarle de casa, y pagan portadores para que le encierren en un ataud, se lo lleven, y le den sepultura. No há mucho que solo se hablaba del talento de este hombre, de su finura, de su cortesanía, de su jovial humor; pero despues que ha muerto, ni aun se

(1) Auferes spiritum eorum, et deficient, et in pulverem revertentur. *Ps.* CIII, 29.
(2) Gravius fœtent divitum corpora.

conserva su memoria: *Pereció la memoria de ellos con el sonido* (1).

Á la nueva de su muerte, dicen unos : este hombre era muy honrado; dicen otros : ha dejado su casa en una fortuna brillante. Los unos se contristan, porque el difunto les era de alguna utilidad; alégranse los otros, porque esta muerte les aprovecha. Por fin, dentro de poco nadie dirá mas de él. Los parientes mas cercanos no quieren oir hablar del finado desde un principio, por no renovar su dolor. En las visitas de luto se habla de otras cosas; y si alguno va á hablar del difunto, uno de los parientes responde al momento : por Dios, no pronuncieis mas su nombre.

Considera que por tu muerte se hará contigo lo que has hecho tú por tus amigos y por tus parientes. Los vivos se adelantan en la escena del mundo para desempeñar por su turno su papel, y tomar posesion de los bienes que pertenecian á los muertos; y á pesar de todo esto ya no se piensa mas en ellos. Al principio los parientes se afligen por algunos dias, pero no tardan en encontrar y en consolarse con los bienes que heredan. De este modo vienen como á alegrarse de tu muerte; y en esta misma sala, en donde habrás exhalado el último suspiro, y habrás sido juzgado por Jesucristo, se bailará, se tendrán diversiones, se jugará, habrá regocijos como ántes. ¿Y tu alma donde estará entónces?

AFECTOS Y SÚPLICAS.

¡Oh Jesus, y Redentor mio! gracias os doy de que no hayais permitido que muriese, cuando estaba en desgracia vuestra. ¡Cuántos años seguidos no merecia yo estar sepultado en el abismo del infierno! Si yo hubiese muerto

(1) Periit memoria eorum cum sonitu. *Ps.* IX. 7.

tal dia, aquella noche, ¡qué hubiera sido de mí por toda una eternidad! ¡Señor! gracias os repito mil veces por tal beneficio. Yo acepto mi muerte en satisfaccion de mis pecados; y la acepto tal cual sea de vuestro agrado enviármela; mas, ya que me la habeis retardado hasta el presente, retardadla aun, oh Dios mio : *Déjame, pues, que llore un poquito mi dolor* (1). Dadme tiempo para llorar las ofensas de que me hice culpable á vuestros ojos, ántes que llegue el dia en que habeis de juzgarme. No quiero ya resistir por mas tiempo á vuestra voz. ¡Quién sabe si las palabras, que acabo de leer, son el último clamor, que me haceis oir! Confieso que soy indigno de misericordia. Tantas veces me habeis perdonado, y yo, ingrato de mí, os he ofendido de nuevo : *Al corazon contrito y humillado no lo despreciarás, oh Dios* (2). ¡Señor! ya que no desechais un corazon que se arrepiente y se humilla, ved ahí el traidor que vuelve á vos herido por la flecha del arrepentimiento. *No me deseches de tu rostro* (3). Por piedad no me arrojeis de vuestra presencia. Vos mismo dijisteis : *Aquel que á mí viene, no le echaré fuera* (4). Verdad es que mas que nadie os he ultrajado, porque mas que á nadie me habeis favorecido con vuestras luces y con vuestras gracias; pero la sangre, que por mí habeis derramado, me da aliento, y me hace esperar el perdon, si de véras me arrepiento. Sí, oh mi soberano bien, yo me arrepiento con toda mi alma de haberos despreciado. Perdonadme, y concededme la gracia de amaros en adelante. Harto hay ya de haberos ofendido. El tiempo que me queda para vivir, ¡ oh dulce Jesus mio ! no quiero emplearle mas en ofenderos; quiero

(1) Dimitte ergo me, ut plangam paululum dolorem meum. Job x. 20.
(2) Cor contritum et humiliatum, Deus, non despicies. Psalm. L. 19.
(3) Ne projicias me à facie tua. Ps. L. 13.
(4) Eùm qui venit ad me, non ejiciam foras. Joan. VI, 37.

tan solo llorar amargamente por los disgustos, que he podido daros; amaros quiero con toda la fuerza de mi alma, ¡oh Dios que mereceis un amor infinito! Oh María, mi esperanza, rogad á Jesus por mí.

UNTO II

Mas para ver mas claro lo que eres, oh cristiano, dice S. Juan Crisóstomo: *Acércate al sepulcro, contempla el polvo, la ceniza y los gusanos, y llora* (1). Examinad como este cadáver va volviéndose amarillo ó lívido, y despues negro. No tarda en formarse sobre la superficie una especie de vellon blanquizco y asqueroso, del cual sale una materia glutinosa y fétida que cae por tierra. Ese, pues, produce y fermenta una multitud de gusanos, que se alimentan de la misma carne: los ratones se juntan á los gusanos para devorar aquel cuerpo. Los unos van rodando por encima del cadáver, los otros entran en la boca y en las entrañas: las mejillas, los labios, los cabellos caen á pedazos: el pecho es el primero en descarnarse, despues los brazos, despues las piernas. Cuando los gusanos se han comido toda la carne, se devoran unos á otros, y de todo este cuerpo no queda mas que un esqueleto fétido, que se parte á trozos con el tiempo, pues los huesos se separan entre sí, y la cabeza se deshace del tronco: *Reducidos como á tamo de una era de verano, lo que arrebató el viento* (2). Ved ahí lo que es el hombre, un poco de polvo que el menor viento dispersa.

¿Dónde está, pues, aquel caballero á quien se miraba

(1) Perge ad sepulchrum; contemplare pulverem, cineres, vermes, et suspira.
(2) Redacta quasi in fayillam æstivæ areæ, quæ rapta sunt vento; *Dan.* II. 35.

como el encanto y el alma de la bella sociedad? Entrad en su cámara, no le encontraréis. Si examinais su lecho, otro descansa en él; si buscais sus vestidos, sus armas, todo esto se ha dividido. Si deseais verle, haceos acompañar á aquel sepulcro, en donde está trasformado en podre y en huesos descarnados. ¡Oh Dios mio! este cuerpo alimentado con tantas delicias, vestido con tanta pompa, respetado por tantos servidores, á qué se ve reducido! ¡Oh grandes santos! vosotros lo habeis entendido; vosotros, que por este Dios, que fué el único objeto de vuestro amor sobre la tierra, habeis sabido mortificar vuestros cuerpos. De este modo vuestros huesos son venerados hoy dia y conservados preciosamente en urnas de oro. De este modo vuestras almas, bellas y radiantes, gozan de la presencia de Dios, esperando el dia en que vuestros cuerpos participarán de vuestra gloria, así como participaron en la tierra de vuestros sufrimientos. Amar de véras el cuerpo, es hacerle sufrir toda suerte de ultrajes, á fin de que sea despues feliz en la eternidad : es negarle los placeres, que le precipitarian en el infierno.

AFECTOS Y SÚPLICAS

¡Ved ahí pues, oh Dios mio, á qué debe reducirse mi cuerpo por el cual tanto os he ofendido! Él ha de venir ó ser presa de gusanos y de corrupcion. Mas no me aflijo de esto, oh Señor, ántes bien me alegra que estacarne, que me ha hecho perder vuestra amistad, deba un dia corromperse y consumirse. Una sola cosa me contrista : el haberos causado tanta pena por procurarme placeres tan miserables. Mas no quiero desconfiar de vuestra misericordia : vos me habeis aguardado para perdonarme : *Aguarda el Señor para tener misericordia de vos-*

otros (1). Y vos ya quereis perdonarme con tal que me arrepienta. Sí, yo me arrepiento de todo mi corazon, oh bondad infinita, de haberos despreciado. Yo debo decir con Sta. Catalina de Génova : *Jesus mio, no, no mas pecados, no mas pecados.* No quiero ya mas abusar de vuestra paciencia. No quiero mas esperar para abrazaros, oh amor crucificado, el momento en que, estando cercano á la muerte, el confesor me invitará á contricion. Desde este momento amor mio, os cubro de besos; desde este momento os recomiendo mi alma : *En tus manos, Señor, encomiendo mi espíritu* (2). Por tantos y tantos años mi alma ha sido del mundo, y no os ha amado. Dadme la luz y la fuerza necesarias para amaros durante el resto de mis dias. No, yo no quiero esperar á la hora de mi muerte para amaros. Desde este instante os amo, os abrazo, os estrecho contra mi corazon : os prometo no abandonaros jamas. ¡Oh Vírgen santa! unidme, ligadme á Jesucristo con cadenas indisolubles, y haced que nunca mas le pierda.

PUNTO III.

¡Oh hermano mio! reconócete á ti mismo, en esta pintura de la muerte, mira lo que vendrás á ser algun dia : *Acuérdate que polvo eres, y en polvo te convertirás* (3). Piensa que dentro de pocos años, dentro de pocos meses, dentro de pocos dias, quizas, no serás mas que gusanos y podre. Este solo pensamiento hizo de Job un gran santo : *Á la podre he dicho : Mi padre eres tú : mi madre y mi hermana, á los gusanos* (4).

Todo ha de finir : si pierdes tu alma, para ti todo está

---

(1) Expectat dominus, ut misereatur vestri. *Is.* XXX. 18.
(2) In manus tuas, Domine, commendo Spiritum meum.
(3) Memento quia pulvis es, et in pulverem reverteris.
(4) Putredini dixi : Pater meus es tu; mater mea et soror mea, vermibus. *Job* XVII. 14.

perdido. *Considérate ya muerto,* dice S. Lorenzo Justiniani, *pues sabes que de necesidad has de morir* (1). Si fueras ya muerto, ¿qué no desearias haber hecho? Pues bien, miéntras vives, piensa que algun dia serás muerto. Dice S. Buenaventura que el marinero, para bien gobernar su nave, se pone en el timon; asimismo, el hombre, que quiere llevar una buena vida, debe imaginarse que se halla en el momento de morir. Por esto dice S. Bernardo: *Mira tu juventud y ruborízate* (2); esto es, mira los pecados de tu juventud y llénate de vergüenza: *Mira tu virilidad y llora* (3); es decir: mira los pecados de tu edad viril, y llóralos: *Mira tus postrimerías y estremécete* (4); como si dijera: mira por fin los últimos pecados de tu vida, y tiembla, y ponles remedio sin perder momento.

Cuando S. Camilo de Lelis se inclinaba sobre el hoyo de las sepulturas, se decia á sí mismo: si volvieran los muertos á este mundo, ¿qué no harian para la vida eterna? Y yo, que tengo tiempo, ¿qué hago para la salud de mi alma? Cuando así hablaba este Santo, era por humildad. Pero tú, hermano mio, tal vez con mas justa razon pudieras temer el ser la higuera sin fruto, de la que decia el Señor: *Mira, tres años há que vengo á buscar fruto en esta higuera, y no lo hallo* (5). Tú, que hace mas de tres años estás en este mundo, ¿qué fruto has traido? Mirad, dice S. Bernardo, que el Señor no busca solamente flores, sino que quiere frutos; es decir, que no se contenta con deseos y buenos propósitos, sino que exige obras de santidad. Sábete, pues, aprovechar el

---

(1) Considera te jam mortuum, quem scis de necessitate moriturum. *De ligno vitæ, cap.* 4.
(2) Vide prima, et erubesce.
(3) Vide media, et ingemisce.
(4) Vide novissima, et contremisce.
(5) Ecce anni tres sunt, ex quo venio quærens fructum in ficulnea hac, et non invenio. *Luc.* xiii. 7.

tiempo, que Dios en su bondad te concede, no esperes el momento de hacer el bien. Cuando haya pasado el instante oportuno, se te dirá : *Ya es tarde: vete* (1). Bastante has vivido, hora es de partir de este mundo : presto : lo hecho, hecho queda.

AFECTOS Y SÚPLICAS.

Aquí me teneis, ¡Dios mio! yo soy aquel árbol que despues de tantos años de esterilidad merecia escuchar de vos estas palabras : *Córtalo pues* : *¿para qué ha de ocupar aun la tierra* (2)? ¡Ah! nada mas cierto : despues de tantos años como estoy en este mundo, no os he dado mas fruto que abrojos y espinas. Pero vos no quereis, Señor, que caiga en la desesperacion. Á todos habeis dicho que los que os buscan, os encuentran : *Buscad y encontraréis* (3). Yo soy pues quien os busca, Dios mio; yo os pido vuestra gracia. Arrepiéntome de todo mi corazon de las ofensas, que por culpa mia os he hecho, y quisiera por ellas morir de dolor. Si en lo pasado he huido de vos, hoy solo me ocupa vuestra amistad : prefiérola á todas las coronas de la tierra. No quiero resistir mas á vuestra voz. Ya que es vuestro querer que todo me dé á vos, ¡ah! vuestro soy todo, sin reserva. Vos os disteis todo á mí en la cruz; justo es que yo me dé ahora todo á vos.

Vos habeis dicho : *Si algo me pidiereis en mi nombre, lo haré* (4). Seguro ya, oh mi dulce Jesus, en vues-

---

(1) Tempus non erit amplius : proficiscere.
(2) Succide ergo illam : ut quid etiam terram occupat? *Luc.* XIII. 7.
(3) Quærite, et invenietis.
(4) Si quid petieritis me in nomine meo, hoc faciam. *Joan.* XIV. 14.

tra promesa divina, en vuestro nombre y por vuestros méritos os pido vuestra gracia y vuestro amor : haced que inunden este corazon, morada por tanto tiempo inmunda del pecado. Gracias os doy por haberme inspirado el dirigiros esta súplica. Y ya que vos me la inspirais, ¿qué prueba mejor de que quereis escucharme? Escuchadme, pues, oh mi Jesus, inflamadme con la llama abrasadora de vuestro amor. Haced que nazca en mi alma un deseo inmenso de agradaros, y dadme la gracia de cumplirle. Oh María, mi grande intercesora, atended mi súplica y rogad tambien por mí á Jesus.

CONSIDERACION II.

TODO ACABA CON LA MUERTE

Finis venit, venit finis.
El fin llega, llega el fin.
(Ezech. VII. 6.)

PUNTO I.

Los mundanos reducen toda su felicidad al goce de los bienes de la tierra, á las riquezas, á los placeres, al fausto: pero la muerte abate todas estas fortunas terrestres: *¡Porque qué cosa es vuestra vida! es un vapor, que aparece por un poco* (1). Los vapores que se exhalan de la tierra, y que se elevan despues en los aires, presentan un bellísimo espectáculo, cuando el sol los dora con sus rayos; mas ¿cuánto tiempo dura esta brillante perspectiva? Sople un poco de viento, y desaparece todo Este hombre hoy dia tan grande, tan alabado, tan vano, tan adorado, mañana, despues de su muerte, será despreciado, maldito, pisoteado. En la muerte todo se abandona. El hermano del bienaventurado Tomás de Kémpis, aquel gran siervo de Dios, rebosaba de júbilo por ha-

---

(1) Quæ est enim vita vestra? Vapor est ad modicum parens. *Jac.* IV. 15.

berse edificado una bella habitacion. Díjole uno de sus amigos que encontraba en ella un grande defecto. — ¿Y cuál es? le preguntó entónces el dueño de la casa. — Es el haber hecho en ella una puerta, repuso su amigo con tono de ingenuidad. — ¡Cómo! replico él ¿y esto es un defecto? — Sí, responde el otro, porque por esta puerta deberéis salir en muriendo, y abandonar la casa y todas vuestras riquezas.

La muerte despoja al hombre de todos los bienes de este mundo. ¡Qué espectáculo el ver echar de su propio palacio á un príncipe que no ha de volver á entrar mas en él, y á otros al mismo tiempo tomar posesion de sus muebles, de sus tesoros, de todos sus bienes! Sus servidores le dejan llevar al sepulcro con un vestido que cubre apénas su desnudez. Ni una persona hay que haga caso de él, ni que le adule; ni aun se atiende á su voluntad postrera. Saladino, aquel conquistador que habia sometido á muchas naciones del Asia, mandó, al morir, que, cuando se llevara su cuerpo al sepulcro, le precediese un soldado levantando su camisa con la punta de una pica y exclamando : ¡ved ahí todo lo que Saladino lleva consigo á la tumba! Cuando el cadáver del príncipe está en la huesa, sus carnes se deshacen igualmente, y no queda en el esqueleto señal alguna particular. *Contempla los sepulcros*, dice S. Basilio, *mira, y no podrás distinguir quién fué el siervo ni quién el señor* (1). Mostrábase Diógenes un dia muy solícito, delante de Alejandro, en buscar alguna cosa entre huesos humanos. ¿Qué buscais? le preguntó Alejandro con curiosidad. Busco, respondió el filósofo, el cráneo del rey Filipo tu padre, y no puedo distinguirle; *muéstramele tú, si hallarle sabes* (2). Desiguales nacen los hombres en el mundo, pero la muerte los iguala : *Desiguales nacemos, iguales morimos* (3),

(1) Contemplare sepulchra, vide num poteris discernere quis servus, quis dominus fuerit?
(2) Si tu potes, ostende.
(3) Impares nascimur, pares morimur.

dice Séneca. Horacio dijo tambien que la muerte iguala lo cetros y las azadas (1). En una palabra, cuando viene la muerte, *viene el fin* (2) : todo se deja, y de todas las cosas de este mundo nada se lleva al sepulcro.

AFECTOS Y SÚPLICAS.

Señor, ya que me dais á conocer que todo cuanto estima el mundo no es sino humo y locura, dadme la fuerza de desasirme de ello, ántes que la muerte misma no me lo arranque. ¡Desdichado de mí, por haberos ofendido, por haberos perdido, siendo vos el bien infinito, por miserables placeres y por los falsos bienes de la tierra! ¡Oh Jesus mio, médico celeste! volved la vista á mi pobre alma, ved las llagas que en ella ha habierto el pecado, habed piedad de mí : *Si quieres, puedes limpiarme* (3). Sé que podeis y que quereis curarme; mas, tambien quereis que me arrepienta de todo corazon. Curadme pues, ya que está en vuestra mano : *Sana mi alma, porque he pecado contra ti* (4). Yo, ingrato de mí, os he olvidado; pero vos os habeis acordado de mí, y hoy dia me dais á entender que quereis olvidar mis ofensas con tal que yo las deteste : *Mas, si el impio hiciere penitencia..... de todas sus maldades..... no me acordaré yo* (5). Yo las detesto, yo las aborrezco sobre todo lo abominable. Olvidad, pues, oh Redentor mio, las amarguras de que yo os he colmado. En adelante prefiero mil veces perderlo todo, la vida, si es necesario, ántes que vuestra gracia,

(1) Sceptra ligonibus æquat.
(2) Finis venit.
(3) Si vis, potes me mundare. *Matth.* VIII. 2
(4) Sana animam meam, quia peccavi tibi. *Ps.* XL, 5.
(5) Si autem impius egerit pœnitentiam.., omnium iniquitatum ejus... non recordabor. *Ezech.* XVIII, 21.

y ¿de qué me servirian en efecto sin vuestra gracia todos los bienes de la tierra? ¡Ah! Señor, dignaos ayudarme, pues conoceis cuán grande es mi flaqueza. No dejará de tentarme el infierno : mil asaltos me prepara para reducirme otra vez á su horrible esclavitud. Mas no, mi dulce Jesus, vos no me abandonaréis de hoy en adelante : esclavo quiero ser de vuestro amor. Vos sois mi único dueño ; vos me habeis criado; vos me habeis redimido; vos me habeis amado sobre todo lo demas; vos sois el único digno de mi amor, y á vos solo quiero amar

PUNTO II.

Felipe II, rey de España, en vísperas de morir, llamó junto á sí á su hijo, y levantando el real manto que le cubria, mostróle su pecho ya roido por gusanos y le dirigió estas palabras : *¡Mira, príncipe, como se muere, y como acaban todas las grandezas de este mundo!* Teodoreto dijo con mucha razon : *La muerte no teme las riquezas, ni los centinelas, ni la púrpura* (1); y que así de los vasallos como de los príncipes *sale la podredumbre y mana la corrupcion.* De suerte que todo hombre al morir, aunque sea príncipe, nada lleva consigo al sepulcro. Toda su gloria se eclipsa sobre el lecho en que ha espirado : *En muriendo nada llevará consigo, ni su gloria descenderá con él* (2). Cuenta San Antonino que, cuando fué muerto Alejandro Magno, exclamó un filósofo : « El que ayer oprimia la tierra bajo sus plantas, hoy es oprimido por ella ; ayer la tierra entera no le bastaba, hoy tiene bastante con siete palmos; ayer con-

---

(1) Nec divitias mors metuit, nec satellites, nec purpuram.
(2) Cum interierit, non sumet omnia, neque descendet cum eo gloria ejus. *Ps.* XLVIII. 18.

ducia ejércitos innumerables por todo el universo, y hoy algunos sepultureros le llevarán á la tumba.» Mas, escuchemos ante todo lo que nos dice el mismo Dios : *¿Por qué se ensoberbece la tierra y ceniza* (1)? ¡Oh hombre! ¿no ves que eres tan solo ceniza y polvo? ¿Á qué engreirte? ¿Á qué emplear tus años y tus pensamientos en adquirir grandezas acá en la tierra? Vendrá la muerte, y entónces acabarán todas tus grandezas y todos tus proyectos : *En aquel dia perecerán todos los pensamientos de ellos* (2).

¡ Cuán preferible fué la muerte de S. Pablo el ermitaño, que vivió sesenta años en una gruta, á la de Neron, que fué emperador de Roma! ¡ Cuánto mas dulce fué la muerte de S. Félix, lego capuchino, que la de Enrique VIII, que habia vivido en medio de las grandezas reales y enemigo de Dios! Mas, debemos atender que los Santos, para lograr una muerte semejante, sacrificaron patria, placeres, esperanzas, todos los encantos y atractivos que les ofrecia el mundo, abrazando una vida pobre y despreciada. Sepultáronse vivos sobre la tierra, para no ser despues sepultados en el infierno. ¿Mas como pueden prometerse los mundanos una muerte dichosa, viviendo en medio del pecado, de placeres terrestres y de ocasiones peligrosas?

Dios amenaza á los pecadores, que le buscarán en la hora de la muerte, y no le hallarán : *Me buscaréis y no me hallaréis* (3). Dice que entónces no será ya el tiempo de la misericordia, sino él de la justa venganza : *Yo les daré el pago á su tiempo* (4). La razon de ello es evidente; porque entónces, en aquella dificil coyuntura, el hombre mundano tendrá débil y obcecado su espíritu ; su corazon estará endurecido por el mal que habrá hecho y

(1) Quid superbit terra et cinis? *Eccl.* x. 9.
(2) In illa die peribunt omnes cogitationes eorum. *Ps.* CXLV, 4.
(3) Quæretis me, et non invenietis. *Joan.* VII. 34
(4) Ego retribuam in tempore. *Deut.* XXXII. 35.

sus tentaciones serán mas fuertes. ¿Cómo el que durante su vida se habrá acostumbrado á doblegarse y dejarse vencer, sabrá resistir en el momento de la muerte? Menester sería entónces una gracia divina mas poderosa para cambiarle el corazon ; ¿ pero, esta gracia, está obligado Dios á concedérsela ? ¿Creeis que la habrá merecido por su desordenada vida? Y no obstante se trata nada ménos que de su eterna felicidad ó de su eterna desgracia. ¿ Como es posible, pues, que el hombre que tiene fe, reflexionando sobre estas verdades, no lo abandone todo para darse enteramente á Dios, que es quien debe juzgarnos á cada uno segun sus obras?

AFECTOS Y SÚPLICAS.

¡Ah! Señor, ¡qué de noches he pasado en vuestra desgracia, miserable de mí! ¡Oh! ¡Dios mio en qué situacion tan desdichada se hallaba entónces mi alma! Vos la odiabais, y ella se complacia en vuestro odio. Condenado estaba yo al infierno, y solo faltaba ejecutar la sentencia. Pero vos, Dios mio, vos habeis ido delante de mí, y me habeis invitado á pedir mi perdon. Mas ¿quién me asegurará que me hayais perdonado ? ¿Este temor me perseguirá siempre,oh Jesus mio,hasta el instante en que habréis de juzgarme? El dolor, empero, que yo siento de haberos ofendido, el deseo que tengo de amaros, y mas aun vuestra pasion, oh Redentor mio, me hace esperar que habré vuelto á vuestra gracia. Arrepiéntome de haros ofendido,oh soberano bien,y os amo sobre todo cuanto existe. Vos quereis que el corazon, que os busca, rebose de alegría (1). Detesto, Señor, las injurias de que os he colmado : dadme valor y confianza ; no me echeis mas en cara mi ingratitud, pues la conozco y la detesto. Vos

(1) Lætetur cor quærentium Dominum. 1. Par. xvi. 10.

habeis dicho que no queriais la muerte del pecador, sino que se convierta y viva : *No quiero la muerte del impío, sino que se convierta y viva* (1). Sí, oh Dios mio, todo lo abandono, y me convierto á vos : os busco, os quiero y os amo sobre todas las cosas. Dadme vuestro amor, nada mas os pido. Oh María, vos que sois mi esperanza, alcanzadme una santa perseverancia.

PUNTO III.

David compara la felicidad de la vida al sueño de un hombre que despierta : *Como el sueño de los que se despiertan* (2). Ved ahí como comenta un autor estas palabras : *Porque las cosas parecen grandes á los sentidos adormecidos, y no lo son, y desaparecen luego* (3). En efecto, los bienes de este mundo parecen grandes á nuestros ojos, pero nada son en el fondo, y duran poco : no son sino lo que duran, y se desvanecen en un instante. Pensando que todo acaba con la muerte, resolvió S. Francisco de Borja darse todo á Dios. Este Santo tuvo la comision de acompañar á Granada el cuerpo de la emperatriz Isabel ; y, cuando se abrió el ataud, fué tan horrible el espectáculo que se presentó á su vista, y tan infecto el hedor, que los asistentes se retiraron ; pero san Francisco, alumbrado por una luz divina, quedóse á contemplar en el cadáver la vanidad del mundo, y exclamó en medio de su mayor asombro : *¿ Y vos sois mi emperatriz? ¿ Y vos sois aquella á cuya presencia tantos distinguidos personajes doblaban la rodilla con el ma-*

---

(1) Nolo mortem impii, sed ut convertatur..... et vivat. *Ez.* XXXIII. 11.
(2) Velut somnium surgentium. *Psalm.* LXXII, 20.
(3) Somnium, quia sopitis sensibus res magnæ apparent, non sunt, et cito avolant.

yor respeto? ¡Oh Isabel! ¿qué se hicieron pues vuestra majestad y vuestra belleza? Así pues, se dijo á sí mismo, ¡en esto vienen á parar las grandezas y las coronas de este mundo desdichado! ¡Oh! desde ahora quiero servir á un Señor que no pueda morir jamas. Y este fué el momento que todo entero se consagró al amor del Crucificado: entónces fué cuando hizo voto de entrar en religion, si llegaba algun dia á perder su esposa, y cuando la hubo perdido en efecto, entró en la Compañía de Jesus.

Con mucha verdad un hombre desengañado escribia sobre un cráneo humano estas palabras: *Al que piensa en esto todo le parece vil* (1). El que piensa en la muerte no puede amar la tierra. Y ¿por qué son desgraciadas las personas que aman al mundo? porque no piensan en la muerte: *Hijos de los hombres, ¿hasta cuándo seréis de pesado corazon? ¿por qué amais la vanidad y buscais la mentira* (2)? Desdichados hijos de Adan, nos dice el Espíritu Santo, ¿por qué no desterrais de vuestro corazon las terrestres afecciones que os hacen amar la vanidad y la mentira? Lo que sucedió á vuestros antepasados os sucederá tambien á vosotros: ellos habitaron vuestro palacio: ellos durmieron en vuestro lecho, y ya no son nada, y lo mismo se verificará en vosotros.

Date pues á Dios, hermano mio, ántes que venga la muerte: *Cualquier cosa que puede hacer tu mano, óbrala con instancia* (3). No aguardeis á mañana para cumplir lo que hoy podeis hacer, porque el dia presente pasa y no vuelve mas; mañana puede sorprenderos la muerte, y nada os será dado practicar. Deshaceos cuanto mas presto mejor de lo que os aleja ó puede alejaros de Dios. Demos de buen grado un eterno á Dios á los bienes

---

(1) Cogitanti vilescunt omnia.
(2) Filii hominum, usquequo gravi corde? Ut quid diligitis vanitatem et quæritis mendacium? *Psalm.* IV. 3.
(3) Quodcumque facere potest manus tua, instanter operare. *Eccl.* IX. 10.

de la tierra ántes que la muerte no nos despoje de ellos á la fuerza. *Bienaventurados los muertos que mueren en el Señor* (1). ¡Bienaventurados los que al morir están ya muertos á las afecciones del mundo! Estos no temen la muerte; la desean, se burlan de ella, la aceptan con alegría, pues entónces, en vez de separarlos de los bienes que aman, lòs une al contrário al bien soberano en el cual han puesto todo su amor, y que debe hacerlos eternamente dichosos.

AFECTOS Y SÚPLICAS.

¡Oh dulce Redentor mio! gracias os doy por haberme esperado. ¿Qué sería de mí, si me hubierais hecho morir, cuando de vos estaba alejado? ¡Ah! bendita sea para siempre vuestra misericordia, bendita la paciencia con que me habeis tratado. Os agradezco con todo mi corazon por las luces y gracias con que me habeis socorrido. Entónces yo no os amaba, y ni aun pensaba en vuestro amor. Pero ahora os amo con todo mi corazon, y no hay para mí mayor pena en el mundo que el haberos disgustado, si atiendo, oh Dios mio, á vuertra inmensa bondad. Este dolor me atormenta, pero es dulce este tormento, porque me inspira la confianza que vos me habeis perdonado. ¡Ojalá mil veces hubiera muerto, dulcísimo Salvador mio, y que nunca os hubiera ofendido! Siempre estoy temblando de que en adelante me estravíe hasta ofenderos de nuevo. ¡Ah! enviadme la muerte mas horrible ántes que me exponga de nuevo á perder vuestra gracia. Por algun tiempo he sido esclavo del infierno, mas al presente, oh Dios de mi alma, soy vuestro esclavo. Vos habeis dicho que amariais á los que os aman (2). Pues bien, yo os amo, yo soy de vos, y vos estais en mí.

(1) Beati mortui qui in Domino moriuntur! *Apoc.* XIV. 13.
(2) Ego diligentes me diligo.

Puedo perderos en adelante; pero una sola gracia os pido, y es de hacerme morir ántes que perderos. Y, si tantas gracias me habeis concedido sin que os las pidiera, no puedo temer que me negueis esta que tan encarecidamente os pido. No permitais pues que yo os pierda: dadme vuestro amor, y nada mas deseo. María, esperanza mia, interceded por mí.

CONSIDERACION III.

BREVEDAD DE LA VIDA.

Quæ est vita vestra? Vapor est ad modicum parens.

¿Qué cosa es vuestra vida? es un vapor que aparece por un poco. (Jac. IV. 15.)

PUNTO I.

¿Qué es la vida? es un vapor que un poco de viento hace desaparecer para siempre. Cada cual sabe que ha de morir, pero muchos se engañan figurándose la muerte tan lejana como si jamas hubiese de venir. Job, empero, nos advierte la brevedad de la vida del hombre exclamando : *El hombre viviendo breve tiempo, como flor sale y es ajado* (1). Manda el Señor á Isaías que anuncie la misma verdad : *Clama,* le dice, *toda carne heno... verdaderamente heno es el pueblo : se secó el heno, y cayó la flor* (2) Esto es, la vida del hombre es como la de una planta de heno : en muriendo el heno, se seca ; asi

(1) Homo... brevi vivens tempore... quasi flos egreditur, et conteritur. *Job* XIV. 1-2.
(2) Clama, omnis caro fœnum... vere fœnum est populus, exsiccatum est fœnum, et cecidit flos. *Is.* XL. 6-7-8.

acaba la vida, y cae la flor de las grandezas y bienes de la tierra.

Mis dias son mas veloces que un correo (1). La muerte viene hácia nosotros mas veloz que un corcel, en tanto que nosotros por nuestra parte corremos tambien como un caballo hácia la muerte. Á cada paso, á cada respiracion nos acercamos á la muerte. *Lo que escribo,* dice san Jerónimo, *se quita de mi vida* (2). Como si dijera : el tiempo, que paso escribiendo, me hace avanzar hácia la muerte. *Todos morimos, y nos deslizamos como el agua sobre la tierra, que no vuelve atras* (3). Ved como corre á la mar ese riachuelo, y como estas aguas, que van corriendo, no volverán jamas á pasar; asi es, hermano mio, como se deslizan tus dias, y te aproximas á la muerte. Placeres, diversiones, fausto, elogios, aclamaciones, todo pasa. ¿Y qué queda? *Solo me resta el sepulcro* (4). Serémos sepultados en un hoyo, y allí nos pudriremos, despojados de todo. En el momento de la muerte el recuerdo de los goces de nuestra vida, de los honores de que nos hemos visto colmados, no servirán sino para aumentar nuestra congoja, y la incertidumbre de nuestra eterna salud.

¿Dentro de poco, dirá el infeliz mundano, nada tendré de esta casa, de estos jardines, de estos preciosos muebles, de estas pinturas, de estos vestidos? *Solo me resta el sepulcro.*

¡Ah! ¡cuán dolorosa y cruel es la última mirada, que da entónces sobre los bienes del mundo el que con pasion los ha amado! ¡Y esta misma pena tan amarga solo le servirá para exponer á mayor peligro la salud de su alma! porque se ha experimentado y se ha visto á personas pegadas á la tierra no querer oir hablar, ni aun en el lecho

---

(1) Dies mei velociores cursore. *Job* IX. 25.
(2) Quod scribo, de mea vita tollitur.
(3) Omnes morimur, et quasi aquæ dilabimur in terram quæ non revertuntur. 2. *Reg.* XIV. 14.
(4) Et solum mihi superest sepulchrum. *Job.* XVII. 1.

de la muerte, sino de su enfermedad, de los médicos que pueden consultar, de los remedios que pueden tomar : y si se les habla alguna palabra de su alma, se enojan, y os ruegan que los dejeis descansar, porque les duele la cabeza y no pueden oir hablar. Si alguna vez quieren contestaros, se enredan y no saben qué decir, y cuando el confesor les da la absolucion, no es porque los halle mejor dispuestos, sino porque no hay que perder tiempo. Ved ahí como mueren las personas, que piensan poco en la muerte.

AFECTOS Y SÚPLICAS.

¡Oh Dios mio, Señor de infinita majestad! yo me avergüenzo de parecer á vuestra presencia. ¡.Cuántas veces os he deshonrado, prefiriendo á vuestra gracia un placer grosero, un momento de cólera, un poco de barro, un capricho, un humo ligero de vanidad! ¡Oh Redentor mio! adoro y beso vuestras sagradas llagas, que yo con mis pecados os he abierto; mas, por el mérito de estas mismas llagas, espero mi perdon y mi salud. Dadme á conocer, ó Jesus, la grave ofensa que os he hecho en abandonaros, siendo vos la fuente purísima de todo bien, para saciarme de aguas corrompidas y emponzoñadas. ¿Qué fruto he sacado de tantas ofensas, sino remordimientos de conciencia, las penas y los tormentos horribles que me preparaba en el infierno? *Padre, no soy digno de llamarme hijo tuyo* (1). Padre mio, no me abandoneis; yo no merezco, verdad es, que me deis vuestro amor paternal, pero vos habeis muerto para salvarme. Vos habeis dicho: *Volveos á mí y yo me volveré á vosotros* (2). No quiero ya mas satisfacciones de mundo; renuncio á todos los placeres que el mundo puede dar-

---

(1) Pater, non sum dignus vocari filius tuus.
(2) Convertimini ad me, et convertar ad vos. Zach. I. 3.

me, y me convierto á vos. Por la sangre, que por mí na-
beis derramado, os ruego que me concedais el perdon,
pues me arrepiento con todo mi corazon de haberos ultrajado. Me arrepiento y os amo mas que á todo. Indigno
soy de amaros, pero tanto mereceis ser amado, que me
atrevo á pediros permiso para amaros : no despreciéis el
amor de este corazon, que por algun tiempo os ha des-
deñado. Á fin de que yo os amase, no me hicisteis morir, cuando estaba en pecado : sí, resuelto estoy; amaros
quiero el resto de mis dias, y no quiero amar sino á vos.
Pero vos ayudadme, concededme la santa perseverancia
y vuestro santo amor. María, mi refugio, recomendadme
á Jesucristo.

PUNTO II.

El rey Ezequías exclamaba entre profundos gemidos :
*Mi vida ha sido cortada como por tejedor : miéntras la
estaba aun urdiendo, me cortó* (1). ¡ Oh cuántos hay que
están tramando el tejido de su bienestar, que combinan
y siguen con fatiga sus proyectos mundanos, y que toman
todas sus medidas; pero viene la muerte y lo rompe todo!
Al pálido fulgor de la última candela, aplausos, juegos,
placeres, pompas, grandezas, todo lo que es de este
mundo, se desvanece. ¡ Oh grande secreto de la muerte!
¡ ella nos muestra lo que no ven los amadores del mundo!
Las mas envidiadas fortunas, las dignidades mas emi-
nentes, los mas magníficos triunfos, pierden todo su es-
plendor, cuando se los mira desde el lecho de la muerte.
Las ideas de ciertas aparentes felicidades, que habíamos
concebido, se cambian entónces en indignacion contra
nuestra propia locura : la negra sombra de la muerte vela
y oscurece todas las dignidades, hasta la de los reyes.

(1) Præcisa est, velut à texente, vita mea : dum adhuc or-
direr succidit me. *Is.* xxxviii. 12.

Las pasiones nos hacen parecer los bienes de la tierra totalmente distintos de lo que son; la muerte los descubre claramente tales como son en realidad, humo, fango, vanidad y miseria. ¡Oh Dios! ¿de qué sirven despues de la muerte las riquezas, los dominios, los reinos, cuando estamos metidos en un ataud de madera, envueltos en una simple sábana que nos cubre apénas el cuerpo? ¿De qué sirven los honores, cuando no se tiene sino un fúnebre cortejo, y pomposos funerales que de ningun provecho sirven al alma, si está perdida? ¿De qué sirve la hermosura del cuerpo, si de toda ella no queda mas que gusanos, corrupcion, horror, y despues un poco de polvo infecto?

Me ha puesto como por refran del vulgo, y soy delante de ellos un escarmiento (1). Que muera este hombre rico, aquel ministro, aquel capitan, y se hablará de él en todas partes; pero, si ha vivido mal, será el objeto de las hablillas del pueblo, *proverbium vulgi et exemplum,* y servirá para la coreccion de los demas, como un ejemplo de la vanidad del mundo y de la justicia divina. En la tumba quedará confundido con los cadáveres de los pobres : *El chico y el grande allí están* (2). ¿Qué le ha valido la perfeccion y la gallardía de su cuerpo, si ahora no es mas que un monton de gusanos? ¿Qué le ha valido su autoridad, si su cuerpo está destinado á pudrirse en un hoyo, y si su alma está lanzada á las llamas del infierno? ¡Oh! ¡qué desgracia ser para los demas materia de reflexiones, y no haberse aprovechado de ellas para sí! Persuadámonos, pues, que el momento de la muerte no es el tiempo propicio para remediar los desórdenes de la conciencia, y que no podemos hacerlo sino en vida. Apresurémonos, pues, á practicar ahora lo que no podremos hacer entónces : *El tiempo es breve* (3). Todo pasa y aca-

(1) Posuit me quasi in proverbium vulgi, et exemplum sum coram eis. *Job* XVII. 6.
(2) Parvus et magnus ibi sunt. *Job* III. 19.
(3) Tempus breve est.

ba pronto : procuremos, pues, que todo nos sirva para conseguir la vida eterna.

AFECTOS Y SÚPLICAS.

¡Oh Dios de mi alma, oh bondad infinita! habed piedad de mí que tanto os he ofendido. Ya sabia yo que por el pecado perdia vuestra gracia, y no vacilé en perderla. ¿Me diréis lo que tengo que hacer para recobrarla? Si quereis que me arrepienta de mis pecados, de ellos me arrepiento de todo corazon, y deseara morir de dolor de haberlos cometido. Si quereis que espere vuestro perdon, lo espero por los méritos de vuestra sangre. Si quereis que os ame sobre todas las cosas, ¡ah! lo dejo todo, renuncio á todos los placeres y á todos los bienes, que puede darme el mundo, y os amo mas que á todo ó amable Salvador mio. Si quereis ademas que os pida algunas gracias, dos os suplico encarecidamente : no permitais que os ofenda mas, y haced que os ame, y á mas, tratadme como sea de vuestro agrado. María, esperanza de mi corazon, alcanzadme estas dos gracias : así lo espero de vuestra bondad.

PUNTO III.

¡Qué locura exponerse al peligro de hacer una muerte desdichada por los miserables placeres de esta vida! ¡qué insensatez empezar de este modo una eternidad infeliz! ¡Oh! ¡cuán importante es aquel último momento, aquel último suspiro, aquella escena postrera! Es, ó una eternidad de dicha, ó una eternidad de tormentos : es una vida, ó para siempre feliz, ó para siempre desgraciada. Consideremos que, si Jesucristo consintió en morir con tanta amargura é ignominia, fué para que lográsemos una muerte feliz; fué para que llegásemos hasta este último momento en la amistad de Dios, el cual para ello nos llama tantas veces, nos infunde tantas luces, nos advierte y nos amenaza con tanta frecuencia.

Preguntado un pagano (Antisthenes) sobre cuál era la suerte mas feliz de este mundo, respondió que era una buena muerte. ¿Qué dirá pues un cristiano, el cual, ilustrado por la fe, sabe que en este terrible momento empieza la eternidad, y que á él sigue inmediatamente una de las dos sendas que llevan consigo, ó una felicidad, ó una desdicha eterna? Si en una bolsa hubiese dos lotes, en uno de los cuales estuviera escrito el nombre de *infierno* y en el otro él de *paraíso,* y te vieras precisado á sacar por suerte uno de estos dos lotes, ¿qué de afanes pondriais para adivinar cuál es el que os ha de abrir el cielo? Los infelices condenados á jugar su vida, ¡cómo tiemblan al poner su mano en los dados que van á decidir de su vida ó de su muerte! Y con qué espanto verás acercarse aquel postrer momento, cuando te dirás á ti mismo: de este punto va á depender mi vida ó mi muerte eterna, ahora va á decidirse si seré bienaventurado ó condenado para siempre. Cuenta S. Bernardino de Sena que un príncipe, estando para morir, decia sobrecogido de terror: *¡Yo, que tantas tierras y tantos palacios poseo en este mundo, si esta noche muriese, no sé qué mansion iria á habitar!*

Si crees, hermano mio, que se ha de morir y que hay para ti una eternidad; si crees que solo una vez se ha de morir, y que, cuando hayas dado este paso terrible, será para siempre, y sin esperanza de regreso, ¿cómo en este mismo momento, en que estás leyendo estas líneas, no tomas la firme resolucion de empezar á hacer cuanto de ti dependa para asegurarte una buena muerte? Un santo de un mérito tan eminente, como S. Andrés Avelino, temblaba y decia: *¿Quién sabe qué suerte me está reservada en la otra vida? ¿seré salvo, ó condenado?* Un S. Luis Beltran temblaba asimismo, y no podia con ciliar el sueño durante la noche, aterrado como estaba por este pensamiento : ¿ *Quién sabe si estoy condenado?* Y tú, hermano mio, tú, que de tantas faltas eres culpable, ¿tú no tiemblas siquiera ? Remédialo á tiempo, toma la resolucion de darte á Dios sin reserva : empieza desde ahora mismo una vida que no te cause afliccion ; y ántes al contrário, te dé consuelos para tu última hora. Dedícate á la oracion, frecuenta los sacramentos, huye las ocasiones peligrosas, abandona hasta el mundo, si es necesario, piensa en asegurarte la vida eterna, y no olvides que, cuando se trata de asegurar la eterna salvacion, jamas se tiene bastante certitud.

AFECTOS Y SÚPLICAS.

¡Oh Salvador mio! ¿qué no os debo yo? ¿Y cómo habeis podido prodigar tantas gracias á un ingrato, á un traidor, tal como era yo con respecto á vos? Vos me criabais, y al criarme veíais ya de cuantas injurias debia colmaros. Vos me rescatabais muriendo por mí, cuando percibiais de cuantas ingratitudes debia hacerme culpable. Cuando estaba yo en el mundo, os habia vuelto el rostro, y entre tanto estaba muerto, era como un animal inmundo, y vos, con vuestra gracia, me habeis vuelto á la vida. Yo estaba ciego, y vos abristeis mis ojos á la luz. Yo os habia perdido, y vos hicisteis que os volviese á encontrar. Yo era vuestro enemigo, y vos me habeis dado vuestra amistad. ¡Oh Dios de misericordia! dadme á conocer las obligaciones que con vos he contraido, haced que llore lo mucho que os he ofendido. Vengaos, Señor, en mí, haciéndome concebir un intenso dolor de mis pecados; mas, no me castigueis, privándome de vuestra gracia y de vuestro amor. ¡Oh Padre eterno! yo abomino, yo detesto mas que todos los males las injurias, que contra vos he cometido. Habed piedad de mí por amor á Jesucristo, y arrojad una ojeada sobre vuestro Hijo muerto en la cruz: *Descienda su sangre sobre mí* (1); si, descienda sobre mí esta sangre divina, y purifique mi alma. ¡Oh rey de mi corazon! *venga á nosotros tu santo reino* (2). Estoy resuelto á desecLar de mi alma todo afecto que no sea por vos. Os amo sobre todo; venid á reinar solo en mi alma. Haced que os ame y que nada ame sino vos. Daros gusto deseo, cuanto me sea posible y durante el resto de mis dias. Bendecid vos mismo, ó Padre mio, este mi deseo, y hacedme la gracia que esté siempre unido á vos. Os consagro todas mis afecciones; en adelante no quiero ser sino de vos, ó mi tesoro, mi mi paz, mi esperanza, mi amor, mi todo : todo lo espero de vos por los méritos de vuestro Hijo. Ó María, reina y madre mia, ayudadme con vuestra intercesion. **Madre de Dios, rogad por mí.**

(1) Sanguis ejus super me.
(2) Adveniat regnum tuum.

CONSIDERACION IV.

CERTEZA DE LA MUERTE.

Statutum est hominibus semel mori.
Está establecido á los hombres que mueran una sola vez.
(Hebr. IX. 27.)

PUNTO I.

Ved ahí la sentencia, que nos condena á todos á la muerte. Si sois hombre, habeis de morir. Decia S. Agustin: *Así nuestro bien como nuestro mal son cosas inciertas; la muerte es solo segura* (1). Este niño, que acaba de nacer, no puede saberse si será rico ó pobre, si tendra buena ó mala salud, si morirá jóven ó viejo. Todo esto es incierto; pero lo que es indudable, que ha de morir. Los grandes, como los reyes, serán segados por la hoz de la muerte, y cuando llegue su tiempo, no habrá poder que la resista. Puede resistirse al fuego, al agua, al hierro; puede resistirse al poder de los príncipes, pero jamas se resistirá á la muerte (2). Vicente de Beauvais

---

(1) Cætera nostra bona et mala incerta sunt; sola mors certa est.
(2) Resistitur ignibus, undis, ferro; resistitur regibus; venit mors; quis ei resistit? *S. Aug. in Ps.* 12.

refiere que un rey de Francia, estando para morir, exclamaba : ¡ Y qué! ¡yo con todo mi poder no puedo alcanzar que la muerte retarde su golpe una hora! Cuando ha llegado el término de la vida, no puede pasarse de él un solo ápice : *Has establecido sus términos, mas allá de los cuales no se podrá pasar* (1).

Aun cuando vivas, lector querido, todos los años que deseas, vendrá un dia, y en este dia habrá una hora, que será la última para ti. Para mí que escribo y para ti que lees hay señalado un dia, un punto en que ni yo escribiré mas, ni tú leerás mas : *¿Quién es el hombre, que vivirá y no verá la muerte* (2)? Dada está ya la sentencia. No hay hombre, por loco que sea, que crea no ha de morir. Lo que sucedió á tus pasados llegará tambien para ti. De cuantas personas vivian en tu patria al empezar el siglo pasado, ni una sola ha quedado en vida. Los príncipes, los monarcas han dejado tambien este mundo. De ellos no queda sino un mausoleo de mármol y una inscripcion pomposa, que nos enseña que de los grandes de este mundo no queda sino un poco de polvo encerrado en una piedra. S. Bernardo se hace esta pregunta : *Dime: ¿dónde están los secuaces del mundo* (3)? Y responde : *De ellos no ha quedado sino cenizas y gusanos* (4).

Lo que nos importa, pues, es procurar, no esta fortuna que parece, sino la que es eterna, porque eternas son nuestras almas. ¿De qué te serviria ser feliz, procurándote una dicha que no se refiere á Dios, si despues has de ser desgraciado en la eternidad? Habeis ya edificado esta casa á vuestro gusto; pero, pensad que presto se tendrá que abandonar para consumirse en un sepulcro. Habeis logrado esta dignidad, que os hace superior

(1) Constituisti terminos ejus, qui præteriri non poterunt. *Job* XIV. 5.
(2) Quis est homo, qui vivit, et non videbit mortem? *Ps.* LXXXVIII. 49.
(3) Dic mihi ubi sunt amatores mundi?
(4) Nihil ex eis remansit, nisi cineres et vermes.

á los demas; pero, vendrá la muerte, que os igualará con los plebeyos mas viles de la tierra.

AFECTOS Y SÚPLICAS.

¡Desventurado de mí, que por espacio de tantos años no he pensado sino en ofenderos, oh Dios de mi alma! ¡Estos años pasaron ya para siempre, la muerte está tal vez muy cerca de mí, yo no siento todavía sino dolor y remordimientos! ¡Ah! ¡ojalá, Señor, os hubiese servido siempre! ¡Cuán loco he sido! ¡Tantos años he pasado en el mundo, y en vez de alcanzar méritos para la otra vida, no he hecho mas que contraer deudas para con vuestra divina justicia! ¡Oh Redentor mio! dadme luces y fuerza para arreglar ahora mis cuentas. Puede que la muerte no esté distante de mí, y quiero prepararme para este momento que debe decidir de mi dicha ó desdicha eterna. Gracias os doy de haberme aguardado hasta ahora; y ya que me dais tiempo para remediar el mal que he hecho, aquí me teneis, ó Dios mio, decidme lo que he de hacer. ¿Queréis que gima por las ofensas que contra vos he cometido? Gimo amargamente por ellas, con el alma traspasada de dolor. ¿Queréis que pase los años ó los dias, que me quedan, amándoos á vos? ¡Ah! Señor, estos son mis únicos deseos. ¡Oh Dios! ¡tambien en lo pasado resolví mas de una vez el amaros, y mis promesas fueron otros tantos actos de traicion! No, Jesus mio, no quiero mostrarme ingrato á tantas gracias como vos me habeis hecho. Si no cambio ahora de vida, ¿cómo en la muerte podré esperar mi perdon, y mi entrada en el cielo? Desde ahora hago la firme resolucion de serviros sinceramente; pero, dignaos vos darme para ello la fuerza, y no me abandoneis. Toda vez que no me habeis abandonado, cuando yo os ofendia, con mayor razon cuento con vuestro socorro ahora que me propongo abandonarlo todo para complaceros. Permitidme, pues, que os ame, ó Dios, digno de un amor infinito. Recibid al traidor, que profundamente arrepentido se arroja á vuestros piés, os ama, y os pide misericordia. Yo os amo, Jesus mio, yo os amo con todo mi corazon; os amo mas que á mí mismo. De vos solo soy, aquí me teneis; disponed de mí y de todo lo que me pertenece, como sea de vuestro agrado; dadme la perseverancia en obedeceros; dadme vuestro amor, y haced de mí lo que os plazca. María, madre mia, esperanza mia, mi único refugio, á vos me encomiendo, en vuestras manos pongo mi alma : rogad á Jesus por mí.

PUNTO II.

Está establecido (1). Es cierto, pues, que todos somos condenados á la muerte. Todos nacemos, dice S. Cipriano, con la cuerda en el cuello, y siempre que damos un paso, nos adelantamos hácia la muerte. ¡Oh hermano mio! así como estás inscrito en el libro del bautismo, lo serás tambien un dia en el libro de los muertos. Hablando de tus pasados, dices á menudo : « Mi padre, mi tio, mi hermano, de feliz memoria; » lo mismo dirán de ti tus descendientes. Las campanas anunciarán tu muerte, como tantas veces las has oido tocar por la muerte de los demas.

¿Qué diriais si vieras un hombre condenado á muerte, caminar al suplicio chanceándose, riendo, volviendo los ojos por todas partes y no pensando sino en teatros, en festines, en diversiones? Y tú, ¿no caminas tambien á la muerte? y ¿en qué piensas? Fija los ojos en estas tumbas, y mira allí tus amigos, tus parientes, cuya sentencia se ha ejecutado ya. ¿Qué horror no experimenta el condenado, cuando ve á sus compañeros muertos y pendien-

---

(1) Statutum est.

tes del patíbulo? Contempla, pues, estos cadáveres; cada uno de ellos te dice : *á mí ayer, y á ti hoy* (1). Esto mismo es lo que te repiten todos los dias los retratos de tus padres ya finados, sus libros, sus casas, sus lechos, sus vestidos, que tú has heredado.

¡Qué locura no pensar en rendir cuentas, y no tomar todas las medidas necesarias para hacer una buena muerte, sobre todo sabiendo que se ha de morir, que despues de la muerte nos está reservada una eternidad de gozo, ó una eternidad de tormento, y que de ahí depende nuestra dicha ó nuestra desgracia eterna! Tenemos piedad de las personas que, no estando preparadas á la muerte, son súbitamente arrebatadas del mundo. Y ¿cómo no nos preparamos tambien nosotros, ya que esto mismo puede sucedernos? Tarde ó temprano, advertidos ó descuidados, que pensemos ó que no pensemos en ello, hemos de morir, y á toda hora y á todo momento nos acercamos á nuestro cadalso, que no es otra cosa, sino la última enfermedad, que nos arrancará de este mundo.

En cada siglo una nueva nacion llena las casas, las plazas y las ciudades, y las antiguas se sepultan en la tumba : y así como para ellas pasaron ya los dias de la vida, así vendrá un tiempo en que ni tú ni yo, ni nadie de los que actualmente viven, vivirán ya sobre esta tierra : *Los dias serán formados, y nadie en ellos* (2). Entónces nos hallaremos en la eternidad, que será para todos nosotros un dia eterno de delicias, ó una noche eterna de tormentos. Aquí no hay medio : es cierto, es de fe, que nos cabrá uno ú otro de estos dos destinos.

(1) Mihi heri et tibi hodie. *Eccl.* xxxviii. 23.
(2) Dies formabuntur, et nemo in eis. *Ps.* cxxxviii. 16.

AFECTOS Y SÚPLICAS.

¡Oh tiernamente amado Redentor! no osaria yo parecer delante de vos, si no os mostraseis desde lo alto de esa cruz, desgarrado, escarnecido y muerto por mí. Muy grande es mi ingratitud; pero, mas lo es aun vuestra misericordia. Yo pongo mi esperanza en vuestras llagas, en vuestra sangre, en vuestra muerte. Yo merecí el infierno desde que hube cometido el primer pecado; y á pesar de haberos mil y mil veces ofendido de nuevo, no solo me habeis conservado la vida, sino que me habeis llamado para perdonarme, y me habeis ofrecido vos mismo la reconciliacion. ¿Cómo pudiera yo temer que os alejareis de mí, ahora que os amo y que no deseo sino vuestra gracia? Sí, yo os amo con todo mi corazon, ó mi Dios, y no tengo otro deseo que el de amaros. Os amo, y me arrepiento de haberos despreciado, no tanto porque merecí el infierno por mi comportamiento, como porque os he ofendido, Dios mio, á vos que tanto me habeis amado. Adelante, Jesus mio, abridme el seno de vuestra bondad, añadid misericordia á misericordia; haced que yo no sea mas ingrato, y cambiad del todo mi corazon: haced que este corazon, que por algun tiempo ha descuidado vuestro amor, y que le ha trocado por los tristes placeres de la tierra, sea todo de vos, y arda en una llama eterna por vos. Por vos, Señor, confío entrar en el paraíso, y amaros allí siempre. No pudiendo sentarme en aquel lugar de delicias al lado de las almas inocentes, me pondré entre los corazones arrepentidos; pero, aun en esta clase, deseo no obstante amaros con mas ardor que los que nada tienen que inculparse. Á la gloriosa luz de vuestra misericordia, verá el paraíso á un pecador, que tanto os ha ofendido, arder en intensa llama de vuestro divino amor.

Resuelvo, de ahora en adelante, ser todo de vos, y no pensar sino en amaros. Ayudadme con vuestras luces y con vuestra gracia, dadme fuerza para cumplir este deseo que vuestra bondad me permite formar. ¡Oh María! vos, que sois madre de la perseverancia, alcanzadme el ser fiel á mi promesa.

PUNTO III.

La muerte es indudable. ¿Cómo, pues, tantos cristianos que la saben, que la creen, que la ven, viven de tal modo olvidados de la muerte, y obran como si no debieran morir jamas? Si despues de esta vida no hubiese infierno ni paraiso, ¿podria pensarse ménos en ello de lo que se piensa? Por este olvido insensato se lleva una vida tan desarreglada. ¡Oh hermano mio! si quieres vivir bien, trata de pasar los dias, que te restan, en el pensamiento de la muerte. *¡Oh muerte! buena es tu sentencia* (1). ¡Oh! ¡con cuánto acierto se juzga de las cosas, y cuán rectamente se dirigen las acciones, cuando se tiene por guia el pensamiento de la muerte! El recuerdo de la muerte despega el corazon de todos los objetos terrenos: *Considérese el término de la vida y no se hallará en este mundo nada digno de ser amado* (2), dice S. Lorenzo Justiniani. *Todo lo que hay en el mundo, es concupiscencia de carne, y concupiscencia de ojos, y soberbia de vida* (3). Todos los bienes de este mundo se reducen á los placeres de los sentidos, al aparato, á los honores. Mas, el que piensa que dentro de poco será reducido á cenizas, y que servirá de pasto á los gusanos, todo esto desprecia.

(1) O mors, bonum est judicium tuum. *Eccl.* XLI. 3.
(2) Consideretur viæ terminus, et non erit in hoc mundo quid ametur. *De Lig. vit.* c. 5.
(3) Omne quod est in mundo, concupiscentia carnis est, et concupiscentia oculorum, et superbia vitæ. 1. *Jo.* II. 16.

Y en efecto, pensando en la muerte es como todos los Santos han despreciado los bienes temporales, y S. Cárlos Borromeo tenia siempre sobre su mesa un cráneo humano para contemplarle. El cardenal Baronio habia hecho grabar sobre su anillo estas dos palabras : *Acuérdate que has de morir* (1). El venerable padre Juvenal Ancina, obispo de Saluza, habia escrito tambien en un cráneo : *Fuí lo que tú eres, y serás lo que soy* (2). Otro santo ermitaño, á quien se preguntaba por qué se alegraba tanto al acercarse á la muerte, respondió : *He tenido tan á menudo fijos los ojos en la muerte, que ahora que voy á morir, no me coge de nuevo.*

¡Qué locura sería la de un viajero que solo pensase en presentarse con pompa en los países por donde solo habia de pasar, y ni siquiera pensase en el lugar de su domicilio durante su vida! ¿Y no es insensato el que procura ser feliz en este mundo, en donde solo ha de pasar cortos dias, y se expone á ser desgraciado en el otro, en donde ha de vivir eternamente? Quién tiene una cosa pretestada, poca aficion suele ponerle, porque sabe que tarde ó temprano se ha de restituir. Los bienes de la tierra se nos han prestado tambien : ¡cuán ciego es el que pone en ellos su corazon, teniendo que dejarlos dentro de poco! La muerte nos despoja de todo : todas nuestras adquisiciones, todas nuestras riquezas vienen á estrellarse contra un suspiro, contra una tumba. Dentro de poco cederéis á otro esta casa, que habeis edificado, y vuestro cuerpo habitará una sepultura hasta el dia del juicio, en el cual pasará de allí al paraíso ó al infierno, allá donde el alma haya ido á esperarle.

(1) Memento mori.
(2) Quod es fui, quod sum eris.

AFECTOS Y SÚPLICAS.

¿Con que todo habrá acabado para mí despues de la muerte? No tendré para presentaros, Dios mio, sino lo poco que habré hecho por vuestro amor, ¿y qué aguardo ahora? ¿qué la muerte llegue y me halle miserable y henchido de culpas, como estoy en este momento? Si ahora tuviese que morir, mucha inquietud tuviera, y muy descontento estaria de la vida que he llevado hasta aquí. No, ó dulce Jesus, no quiero yo morir tan descontento. Yo os agradezco el haberme dado tiempo para llorar mis pecados, y amaros. Comenzar quiero desde ahora : arrepiéntome sobre todo de haberos ofendido, ó soberano bien, y os amo mas que todo, mas que mi vida misma. Todo me doy á vos, ó Jesus mio; desde ahora os abrazo, os estrecho contra mi corazon, y desde ahora os encomiendo mi alma : *En tus manos encomiendo mi espíritu* (1). No quiero esperar para dárosla, el momento en que se le intime con aquel *vamos* (2) la órden de salir de este mundo. No quiero esperar para rogaros que vos me salveis : *Jesus, séasme Jesus* (3). Ó salvador mio, salvadme ahora, perdonadme, y dadme la gracia de vuestro santo amor. ¿Quién sabe si esta consideracion, que hoy mismo he leido, será el último clamor, que me hagais oir, y el último acto de vuestra misericordia para conmigo? Tended la mano, amor mio, y arrancadme del cieno inmundo de la tibieza. Dadme la llama del fervor, haced

---

(1) In manus tuas commendo spiritum meum.
(2) Proficiscere.
(3) Jesu, sis mihi Jesus.

que obedezca por amor todo lo que exigiereis de mí. Padre eterno, por el amor de Jesucristo concededme la santa perseverancia y la gracia de amaros, y de amaros lo bastante todo el resto de mi vida. Ó María, madre de misericordia, por el amor que teneis á vuestro Jesus, alcanzadme estas dos gracias, perseverancia y amor.

CONSIDERACION V.

INCERTIDUMBRE DE LA HORA DE LA MUERTE.

Estote parati, quia qua hora non putatis Filius hominis veniet.

Estad preparados, porque á la hora que no pensais, vendrá el Hijo del hombre.
(Luc. XII. 40.)

PUNTO I.

Es cierto que todos hemos de morir; pero no sabemos cuando moriremos. *Nada hay mas cierto que la muerte* (dice Idiota), *pero nada hay tan incierto como la hora de la muerte* (1). Hermano mio, el año, el mes, el dia, la hora y el momento, en que tú y yo debemos dejar esta tierra y entrar en la eternidad, está ya determinado; pero, nosotros no lo sabemos. Jesucristo nos dice que la muerte vendrá como un ladron oculto durante la noche, á fin de que estemos siempre prevenidos : *Vendrá como un ladron de noche* (2). Y nos exhorta á estar vigilantes, porque en el momento ménos pensado vendrá á juzgar-

---

(1) Nihil certius morte, hora autem mortis nihil incertius.
(2) Sicut fur in nocte, ita veniet. 1. *Thess.* v. 2.

nos (1). Dice S. Gregorio que Dios nos oculta la hora de nuestra muerte para nuestro bien, para que estemos siempre aparejados á morir (2). Y puesto que la muerte puede herirnos en todo tiempo y en todo lugar, si queremos morir bien y salvarnos, es menester, dice S. Bernardo, que estemos siempre esperándola (3).

Cada cual sabe que ha de morir; pero, el mal está en que muchos miran la muerte tan lejana que la pierden de vista. Los viejos mas decrépitos, las personas mas enfermizas se persuaden tener aun tres ó cuatro años de vida. ¡Mas, cuántas muertes súbitas vemos todos los dias! ¡Unos mueren sentándose, otros caminando, estos durmiendo en su lecho! Y sin embargo, ninguna de estas personas creia morir tan de prisa el dia mismo en que fueron sacadas de este mundo. Aun digo mas, de todos los que este año han muerto en su cama ninguno pensaba deber acabar sus dias dentro del año. Pocas muertes hay que no sean imprevistas.

Cuando os tienta el demonio, cristianos, y os provoca á cometer un pecado, con el pretexto de que podréis mañana confesarle, decidle : ¿Y sé yo si este es el último dia de mi vida? Si esta hora, si este momento, en que volveré á Dios las espaldas, fuese el último para mí, y no hubiese tiempo para remediarlo, ¿qué sería de mí en la eternidad? ¿A cuántos pecadores no ha sucedido morir y hundirse en el infierno al momento mismo en que se cebaban en viandas prohibidas, en la ponzoña del pecado? *Como los peces son cazados con el anzuelo... así los hombres son cazados en el tiempo malo* (4). Este tiempo malo es, propiamente hablando, el que emplea el

---

(1) Qua hora non putatis Filius hominis veniet.
(2) De morte incerti sumus, ut ad mortem semper parati inveniamur.
(3) Mors ubique te expectat; tu ubique eam expectabis.
(4) Sicut pisces capiuntur hamo..., sic capiuntur homines in tempore malo. *Eccl.* IX. 12.

pecador en ofender á Dios. El demonio os dice : esta desgracia no tendrá consecuencias: mas, respondedle vosotros : y si las tuviere, ¿qué sería de mí por toda la eternidad?

AFECTOS Y SÚPLICAS.

Señor, el lugar en que yo mereceria estar ahora no es aquel en que actualmente me hallo, sino el infierno, del cual tantas veces me he hecho digno por mis pecados. *El infierno es mi casa* (1). Pero, S. Pedro me responde : *Espera* (el Señor) *con paciencia por amor de vosotros, no queriendo que ninguno perezca, sino que todos se conviertan á penitencia* (2). Vos habeis, pues, tenido conmigo inmensa paciencia, me habeis aguardado, porque no quereis que me pierda, sino que vuelva á vos arrepentido. Sí, Dios mio, á vos vuelvo, á vuestras plantas me arrojo, piedad os pido : *Habed piedad de mí segun vuestra gran misericordia* (3). Muy grande ha de ser, Señor, y muy extraordinaria vuestra misericordia para perdonarme, pues tan á sabiendas os he ofendido. Otros pecadores os han ofendido tambien ; mas, no han sido ilustrados con las luces, que me habeis concedido. Á pesar de esto, vos me mandais arrepentirme de mis pecados, y yo espero vuestro perdon. Sí, dulce Redentor mio, arrepiéntome de todo mi corazon de haberos ofendido, y espero que me perdonaréis en virtud de los méritos de vuestra pasion. Tan inocente como erais, Jesus mio, quisisteis morir como un culpable en una cruz, y derramar vuestra sangre para lavar mis pecados. *Oh sangre*

---

(1) Infernus domus mea est.
(2) Patienter agit propter vos, nolens aliquos perire, sed omnes ad pœnitentiam reverti. 2. *Pet.* III. 9.
(3) Miserere mei, Deus, secundum magnam misericordiam tuam.

inocente, lava los pecados del penitente (1). ¡Oh Padre eterno! perdonadme por amor á Jesucristo; atended sus súplicas ahora que, haciéndose mi intercesor para con vos, os ruega á favor mio. Pero, no me basta el perdon, ó Dios digno de un amor infinito, quiero ademas la gracia de amaros. Yo os amo, ó soberano bien, y de aquí en adelante os ofrezco mi cuerpo, mi alma, mi voluntad, mi libertad. Quiero, en lo sucesivo, evitar no solo las faltas graves, sino hasta las ligeras, y acabar con todas las malas ocasiones. *No nos dejes caer en la tentacion* (2). Libradme por amor á Jesucristo de estas ocasiones, en que me veria á punto de ofenderos. *Mas líbranos, de mal* (3). Libradme del pecado, y castigadme, como quisiereis. Acepto todas las enfermedades, los dolores, las pérdidas que vos me enviareis; me bastará el no perder vuestra gracia y vuestro amor. *Pedid y recibiréis* (4). Vos me prometeis darme cuanto os pidiere : dos gracias, pues, solamente os pido : la santa perseverancia y la gracia de amaros. Ó María, madre de misericordia, rogad por mí, en vos pongo mi confianza.

PUNTO II.

No quiere el Señor ver nuestra perdicion, y no deja de advertirnos que mudemos de vida, ya sea por las amenazas, ya por los castigos : *Si no os convirtiereis, vibrará su espada* (5). Ved, dice en cierto lugar, cuantos infelices, no habiéndose dado por entendidos con esta invitacion, fueron súbitamente segados por la muerte en el

(1) O sanguis innocentis, lava culpas pœnitentis.
(2) Ne nos inducas in tentationem.
(3) Sed libera nos à malo.
(4) Petite, et accipietis.
(5) Nisi conversi fueritis, gladium suum vibrabit. *Ps.* VII. 13.

momento en que no la esperaban, yen que, gozando de perfecta calma, se preciaban de vivir aun largos años : *Porque, cuando* (los malos) *digan paz y seguridad, entónces los sobrecogerá una muerte repentina* (1). Y en otra parte dice tambien : *Si no hiciereis penitencia, todos igualmente pereceréis* (2). ¿Y por qué nos advierte tantas veces ántes de descargar el golpe, sino porque quiere que nos corrijamos, y que evitemos una muerte desdichada? El que clama : *tened cuidado*, no tiene intencion de haceros perecer, dice S. Agustin (3).

Preciso es, pues, preparar cuentas ántes que llegue el dia de arreglarlas. Cristiano, si durante este dia y ántes de la noche próxima debieras morir, y en este corto intervalo debiese quedar decidido el negocio de tu salud eterna, ¿te hallarias preparado? responde. ¿Qué no dieras para obtener de Dios un año mas, un mes, un dia de retardo? ¿Por qué, pues, hoy que Dios te concede este tiempo, no arreglas tu conciencia? ¿No puede ser que este dia sea para ti el último? *No tardes en convertirte al Señor, y no lo dilates de dia en dia : porque su ira vendrá de improviso, y en el tiempo de la venganza te perderá* (4). Para salvarte, has de abandonar el pecado, y si algun dia has de abandonarle, ¿por qué no le abandonas ahora mismo (5)? ¿Aguardas tal vez que se acerque la muerte? Mas, acuérdate que el momento de la muerte no es un tiempo de perdon, sino un tiempo de justa venganza para las almas obstinadas : *En el tiempo de la venganza te perderá.* Si alguno os debe una cantidad de alguna consideracion, tomais la precaucion de

---

(1) Cum enim dixerint pax et securitas, tunc repentinus eis superveniet interitus. 1. *Thess.* v. 3.
(2) Nisi pœnitentiam egeritis, omnes similiter peribitis.
(3) Non vult ferire qui clamat tibi : Observa.
(4) Non tardes converti ad Dominum, et non differas de die in diem : subitò enim veniet ira illius, et in tempore vindictæ disperdet te. *Eccl.* v. 8. *et* 9.
(5) Si aliquando, cur non modo? *S. Aug.*

hacerle firmar un resguardo por escrito, porque decis, ¿quién sabe lo que puede suceder? ¿Pues, por qué no teneis la misma precaucion, cuando se trata de vuestra alma, que ciertamente vale mas que vuestro dinero? ¿Cómo no decis : quién sabe lo que puede suceder? Si perdeis aquella suma, no lo habréis perdido todo, y aunque nada mas os quede de todo vuestro patrimonio, os queda la esperanza de volverle á adquirir; pero, si perdeis vuestra alma con la muerte, entónces lo habréis perdido todo, y ni aun la esperanza tendréis de recobrarla. Buen cuidado teneis de notar los bienes, que poseeis, por temor de perderlos, si sobreviniese una muerte imprevista; y si esta muerte imprevista sobreviniese tambien miéntras estais en desgracia de Dios, ¿qué sería de vuestra alma durante toda la eternidad?

AFECTOS Y SÚPLICAS.

¡Oh Redentor mio! vos habeis derramado todo vuestra sangre, habeis dado vuestra vida para salvar mi alma, y yo la he tantas veces perdido con la esperanza de vuestra misericordia. Si tantas veces me he servido de vuestra bondad, ¿no ha sido para mas ofenderos? Por esto mismo merecia yo que me hicierais morir y me arrojárais al infierno. Nosotros dos hemos combatido á competencia; vos á fuerza de misericordia, yo á fuerza de ofensas; vos viniendo á mí, yo huyendo de vos; vos dándome tiempo de remediar el mal que habia obrado, yo valiéndome de este tiempo para añadir injuria sobre injuria. Señor, dadme á conocer la injuria immensa que os he hecho, y la obligacion que me queda de amaros. ¡Oh Jesus mio! ¿cómo he podido ser tan querido á vuestros ojos, para que hayais venido delante de mí, cuando yo os rechazaba? ¿Cómo habeis podido colmar de gracias un alma, que tantos sinsabores os ha causado? Sí, ya lo veo, es que vos no quereis verme perdido. Yo me arrepiento de todo corazon, de haberos ultrajado, ó bondad infinita; ¡ah! recibid esta oveja ingrata, que vuelve á vuestros piés, herida con el dolor de la contricion. Recibidla, ponedla, sobre vuestros hombres para que no os huya mas. No, yo ya no quiero huir de vos, amaros quiero y ser todo vuestro. Y con tal que pertenezca á vuestro redil, me someto gustoso á todas las penas con que os plazca afligirme. ¿Y qué pena mayor pudiera sobrevenirme que vivir sin vuestra gracia, alejado de vos, que sois mi Dios, que me habeis criado, y que moristeis por mí? Ó malditos pecados, ¿qué habeis hecho? Me habeis puesto en desagrado de mi Salvador, que tanto me amó. ¡Ah! morir yo debiera por vos, ó mi dulce Jesus, como vos moristeis por mí; vos moristeis por amor, yo debiera morir de dolor de haberos ofendido. Acepto la muerte tal como me la enviareis, y cuando venga ; mas, ya que hasta ahora no os he amado, ú os he amado poco, no quiero morir así. Dadme aun vida para que os ame ántes de morir; para esto cambiad mi corazon, heridle, inflamadle en vuestro santo amor : hacedlo, Señor, os lo pido por aquella ardiente caridad, que os llevó á la muerte por mí. Os amo con toda mi alma, que está enamorada de vos. No permitais que os pierda mas. Dadme la santa perseverancia, dadme vuestro amor. María, refugio y madre mia, sed mi abogada y protectora.

PUNTO III.

Estad preparados (1). No nos dice el Señor que nos preparemos, cuando llegue la muerte; nos dice, sí, que estemos preparados para cuando llegue. Es imposible en

(1) Estote parati.

medio de aquella tempestad y confusion arreglar una conciencia enredada.

Este es el lenguaje de la razon. Dios amenaza, cuando anuncia que no vendrá á perdonar sino que vendrá á vengar el desprecio, que se haya hecho de sus gracias. *Á mí me pertenece la venganza : yo pagaré* (1). Nada mas justo, dice S. Agustin, que quien, pudiendo salvarse, no lo hubiere querido, no lo pueda, cuando lo quiera (2). Mas, quizá dirá alguno : ¿Quién sabe? ¿no puede suceder que yo me convierta y me salve? Mas, vosotros ¿os arrojariais en un pozo diciendo : Quién sabe; no puede ser que dejándome caer no muera y viva? ¡Oh Dios! ¿qué es esto? ¡hasta qué punto ciega el pecado nuestro espíritu y nos hace perder la razon! Los hombres hablan con juicio, cuando se trata del cuerpo, pero, á lo loco, cuando se trata del alma.

¡Oh hermano mio! ¿quién sabe si este último punto que lees, será tambien el último aviso que Dios te envia? Apresurémonos, preparémonos á la muerte, no sea que nos coja de improviso. S. Agustin dice que el Señor nos oculta el último instante de nuestra vida, á fin de que cada dia estemos prontos á morir (3). San Pablo nos advierte que hemos de obrar nuestra salud no solo temiendo, sino temblando : *Obrad vuestra salud con temor y con temblor* (4). Cuenta S. Antonino que cierto rey de Sicilia, para manifestar á uno de sus vasallos con cuánto temor se sentaba en el trono, le hizo sentar á su mesa bajo la punta de una espada, que estaba pendiente de un hilo sumamente delgado sobre su cabeza. En tan penosa posicion aquel hombre pudo apénas tomar un poco de alimento. ¿No estamos todos en el mismo peligro? Á cada

(1) Mihi vindicta : et ego retribuam. *Rom.* XII. 19.
(2) Justa pœna est ut qui recta facere, cum posset, noluit, amittat posse cum velit. *Lib.* 3. *de lib. arb.*
(3) Latet ultimus dies, ut observentur omnes dies. *Hom.* 13.
(4) Cum metu et tremore vestram salutem operamini. *Philipp.* II. 12.

momento puede caer sobre nosotros la cuchilla de .a muerte, de donde pende nuestra eterna salud.

Se habla de eternidad : *Si el madero cayere hácia el Austro, ó hácia el Aquilon, en cualquier lugar que cayere, allí quedará* (1). Si, cuando venga la muerte, nos hallamos en estado de gracia, ¡oh! ¡cuán pura será la alegría del alma! entónces ella podrá decir : todo lo tengo asegurado, no puedo ya perder á mi Dios, venturosa seré para siempre. Mas, si nos hallamos en pecado, no será una desesperacion para nosotros haber de exclamar: *¡Erramos, pues* (2)! es decir, ¡me he engañado, y no puedo hallar remedio á mi error! Este temor es el que hacia decir al venerable P. M. Avila, apóstol de España, cuando se le anunció que iba á morir : *¡Oh! ¡si tuviera un poco mas de tiempo para prepararme á la muerte!* Al abad Agaton, que moria despues de haber hecho penitencia muchos años : *¡Qué será de mí! ¿Quién sabe los juicios de Dios?* S. Arsenio temblaba tambien á la proximidad de la muerte; y como sus discípulos le preguntasen el motivo : hijos mios, les respondió, no es esta la primera vez que he sentido este temor, que conservé siempre á cada instante de mi vida. Mas, nadie ha temblado como Job : *¿Qué haré*, dice, *cuando Dios se levante para juzgarme? ¿y qué le responderé, cuando me interrogue* (3) ?

AFECTOS Y SÚPLICAS.

¡Oh Dios mio! ¿hubo acaso alguno que me haya amado mas que vos, y que os haya mas despreciado y

---

(1) Si ceciderit lignum ad austrum, aut ad aquilonem, in quocumque loco ceciderit, ibi erit. *Eccl.* XI. 3.
(2) Ergo erravimus!
(3) Quid faciam, cum surrexerit ad judicandum Deus? Et cum quæsierit, quid respondebo illi?

mas injuriado que yo? ¡Oh sangre, oh llagas de Jesus! vosotras sois mi esperanza. Padre eterno, no mireis mis pecados : mirad mas bien las llagas de Jesucristo, mirad vuestro Hijo muy amado, que muere de dolor por mí y que os ruega que me perdoneis. Yo me arrepiento, ó Criador mio, de haberos ofendido, y este pensamiento me llena de desconsuelo. Vos me habeis criado para que os ame, y yo he vivido, como si no hubiese sido criado sino para ofenderos. Por amor á Jesucristo, perdonadme, y hacedme la gracia de que yo os ame. Si ántes quise resistir á vuestra voluntad, no quiero ya mas resistir en adelante, y quiero obedeceros puntualmente. Me mandais que deteste los ultrajes de que os he colmado ; pues yo los detesto con todo mi corazon. Me mandais que resuelva nunca mas ofenderos ; pues yo hago el firme propósito de perder mil veces la vida ántes que vuestra gracia. Me ordenais que os ame de todo corazon ; yo os amo, pues, de todo mi corazon y no quiero amar sino á vos ; en adelante vos seréis el único amado de mi corazon, mi único amor. Pídoos la perseverancia, y espero me la concederéis por amor á Jesucristo : haced que os sea siempre fiel, y que pueda deciros siempre con S. Buenaventura : *Uno solo es mi querido, uno solo es mi amor* (1). No, no quiero ya mas en mi vida daros el menor disgusto ; no deseo sino gemir por los que hasta ahora os he dado, y no apetezco sino amaros. María, madre mia, vos que rogais por cuantos á vos se recomiendan, rogad tambien á Jesus por mí.

(1) Unus est dilectus meus, unus amor meus.

CONSIDERACION VI.

MUERTE DEL PECADOR.

> *Angustia superveniente, pacem requirent, et non erit; conturbatio super conturbationem veniet.*
>
> Sobreviniendo la aflicción, buscarán la paz y no la habrá; turbacion sobre turbacion vendrá. (Ezech. VII. 25.)

PUNTO I.

Los pecadores rechazan la memoria y el pensamiento de la muerte, y creen hallar la paz (aunque esta jamas les llega) viviendo en el pecado. Mas, cuando se hallaren luchando con las angustias de la muerte, y cerca de entrar en la eternidad: *Sobreviniendo la aflicción, buscarán la paz y no la habrá* (1); entónces, no pudiendo huir del tormento de su conciencia, buscarán la paz; pero ¿cuál es la paz que puede hallar un alma cargada de faltas, que la desgarran como otras tantas víboras? ¿De qué paz puede disfrutar, cuando se ve á punto de comparecer á la presencia de Jesucristo, el juez soberano, cuyas órdenes y amistad despreció hasta aquel en-

(1) Angustia superveniente, pacem requirent, et non erit

tónces? *Turbacion sobre turbacion vendrá* (1). La nueva de su muerte, el pensamiento de que va á dejar para siempre todo lo de este mundo, los remordimientos de conciencia, el tiempo perdido, el tiempo que falta, el rigor del juicio de Dios, la infeliz eternidad reservada á los pecadores, todo esto unido ¿no formará como una especie de tempestad horrorosa, que abrumará y estremecerá el espíritu del pecador, y aumentará su desconfianza? Agobiado así de confusion y de desconfianza, pasará el pecador á la otra vida.

Abrahan, confiando en la palabra divina, adquirió mucho mérito esperando en Dios contra toda esperanza humana: *Creyó en esperanza contra esperanza* (2). Mas, los pecadores al contrário, cuando esperan, desmerecen, porque esperan sin razon, no solo contra toda esperanza, sino contra la fe, pues desprecian las amenazas, que hace Dios á los obstinados. Temen tener una mala muerte, pero no temen llevar desarreglada vida. ¿Y quién les asegura, de otra parte, que no morirán de repente, de la herida de un rayo, de un acceso de gota, de un ataque de sangre? Doce años tuvo que combatir S. Agustin para vencer sus malas inclinaciones. ¿Y cómo un moribundo, que ha tenido casi siempre manchada la conciencia, podrá fácilmente hacer una sincera conversion en medio de los dolores, de los vahidos de cabeza y de la confusion de la muerte? He dicho una *conversion sincera*, porque no basta entónces decir y prometer, es preciso mas, que el corazon participe de ello. ¡Oh Dios! ¡cuál será el terror de este pobre enfermo, que ha descuidado su conciencia, cuando se vea abrumado de pecados, y rodeado del temor del juicio, del infierno y de la eternidad! ¡Cuán revueltos y trastornados estarán sus pensamientos, cuando se hallare desvanecido, sin tener sino ideas confusas, y debilitado

---

(1) Conturbatio super conturbationem veniet.
(2) Contra spem in spem credidit. *Rom.* IV. 18.

por los dolores de una muerte que se aproxima! Se confesará, hará promesas, pedirá á Dios misericordia, pero sin saber lo que se hace, y en medio de esta fluctuacion de agitaciones, de remordimientos, de inquietudes y de tormentos pasará á la otra vida : *Serán conturbados. los pueblos, y pasarán* (1). Un autor ha dicho con razon que las súplicas, los gemidos y las promesas del pecador moribundo son como las del que se ve asaltado por el enemigo, que le tiene el puñal en el cuello para arrancarle la vida. ¡Miserable del que cae enfermo en desgracia de Dios, y que pasa del lecho á la eternidad!

AFECTOS Y SÚPLICAS.

¡Oh llagas de Jesus! vosotras sois mi esperanza. Yo desesperaba del perdon de mis pecados y de mi salud eterna, y no me dirigia á vos, fuente de piedad y de gracia, por las cuales ha derramado Dios toda su sangre para lavar mi alma de tantas faltas como he cometido. Yo os adoro, pues, ó sacrosantas llagas, y en vosotras pongo toda mi confianza. Mil veces detesto y maldigo los indignos placeres, por los cuales he desechado mi Redentor, y perdido miserablemente su amistad. Mas, al fijar en vos mis ojos, concibo esperanza, y vuelvo hácia vos mi afecto. ¡Oh mi dulce Jesus! Vos mereceis que todos los hombres os amen de todo corazon. Mas, yo os he ofendido tanto, y he despreciado vuestro amor, y á pesar de esto vos me habeis sufrido, é invitado á buscar el perdon. ¡Ah! ¡Salvador mio! no permitais que yo os ofenda mas y que me condene. ¡Oh Dios! ¡qué tormento sufriria yo en el infierno al ver vuestra sangre y los actos de misericordia, que por mí habeis hecho? yo os amo, y quiero amaros siempre. Dadme pues la perseverancia,

---

(1) Turbabuntur populi, et pertransibunt. *Job* XXXIV. 20.

desasid mi corazon de todo lo que no sois vos, y hacedme concebir un verdadero deseo, hacedme tomar una resolucion sincera de amaros en adelante únicamente, vos que sois el soberano bien.

Ó madre mia María, haced que me una á Dios y que sea suyo sin reserva ántes de morir.

PUNTO II.

No una sino muchas serán las angustias del pobre pecador moribundo. Por un lado será atormentado por los demonios. Al acercarse la muerte, estos temibles enemigos despliegan todas sus fuerzas para perder las almas que dejan esta vida. Conocen que les queda poco tiempo para ganarlas, y que, si las pierden entónces, no podrán lograrlas jamas : *Descendió el diablo á vosotros con grande ira, sabiendo que tiene poco tiempo* (1). Entónces no será uno solo el demonio que le tentará; habrá un número infinito, que se echarán sobre él para perderle : *Las casas de ellos se llenarán de dragones* (2). El uno .e dirá : Nada temas, pues curarás. Le dirá el otro : ¡Y qué! ¿tú te has hecho sordo á la voz de Dios por tantos años, y ahora quisieras recurrir á su misericordia? Otro añadirá : ¿Cómo podrás resarcir estos daños, que ocasionaste? ¿como volver tal fama, que quitaste! Otro finalmente le dirá : ¿No ves que son nulas todas tus confesiones, que no tuviste dolor de tus pecados, que nunca hiciste propósito eficaz? ¿cómo podrás ahora rectificarlas?

Por otro lado el moribundo se verá rodeado de sus pe-

(1) Descendit diabolus ad vos habens iram magnam, sciens quod modicum tempus habet. *Apoc.* XII. 12.
(2) Replebuntur domus eorum draconibus. *Is.* XIII. 21.

cados : *Alvaron injusto le cazarán males sin cuento*(1).
Estos pecados, como otros tantos satélites, dice S. Bernardo, le tendrán estrechamente cercado, y le dirán : *Obra tuya somos, no te dejaremos* (2); es decir, obra tuya somos, y no te queremos dejar; te seguiremos en la otra vida, y contigo nos presentaremos delante del eterno Juez. Entónces el moribundo querrá deshacerse de estos crueles enemigos; mas para librarse de ellos sería menester aborrecerlos, fuera indispensable convertirse á Dios de todo corazon. No obstante, el espíritu está lleno de tinieblas, y endurecido el corazon : *El corazon duro lo pasará mal al último* : *y quien ama el peligro, perecerá en él* (3). Dice san Bernardo que el corazon, que se ha obstinado en obrar el mal durante la vida, hará esfuerzos para salir del estado de condenacion; pero, que no podrá librarse de él, y acabará su vida oprimido por el mismo estado de malicia. Habiendo amado el pecado, amaba tambien el peligro, que corria de condenarse, y el Señor permitirá justamente que perezca en este mismo peligro, en que ha querido vivir hasta la muerte. S. Agustin añade, que quien espera, para abandonar el pecado, que el pecado le abandone, difícilmente le detestará, como debiera, al acercársele la muerte, pues todo lo que hagá entónces, lo hará á la fuerza (4).

¡Cuán miserable es el pecador endurecido, que resiste á la voz divina! *Su corazon se endurecerá como piedra, y se apretará como yunque de martillador* (5). ¡Ingrato! ¡en vez de rendirse y dejarse enternecer á la voz de Dios, se endurece mas todavía, como se endurece el ayun-

(1) Virum injustum mala capient in interitu. *Psalm.* CXXXIX. 12.
(2) Opera tua sumus; non te deseremus.
(3) Cor durum habebit male in novissimo; et qui amat periculum, in illo peribit. *Eccl.* III. 27.
(4) Qui prius a peccato relinquitur, quam ipse relinquat non bibere, sed quasi ex necessitate condemnat.
(5) Cor ejus endurabitur tamquam lapis, et stringetur quasi malleatoris incus. *Job* XLI. 15.

que debajo del martillo! En castigo de esto duro se encontrará tambien en la hora de la muerte, aun en el trance de pasar á la eternidad (1). Los pecadores, dice el Señor, me han vuelto la espalda por el amor á las criaturas : *Me volvieron las espaldas y no la cara, y en el tiempo de su angustia dirán : Levántate y líbranos.* — ¿*En dónde están tus dioses*, responderé yo, *que hiciste para ti? que se levanten y te libren* (2). Los desdichados en la muerte recurrirán á Dios y Dios les dirá : ¿ahora recurris á mí? llamad, llamad las criaturas á vuestro auxilio, ya que ellas han sido vuestros dioses. Asi los hablará el Señor, pues no recurrirán á él con un sincero sentimiento de conversion. Decia S. Jerónimo que él tenia por cosa cierta y de que se hallaba convencido por experiencia, que quien lleva mala vida hasta el fin de sus dias, no puede hacer un fin bueno (3).

AFECTOS Y SÚPLICAS.

¡Oh Salvador mio! ayudadme, no me abandoneis : veo mi alma toda cubierta de pecados. Las pasiones me violentan, los malos hábitos me oprimen, yo me arrojo á vuestros piés; tened piedad de mí y libradme de tantos males. *En ti, Señor, he esperado, no quede yo corrido para siempre* (4). No permitais que se pierda un alma, que en vos confía. *No abandones á las bestias infernales un alma, que te confiesa* (5). Me arrepiento

(1) Cor durum habet male in novissimo.
(2) Verterunt ad me tergum, et non faciem, et in tempore afflictionis suæ dicent : Surge et libera nos. Ubi sunt dii tui, quos fecisti tibi? Surgant et liberent te. *Jer.* II. 27.
(3) Hoc teneo, hoc multiplici experientia didici, quod ei non bonus est finis, cui mala semper vita fuit. *In Epist. Eusebii ad Dam.*
(4) Iu te, Domine, speravi, non confundar in æternum.
(5) Ne tradas bestiis animam confitentem tibi.

— 72 —

de haberos ofendido, ó infinita bondad : yo he cometido el mal, lo confieso; quiero corregirme á todo precio; pero, si vos no me socorreis con vuestra gracia, perdido soy. Aceptad, Jesus mio, acoged á este rebelde, que tanto os ha ultrajado. Pensad que yo os he costado la sangre y la vida. Por los méritos de vuestra pasion y de vuestra muerte, recibidme en vuestros brazos, y dadme la santa perseverancia. Perdido era ya, y vos me habeis llamado : no quiero resistir mas; me consagro á vos, ligadme con vuestro amor, y no permitais que yo vuelva á perderme, perdiendo vuestra gracia. ¡Oh mi Jesus! no lo permitais. Ó María, reina mia, no lo permitais : alcanzadme la gracia de morir mil veces ántes que perder de nuevo la gracia de vuestro divino Hijo.

PUNTO III.

¡ Cosa admirable por cierto! Dios no hace al pecador otra amenaza sino la de una mala muerte : *Entónces me llamarán, y no oiré* (1). — *¿Por ventura oirá Dios su clamor, cuando viniere sobre él la angustia* (2) ? — *Me reiré en vuestra muerte, y os escarneceré* (3). — *Reirse de Dios es negar su misericordia* (4). — *Mia es la venganza, y yo les daré el pago á su tiempo, para que resbale su pié* (5). Lo mismo dice en otros pasajes; y los pecadores viven tranquilos, llenos de seguridad, como si Dios les hubiese prometido concederles en la muerte el perdon y el cielo. Verdad es, no hay duda, que, sea cual

(1) Tunc invocabunt me, et non exaudiam. *Prov.* I. 28.
(2) Numquid Deus exaudiet clamorem ejus, cum venerit super eum angustia ? *Job* XXVII. 9.
(3) In interitu vestro ridebo, et subsannabo. *Prov.* I. 26.
(4) Ridere Dei est nolle misereri. *S. Greg.*
(5) Mea est ultio, et ego retribuam eis in tempore, ut labatur pes eorum. *Deut.* XXXII. 35.

fuere la hora en que el pecador se convierta, Dios ha ha prometido perdonarle; mas, no ha dicho que el pecador se convertirá á la hora de la muerte; ántes ha protestado mil veces, muy al contrário, que el que vive en el pecado, morirá tambien en el pecado : *Moriréis en vuestro pecado* (1). — *Moriréis en vuestros pecados* (2). Ha dicho que quien le busque en la hora de la muerte, no le encontrará : *Me. buscaréis, y no me hallaréis* (3). Preciso es, pues, buscar á Dios, cuando podemos encontrarle : *Buscad al Señor miéntras puede ser hallado* (4). Sí, pues, vendrá un tiempo en que no podremos hallarle. ¡Infelices pecadores! ¡pobres ciegos, que se lisonjean de convertirse á la hora de la muerte, cuando ya no será tiempo! Dijo S. Ambrosio: *Los implos jamas aprendieron á obrar bien, sino cuando ya no es tiempo* (5). Dios quiere que nos salvemos todos, pero castiga á los obstinados.

Si un infeliz, estando en pecado, acabase de ahogarse, quedando sin sentido, ¡qué compasion excitaria en el alma de los que le vieran morir sin sacramentos, y sin que diese señal alguna de arrepentimiento ! ¡ Qué satisfaccion causaria despues si este hombre, volviendo en sí, pidiese la absolucion é hiciese actos de un corazon contrito! Mas ¿no es un loco, el que, teniendo tiempo para hacer todo esto, lo descuida y permanece en el pecado? ¿No es un insensato el que peca, á pesar de todo esto, y que se pone en el riesgo de morir sin saber si tendrá tiempo de arrepentirse? Cuando vemos morir alguno repentinamente, nos aterrorizamos, y no obstante ¡cuántos se exponen voluntariamente á morir, y á morir en el **pecado!**

(1) In peccato vestro moriemini. *Jo.* VIII. 21.
(2) Moriemini in peccatis vestris. *Ibid.* 24.
(3) Quæritis me, et non invenietis. *Jo.* VII. 34.
(4) Quærite Dominum dum inveniri potest. *Is.* LV. 6.
(5) Impii nusquam didicerunt benefacere, nisi cum non est tempus benefaciendi.

Peso y balanza son los juicios del Señor (1). Nosotros no ponemos en cuenta las gracias, que nos hace el Señor, pero Dios las cuenta y las mide. Cuando ve que se le han despreciado hasta un límite determinado, abandona al pecador en su pecado y le hace morir así; y este miserable resuelve desde entónces diferir la penitencia para la muerte. *Enferma es la penitencia de un enfermo* (2), dice S. Agustin. San Jerónimo dice que de cien mil pecadores, que viven en pecado hasta la muerte, apénas se salvará uno (3). S. Vicente Ferrer dice que, si uno de estos pecadores se salvase, sería un milagro mayor que si resucitase un muerto (4). ¡Qué dolor, qué contricion quiere concebir en la hora de la muerte el que hasta entónces vivió hundido en la culpa! Cuenta Belarmino que habiendo ido un dia á asistir á un moribundo, y habiéndole exhortado á hacer un acto de contricion, le respondió este que no sabía lo que era contricion. Belarmino probó el explicárselo, mas el enfermo le contestó: Padre mio, no os entiendo, mi cabeza no está para estas cosas. Y asi murió, *dejando indicios bastante fundados de su condenacion* (5), como dice Belarmino. Castigo, dice S. Agustin, que muy justamente descarga sobre el pecador; pues, el que olvidó á Dios durante su vida, debe olvidarse de sí en la muerte (6).

No querais errar, nos dice el Apóstol; *Dios no puede ser burlado. Porque aquello que sembrare el hombre, eso tambien segará. Y así el que siembra en su*

---

(1) Pondus et statera judicia Domini sunt. *Prov.* XVI. 11.
(2) Pœnitentia quæ ab infirmo petitur, infirma est. *Serm.* 57. *de temp.*
(3) Vix de centum millibus, quorum mala vita fuit, meretur in morte à Deo indulgentiam unus. S. H.er. *in epist.* Euseb. *de morte ejusd.*
(4) Majus miraculum est, quod male viventes faciant bonum finem, quam suscitare mortuos. *Serm.* 1 *de nat. Virg.*
(5) Signa damnationis suæ satis aperta relinquens.
(6) Æquissime percutitur peccator, ut moriens obliviscatur sui, qui vivens oblitus est Dei *Serm.* 10. *de Sanct.*

carne, de la carne segará su corrupcion (1). Sería burlarse de Dios, vivir en el desprecio de sus leyes, y despues recoger de semejante conducta una recompensa y la gloria eterna; pero, *Dios no puede ser burlado.* Lo que se siembra en esta vida, se coge en la otra El que acá en la tierra no siembra sino placeres carnales, no recoge sino corrupcion, miseria y muerte eterna. Cristiano, lo que para los otros se dice, se dice tambien para ti. Díme, si te hallases en el instante de morir, desahuciado de los médicos, sin el uso de los sentidos, y reducido á la agonía, ¿qué súplicas no dirigirias á Dios para que te concediese un mes, una semana mas, para arreglar las cuentas de tu conciencia? Pues bien, Dios te concede ahora este tiempo. Dale gracias, repara lo mas presto posible el mal, que has hecho, y toma todas las medidas para volver al estado de gracia ántes de que venga la muerte, pues entónces no será tiempo de pensar en ello.

AFECTOS Y SÚPLICAS.

¡Ah Dios mio! ¿quién sino vos hubiera tenido toda la paciencia, de que conmigo habeis usado? Si vuestra bondad no hubiese sido infinita, yo temiera por mi perdon; mas, yo trato con un Dios, que murió para perdonarme y para salvarme. Vos me mandais esperar, y yo quiero esperar. Si mis pecados me espantan y me condenan, danme valor vuestros méritos y vuestras promesas. Vos habeis prometido la vida de vuestra gracia al que vuelva á vuestros brazos: *Convertíos y vivid* (2). Habeis prometido abrazar al que corra hácia vos: *Volveos*

---

(1) Nolite errare, Deus non irridetur. Quæ enim seminaverit, homo, hæc et metet. Quoniam qui seminat in carne sua, de carne et metet corruptionem. *Galat.* VI. 7.
(2) Revertimini, et vivete. *Ez.* XVIII. 32.

— 76 —

á mí, y yo me volveré á vosotros (1). Habeis dicho qu
no sabriais despreciar al que se humilla y se arrepiente:
*Al corazon contrito y humillado no lo despreciarás, o
Dios* (2). Aquí me teneis, Señor, á vos vuelvo; á vuestros
brazos me arrojo: veo que mil veces he merecido el infierno; mis entrañas se parten de dolor por haberos
ofendido: yo os prometo firmemente no volver á ofenderos y querer siempre amaros. ¡Ah! no permitais que
sea yo ingrato á tantas bondades. Padre eterno, por los
méritos y por la obediencia de vuestro Hijo, que murió
por obedeceros, haced que yo os obedezca hasta la muerte. Yo os amo, ó soberano bien, y por el amor que os
tengo, quiero en todo obedeceros. Dadme la santa perseverancia; dadme vuestro amor; nada mas os pido. Madre mia, María, interceded por mí.

(1) Convertimini ad me, et convertar ad vos *Zach.* I. 3.
(2) Cor contritum et humiliatum Deus non despicies. *Ps.*
L. 19.

CONSIDERACION VII.

SENTIMIENTOS DE UN MORIBUNDO PRESUNTUOSO QUE HA PENSADO POCO EN LA MUERTE DURANTE SU VIDA.

Dispone domui tuæ, quia morieris tu, et non vives.
Dispon de tu casa, porque morirás tú, y no vivirás.
(Is. xxxvIII. 1.)

PUNTO I.

Figuraos estar junto á un enfermo al que quedan pocos instantes de vida. ¡Pobre enfermo! Ved como sufre, como está desvanecido, como se sofoca, como le va faltando la respiracion, como va corriendo un frio sudor por todo su cuerpo, como va perdiendo sus fuerzas y sentidos, que apénas conoce y habla; pero, su mayor desgracia, la que mas le atormenta, es el hallarse cercano á morir. En vez de pensar en su alma y de arreglar sus cuentas para la eternidad, no piensa sino en médicos y en remedios á fin de curar de su enfermedad y de calmar los dolores que le matan. *No son capaces de pensar sino en sí mismos* (1), dice S. Lorenzo Justiniani, al hablar de tales moribundos. Quizá se hallará á lo ménos

(1) Nihil aliud quam de se cogitare sufficiunt.

entre sus parientes ó amigos alguno que le advierta el peligro, en que se halla: pero no, de todos sus parientes, de todos sus amigos no hay uno que tenga valor para anunciarle la proximidad de la muerte, y de aconsejarle que reciba los sacramentos: todos se niegan á hablarle para no infundirle temor. (¡Oh Dios mio! gracias os doy ahora por haber dispuesto que en mis últimos momentos me vea asistido por los hermanos de la Congregacion á que pertenezco, los cuales, no teniendo otro interes que pensar en mi salud, me ayudarán todos á tener una buena muerte.)

Pero, á pesar de todas las precauciones, aunque nada se diga al enfermo del peligro en que se halla, cuando este ve revuelta su familia, las repetidas visitas de los médicos, y que los remedios, que se le administran, son seguidos y violentos, el pobre moribundo cae en la confusion, queda aterrado por los asaltos continuos de temor, de remordimientos, de desconfianza, y se dice á sí mismo: ¡Oh! ¿quién sabe si ha llegado ya el término de tu vida? ¡Y cual será el sentimiento del enfermo, cuando oye por fin la intimacion de su muerte! *Dispon de tu casa, porque morirás tú, y no vivirás.* Qué congoja la suya, cuando se le diga: Señor, vuestra enfermedad es mortal; convendria que recibierais los sacramentos, que os unieseis á Dios, y que os despidierais de este mundo. ¡Despedirse de este mundo! ¡Qué! ¿abandonarlo todo? ¿esta casa, esta ciudad, estos parientes, estos amigos, estas reuniones, estos juegos, estos placeres?... Sí, todo esto. Llegó ya el notario, y escribe esta fórmula de abandono: *Yo dejo, dejo.* Y consigo ¿qué es lo que lleva? un andrajo miserable que dentro de poco habrá de pudrirse con él en la tumba.

¡Oh! ¡qué melancolía y turbacion se apoderará del corazon moribundo, al ver que sus domésticos derraman lágrimas, que los amigos, que le rodean, guardan silencio, que ni aliento tienen para hablar! Pero, lo que mas le afligirá, es sentirse devorado por los remordimientos de conciencia, que despertarán con tanta mas fuerza, cuanto mas haya sido desordenada su vida. Despues de tantos llamamientos, despues de tantas luces, despues de tantos avisos dados por los padres espirituales, despues de tantas resoluciones tomadas, pero descuidadas ó infructuosas, dirá entónces: ¡Oh miserable de mí! ¡que tantas luces he recibido de Dios, que tanto tiempo tuve para arreglar mi conciencia y no lo hice, y ahora me hallo en el instante de la muerte! ¿Qué me hubiera costado huir aquella ocasion, romper con aquella amistad, confesarme cada semana? y aun cuando me hubiese costado mucho, ¿no debia yo hacerlo todo para salvar mi alma, que á todo debia ser preferida? ¡Oh! ¡si yo hubiese practicado tal resolucion que tomé, si hubiese continuado como tal dia empecé, qué contento me hallaria ahora! ¡mas, no lo hice, y no puedo volver atras! Los sentimientos de estos moribundos, que descuidaron su conciencia durante la vida, se parecen á los que experimentan los condenados en el infierno, que gimen en vano y sin sacar el menor alivio sobre los pecados, que son la causa de sus tormentos.

AFECTOS Y SÚPLICAS.

Señor, si en este mismo momento se me trajese la noticia de mi cercana muerte, ved que dolorosas angustias sentiria mi corazon. Gracias os doy por haberme dado á conocer lo terrible de aquel instante, y de darme el tiempo suficiente para enmendarme. No, mi Dios, no quiero huir mas de vos; harto habeis venido á buscarme para conducirme á vuestro redil. Temer debiera ahora que, no volviendo á vos, ó resistiéndome por mas tiempo, me abandonariais enteramente. Vos me disteis un corazon para amaros, y yo le he empleado en usos perversos: amado he á las criaturas, y no os he amado á vos, Criador y Redentor mio, que disteis vuestra vida por mi amor. En vez de amaros, os he vuelto el rostro atras: sabiendo que os disgustaba el pecado, no vacilé en cometerle. ¡Oh Jesus mio! de ello me arrepiento, por ello se parte de pena mi corazon: mudar quiero de vida: renuncio á todos los placeres del mundo para no amar sino á vos, para no agradar sino á vos, ¡oh Dios de mi alma! Grandes muestras de amor me habeis dado, y yo quisiera daros otras por mi parte ántes de morir. Desde ahora en adelante acepto todas las enfermedades, todas las cruces, todos los desprecios, todos los disgustos, que me restan que sufrir de parte de los hombres; dadme fuerza para soportarlos con aquella paz, que yo deseo por amor á vos. Yo os amo, bondad infinita: yo os amo, ó bien supremo: inflamadme, abrasadme con vuestro amor, y dadme la santa perseverancia. María, mi esperanza, rogad á Jesus por mí.

PUNTO II.

¡Oh! cuánto mas claras y evidentes brillan y aparecen en los momentos de la muerte las verdades de la fe! ¡Cuán terribles son los tormentos, que siente el moribundo, que mal ha vivido, sobre todo si es una persona consagrada á Dios, que haya tenido para servirle mas tiempo, mas ejemplos, mas inspiraciones y mas libertad! ¡Oh Dios! ¡qué dolor, qué amargo dolor, cuando se diga á sí misma: Yo he advertido á los demas, y he obrado peor que ellos, he abandonado al mundo, y despues me he unido á los placeres, á la vanidad, al amor del mundo! ¡Qué crueles remordimientos, cuando reflexione que un pagano se hubiera vuelto santo, si hubiese recibido todas las luces, de que ella ha abusado! ¡Qué pesar, cuando se acuerde haber despreciado las prácticas piadosas, como actos de debilidad de espíritu, que ha seguido ciertas máximas mundanas, que ha favorecido su amor propio, que ha puesto complacencia en sí misma, que ha sido solícita en no dejarse aventajar, en no sufrir, y en no gozar de todas las diversiones y placeres que se presentaban!

El deseo de los pecadores perecerá (1). ¡Con qué afan se deseará en el momento de la muerte este tiempo, que ahora se desperdicia! Notad lo que cuenta S. Gregorio en sus diálogos de un cierto Crisantio, hombre rico, que habia tenido malas costumbres. Tendido en el lecho de muerte, y dirigiéndose á los demonios, que se acercaban para prenderle, exclamaba: *Dadme tiempo, dadme tiempo hasta mañana.* Pero, le respondian los demonios: ¡Insensato! ¿ahora pides tiempo? ¿Tú que tuviste tanto y lo has perdido, tú que lo pasaste en cometer el pecado, pides ahora tiempo? No hay ya mas tiempo para ti. Pero, el infeliz continuaba gritando siempre y pidiendo socorro. Tenía junto á sí un hijo, llamado Máximo, que habia abrazado la vida monástica. Hijo mio Máximo, le decia, ayúdame; Máximo, ayúdame; y pronunciando estas palabras, su cuerpo inflamado iba dando vueltas por toda la extension del lecho, hasta que dió por fin el alma en medio de agitaciones horribles y gritos desesperados.

¡Oh! ¡ved, pues, como estos insensatos, que aman su locura, miéntras viven, abren los ojos y confiesan su locura en el momento de la muerte! Mas, esto solo les sirve para aumentar su desconfianza y hacerles desesperar de poder ya mas resarcir el mal, que han hecho. Y muriendo así, dejan para los vivos muy incierta su salvacion. ¡Oh hermano mio! persuádome que, miéntras lees este punto, te dices á ti mismo: No hay duda, esto es verdad. Pues ya que es verdad, ¿serás tan desdichado, tan loco, que no te corrijas á tiempo, conociendo todas estas verdades? Lo que acabas de leer, sería para ti en la hora de la muerte un nuevo cuchillo de dolor.

(1) Desiderium peccatorum peribit. *Ps.* cxi. 10.

Valor, pues, ya que teneis tiempo para evitar tan terrible muerte: remediadlo sin perder momento, no espereis otro instante mas oportuno. No lo difirais á otro mes, á otra semana. ¿Quién sabe si esta luz, que Dios por su misericordia os concede, será la última, si será este el último clamor, que de él escuchareis? Mucha ceguera hay sin duda en no querer pensar en la muerte, cuando se sabe su certeza; y se sabe tambien que de ella depende la eternidad; pero, mucha mayor obcecacion es todavía el pensar en ello y no prepararse. Haced ahora las reflexiones, y tomad las resoluciones como si os hallareis en aquel momento. Lo que hagais ahora, lo haréis con fruto, y entónces será en vano. Hoy tendréis la confianza de que os salvaréis, y entónces temeréis por vuestra salud. Preguntaba un dia el emperador Cárlos V á uno de sus gentiles hombres, que se despedia de él y abandonaba la corte para consagrarse á Dios, ¿por qué obraba así? Y él le respondió: Señor, porque para salvarse necesita absolutamente que haya un intermedio de penitencia entre una vida desordenada y el momento de morir.

AFECTOS Y SÚPLICAS.

No, Dios mio, no quiero engañarme mas á mí mismo, descansando demasiado en vuestra misericordia. Gracias os doy por la luz que ahora me enviais, y os prometo mudar de vida. Ya veo que vos no podeis aguantar mas el peso de mis culpas. ¿Y por qué he de aguardar que me arrojeis al infierno, ó que me abandoneis á una vida reprobada, lo cual sería un castigo peor que la muerte misma? Arrójome á vuestras plantas: recibidme en vuestra gracia. Ya veo que soy indigno de este favor, pero vos habeis dicho: *En cualquier dia que el impío se convirtiere, la impiedad no le dañará* (1). ¡Ah! si

(1) Impietas impii non nocebit ei, in quacumque die conversus fuerit. *Ez.* xxxiii. 12.

en lo pasado, ó mi Jesus, he ofendido á vuestra infinita bondad, me pesa de todo mi corazon, y espero que vos me perdonaréis. ¡Ah! no permitais, os diré con S. Anselmo, que mi alma se pierda por sus propios pecados, pues vos la habeis redimido con vuestra sangre. No mireis mi ingratitud : ved mas bien el amor que os hizo morir por mí. Si yo he perdido vuestra gracia, vos no habeis perdido el poder de restituirme á ella. Habed pues piedad de mí, Redendor mio. Perdonadme y dadme la gracia de amaros, pues en adelante prometo no amar sino á vos. Entre tantas criaturas posibles, á mí me escogisteis para que os amase : yo, pues, quiero libremente amaros sobre todo cuanto hay. Vos me habeis precedido cargado con la cruz, y yo quiero seguiros siempre con esta misma cruz, que vos me haréis llevar, cuando me toque. Abrazo desde ahora todas las mortificaciones y todas las penas que gusteis enviarme, y con tal que no me priveis de vuestra gracia, ya me basta, ya estoy satisfecho. María, esperanza mia, alcanzadme la perseverancia y la gracia de amar á Dios : nada mas os pido

PUNTO III.

El moribundo, que haya descuidado el bien de su alma durante su vida, hallará espinas en todos los objetos que se vayan presentando á sus ojos y á su pensamiento. Espinas en el recuerdo de las diversiones y frivolidades á que se habrá entregado, y de las pompas con que se habrá envanecido; espinas en los amigos que vendrán á visitarle, y en todo lo que le traerán á la memoria; espinas en los padres espirituales que le asistirán; espinas en los sacramentos que deberá recibir, en la confesion, en la comunion, en la extremauncion; espinas hasta en el Crucifijo que se le presente, pues verá en esta imágen cuán mal ha correspondido al amor de un Dios muerto para salvarle.

¡Insensato de mí, dirá entónces el pobre enfermo, yo pudiera haberme hecho un santo con solo aprovechar todas las luces y todos los medios que Dios ha puesto en mis manos! Yo podia llevar una vida dichosa, viviendo en gracia con Dios; y ahora, ¿qué me resta de tantos años como he perdido? Tormentos, desconfianzas, temores, remordimientos de conciencia, y cuentas terribles que dar á Dios. Y todavía, ¡cuán difícil será que me salve! — ¡Y cuando usará de este lenguaje? Cuando la lámpara de su vida esté para extinguirse por falta de aceite, cuando se halle en el momento de acabar para siempre la escena de este mundo; cuando se halle á presencia de dos eternidades, la una feliz, la otra desdichada; cuando esté para exhalar el último suspiro del que depende su dicha ó su desesperacion, que será eterna como Dios. ¡Á qué precio comprara entónces un año, un mes, ó á lo ménos una semana de dilacion y de sano juicio! pues, tal como está ahora, con estos vahidos de cabeza, con esta debilidad de estómago, con esta opresion de pecho, nada puede hacer, nada puede meditar, no puede forzar su abatido espíritu á practicar un acto meritorio; hállase como hundido en un hoyo profundo y oscuro, en que no ve sino la ruina inmensa que le amenaza, y su incapacidad para evadirse de ella. Ya desearia tiempo, pero se le dirá: *Parte;* date prisa, prepara tus cuentas lo mejor que puedas en esa premura de tiempo, y parte. ¿No sabes que la muerte á nadie aguarda ni respeta?

¡Oh! ¡cuán terrible le será el haberse de decir á sí mismo: Esta mañana vivo aun, y por la tarde seré muerto! ¡Hoy me hallo en este aposento, mañana estaré en una tumba! ¿y mi alma, en dónde estará? ¡Qué terror, cuando se le presente la candela, y cuando empieze á cubrirle el frio sudor de la muerte! ¡cuando vea que se hace salir del aposento á los parientes y que no vuelven á entrar mas! ¡cuando empieze á perder la vida, y sus ojos se vayan oscureciendo! ¡qué terror en fin, cuando se encienda la candela, porque la hora de la muerte se acerca! ¡Oh candela, candela! ¡cuántas verdades descubrirás! ¡como harás ver entónces las cosas tan diferentes de lo que ahora parecen! ¡con cuanta elocuencia dirás que todos los bienes de este mundo no son sino vanidad, locura, mentira! Mas ¿de qué servirán entónces estas verdades, cuando ya no se esté en el caso de aprovecharse de ellas?

AFECTOS Y SÚPLICAS.

¡Oh Dios mio! vos no quereis mi muerte, sino que deseais que me convierta y viva. Os doy gracias por haberme esperado hasta este momento, y os agradezco las luces que me infundis. Conozco el error que he cometido prefiriendo á vuestra amistad los bienes viles y detestables por los que os he despreciado. De ello me arrepiento, y me pesa de todo corazon haberos tan injustamente ultrajado. ¡Ah! no dejeis de socorrerme con vuestras luces y con vuestra gracia el tiempo que para vivir me resta, dándome á conocer lo que debo practicar para corregir mi conducta. ¿De qué me servirá el conocer estas verdades, cuando no tenga ya tiempo para recurrir á ellas? *No entregues á las bestias las almas que te alaban* (1). Cuando el demonio me provoque á ofenderos de nuevo, ¡ah! os súplico, ó mi Jesus, por los méritos de vuestra pasion, que extendais la mano y me libreis del pecado; haced que no vuelva mas á la esclavitud de mi enemigo; haced que recurra siempre á vos, y que á vos no cese de encomendarme, miéntras dure la tentacion. Vuestra sangre es mi esperanza, y vuestra bondad

(1) Ne tradas bestiis animas confitentes tibi. *Ps.* LXXIII 19.

es mi amor. Yo os amo, ó Dios digno de un amor infinito, y haced que os ame siempre; haced que conozca las cosas de que he de desprenderme para ser todo de vos, pues quiero romper con todas ellas. Y vos, ó Reina del cielo y Madre de Dios, dadme fuerza para cumplir mis resoluciones; haced que en las tentaciones jamas me olvide de recurrir á Jesus y á vos; á vos, que por vuestra intercesion privais de caer en la culpa á cuantos acuden á vuestro amparo. ¡Ah! rogad por mí que soy un pecador.

CONSIDERACION VIII.

MUERTE DEL JUSTO.

> *Pretiosa in conspectu Domini mors Sanctorum ejus.*
>
> Es preciosa en la presencia del Señor la muerte de sus santos.
>
> (Ps. CXV. 15.)

PUNTO I.

Mirada con los ojos de la carne la muerte espanta ó inspira temor; pero, mirada con los ojos de la fe, consuela y se hace desear. Ella parece terrible á los pecadores; pero, tiene algo de amable y de precioso para los santos. *Preciosa, dice* S. Bernardo, *como fin de los trabajos, complemento de la victoria y puerta de la vida* (1). *Fin de trabajos :* en efecto, la muerte es el término de las penas y de los trabajos. *El hombre nacido de mujer, viviendo breve tiempo, está relleno de muchas miserias* (2). He aquí la verdadera pintura de nuestra vida:

---

(1) Pretiosa, tanquam finis laborum, victoriæ consummatio, vitæ janua. *Trans. Malach.*
(2) Homo natus de muliere, brevi vivens tempore, repletur multis miseriis. *Job* XIV. 1.

es corta, llena de miserias y de enfermedades, de temores y de pasiones. Los mundanos que desean tener larga vida, dice Séneca, ¿piden otra cosa que un prolongado tormento (1)? ¿Qué es pues querer vivir, sino querer sufrir? dice S. Agustin (2). Así es, porque, segun S. Ambrosio, la vida presente no se nos ha dado para descansar sino solamente para trabajar y merecer la vida eterna por nuestros trabajos (3). Lo cual hace muy justamente decir á Tertuliano que, cuando Dios abrevia á alguno la vida, le hace mas corto el tormento (4). De aqui se sigue que, si bien la muerte hiere al hombre para castigarle del pecado, es para él menor castigo que las miserias de esta vida, pues la muerte, como dice S. Ambrosio, le sirve de alivio para todos los males (5). Llama Dios bienaventurados á los que mueren en gracia suya, porque acaban sus penas, y van á descansar : *Bienaventurados los muertos que mueren en el Señor. Desde hoy mas dice el Espíritu, que descansen de sus trabajos* (6).

Los tormentos, que afligen al pecador en el instante de la muerte, no afligen á los santos : *Mas, las almas de los justos están en la mano de Dios, y no les tocará tormento de muerte* (7). No temen los santos aquel *vamos* que tanto amedrenta á los mundanos; los santos no se contristan en dejar los bienes de este mundo, porque ya han desasido de ellos su corazon : *Dios de mi corazon,* han dicho siempre : *Dios mio por toda una eternidad* (8).

(1) Tanquam vita petitur supplicii mora. *Ep.* 101.
(2) Quid est diu vivere, nisi diu torqueri? *Serm.* 17 *de Verb. Dom.*
(3) Hæc vita homini non ad quietem data est, sed ad laborem. *Serm.* 48.
(4) Longum Deus adimit tormentum, cùm vitam concedit brevem.
(5) Ut mors remedium videatur esse, non pœna.
(6) Beati mortui qui in Domino moriuntur. Amodo, jam dicit Spiritus, ut requiescant à laboribus suis. *Apocalyp.* XIV. 13.
(7) Justorum animæ in manu Dei sunt, et non tanget illos tormentum mortis. *Sap.* III. 1.
(8) Deus cordis mei, et pars mea Deus in æternum.

Daos el parabien, escribia el Apóstol á sus discípulos, cuando fueron despojados de sus bienes por Jesucristo : *Llevasteis con gozo que os robasen vuestras haciendas, conociendo que teneis patrimonio mas excelente y durable* (1). Los santos no se afligen por dejar los bienes de este mundo, porque los han siempre detestado, porque los han reputado siempre por humo y vanidad : el único honor, que han procurado, es el de amar á Dios, y ser amados de él. Los santos no se afligen por dejar sus padres, porque los amaron en Dios solamente, porque, en muriendo, los recomiendan á aquel Padre celestial, que los ama mas que ellos, y porque, con la esperanza de salvarse, creen que los podrán auxiliar mejor desde el cielo que desde la tierra. En una palabra, inundado el corazon de consuelos y de dulzuras, repiten al morir lo que dijeron siempre durante la vida : *Dios lo es todo para mí* (2).

El que muere amando á Dios, poco piensa en los dolores que acompañan la muerte; ántes, al contrário, los mira con una especie de complacencia, pues considera que con ellos acaba la vida; y que no le queda ya mas que sufrir por Dios, ni tiene que darle mas pruebas de su amor : así que, le ofrece tranquilo y afectuoso el tiempo que por vivir le queda, y se consuela uniendo el sacrificio de su muerte con el que Jesucristo ofreció por él en la cruz á su eterno Padre. Y así muere felizmente, exclamando : *Dormiré y descansaré pacíficamente en su seno* (3). ¡Oh! ¡cuán dulce es morir echándose á los brazos de Jesus, que nos amó hasta la muerte, y que quiso sufrir una muerte cruel para alcanzarnos otra dulce y llena de celestiales consuelos!

---

(1) Rapinam bonorum vestrorum cum gaudio suscepistis, cognoscentes vos habere meliorem et manentem substantiam. *Hebr. cap.* x. 34.
(2) Deus meus et omnia.
(3) In pace in idipsum dormiam et requiescam.

AFECTOS Y SÚPLICAS.

¡Oh mi amado Jesus! que para alcanzarme una vida dulce quisisteis sufrir una muerte tan cruel sobre el Calvario, ¿cuando será que os vea cara á cara? La primera vez que os vea, será cuando me juzgueis en el momento de espirar. ¿Qué os diré yo entónces? ¿Y vos qué me diréis? No quiero, no, esperar este momento para pensar en él: quiero que desde ahora ocupe mi pensamiento. Yo os diré: ¡oh Redentor mio! ¿con que vos sois el que por mí moristeis? Por algun tiempo os ofendí; ingrato fui con vos, y no merecia perdon; pero despues, ayudado de vuestra gracia, me corregi: lloré mis pecados todo el resto de mi vida, y vos me perdonasteis. Perdonadme tambien ahora que estoy á vuestros piés, y dadme vos mismo una absolucion general de mis culpas. Indigno era de amaros nunca mas, pues habia despreciado vuestro amor; pero vos por un efecto de vuestra misericordia atrajisteis á vos mi corazon, este corazon que todo lo abandonó para complaceros, y que, si no os amó como mereceis, os amó á lo ménos sobre todo lo demas. ¿Qué me decis vos ahora? El veros en el cielo es un beneficio para mí demasiado grande, y el poseeros en vuestro reino; pero no puedo vivir léjos de vos, y ménos ahora que me habeis mostrado la divina hermosura de vuestra faz. Si os pido entrar en el paraíso, es no tanto para disfrutar allí de vuestra presencia, como para amaros con mayor ardor. Enviadme al lugar de purgacion para el tiempo que sea de vuestro agrado; pues no quiero entrar en la patria de toda pureza, en medio de las almas inocentes, contaminada como soy ahora con las manchas que en mí dejó el pecado. Enviadme á purificar, pero no me arrojeis de vuestra presencia: contento quedaré con que algun dia, cuando sea vuestro beneplácito, me llameis al paraíso para cantar allí eternamente vuestras misericordias. Entre tanto dejadme que os bese, ó juez amado de mi alma; levantad la mano para darme vuestra bendicion divina, y decidme que soy de vos, y que vos sois y seréis siempre de mí. Yo os amaré siempre, y vos tambien siempre me amaréis. Ahora me alejo de vos, voy á las llamas expiadoras, pero voy contento, porque creo en vuestro amor, ó Dios y Redentor mio, y todo mi ser. Sí, contento voy, pero sabed que mi mayor tormento será vuestra ausencia al estar de vos separado. Contaré, Señor, estos momentos hasta el instante en que me llamareis. Tened piedad de un alma que os ama con todas sus fuerzas, y que solo suspira por la dicha de veros, para amaros mas todavía. Así es como espero hablaros entónces, Jesus mio : y os pido la gracia de vivir de modo que pueda entónces hablaros así. Dadme la santa perseverancia : dadme vuestro amor. Socorredme, ó madre de mi Dios, y rogad á Jesus por mí.

PUNTO II.

Limpiará Dios toda lágrima de los ojos de ellos y la muerte no será ya mas (1). En la hora de la muerte enjugará el Señor de los ojos de sus servidores las lágrimas, que hayan derramado en esta vida en medio de las penas, de los temores, de los peligros y de los combates, que hayan sostenido contra el infierno. Lo que mas consolará á un alma fiel, cuando se le anuncie la proximidad de la muerte, será el pensar que pronto va á quedar libre de todos los peligros que la exponen á ofender á Dios, de tantas congojas de conciencia, de tantas tentaciones como le suscitaba el demonio : la vida presente es una

(1) Absterget Deus omnem lacrymam ab oculis eorum, et mors ultra non erit. *Apoc.* XXI. 4.

guerra eterna con el infierno, durante la cual corremos riesgo de perder á Dios y á nuestra alma. San Ambrosio dice que en este mundo (1) caminamos siempre en medio de lazos, que nos tienden nuestros enemigos, cuando nos hallamos en estado de gracia. Este peligro es el que hacia exclamar á S. Pedro de Alcántara, estando en el lecho de la muerte: apartaos, hermano mio (dirigiéndose á un religioso que estaba con él para servirle), apartaos, pues vivo aun y corro riesgo de condenarme. Este mismo peligro era causa de que Sta. Teresa de Jesus se alegrase cada vez que oía dar el reloj, y se felicitase de tener una hora ménos de combate, porque decia: yo puedo pecar y perder á Dios á cada instante de mi vida. De ahí es que todos los santos sentian consuelo, cuando se les anunciaba que iban á morir, porque pensaban que presto iban á concluir todos los combates, á desaparecer todos los peligros, y que se acercaban por momentos á tener segura la inefable dicha de no perder jamas á Dios.

Cuéntase, en la vida de los Padres, que, habiendo uno de ellos llegado á una extremada vejez y estando para morir, sonreía miéntras sus compañeros lloraban; y preguntándole cuál era el motivo de su sonrisa: y vosotros, contestó, ¿por qué llorais, cuando voy á descansar de mis fatigas (2)? Sta. Catalina de Sena, moribunda, decia tambien: consolaos conmigo, porque dejo esta tierra de dolor, y voy á un lugar de paz. Si cada uno de nosotros, dice S. Cipriano, habitase una casa, cuyos muros estuviesen para desplomarse, cuyos pavimentos y lechos bamboleasen, y amenazase ruina todo el cuerpo del edificio, ¿qué esfuerzos no haríamos para salir de ella? Pues bien, en esta vido todo amenaza nuestra alma: el mundo, el infierno, las pasiones, la carne, todo la arrastra hácia el pecado y hácia la muerte eterna. *¿Quién*

---

(1) Inter laqueos ambulamus.
(2) Ex labore ad requiem vado, et vos plorati

me librará del cuerpo de esta muerte (1)? exclamaba el Apóstol. ¡Oh! qué júbilo sentirá el alma fiel, cuando escuche aquellas palabras: *Ven del Líbano, Esposa mia, ven... de las cuevas de los leones* (2); como si dijese: Ven, esposa mia, sal de la region de los gemidos y de la cueva de los leones, que no buscan sino devorarte y hacerte perder la gracia divina. Así san Pablo, deseando la muerte, decia que Jesucristo era su única vida, y que miraba la muerte como la mayor ganancia que podia hacer, pues por ella entraba en posesion de aquella vida, que no tiene fin: *Para mí el vivir es Cristo, y el morir ganancia* (3).

Es un inmenso beneficio, que hace Dios, á un alma, cuando se halla en estado de gracia, el arrancarla de este mundo, en donde podria cambiar y perder su amistad: *Fué arrebatado para que la malicia no alterase su entendimiento* (4). ¡Cuán feliz es en esta vida el que vive unido á Dios! Mas, así como el navegante no puede tenerse por seguro, sino cuando ha llegado al puerto libre ya de la tempestad, asimismo un alma fiel no puede llamarse feliz, sino cuando muere en la gracia del Señor. Alaba la felicidad de un navegante; pero, espera á que haya llegado al puerto (5), dice S. Ambrosio. Así pues, si el navegante tiene mas razon de alegrarse cuanto mas se acerca al puerto, del propio modo debe alegrarse el que está cercano á asegurar su eterna salud.

Ademas, no podemos vivir en este miserable mundo sin cometer faltas, á lo ménos ligeras: *Porque siete veces caerá el justo* (6). El que abandona esta vida cesa

---

(1) Quis me liberabit de corpore mortis hujus? *Roman.* VII. 24.
(2) Veni de Libano, sponsa mea, veni de cubilibus leonum. *Cant.* IV. 8.
(3) Mihi vivere Christus est, et mori lucrum. *Philipp.* I. 21.
(4) Raptus est, ne malitia mutaret intellectum ejus. *Sap.* IV. 11.
(5) Lauda navigantis felicitatem, sed cum pervenit ad portum.
(6) Septies enim cadit justus. *Prov.* XXIV. 16.

de disgustar á Dios: *¿Qué cosa es la muerte,* decia san Ambrosio, *sino el sepulcro de los vicios* (1)? Por esto los que aman á Dios, desean la muerte con mas ardor. El venerable Padre Vicente se consolaba con este pensamiento, pues decia, al acabar sus dias: Ya ceso de ofender á Dios. Y decia tambien S. Ambrosio: *¿Por qué deseamos esta vida, en la cual, cuanto mas tiempo se está, tanto mas crece la suma de los pecados* (2)? El que muere en gracia de Dios, se pone en estado de no poder ni saber ofenderle mas. *Un muerto no puede pecar* (3), dice el mismo Santo. Por esto el Señor felicita y alaba mas á los muertos que á los vivos, por alto que sea el grado de santidad á que hubiese llegado: *Alabé mas á los muertos que á los vivos* (4). Y aun hubo quien ordenase al que le anunciaria su muerte, que se produjese en estos términos: Consuélate, pues ha llegado ya el tiempo en que no ofenderás mas á Dios.

AFECTOS Y SÚPLICAS.

En tus manos, Señor, encomiendo mi espíritu: tú me has redimido, Señor, Dios de la verdad (5). ¡Oh! mi dulcísimo Redentor, ¿qué sería de mí, si me hubieseis hecho morir, cuando estaba yo alejado de vos? Estaria sepultado en el infierno, en donde no pudiera amaros jamas. Gracias os doy por no haberme abandonado, y por haberme dado todas las gracias necesarias para entregaros mi corazon. Arrepiéntome de haberos ofen-

(1) Quid est mors, nisi sepultura vitiorum? *De bono mortis,* cap. 4.
(2) Quid vitam istam desideramus, in qua quanto diutius quis fuerit, tanto majori oneratur sarcina peccatorum?
(3) Mortuus nescit peccare.
(4) Laudavi magis mortuos quam viventes. *Ecc.* IV. 2.
(5) In manus tuas, Domine, commendo spiritum meum; redemiste me, Domine, Deus veritatis. *Ps.* XXX. 6.

dido : os amo sobre todas las cosas : ¡ah! os ruego encarecidamente me deis á conocer mas y mas el mal, que cometí despreciándoos, y el amor de que es digna vuestra infinita bondad. Os amo, y desearia morir presto (si es de vuestro agrado) á fin de hallarme libre del peligro de perder de nuevo vuestra santa gracia, y estar en la seguridad de amaros eternamente. ¡Ah! durante los años que me restan de vida, ó mi amado Jesus, dadme fortaleza para hacer alguna cosa por vos, ántes que no venga la muerte. Dadme poder contra las tentaciones y contra las pasiones, contra la pasion sobre todo que en lo pasado me arrastró á desagradaros. Concededme la paciencia para suportar las enfermedades y las injurias, que me vengan de parte de los hombres. Por vuestro amor perdono desde ahora á todos los que me hayan despreciado, y os ruego les concedais las gracias, que puedan ellos desear. Dadme la fuerza necesaria para que ponga mas cuidado en evitar las faltas veniales, en las que casi no reparaba. Ayudadme, ó Salvador mio; todo lo espero de vuestros méritos. Toda mi confianza pongo en vuestra intercesion, ó María, mi madre y mi esperanza.

PUNTO III

La muerte es no solamente el fin de nuestros trabajos, sino tambien la puerta de la vida : *El fin de los trabajos, puerta de la vida* (1), dice S. Bernardo. El que quiera ver á Dios, debe necesariamente pasar por esta puerta : *Esta es la puerta del Señor, los justos entrarán por ella* (2). S. Jerónimo rogaba á la muerte, y le decia : *Ábreme la puerta, hermana mia* (3). Ó muerte, herma-

(1) Finis laborum, vitæ janua.
(2) Hæc porta Domini, justi intrabunt in eam. *Psalm.* CXVII. 20.
(3) Aperi mihi, soror mea

na mia eres tú; si tú no me abres la puerta, no podré ir á disfrutar de la presencia de mi Dios. S. Cárlos Borromeo, advirtiendo en uno de sus aposentos un cuadro que representaba un esqueleto humano llevando una hoz, llamó al pintor, y le mandó borrar la hoz y poner en su lugar una llave de oro; porque queria inflamarse mas y mas en el deseo de morir, y consideraba que la muerte nos abre el cielo para gozar en él de la presencia de Dios.

Dice S. Juan Crisóstomo que, si un rey tuviese preparado para alguno un aposento en su palacio, y miéntras le aguardaba allí, le hiciese habitar en un establo, ¡con qué ardor deberia este hombre desear salir del establo para habitar en el palacio! Encerrada se halla nuestra alma en un cuerpo como en una prision, de donde ha de salir para ir á habitar el palacio del cielo; y por esto decia David: *Saca mi alma de la prision* (1). El santo viejo Simeon, recibiendo al niño Jesus entre sus brazos, no supo pedir otra gracia que la de la muerte, á fin de quedar libre de la prision de la vida en este mundo: *Ahora Señor, despides á tu siervo* (2). Dice S. Ambrosio: *Pide ser despedido, como si estuviese á la fuerza* (3). La misma gracia demandaba el Apóstol, cuando decia: *Tengo deseo de ser desatado de la carne y estar con Cristo* (4). ¡Con qué alegría oyó de boca de José el copero de Faraon que saldria de la cárcel, y volveria al ejercicio de su dignidad! Y un alma que ama á Dios, ¿no se llenará de júbilo al pensar que dentro de poco tiempo se desatará de las ligaduras, que la detienen sobre la tierra, é irá á gozar de Dios? *Miéntras estamos en el cuerpo, vivimos ausentes del Señor* (5). Miéntras es-

(1) Educ de custodia animam meam. *Ps.* CLXI. 8.
(2) Nunc dimittis servum tuum, Domine. *Luc.* II. 29.
(3) Quasi necessitate teneretur, dimitti petit.
(4) Desiderium habens dissolvi, et esse cum Christo. *Philipp.* 1.
(5) Dum sumus in corpore, peregrinamur à Domino. 2. *Cor.* v. 6.

tamos unidos al cuerpo, vivimos distantes de la vida de Dios, como si nos hallásemos en tierra extranjera y fuera de nuestra patria. Por esto, dice S. Bruno, no hemos de dar ya el mismo nombre á la muerte, sino que debemos llamarla vida (1). De ahí viene que se ha llamado natividad el dia de la muerte de los santos, porque el dia de la muerte es el dia en que nacen á aquella dichosa vida, que no tendrá término. Para el justo la muerte no es sino el tránsito á la vida eterna, segun S. Atanasio (2). Ó muerte amable, exclama S. Agustin, ¿cuál será el hombre que no te desee, pues eres el término de los trabajos, el fin de las fatigas y el comenzamiento del eterno reposo (3)? El mismo Santo exclamaba con ansiedad: ¡Ah! dama, Señor, que yo muera, para que pueda verte (4).

Tema la muerte, dice S. Cipriano, el pecador que de la muerte temporal va á pasar á la muerte eterna (5); pero no el que, estando en gracia de Dios, espera pasar de la muerte á la gloria. Refiere el autor de la *Vida de San Juan* el Limosnero que, habiendo un rico recomendado su hijo único á este gran santo, le hizo abundantes limosnas á fin de que este hijo llegase á una larga vida; pero este murió poco tiempo despues, y el padre se lamentaba de aquella muerte, pero Dios le envió un ángel que le dijo: tú pediste para tu hijo una larga vida; sabe, pues, que de ella disfruta en el cielo. Ved ahí la gracia que nos alcanza Jesucristo, como nos la prometió por Oseas: *Seré tu muerte, ó muerte* (6). Muriendo por nosotros, fué como cambió Jesus nuestra muerte en una vida eterna. Los que conducian al suplicio al santo mártir Pionio, le preguntaron por el camino, ¿cómo corria

(1) Mors dicenda non est, sed vitæ principium.
(2) Non est justis mors, sed translatio.
(3) O mors desiderabilis, malorum finis, laboris clausula, quietis principium.
(4) Eia, moriar, Domine, ut te videam.
(5) Mori timeat, qui ad secundam mortem de hac morte transibit.
(6) Ero mors tua, o mors. *Os.* XIII. 14.

á la muerte con tanto placer? Respondióles el Santo: *Os engañais: no á la muerte, sino á la vida voy* (1). Así exhortaba la madre de S. Sinforiano á su hijo para sufrir el martirio: *Hijo mio, á ti no se te quita la vida, sino que se muda en otra mejor* (2).

AFECTOS Y SÚPLICAS.

¡Oh Dios de mi alma! vuestra honra hollé con mis pasados desprecios de vuestra gracia; mas, vuestro Hijo os honró altamente sacrificando su vida en el árbol de la cruz. Por el honor que os tributó este Hijo predilecto, perdonadme el haberos yo deshonrado. Yo me arrepiento, soberano bien, de haberos ofendido y prometo no amar de ahora en adelante sino á vos solo. Espero de vuestra bondad que me concederéis mi salud: todos los bienes, que poseo, los he recibido de vuestra mano benéfica: ellos os pertenecen, así lo reconozco (3). Si en lo pasado os deshonré, espero honraros por toda la eternidad ensalzando vuestra misericordia. Siento un vivo deseo de amaros; vos sois quien me inspirais este deseo: por ello os doy gracias, amor mio. Continuad, continuad en socorrerme como habeis empezado: espero en adelante ser de vos y en vos sin reserva. Renuncio á todos los placeres del mundo. ¡Y qué mayor placer podria yo gustar que el de agradaros, oh mi Dios, vos que sois tan amable, y que me habeis amado tanto! No os pido sino amor, ó Dios mio. amor, amor y espero no pediros jamas sino amor, y siempre amor, hasta tanto que muera en vuestro

---

(1) Erratis: non ad mortem, sed ad vitam contendo. *Ab. Euseb. lib. 4. cap. 14.*
(2) Nate, tibi vita non eripitur, sed mutatur in melius.
(3) Gratia Dei sum id quod sum.

amor, que llegue al reino del amor, en donde, sin tener necesidad de pedirlo, me abrasaré de amor, y no cesaré de amaros con todas mis fuerzas por toda una eternidad. Ó madre mia María, vos que tanto habeis amado á vuestro Dios, y habeis deseado tanto verle amado, haced que le ame lo bastante en esta vida para amarle aun mas en la eternidad.

CONSIDERACION IX.

PAZ DE UN JUSTO EN LA HORA DE LA MUERTE.

Justorum animæ in manu Dei sunt, et non tanget illos tormentum mortis. Visi sunt oculis insipientium mori... Illi autem sunt in pace.

Las almas de los justos están en la mano de Dios, y no les tocará tormento de muerte. Pareció á los ojos de los insensatos que morian...: mas ellas están en paz.
(Sap. III. 1. et seq.)

PUNTO I.

Las almas de los justos están en la mano de Dios. Si Dios tiene en sus manos las almas de los justos, ¿quién se las arrancará? Verdad es que el infierno no deja de tentar á los santos é insultarlos en la hora de la muerte, pero Dios no falta jamas en asistir y socorrer á sus fieles servidores á medida que aumenta el peligro : *Son mayores los auxilios cuanto mayores son los peligros, porque Dios es el auxiliador en las grandes necesidades* (1). dice S. Ambrosio. Despavorido quedó el servidor

---

(1) Ibi plus auxilii, ubi plus periculi, quia Deus adjutor est in opportunitatibus. *Ad. Jos. c.* 5.

de Eliseo, cuando vió la ciudad cercada de enemigos, pero su amo le alentó diciéndole: *No temas : porque muchos mas son con nosotros que con ellos* (1). Y al mismo tiempo le hizo ver un ejército de ángeles enviados por Dios para defenderle. Vendrá sin duda á tentarnos el demonio, pero el Ángel de nuestra guarda vendrá tambien á socorrernos con nuestros Santos patronos, con S. Miguel, á quién Dios ha destinado para defender á sus fieles servidores durante el último combate que han de sostener contra el infierno. La Madre de Dios vendrá tambien á arrojar á nuestros enemigos, poniendo bajo su amparo al alma fiel que se le ha consagrado; aun mas : el mismo Jesucristo vendrá á proteger contra las tentaciones á la oveja inocente ó penitente, por cuya salud dió su vida. Él le conceda la fuerza necesaria para el combate, y entónces tendrá razon para exclamar : *El Señor se hizo mi ayudador* (2). ¿ *El Señor es mi illuminacion y mi salud, y á quién temeré* (3)? Dios es mas solícito para salvarnos que el demonio para perdernos, dice ʼOrígenes : porque Dios nos ama mucho mas de lo que nos aborrece el demonio (4).

Dios es fiel, dice el Apóstol, y jamas permite que seamos tentados mas allá de nuestras fuerzas : *Dios es fiel, que no permitirá que seais tentados mas allá de vuestras fuerzas* (5). Mas, me diréis : muchos santos han muerto temiendo por su salud. Yo respondo que de ello hay muy pocos ejemplos, pues pocos hay que habiendo llevado una vida irreprensible hayan muerto en este temor. Vicente de Beauvais dice que permite el Señor que esto su-

(1) Noli timere; plures enim nobiscum sunt, quam cum illis. 4. *Reg.* VI. 16.
(2) Dominus factus est adjutor meus. *Ps.* XXIX. 11.
(3) Dominus illuminatio mea, et salus mea, quem timebo? *Ps.* XXVI. 1.
(4) Major illi cura est, ut nos ad salutem pertrahat quam diabolo ut nos ad damnationem impellat. *Hom* 20. *in lib. Num.*
(5) Fidelis Deus est, qui non patietur vos tentari supra id, quod potestis. 1. *Cor.* X. 13.

ceda á ciertas personas á fin de purificarlas en el momento de la muerte de algunas ligeras faltas (1). Vemos de otra parte que todos los servidores de Dios han muerto con la sonrisa en los labios. Todos, con motivo del juicio que van á sufrir, experimentan un cierto temor de la muerte; pero, así como los pecados pasan del temor á la desesperacion, los santos pasan del temor á la confianza. S. Bernardo temia estando enfermo, segun refiere S. Antonino, y se vió tentado de desconfianza, pero desechó todo temor pensando en los méritos de Jesucristo, y exclamaba : *Tus llagas son mis méritos* (2). San Hilarion temia tambien, pero presto se puso á exclamar con gozo : *Sal, alma mia ¿qué temes? Cerca de setenta años has servido á Cristo; ¿y te espantará la muerte* (3)? Como si dijese : ¿qué es lo que temes, alma mia? ¿No has servido á un Dios fiel á su palabra, y que no abandona jamas á los que le son fieles durante la vida? El padre José Scamacca, de la Compañia de Jesus, respondia á los que le preguntaban si moria con confianza : ¡pues qué! ¿he servido quizás á Mahoma para dudar de la bondad de mi Dios, hasta el punto de temer que no quiera salvarme?

Si en el momento de la muerte viniese á atormentarnos el pensamiento de haber algun dia ofendido á Dios, acordémonos de que el Señor nos ha asegurado que olvidará los pecados de los que se arrepienten : *Si el impio hiciere penitencia... de todas sus maldades no me acordaré yo* (4). Pero dirá alguno tal vez : ¿Cómo podremos estar seguros de que Dios nos ha perdonado? Esto es lo que se pregunta S. Basilio, diciendo : *¿Cómo puede uno estar persuadido con certeza, de que Dios le haya per-*

---

(1) Justi quandoque dure moriendo purgantur in hoc mundo.
(2) Vulnera tua, merita mea.
(3) Egredere, anima mea; quid times? Septuaginta prope annis servisti Christo, et mortem times?
(4) Si impius egerit pœnitentiam... omnium iniquitatum ejus non recordabor. *Ezech.* XVIII.

donado sus pecados (1)? Y se responde luego el mismo santo: *He odiado la iniquidad y la he abominado* (2). El que detesta el pecado puede estar cierto de que le ha perdonado Dios. El corazon del hombre no puede estar sin amar, ó ama á la criatura, ó ama á Dios; si no ama á la criatura, ama de consiguiente á Dios. ¿Y quién es el que ama á Dios? El que observa sus mandamientos.: *Quien tiene mis mandamientos, y los guarda, aquel es el que me ama* (3). El que muere pues en la observancia de los preceptos, muere amando á Dios, y el que ama á Dios, nada teme: *La caridad echa fuera el temor* (4).

AFECTOS Y SÚPLICAS.

¡Oh Jesus! ¿cuando vendrá el dia en que pueda deciros: ¡Oh Dios mio! yo ya no puedo perderos? ¿Cuando será que os vea cara á cara, y esté cierto de amaros con todas mis fuerzas por toda la eternidad? ¡Ah! mi soberano bien, mi único amor, miéntras viva, estaré en peligro de ofenderos y de perder vuestra divina gracia. Hubo un tiempo de infelicidad en que yo no os amaba y menospreciaba vuestro amor: mas, ya me pesa de ello con toda mi alma, y confío que vos me habeis ya perdonado; pues, os amo con todo mi corazon y deseo hacer todo lo posible para amaros y complaceros. Pero siempre corro riesgo de desechar vuestro amor y de huiros de nuevo. ¡Ah! no lo permitais, Jesus, mi vida y mi tesoro. Si algun dia debiera yo caer en tan horrible desgracia, ha-

---

(1) Quomodo certo persuasus esse quis potest, quod Deus ei peccata dimiserit?
(2) Nimirum si dicat: iniquitatem odio habui, et abominatus sum. *In Reg. inter.* 12.
(3) Qui habet mandata mea, et servat ea, ille est qui diligit me. *Joan.* XIV. 21.
(4) Charitas foras mittit timorem. 1. *Joan.* IV. 18.

cedme ántes morir de la muerte que juzgueis mas cruel : así lo deseo, así os lo pido. Padre eterno, por el amor que teneis á Jesucristo, no me dejeis caer en tan desastrosa ruina. Castigadme como os plazca, yo lo merezco y lo quiero; mas no me castigueis privándome de vuestra gracia y de vuestro amor. ¡Oh Jesus mio! recomendadme á vuestro Padre. Ó Madre mia María, recomendadme á vuestro Hijo : alcanzadme el perseverar en su amistad y en la gracia de amarle; por lo demas, haga de mí lo que quiera.

PUNTO II.

Las almas de los justos están en las manos de Dios, y no les tocará tormento de muerte. Pareció á los ojos de los insensatos que morian... mas ellos están en paz (1). Á los ojos de los insensatos mundanos parece que los servidores de Dios mueren en la afliccion y contra su voluntad, como mueren la mayor parte de los mundanos; pero no es así. Dios sabe consolar á sus hijos en el momento de la muerte, y les hace sentir dulzuras inefables, que son como una delicia anticipada del cielo de que van á gozar. Pues, así como los que mueren en el pecado, empiezan á probar en su lecho de dolor los remordimientos, los terrores y la desesperacion del infierno, asimismo los santos, renovando los actos de amor que hacen entónces á Dios, á quien desean y del que esperan gozar, empiezan á sentir ya, ántes de morir, aquella paz dulcísima en la que nadarán luego en el cielo. Para los santos, la muerte no es un castigo sino una recompensa : *Cuando diere sueño á sus amados, he aquí la heredad del*

---

(1) Justorum animæ in manu Dei sunt, et non tanget illos tormentum mortis. Visi sunt oculis insipientium mori... Illi autem sunt in pace. *Sap.* III. 1.

Señor (1). La muerte del que ama á Dios, no es una muerte, es un sueño; puede este decir: *En pax dormiré juntamente y reposaré* (2).

El P. Suárez sintió, al morir, una tranquilidad tal que exclamó: no podia imaginarme que la muerte me trajese tanta suavidad (3). El médico del cardenal Baronio dijo un dia á este prelado que no pensase tanto en la muerte: este le respondió: Y por qué ¿debiera acaso temerla? No, yo no la temo, muy al contrário, la deseo. El cardenal Ruffens, segun relacion de Santero, estando próximo á morir por la fe, se hizo traer el vestido mas precioso, diciendo que iba á las bodas. Cuando estuvo enfrente el cadalso, arrojó su baston exclamandó: *Andad, piés, andad ligeros, que el paraíso está cerca* (4); es decir: vamos, piés mios, valor, cerca estamos del cielo, apresurémonos á llegar. Y ántes de morir entonó el *Te Deum* para dar gracias á Dios de hacerle morir mártir de la fe, y extendió luego con alegría su cuello debajo del hacha del verdugo. S. Francisco de Asís muriendo cantaba, y convidaba á los demas que le acompañasen. — Padre mio, le dijo Fr. Elías, cuando uno muere, mas debe llorar que cantar. — Yo, replicó el Santo, no puedo ménos de cantar, cuando veo que dentro de poco tiempo voy á gozar de Dios. — Una religiosa de la órden de Sta. Teresa estaba para morir en la flor de su edad, y como las hermanas, que la rodeaban, se compadeciesen de ella, les dijo: ¡Oh! ¿por qué me compadeceis? Voy á encontrar á mi Jesus; y si me amais, debeis participar de mi alegría (5).

Refiere el P. Granada que un dia un cazador encontró

---

(1) Cum dederit dilectis suis somnum, ecce hæreditas Domini. *Ps.* CXXVI. 2.
(2) In pace in idipsum dormiam et requiescam. *Ps.* IV. 9.
(3) Non putabam tam dulce esse mori.
(4) Ite, pedes; parum à paradiso distamus.
(5) *Dising.* parol. 1. §. 6.

á un solitario, cubierto de lepra y á punto de morir, **que
cantaba**. ¿Cómo en este trance podeis cantar de este modo? le dijo aquel; y el ermitaño le contestó: Hermano
mio, entre Dios y yo no hay otro muro de separacion que
este cuerpo: ahora lo veo caer á pedazos: conozco que
esta prision se destruye, y que voy á gozar de Dios: por
esto me consuelo y canto. Este deseo de ver á Dios es el
que obligaba á S. Ignacio, mártir, á decir que, si las
bestias feroces no venian á devorarle, las excitaria él
mismo á que lo hiciesen (1). Sta. Catalina de Génova ni
aun la idea sabia concebir de que hubiese hombres que
mirasen la muerte como una desgracia. Así pues, exclamaba: ¡Oh muerte querida! ¿como te miran con mal
ojo? ¿Por qué no vienes á mí, que dia y noche te estoy
llamando (2)? Sta. Teresa deseaba la muerte con tal ardor, que decia que moria de no poder morir, y sobre
este tema compuso aquel célebre canto: *que muero porque no muero*. Tal es el punto de vista bajo el el cual han
mirado los santos á la muerte.

AFECTOS Y SÚPLICAS.

¡Oh mi Dios y mi bien supremo! aunque no os amase algun dia de mi vida pasada, hoy me convierto á vos
Abandono todas las criaturas, y no quiero amar sino á
vos, ó mi amable Señor. Decid lo que quereis de mí:
cumplir quiero vuestra voluntad: harto es ya el haberos
ofendido. Todo lo que me resta de vida, la quiero emplear
enteramente en agradaros. Dadme la fuerza de compensar por mi amor las ingratitudes de que me hice culpable. Despues de tantos años, yo merecia arder en las llamas del infierno, y vos os habeis anticipado tantas veces

(1) Ego vim faciam, ut devorer.
(2) *Vita, cap.* **7.**

á encontrarme, que al fin me habeis atraido á vos : haced que me abrase ahora en el fuego de vuestro santo amor. Yo os amo, bondad infinita : vos quereis que á solo vos ame, y teneis razon, pues vos me habeis amado mas que nadie, y vos solo mereceis ser amado : yo, pues, únicamente á vos quiero amar, hacer lo que pueda para complaceros. Haced de mí lo que os plazca, á mí me basta amaros y poseer vuestro amor. María, mi madre, ayudadme · rogad por mí á Jesus.

PUNTO III.

¿Y cómo puede temer la muerte aquel que al fin de sus dias espera ser coronado por el Rey del cielo? *No temamos ser muertos,* decia S. Cipriano, *los que sabemos que, cuando lo somos, somos coronados* (1). ¿Cómo puede temer el morir el que sabe que en muriendo en estado de gracia dará á su cuerpo la inmortalidad? *Porque... esto que es mortal, se vista de inmortalidad* (2). El que ama á Dios y desea verle, mira la vida como una pena, y se regocija de la muerte. *Vive con paciencia, muere con deleite* (3), dice S. Agustin. Y Sto. Tomás de Villanueva dice tambien : si la muerte encuentra al hombre dormido, viene como un ladron, le despoja, le mata y le arroja en el abismo del infierno; pero, si le halla vigilante, entónces, como un enviado de Dios, le saluda y le dice : El Señor, te aguarda á las bodas : ven que te conduciré al reino bienaventurado por el cual suspiras(4).

(1) Non vereamur occidi, quos constat quando occidimur, coronari.
(2) Oportet... mortale hoc induere immortalitatem. 1. Cor. xv. 53.
(3) Patienter vivit, delectabiliter moritur.
(4) Te Dominus ad nuptias vocat; veni ducam te quo desideras.

¡Oh! con qué gozo espera la muerte el que, estando en gracia con Dios, espera ver luego á Jesucristo y escuchar sus palabras : *Muy bien, siervo bueno y fiel; porque fuiste fiel en lo poco, te pondré sobre lo mucho* (1). ¡Oh! ¡cómo conocerán entónces los elegidos el valor de las penitencias, de las oraciones, del desasimiento de los bienes de la tierra, y de todo lo que por Dios han hecho! *Decid al justo, que bien, porque comerá el fruto de sus designios* (2). Entónces el que ha amado á Dios, gustará el fruto de sus obras. Por esto el P. Hipólito Durazzo, de la Compañía de Jesus, se alegraba, y jamas compadecia á los religiosos, sus conocidos, cuando morian dando señales de salvacion. ¿Y no sería absurdo, dice S. Juan Crisóstomo, creer en la eternidad del paraiso, y tener lástima de los que entran en él (3)? ¡Cuánto consolará entónces la memoria de haber tenido devocion á la Madre de Dios, el haber praticado los ejercicios de piedad que la honran, los rosarios, las visitas, los ayunos del sábado! ¡cuán dulce será recordar entónces haber pertenecido á las congregaciones erigidas en honor suyo! María es llamada *Vírgen fiel* (4) : ¡ah! ¡cuán fiel se muestra en consolar á la hora de la muerte á sus fieles servidores! Un hombre muy devoto de la Santa Vírgen dijo un dia, al morir, al P. Binetti : Padre mio, no podeis figuraros el consuelo que da en la hora de la muerte la idea de haber servido á la Santa Vírgen. ¡Oh padre mio! ¡si supierais cuán contento estoy de haber servido á tan buena madre! ¡no puedo explicároslo! ¡Qué gozo para aquel que ha amado á Jesucristo, que le ha visitado con frecuencia en el santo Sacramento, que le ha recibi-

---

(1) Euge, serve bone et fidelis, quia super pauca fuisti fidelis, supra multa te constituam. *Matth.* xxv. 21.
(2) Dicite justo, quoniam bene, quoniam fructum adinventionum suarum, comedet. *Is.* III. 10.
(3) Fateri cœlum, et eos, qui hinc eo commearunt, luctu prosequi? *Jo. Chrys. ad Viduam.*
(4) Virgo fidelis.

do á menudo en la santa comunion, cuando vea entrar en su cuarto á su Dios, que viene en forma de Viático para acompañarle en el tránsito á la otra vida ! ¡Feliz aquel que podrá decir con S. Felipe Neri : *Aquí está mi amor, hé aquí mi amor, dadme mi amor !*

    Mas ¿quién sabe, dirá quizás alguno, la suerte que m. está reservada? ¿Quién sabe, si al fin haré una muerte desgraciada? Mas, á los que así hablais, os pregunto : ¿qué es lo que hace una muerte desgraciada? El pecado. Luego es el pecado lo que debemos temer, no la muerte. *Es evidente,* dice S. Ambrosio, *que la amargura viene de la culpa, no de la muerte* (1) : Vivid bien, pues, y no temeréis la muerte (2).

    El P. La Colombiere juzgaba como moralmente imposible que tuviese una mala muerte el que ha sido fiel á Dios durante la vida. Y ántes de él habia dicho ya S. Agustin : *No puede morir mal aquel que ha vivido bien* (3). El que está pronto á morir no teme género alguno de muerte, ni aun la repentina : *El justo, aunque fuere antecogido de la muerte, estará en refrigerio* (4) Y como nosotros no podemos ir á gozar de Dios sino por la muerte, S. Juan Crisóstomo nos dice : *Ofrezcamos á Dios lo que tenemos que devolverle* (5). Persuadámonos que el que ofrece su muerte á Dios, le dirige el acto de amor mas perfecto que se puede hacer, pues aceptando con gusto la muerte que sea del agrado de Dios enviarle, se hace semejante á los mártires. El que de véras ama á Dios, preciso es que ame la muerte y suspire por ella, porque la muerte nos une eternamente con Dios, y nos libra del peligro de perderle. Es una prueba que no se ama mucho

---

    (1) Liquet acerbitatem non mortis esse, sed culpæ : non ad mortem metus referendus, sed ad vitam. *De bona morte. c.* 8.
    (2) Timenti Deum bene erit in extremis.
    (3) Non potest male mori qui bene vixit.
    (4) Justus, si morte præoccupatus fuerit, in refrigerio erit. *Sap.* IV. 7.
    (5) Offeramus Deo quod tenemur reddere.

á Dios el no desear verle presto, y tener la seguridad de no perderle jamas. Amémosle, pues, en este mundo tanto como podamos. La vida no ha de servirnos sino para aumentar nuestro amor : el amor que le tendremos, cuando nos hiera la muerte, será la medida del amor con que deberemos dulcemente abrasarnos en la eterna bienaventuraza.

AFECTOS Y SÚPLICAS.

¡Oh Jesus mio! unidme á vos tan estrechamente, que no pueda separarme jamas. Haced que sea todo enteramente de vos ántes de morir, para que esteis ya aplacado, ó Redentor mio, cuando os vea por la primera vez. Cuando huía de vos, vos me buscabais : ¡ah! no me arrojeis de vuestra presencia ahora que os busco. Perdonadme los disgustos que os he causado : de ahora en adelante no quiero pensar sino en serviros y en amaros. Demasiado habeis hecho por mí, ó mi Dios, pues ni rehusasteis dar vuestra vida y vuestra sangre por mi amor. En recompensa de tantos sacrificios, quisiera consumirme todo por vos, ó mi Jesus, por vcs, que os habeis consumido por mí. ¡Oh Dios de mi alma! yo quiero amaros en esta vida lo bastante para poderos amar mucho en la eternidad. ¡Padre eterno! atraed á vos todo mi corazon, despegadle de los afectos terrenos, heridle, inflamadle de vuestro santo amor. Escuchad mis súplicas por los méritos de Jesucristo. Dadme la santa perseverancia, y hacedme la gracia de pedírosla siempre. María mi madre, socorredme y alcanzadme la gracia de pedir siempre á vuestro Hijo la santa perseverancia.

CONSIDERACION X.

MEDIOS DE PREPARARSE PARA LA MUERTE.

Memorare novissima tua, et in æternum non peccabis.
Acuérdate de tus postrimerías, y no pecarás jamas.
(*Eccl.* VII, 40.)

PUNTO I.

Todos los cristianos creen que hemos de morir, que solo hemos de morir una vez, y que nada hay en el mundo tan importante como esto, pues del momento de la muerte depende la eterna felicidad ó la eterna desgracia. Todos saben tambien que el ser buena ó mala la muerte depende de ser buena ó mala la vida. Pues, ¿de dónde nace que la mayor parte de los cristianos viven como si no debiesen morir jamas, ó como si importase poco hacer una buena ó mala muerte? ¿Sabeis por qué se lleva mala vida? porque no se piensa en la muerte: *Acuérdate de tus postrimerías, y no pecarás jamas.* Fuerza es persuadirnos que el tiempo de la muerte no es propio para arreglar cuentas y asegurar el grande negocio de la eterna salud. Los prudentes segun el mundo en los negocios temporales toman á tiempo y oportunamente todas las medidas necesarias para conseguir un lucro, un destino, un enlace, etc., ni descuidan el emplear los remedios que pueden volverles la salud, cuando la han perdido. ¿Qué diriais de aquel que debiendo presentarse á un duelo, ó hacer oposiciones para una cátedra, esperase el momento de batirse ó de disputar para adquirir los conocimientos de que necesitase? ¿No sería un insensato el general que aguardase la hora del sitio para hacer provision de armas y de víveres indispensables á sus soldados? ¿No sería un loco el piloto que esperase el momento de la tempestad para procurarse áncoras y cordaje? Pues, tal es el cristiano que espera ver llegar la muerte para arreglar su conciencia : *Cuando se dejare caer de repente la calamidad, y se echare encima la destruccion... entónces me llamarán y no oiré... comerán pues los frutos de su vida* (1). La época de la muerte es una época de tempestad y de confusion : entónces los pecadores llamarán á Dios en su ayuda, mas solamente por el temor del infierno que verán abierto á sus piés, y sin que estén sinceramente convertidos ; por esto Dios no escuchará sus ruegos. Entónces muy justamente no gustarán otros frutos que los de su vida depravada (2). No basta recibir los sacramentos, es preciso morir detestando el pecado y amando á Dios sobre todas las cosas; mas ¿cómo detestará los placeres ílicitos el que hasta entónces los haya amado? ¿Cómo amará á Dios sobre todas las cosas el que hasta aquel momento haya amado á las criaturas mas que al mismo Dios?

El Señor da el nombre de locas (y lo serian en efecto) á las vírgenes que querrán preparar sus lámparas, cuando vendrá el esposo. ¿Por qué tememos una muerte súbita? porque no podemos arreglar nuestras cuentas. Nos consta que los santos fueron los verdaderos sensatos, porque se prepararon á morir ántes que les viniese la

---

(1) Cum irruerit repentina calamitas, et interitus quasi tempestas ingruerit.... tunc invocabunt me, et non exaudiam... comedent igitur fructus vitæ suæ. *Prov.* I. 27. *et* 28. *et* 31.
(2) Quæ seminaverit homo, hæc et metet.

muerte. Y sin embargo, ¿qué haremos nosotros? ¿Quéremos correr el riesgo de prepararnos á una buena muerte, cuando nos hallemos en el momento de salir de este mundo? Es preciso, pues, hacer ahora lo que quisiéramos haber hecho en aquella hora fatal. ¡Oh! ¡cuán doloroso nos será el recuerdo del tiempo que hemos perdido, y sobre todo del que hemos mal empleado? tiempo que Dios nos habia dado para adquirir méritos, tiempo que jamas volverá. Qué congoja, cuando se nos diga: *Ya no podrás ser mi mayordomo* (1). Ya no tendréis mas tiempo para hacer penitencia, frecuentar los sacramentos, oir la palabra de Dios, visitar á Jesucristo en su santo templo, hacer oracion : lo hecho, hecho queda. Entónces necesitáramos un juicio sano, un momento mas tranquilo para obrar como se debiera, para disipar varios escrúpulos graves, y tranquilizar así la conciencia; pero, *ya no es tiempo* (2).

AFECTOS Y SÚPLICAS.

Oh Dios mio, si yo hubiese muerto en aquellas noches que sabeis... ¿en dónde estaria ahora? Gracias os doy por haberme aguardado, gracias por todos los momentos que hubiera debido pasar en el infierno desde aquel en que os ofendí. ¡Ah! iluminadme, y descubridme el grande yerro, que con vos he cometido, perdiendo voluntariamente la gracia, que me habiais merecido por vuestro sacrificio en la cruz. ¡Ah! Jesus mio, perdonadme; porque me arrepiento de todo corazon, y mas que de otro mal alguno, de haberos despreciado, á vos, que sois la bondad infinita. Sí, yo tengo confianza que vos me habréis ya perdonado. ¡Oh! socorredme, Salvador

(1) Jam non poteris villicare. *Luc.* XVI. 2.
(2) Tempus non erit amplius.

mio, para que no os pierda mas. ¡Ah! Señor, si despues de tantas luces, de tantas gracias, como de vos he recibido, de nuevo os ofendiera, ¿no seria digno de que criarais otro infierno para mí? No lo permitais, no; por los méritos de esta sangre que habeis derramado por mi amor, dadme la santa perseverancia, concededme vuestro amor. Yo os amo, ó soberano bien, y no quiero cesar de amaros hasta la muerte. ¡Oh Dios mio! habed piedad de mí por amor de Jesucristo. Habed tambien piedad de mí, vos, ó María, ó esperanza de mi corazon; recomendadme á Dios; el Señor, que tanto os ama, no desechará vuestra recomendacion.

PUNTO II.

Date prisa, pues, hermano mio, pues es indudable que has de morir; arrójate al pié de un Crucifijo; dale gracias del tiempo que te concede por su misericordia para ordenar tu conciencia: repasa despues todas las faltas de tu vida pasada, en especial las de tu juventud. Echa una ojeada sobre los mandamientos, examina cuáles son los compromisos en que te has puesto, las sociedades que has frecuentado: pon por escrito todas tus faltas, y haz una confesion general de toda tu vida, si no la has hecho todavía. ¡Oh! ¡cuánto ayuda una confesion general para arreglar la vida de un cristiano! Considera que este arreglo es para toda una eternidad, y hazle como si en esta misma hora tuvieras que rendir cuentas á Jesucristo tu juez. Destierra de tu corazon todo apego á la maldad, todo odio ó rencor; duélete de haber retenido el bien de otro, de haber quitado la fama á tu prójimo, de haber dado escándalo; y toma la resolucion de huir las ocasiones, en que puedes perder á Dios. Considera sobre todo que lo que parece difícil en este momento, te parecerá imposible á la hora de la muerte.

Pero, lo que mas te importa, es resolverte á practicar los medios necesarios para conservarte en gracia con Dios. Estos medios son: oir la misa cada dia, meditar las verdades eternas, frecuentar los sacramentos de Penitencia y Eucaristía, á lo ménos una vez en la semana; visitar cada dia el Santísimo Sacramento y á tu divina Madre, asistir á los actos de la congregacion ó hermandad á que pertenezcas, hacer la lectura espiritual y el exámen de conciencia todos los dias, practicar algunas devociones particulares de la Santa Virgen, como ayunar todos los sábados; propon sobre todo encomendarte á menudo á Dios y á la Santa Vírgen, invocar con frecuencia, y sobre todo en las tentaciones, los nombres sagrados de Jesus y de María. Ved ahí los medios que pueden alcanzarte una buena muerte y la salud eterna.

Si esto haces, será para ti una grande señal de predestinacion. Por lo que mira á lo pasado, ten gran confianza en la sangre de Jesucristo, que quiere salvarte, pues que te ha dado sus luces, y esperad en la intercesion de María, que os las alcanzará. Con este método de vida, y con la confianza en Jesus y en María, ¡oh! ¡cómo nos ayuda Dios, y cuánta fuerza adquiere nuestra alma! Apresúrate, pues, ó lector mio muy querido, date á Dios que te llama, y empieza á disfrutar de aquella paz de que hasta el presente te has privado por culpa tuya. ¡Ah! ¡qué paz mas perfecta puede gustar el alma, que cuando, al meterse en cama por la noche, puedas decir: Si muero esta noche, moriré, segun espero, en la gracia de Dios! ¡qué consuelo, oir el estallido del trueno, ver temblar la tierra, y aguardar la muerte con calma y resignacion, si Dios quiere así disponerlo!

AFECTOS Y SÚPLICAS.

¡Ah! Señor, yo os doy gracias por la luz que me concedeis. ¡Tantas veces haberos abandonado, tantas **veces** haberos vuelto la espalda, y vos nunca abandonarme! Si así lo hubieseis hecho, Dios mio, hubiera quedado ciego, como lo estuve tanto tiempo por culpa mia : me hubiera obstinado en la iniquidad, y no tuviera ahora ni la voluntad de dejarla, ni la de amaros. Grande dolor siento de haberos ofendido, y grande deseo de vivir en vuestra gracia : llénanme de horror estos placeres malditos, que me hicieron perder vuestra amistad. Todas estas, así lo reconozco, Dios mio, son gracias que me vienen de vos, y que me hacen esperar que quereis perdonarme y salvarme. Ya, pues, que á pesar de todos mis pecados no me habeis abandonado, y quereis que sea salvo, aquí me teneis, Señor; á vos me doy; arrepiéntome mas y mas de haberos ofendido tanto, y prefiero perder mil veces la vida que vuestra gracia. Yo os amo, ó soberano bien, yo os amo, ó Jesus, que moristeis por mí, y espero por vuestra sangre que no permitiréis que me separe jamas de vos. No, Jesus, mio, no mas perderos; amaros quiero por toda mi vida, amaros quiero en mi muerte, amaros quiero por toda la eternidad. Conservadme, pues, aumentadme siempre el amor que os tengo : os lo pido por la virtud de vuestros méritos. María, mi esperanza, rogad á Dios por mí.

PUNTO III.

Es necesario procurar por todos medios hallarnos á todas horas, como desearíamos ser hallados en la hora de la muerte : *Bienaventurados los muertos que mueren en el Señor* (1). Dice S. Ambrosio que los que hacen una buena muerte son aquellos que en aquel momento decisivo son ya muertos para el mundo; es decir, desprendi-

(1) Beati mortui qui in Domino moriuntur. *Apoc.* XIV. 13.

dos de estos bienes de los cuales nos separa por fuerza la muerte. Así pues, es preciso que de ahora en adelante aceptemos voluntariamente ser despojados de nuestros vestidos, separados de nuestros parientes y amigos, y de todos los bienes de este mundo. Si no lo hacemos de buen grado durante la vida, tendremos que hacerlo forzosamente en la muerte, y entónces lo haremos con mucha pena, y con grave peligro de nuestra eterna salud. Adviértenos S. Agustin que, para morir tranquilos, vale mas arreglar en vida nuestros negocios temporales, y hacer la disposicion de los bienes que hemos de dejar, á fin de no ocuparnos sino en Dios á la hora de la muerte. En aquel momento no se ha de hablar sino de Dios y del cielo. Demasiado preciosos son los últimos instantes para consagrarlos á pensar en la tierra. En la muerte es cuando se alcanza la corona de los elegidos; entónces es cuando se obtienen mas méritos, aceptando con resignacion y con amor los dolores de la muerte.

Mas, el que durante su vida no se ejercitó en la práctica de estos santos y piadosos sentimientos, ¿cómo podrá tenerlos en el momento de la muerte? Personas hay devotas que sacan gran provecho de renovar todos los meses la protestacion de la muerte, con todos los actos que debe hacer un cristiano en semejante circunstancia. Despues de haber confesado y comulgado, se figuran hallarse en el lecho de la muerte, y á punto de dejar la tierra (*). Muy difícil es hacer en la muerte lo que no se practica durante la vida. Una grande sierva de Dios, la hermana Catalina de S. Alberto, hija de Sta. Teresa, suspiraba al morir, y exclamaba: hermanas mias, si yo suspiro, no es porque tema la muerte, pues la estaba esperando hace veinte y cinco años, sino porque veo tantas personas que viven engañadas, viviendo en el pecado, no

---

(*) En nuestro librito *Visitas al SSmo. Sacramento* se hallará esta protestacion con sus actos, que pueden hacerse en poco tiempo por su brevedad.

pensando en reconciliarse con Dios hasta la muerte, hasta este momento en que puedo apénas pronunciar el nombre de Jesus.

Examina pues, hermano mio, si tu corazon está pegado todavía á alguna cosa terrena, á esta persona, á aquel destino, á esta casa, á este dinero, á esta sociedad, á estas diversiones; y piensa que no vivirás eternamente. Todo esto has de dejarlo un dia, y quizás muy presto: ¿por qué pues has de poner en ello tu corazon, y correr el riesgo de una muerte desgraciada? Desde este momento ofrécelo todo á Dios, que puede privarte de ello, cuando sea de su agrado. Si quieres morir resignado, es menester que desde ahora te resignes á todos los accidentes dolorosos que pueden sobrevenirte, y que te despojes de la afeccion que tienes á las cosas de la tierra. Haz como si estuvieras á punto de morir, y todo lo mirarás con desprecio: *Fácilmente lo desprecia todo*, dice S. Jerónimo, *el que siempre piensa en la muerte* (1).

Si no has elegido todavía el estado de tu vida escoge aquel que quisieras haber escogido en la hora de la muerte, el que te procure una muerte mas tranquila. Si ya lo tienes escogido, practica en este mismo estado lo que quisieras haber hecho en la muerte. Pórtate como si cada dia fuese el último de tu vida, y cada accion la última que debes hacer, la última oracion, la última confesion, la postrera comunion. Imagínate á todas horas que estás moribundo en tu lecho, y que oyes aquellas palabras: *Parte de este mundo* (2). ¡Oh! ¡de cuánto os servirá este pensamiento para adelantar, y para despegaros del mundo! *Bienaventurado aquel siervo, á quien hallare su señor así haciendo, cuando viniere* (3). El que aguarda la muerte á todas horas, aunque repentinamente muera, no dejará de morir bien.

(1) Facile contemnit omnia, qui semper se cogitat moriturum.
(2) Proficiscere de hoc mundo.
(3) Beatus ille servus, quem cum venerit dominus ejus, invenerit sic facientem. *Matth.* XXIV. 46.

AFECTOS Y SÚPLICAS.

Todo cristiano, al momento en que se anuncie la nueva de la muerte, debe poder decir : quédanme, pues, ó Dios mio, algunas horas de vida; quiero pues pasarlas en amaros tanto como pueda, á fin de amaros mejor en la otra vida. Poco me queda que ofreceros : os ofrezco estos dolores y el sacrificio de mi vida que os hago en union con aquel gran sacrificio que Jesucristo hizo por mí en la Cruz. Las penas que sufro, Señor, son ligeras y pocas en comparacion de las que he merecido : yo las acepto tales como son en muestra del amor que os tengo. Resígnome á todos los castigos que querais enviarme en esta vida y en la otra, con tal que pueda amaros en la eternidad : castigadme cuanto os plazca; mas, no me priveis de vuestro amor. Ya sé que no merezco amaros, por haber tantas veces despreciado vuestro amor : mas, vos no sabeis desechar un alma arrepentida. Yo me arrepiento, ó soberano bien, de haberos ofendido. Os amo de todo corazon, y pongo en vos toda mi confianza. Entrego mi alma á esas manos divinas, que traspasaron los clavos : *En tus manos, Señor, encomiendo mi espíritu; tú me redimiste, Señor, Dios de verdad* (1). ¡Oh Jesus mio! derramado habeis vuestra sangre para salvarme; no permitais que me separe de vos. Os amo, ó Dios eterno, y espero amaros por toda la eternidad. ¡Oh María! ¡oh Madre mia! socorredme en aquel momento extremo. Yo os entrego mi alma : decid á vuestro Hijo que tenga compasion de mi : á vos me recomiendo : libradme, libradme de los tormentos eternos.

(1) In manus tuas, Domine, commendo spiritum meum; redemiste me, Domine, Deus veritatis. *Ps.* xxx. 6.

CONSIDERACION XI.

PRECIO DEL TIEMPO.

Fili, conserva tempus.
Hijo, guarda el tiempo.
(*Eccl.*, IV, 23.)

PUNTO I.

Hijo mio, dice, el Espíritu Santo, procura sobre todo emplear bien el tiempo; mira que nada hay tan precioso, que es el mayor don que puede hacer Dios á un hombre mortal. Hasta los gentiles conocieron el valor del tiempo. Séneca decia que no tenia precio (1). Pero los Santos le han estimado aun mucho mas : dice S. Bernardino de Sena que un solo momento vale tanto como Dios; porque en este solo momento un hombre puede hacer un acto de contricion ó un acto de amor, y obtener la gracia y la gloria eterna (2).

El tiempo es un tesoro que no se halla sino en esta vida, pues en la otra no existe, ni en el infierno ni en el cielo. Tal es el grito que arrojan en el infierno los condenados :

---

(1) Nullum temporis pretium.
(2) Modico tempore potest homo lucrari gratiam, et gloriam. Tempus tantum valet, quantum Deus; quippe in tempore bene consumpto comparatur Deus. *S. Bern. Sen. fer.* 4. *post. Dom.* 1. *Quad. c.* 4.

¡ oh si tuviésemos una hora (1) *!* Ellos lo darian todo por una hora de tiempo en que pudiesen trabajar para reparar su ruina; pero esta hora no la tendrán jamas. En el cielo no hay gemidos, y si los elegidos fuesen capaces de lamentarse, se lamentarian de haber perdido en esta vida un tiempo precioso, durante el cual podian haber adquirido un grado mayor de gloria; pero este tiempo ya no les pertenece. Despues de haber muerto una religiosa benedictina, aparecióse radiante de gloria á una persona, y le dijo que era sumamente feliz; pero, que, si le fuese permitido desear alguna cosa, sería el volver á la vida y sufrir en ella á fin de merecer mas gloria; añadiendo que quisiera sufrir hasta el dia del juicio todos los dolores, que habia sentido durante su última enferdad, para lograr solamente la gloria que corresponde al mérito de una sola *Ave María.*

Y tú, hermano mio, ¿en qué empleas el tiempo? ¿Á qué diferir siempre á mañana lo que puedes hacer hoy? Mira que el tiempo pasado ha desaparecido enteramente y no es ya tuyo, que tampoco está en tu poder el que ha de venir, y que solo el presente tienes para obrar el bien. *Infeliz! ¿por qué presumes del venidero,* dice S. Bernardo, *como si el Padre hubiese puesto los tiempos en tu poder* (2)? Y S. Agustin dice tambien: ¿ *Cómo puedes prometerte un dia, cuando no tienes una hora* (3)? ¿Cómo puedes prometerte un dia de mañana tú, que no sabes si tienes una hora de vida? Lo cual obligaba á decir á Sta. Teresa: Si hoy no te hallas aparejado para morir, teme hacer una mala muerte.

---

(1) O si daretur hora!
(2) Quid de futuro miser præsumis, tamquam Pater tempora in tua posuerit potestate? *Serm.* 38. *de Part. etc.*
(3) Diem tenes, qui horam non tenes?

AFECTOS Y SÚPLICAS.

Oh Dios mio, gracias os doy por el tiempo que me concedeis para reparar los desórdenes de mi vida pasada. Si me hicierais morir en este momento, una de mis mayores penas sería el pensar en el tiempo que he perdido. ¡Ah, Señor, vos me habeis dado el tiempo para amaros, y yo le he empleado en ofenderos! Yo merecia que me arrojarais al infierno en el mismo instante en que os abandoné. Mas, vos me habeis llamado á penitencia, y me habeis perdonado. Os he prometido no ofenderos mas, pero, ¡cuántas veces luego os he vuelto á injuriar, y sin embargo vos me habeis vuelto á perdonar! Bendita eternamente sea vuestra misericordia. Si no fuese ella infinita, ¿cómo pudierais sufrirme vos? ¿Quién hubiera tenido conmigo la paciencia que vos? ¡Oh! ¡cuán afligido me hallo por haber ofendido á un Dios de tanta bondad! Oh dulcísimo Salvador mio, si tan solo pensase yo en la paciencia que conmigo habeis manifestado, esto bastaria para enamorarme de vos. No permitais, ¡ah! por mas tiempo que yo no corresponda al amor que me habeis mostrado. Desasidme de todo, y atraedme tan solo á vuestro amor. No, ó mi Dios, no quiero perder mas este tiempo que me concedeis para reparar el mal que he hecho : quiero todo entero emplearlo en serviros y en amaros. Dadme la fuerza necesaria, dadme la santa perseverancia. Yo os amo, ó infinita bondad, y espero eternamente amaros. Gracias os doy, María: vos habeis sido mi intercesora, vos me habeis alcanzado el tiempo que me queda : asistidme ahora, haced que le emplee en amar á vuestro Hijo, mi Redentor, asi como vos, ó reina y madre mia.

PUNTO II.

Nada hay mas precioso que el tiempo, pero de nada se hace ménos caso : es lo que mas se desprecia en este mundo. Esto es lo que deplora S. Bernardo (1). Despues añade : *Pasan los dias de salud, y nadie piensa que estos van luego faltando, para no volver mas* (2). Ved este jugador que pierde dias y noches entre los juegos. Preguntadle qué hace, y os responderá que pasa el tiempo. Mirad ese vago en pié en una calle durante horas enteras, observando á los que pasan, hablando un lenguaje obsceno, y diciendo fruslerías; preguntadle lo qué hace, y os dirá que es preciso pasar el tiempo. ¡Ciegos infelices, que desperdician tantos dias que no volverán jamas! ¡Oh tiempo despreciado! ¡Tú serás lo que los moribundos sentirán mas haber perdido en el momento de la muerte! Entónces desearán otro año, otro mes, otro dia, y no lo lograrán. Entónces escucharán que se les dice : *Ya no es tiempo* (3). ¡Cuánto no diera cada uno de ellos, si se les concediese una semana, un dia, para arreglar las cuentas de su conciencia! Este hombre, dice S. Lorenzo Justiniani, daria todos sus bienes para obtener una hora mas (4). Mas, esta hora no se le concederá. Apresuraos, le dirá el sacerdote que le asista, apresuraos, partid de esta tierra, no hay mas tiempo para vos : *Parte, alma cristiana, de este mundo* (5).

Por esto nos exhorta el Profeta á acordarnos de Dios y á volver en su gracia ántes que nos falte la luz : *Acuér-*

---

(1) Nihil pretiosus tempore, sed nihil vilius æstimatur. *Serm. ad Schol.*
(2) Transeunt dies salutis, et nemo recogitat sibi perire diem, et numquam rediturum.
(3) Tempus non erit amplius.
(4) Erogaret opes, honores, delicias pro una horula. *De vita Sol. cap.* 10.
(5) Proficiscere, anima christiana, de hoc mundo.

date de tu Criador... ántes que se oscurezca el sol y la luz (1). ¡Qué cosa mas lamentable para un viajero que el advertir haberse errado de camino, cuando es ya noche, y el mal es irremediable! Ved la pena del moribundo que ha vivido muchos años en el mundo, sin haberlos consagrado al servicio de Dios : *Vendrá la noche, cuando nadie pueda obrar* (2). La muerte será para él una noche tenebrosa en que nada podrá hacer : *Llamó contra mí al tiempo* (3). La conciencia le recordará entónces el tiempo que ha tenido á su disposicion, y que ha empleado en la condenacion de su alma : los llamamientos, las gracias que ha recibido para llegar á la santidad, y de que ella no ha querido aprovecharse. Y verá luego, que toda senda le está cerrada para hacer el bien. Entónces exclamará entre profundos gemidos : ¡Loco de mí! ¡Oh tiempo que he perdido! ¡oh vida entera que he desperdiciado! ¡Oh años perdidos, durante los cuales podia llegar á ser santo, y no lo hice, y ahora no es ya tiempo de hacerlo! Mas ¿de qué le servirán estos suspiros y gemidos ahora que va á acabar sus dias, que la lámpara está para apagarse, y que el moribundo ha llegado á aquel momento formidable de que depende su eternidad?

AFECTOS Y SÚPLICAS.

¡Ay Jesus mio! todas las acciones de vuestra vida vos las hicisteis para salvar á mi alma; no hubo momento de vuestro tránsito sobre la tierra que no le ofrecierais por mí al eterno Padre á fin de alcanzarme el perdon y la salud; y yo, que tantos años he pasado ya en el mun-

---

(1) Memento Creatoris tui... antequam tenebrescat sol et lumen. *Eccl.* XII. 1. *et* 2.
(2) Venit nox, quando nemo potest operari. *Joan.* IX. 4.
(3) Vocavit adversum me tempus. *Thren.* I. 15.

do, ¿cuántos de ellos os he consagrado? ¡Ah! ¡qué crueles remordimientos son los mios, cuando recuerdo todo lo que he hecho! ¡Mucho mal he cometido : muy poco bien he practicado, y aun este bien, tan lleno de imperfecciones, de tibieza, de amor propio y de distracciones! ¡Ah! Redentor mio, esto no habrá podido ser, sino porque yo he olvidado todo lo que vos hicisteis por mí. Yo no me he acordado de vos, y vos os habeis acordado de mí. Vos me habeis alcanzado, cuando yo huía, y me habeis mil veces invitado á amaros. Aquí me teneis ó buen Jesus, no quiero ya resistiros mas : ¿y esperara aun que vos me abandonaseis? Arrepiéntome ó soberano bien, de haberme separado de vos por la culpa. Yo os amo, infinita bondad, digna de un amor infinito. ¡Ah! no permitais que pierda yo este tiempo que me concedeis por vuestra misericordia. ¡Ah! acordaos siempre, amado Salvador mio, del amor que me habeis tenido, y de las penas que por mí sufristeis. Hacédmelo olvidar todo, para que en todo el resto de mis dias no piense sino en amaros y complaceros. Yo os amo, ó mi Jesus, mi amor, mi todo. Os prometo hacer actos de amor cuantas veces me acordare. Dadme la santa perseverancia : confío en los méritos de vuestra sangre. Ó María, mi querida madre, yo me abandono á vuestra intercesion.

PUNTO III.

Andad miéntras que teneis luz (1). Preciso es caminar miéntras vivimos por la senda que nos ha trazado el Señor, ahora que tenemos la luz; pues perderla podríamos en la muerte. Entónces no será ya tiempo de prepararse sino de estar preparado : *Estad preparados* (2).

(1) Ambulate dum lucem habetis. *Joan.* XII. 35.
(2) Estote parati.

Cuando viene la muerte, nada se hace, lo hecho queda hecho. ¡Oh Dios! si alguno supiese que dentro de poco va á fallarse una causa de la cual depende su vida ó su haber, ¡cuánta prisa se diera en buscar un buen defensor que hiciese valer sus razones y que pudiese lograrle un fallo favorable! Y nosotros ¿qué hacemos? Sabemos, sin poderlo dudar, que dentro de poco, tal vez ahora mismo, va á darse sentencia en la causa de donde depende el éxito del mayor negocio que tenemos entre manos, el de la salud eterna : ¿y perdemos el tiempo?

Mas, dirá alguno, yo soy jóven, mas tarde me convertiré á Dios; y yo contesto : ¿sabeis que el Señor maldijo aquella higuera que halló sin fruto, aunque no fuese entónces la estacion de los higos, como lo hace notar el Evangelio : *Porque no era tiempo de higos* (1)? Jesucristo quiere darnos á entender por este ejemplo, que el hombre en todo tiempo, hasta en su juventud, debe llevar frutos de buenas obras, sin lo cual, será maldito, y no llevará fruto alguno en lo futuro : *Nunca mas coma nadie fruto de ti para siempre* (2) Así habla el Señor al árbol de que hablamos, y así maldecirá al que él llama y se le resiste. ¡Cosa notable por cierto! el demonio tiene por muy corto el tiempo de nuestra vida, y no pierde un momento para tentarnos : *Descendió el diablo á vosotros con grande ira, sabiendo que tiene poco tiempo* (3). El enemigo de nuestra salud no pierde un instante para hacernos condenar, y nosotros ¿perderemos el tiempo, cuando se trata de salvarnos?

Dirá otro quizá : pero ¿qué mal hago yo? ¡Oh Dios! ¿y no es un mal perder el tiempo, en juegos, en conversaciones inútiles que de nada sirven á nuestra alma? ¿Pensais tal vez que Dios nos da este tiempo para que así le

(1) Non enim erat tempus ficorum *Marc.* XI. 13.
(2) Jam non amplius in æternum ex te fructum, quisquam manducet. *Marc.* XI. 14.
(3) Descendit diabolus ad vos habens iram magnam, sciens quod modicum tempus habet. *Apoc.* XII. 12.

perdamos? No, dice el Espíritu Santo : *La partecita de un buen don no se te pase* (1). Los operarios, de que habla S. Mateo, no hacian cosa alguna mala, solamente perdian el tiempo, y por esto solo fueron reprendidos por el dueño de la viña : *¿Qué haceis aqui todo el dia ociosos* (2)? En el dia del juicio Jesucristo nos pedirá cuenta de una palabra ociosa. El tiempo, que no se emplea por Dios, es tiempo perdido (3). Y el Señor nos dice : *Cualquier cosa que puede hacer tu mano, óbrala con instancia : porque ni obra, ni razon, ni sabiduría, ni ciencia habrá en el sepulcro, adonde caminas aprisa* (4). La venerable madre sor Juana de la SSma. Trinidad, hija de Sta. Teresa, decia que en la vida de los Santos no hay mañana, que solo hay mañana entre los pecadores que dicen siempre, luego, luego, y que llegan así á la muerte. *Hé aquí ahora el tiempo favorable* (5). — *Si hoy oyereis la voz de él, no querais endurecer vuestros corazones* (6). Hoy dia os llama para hacer el bien : hacedle pues hoy mismo; pues puede suceder que mañana ya no sea tiempo, ó que Dios no os llame ya mas. Y si en lo pasado habeis tenido la desgracia de emplear vuestro tiempo en ofender á Dios, daos prisa á llorar todo el resto de vuestros dias, como se propuso hacerlo el rey Ezequías : *Repasaré delante de ti todos mis años con amargura de mi alma* (7). Dios no os concede la vida sino para que repareis el tiempo que habeis perdido : *Redimiendo el ttempo porque los dias son malos* (8).

(1) Non te prætereat particula boni doni. *Eccl.* XIV. 14.
(2) Quid hic statis tota die otiosi? *Matth.* XX. 6.
(3) Omne tempus, quo de Deo non cogitasti, cogita te perdidisse. *S. Bern. coll.* 1. *cap.* 8.
(4) Quodcumque facere potest manus tua, instanter operare; quia nec opus, nec ratio erunt apud inferos, quo tu properas. *Eccl.* IX. 10.
(5) Ecce nunc tempus acceptabile. *2 Cor.* VI. 2.
(6) Hodie si vocem ejus audieritis, nolite obdurare corda vestra. *Ps.* XCIV. 8.
(7) Recogitabo tibi omnes annos meos in amaritudine animæ meæ. *Is.* XXXVIII. 15.
(8) Redimentes tempus, quoniam dies mali sunt. *Eph.* V. 16.

Locual comenta así S. Anselmo: *Recuperarás el tiempo, si haces lo que descuidaste hacer* (1). S. Jerónimo, hablando de S. Pablo, dice que, si bien fué el último de los apóstoles, fué el primero en mérito, por lo que hizo despues que fué llamado (2). Si así no fuese, pensemos que á cada instante podemos ganar muchos mas bienes eternos. Si se te diese tanto terreno como pudieses circunvalar ó abarcar caminando todo un dia, ó bien, si te diesen tanto dinero como pudieras contar durante el mismo tiempo, ¡qué prisa te dieras! ¡Pues bien! cuando podeis á cada instante ganar tesoros eternos, ¿queréis perder el tiempo? No digais que haréis mañana lo que podeis hacer hoy, porque este dia para vos será perdido, y no volverá mas. S. Francisco de Borja elevaba su corazon hácia Dios todas cuantas veces se hablaba del mundo en su presencia; y cuando se le preguntaba su sentir sobre lo que se habia dicho, no sabía qué responder; un dia se le increpó este proceder, pero el Santo respondió: Prefiero pasar por grosero, que perder el tiempo (3).

AFECTOS Y SÚPLICAS.

No, Dios mio, no quiero yo perder el tiempo que me concedeis en vuestra misericordia. Ahora debiera yo estar en el infierno á gemir sin provecho. Os agradezco el haberme conservado la vida: todo el resto de mis dias no quiero, pues, vivir sino por vos. Si á estas horas me hallase en el infierno, gemiria, me desesperara, y nada ganaria con mis lamentos. Quiero, pues, llorar las ofensas de que soy culpable con vos; y estoy cierto que, si las lloro, me perdonaréis, pues así me lo asegurais por

(1) Tempus redimes, si quod facere neglexisti, facies.
(2) Paulus novissimus in ordine, primus in merits, quia plus omnibus laboravit.
(3) Malo rudis vocari, quam temporis jacturam pati.

el Profeta : *De ninguna manera llorarás, grandísima misericordia tendrá de ti* (1). Si me hallase en el infierno, no pudiera amaros; y ahora os amo, y espero amaros siempre. Si estuviese en el infierno, ni aun gracia os pudiera pedir; y ahora oigo que me decis : *Pedid y recibiréis* (2). ¡Ah! ya que tengo tiempo aun para pediros gracias, dos os pido, ó Dios de mi alma, dadme la perseverancia y dadme vuestro amor; haced despues de mí lo que quisiereis. Haced que en todos los momentos de la vida que me queda para recorrer, me encomiende siempre á vos, diciéndoos : ó Jesus mio, ayudadme; Señor, Señor, tened piedad de mí; haced que no os ofenda mas : haced que os ame. Ó María, mi santa madre, alcanzadme la gracia de recomendarme siempre á Dios, y de pedirle la perseverancia y su santo amor.

(1) Plorans nequaquam plorabis, miserans miserebitur tui. *Is.* xxx. 19.
(2) Petite et accipietis.

CONSIDERACION XII.

IMPORTANCIA DE LA SALVACION.

> *Rogamus autem vos fratres... ut vestrum negotium agatis.*
>
> Mas, os rogamos, hermanos... que hagais vuestra hacienda.
> (*I. Thess.* IV. 10 et 11.)

PUNTO I.

El negocio de la salud eterna es sin contradiccion el negocio para nosotros mas importante, y es el que mas descuidan los cristianos. No hay diligencia que no se practique ni tiempo que no se pierda para llegar á algun destino, para ganar un pleito, para concluir un casamiento: ¡cuántos consejos se toman! ¡qué de medios se emplean! ¡no se come, no se duerme! Mas, para asegurar la salud eterna, ¿qué se hace? ¿de qué manera se procede? Nada de esto se practica; al contrário, todo se hace para perderla. Y así viven la mayor parte de los cristianos, como si la muerte, el juicio, el infierno, el paraíso, la eternidad, no fuesen verdades de fe, sino una fábula inventada por los poetas. Si se pierde una causa, una cosecha ¡qué pena! ¡qué afliccion! ¡qué cuidado en reparar el perjuicio! Si se pierde un caballo, un perro ¡qué trabajo, qué afan para volverle á encontrar! Si se pierde la gracia de Dios, se duerme, se huelga, se rie.

¡Rara cosa por cierto y que pasma! no hay quien no se avergüence de que se le llame negligente en los negocios del mundo; y sin embargo nadie se da vergüenza de descuidar el negocio de la eternidad, que es el mas importante. Los santos se han creido cuerdos, porque no se han dedicado sino á salvarse; y nosotros al reves, pensamos en las cosas del mundo, y nada en el alma. Mas vosotros, hermanos mios (dice S. Pablo), no penseis en otra cosa que en el grande negocio de vuestra eterna salud, que es para vosotros el negocio mas importante de todos: *Os rogamos que hagais vuestra hacienda.* Persuadámonos que la salud eterna es lo que mas nos importa, es el negocio único y sobre todo irreparable, si llegamos á engañarnos en él.

Es el negocio mas importante: sí, porque es el de mayor consecuencia, porque es del alma, y perdiendo el alma se pierde todo. Debemos considerar el alma como una cosa mas preciosa que todos los bienes del mundo: *El alma es preciosa mas que todos los bienes del mundo* (1), dice S. Juan Crisóstomo. Para conocerlo, basta saber que Dios abandonó su Hijo á la muerte para salvar nuestras almas: *De tal manera amó Dios al mundo que dió á su Hijo Unigénito* (2). Y el Verbo Eterno no vaciló en rescatarlas con su propia sangre: *Porque comprados fuisteis por grande precio* (3). De tal manera, dice un santo Padre, que parece que el hombre valga tanto como Dios (4). Jesucristo ha dicho tambien: *¿Qué cambio dará el hombre por su alma* (5)? Si el alma pues vale tan alto precio, ¿con qué bien ni tesoro de este mundo podrá un hombre cambiarla, cuando la pierde?

(1) Anima est toto mundo pretiosior.
(2) Sic Deus dilexit mundum, ut Filium suum unigenitum daret. *Jo.* III. 16.
(3) Empti enim estis pretio magno. 1. *Cor.* VI. 20.
(4) Tam pretioso munere humana redemptio agitur, ut homo Deus valere videatur.
(5) Quam dabit homo commutationem pro anima sua! *Matth.* XVI. 26.

Mucha razon tenia S. Felipe Neri en dar el nombre de loco al que no piensa en salvar su alma. Si hubiese en la tierra dos clases de hombres, unos mortales y otros inmortales, y los que fuesen mortales viesen á los otros ocupados y afanados en las cosas de este mundo, buscando los honores, los bienes y los placeres de la tierra, les dirian sin duda : ¿Estais locos? pudiendo adquirir bienes eternos, ¿no pensais sino en cosas caducas y perecederas? ¿y por esto os condenais á penas eternas en la otra vida? Dejad estos bienes terrenos, que no se hicieron sino para nosotros, desdichados, pues todo se nos acabará con la muerte. Mas, nosotros somos todos inmortales, ¿y como es que tantas personas pierden su alma por tan miserables placeres? ¿Cómo puede ser, dice Salviano, que creyendo los cristianos en un juicio, en un infierno, en una eternidad, vivan sin concebir temor alguno por cosas tan terribles (1)?

AFECTOS Y SÚPLICAS.

¡Oh mi Dios! ¿en qué he empleado tantos años que vos me habeis concedido para procurarme la salud eterna?. Vos, ó Redentor mio, vos habeis comprado mi alma con vuestra propia sangre, y me la habeis dado para que yo la salve; y yo no he pensado sino en perderla, cuando os he ofendido, á vos que tanto me habeis amado. Os doy gracias por haberme dado tiempo todavía para remediar tan grande pérdida como he hecho. He perdido mi alma, y vuestra santa gracia : Señor, de ello me arrepiento, y por ello está lleno de pesadumbre mi corazon. ¡Ah! perdonadme : de ahora en adelante resuelvo firmemente perderlo todo, hasta mi vida, ántes que vuestra amistad.

---

(1) Quid causæ est, quod christianus, si futura credit, futura non timeat?

Os amo sobre todo bien, y hago la resolucion de nunca mas ofenderos, ó soberano bien, digno de un amor infinito. Ayudadme, ó Jesus mio, á fin de que esta mi presente resolucion no sea como los buenos propósitos pasados, pues harto sé, Señor, que siempre os hice traicion. Hacedme morir ántes que yo reincida en el pecado, y dejad que os ame. Ó María, mi esperanza, salvadme y alcanzadme la santa perseverancia.

PUNTO II.

El negocio de la eterna salud es no solo el negocio mas importante, sino tambien el *único* que en esta vida tenemos : *En verdad una sola* (cosa) *es necesaria* (1). Compadécese S. Bernardo de la ceguera de los cristianos en llamar locuras las travesuras de los niños, y luego dan el titulo de negocios á las locuras que ellos hacen (2). Las locuras de los hombres son locuras mucho mayores. ¿De qué sirve, dice el Señor, ganar el mundo entero, si se pierde el alma? ¿*Qué aprovecha al hombre, si ganare todo el mundo, y perdiere su alma* (3)? Si tú te salvas, hermano mio, poco importa despues que en este mundo hayas sido pobre, afligido y despreciado; salvándote no tendrás ya mas dolor, y serás dichoso por toda la eterninidad. Pero si sucumbes, si te condenas, ¿de qué te servirá en el infierno haberte regalado en este mundo, y haber nadado en delicias, riquezas y honores? Una vez perdida tu alma, á Dios placeres, honores, riquezas : ya nada habrá para ti.

¿Qué le responderás á Jesucristo en el dia del juicio?

(1) Porro unum est necessarium. *Luc.* x. 42.
(2) Nugæ puerorum nugæ vocantur, nugæ majorum negotia vocantur.
(3) Quid prodest homini, si mundum universum lucretur, animæ veró suæ detrimentum patiatur? *Matth.* xvi. 26.

Si el rey enviase uno de sus embajadores á una ciudad á tratar de un negocio importante, y el enviado, en vez de procurar en el elevado objeto de su mision, no pensase sino en comilonas, en festines, en espectáculos, dejando de cumplir su encargo; ¿qué cuenta tendria que dar á su regreso? Mas, ¡oh Dios! ¿qué cuenta habrá de dar al Señor el que, colocado en este mundo, no para divertirse, no para enriquecerse, ni adquirir honores, sino tan solo para salvar su alma, haya pensado en todo ménos en esta sola cosa? Los mundanos piensan siempre en lo presente, y jamas en lo que ha de venir. S. Felipe Neri, hallándose en Roma, y hablando un dia con un jóven de talento llamado Francisco Zazzera, le decia: hijo mio, haréis una fortuna brillante, seréis un buen abogado, quizás mitrado, ó cardenal, ó tal vez papa, ¿y despues? ¿y despues? Vamos, díjole al fin, id, y meditad estas últimas palabras. Este jóven fué á su casa, y meditando aquellas palabras, *¿y despues? ¿y despues?* abandonó los asuntos terrenos, dejó el mundo para entrar en la congregacion de S. Felipe, en donde empezó á no pensar sino en Dios.

El negocio de la salud es el solo, el único, porque no tenemos sino un alma. Pedia un príncipe una gracia á Benedicto XII, mas, como este no pudiese concedérsela sin cargar su conciencia, el santo pontífice respondió al embajador: decid á vuestro príncipe que, si yo tuviera dos almas, podria perder una por él y reservarme otra para mí; pero, como no tengo mas que una, no puedo ni quiero perderla. Decia S. Francisco Javier que no hay en el mundo sino un solo bien y un solo mal: el primero es la salud; el segundo el infierno. Esto mismo es lo que decia á sus hijas Sta. Teresa: hermanas mias, no hay sino un alma y una eternidad; queriendo decir con esto, no hay mas que un alma, y si la perdemos, lo perderemos todo; no hay sino una eternidad, y nuestra alma, una vez perdida, lo es para siempre. Por esto decia David: *Una sola cosa he pedido al Señor, esta volveré á pedir, que more yo en la casa del Señor* (1). Señor, una sola cosa os pido, salvad mi alma, y nada mas quiero.

Con temor y con temblor obrad vuestra salud (2). El que no teme y no se estremece de perderse, no se salvará; de ahí viene que para salvarse es menester esforzarse para hacerse violencia : *El reino de los cielos padece fuerza, y los que se la hacen lo arrebatan* (3). Para llegar al puerto de salvacion es preciso que en el momento de la muerte nuestra vida se parezca á la de Jesucristo : *Á estos tambien predestinó para ser hechos conformes á la imágen de su Hijo* (4). Y por esto debemos trabajar en huir las ocasiones, de una parte, y de otra tomar los medios necesarios para obtener la salud. *El reino no se dará á los vagamundos,* dice S. Bernardo, *sino á aquellos que hubieren dignamente trabajado en el servicio de Dios* (5). Salvarse quisieran todos, sin que les costase la menor pena. Sorpresa causa, dice S. Agustin, que el demonio se tome tanto trabajo sin descansar nunca para perdernos, y vosotros en lo que va nada ménos que vuestra dicha ó desdicha eterna, esteis hasta tal punto descuidados. *Vigila el enemigo, y tú duermes* (6).

AFECTOS Y SÚPLICAS.

¡Oh Dios mio! ¡cuánto os agradezco el que permitais me halle á vuestros piés en este momento, y no en el

(1) Unam petii à Domino, hanc requiram, ut inhabitem in domo Domini. *Ps.* XXVI. 4.
(2) Cum metu et tremore vestram salutem operamini. *Phil.* II. 12.
(3) Regnum cœlorum **vim patitur,** et violenti rapiunt illud. *Matth.* XI. 12.
(4) Prædestinavit **conformes fieri** imaginis Filii sui. *Rom.* VIII. 29.
(5) Regnum non dabitur vagantibus, sed pro servitio Dei digne laborantibus.
(6) Vigilat hostis, dormis tu?

infierno adonde he merecido ir tantas veces! Mas ¿de qué me serviria la vida que me conservais, si yo continuase viviendo en la privacion de vuestra gracia? ¡Ah! nunca mas sea así. Yo os he abandonado, os he perdido, sumo bien mio : ya me pesa de todo corazon, ¡ojalá hubiese muerto ántes mil veces! Yo os perdí, pero vuestro profeta me consoló diciéndome que sois todo bondad, y que os dejais hallar por las almas que os buscan : *Bueno es el Señor para el alma que le busca* (1). Si algun dia huí de vos, ó rey de mi corazon, ahora os busco, y no busco otra cosa que vos. Os amo con todo mi afecto, recibidme en vuestros brazos, dignaos permitir que os ame este corazon que algun tiempo os despreció. Mostradme lo que he de hacer para agradaros, y pronto estoy en ejecutarlo. ¡Ah! Jesus mio, salvad mi alma por la cual disteis vuestra sangre y vuestra vida. Salvándome, concededme tambien la gracia de amaros en esta vida y en la otra. Esto es lo que espero de vuestros méritos : esto espero tambien, ó María, de vuestra intercesion.

PUNTO III.

Es un negocio importante, el único negocio, el negocio irreparable. No hay error comparable, dice S. Euquerio, con el que nos hace descuidar la salud eterna (2). En todos los demas errores hay un remedio : si se pierde un vestido, puede recobrarse por otro medio ; si se pierde un destino, puede recuperarse otra vez ; si se pierde la vida y uno se salva, todo se ha remediado ; pero, si se condena, ya no hay mas remedio Despues de la muerte, si se pierde el alma, perdida queda para siempre (3). No

---

(1) Bonus est Dominus animæ quærenti illnm. *Thren.* III. 25.
(2) Sane supra omnem errorem est, dissimulare negotium æternæ salutis.
(3) Periisse semel, æternum est.

hay mas que gemir eternamente con los demas desdichados insensatos que están en el infierno, en donde el suplicio, que mas atormenta, es el considerar que ya no hay mas tiempo para remediar la propia miseria : *Fenecido es el estío, y nosotros no hemos sido librados* (1). Preguntad á estos prudentes segun el mundo, que están hoy dia sepultados en aquel abismo de fuego, preguntadles lo que sienten : preguntadles si están satisfechos de haber labrado su fortuna en este mundo, ahora que están condenados á aquella eterna prision. Escuchadlos como claman entre gemidos de dolor : *¡Erramos, pues* (2)*!* Mas ¿de qué les sirve conocer su error, ahora que no hay ya mas remedio en su eterna desdicha? ¡Qué pena sentiria aquel que habiendo podido prevenir la ruina de uno de sus palacios, y viéndole un dia derribado, arrojase una mirada sobre su propio descuido en el momento en que el peligro sería sin remedio!

La mayor pena de los condenados es el considerar que han perdido su alma, y que se han condenado por culpa suya. *Tu perdicion, Israel, de ti : solo en mí está tu socorro* (3). Si alguno pierde por su culpa, dice Sta. Teresa, un vestido, un anillo, una bagatela, pierde la tranquilidad, y á veces no come ni duerme. ¡Cuál será pues, oh gran Dios, la pena del condenado en el momento de entrar en el infierno! Cuando vea cerradas para siempre sobre sí aquellas prisiones, no pensará sino en su desgracia; verá que no hay que hacer reparacion alguna por toda la eternidad. Exclamará, pues : Perdido he mi alma, el paraíso y mi Dios; todo lo he perdido para siempre; ¿y cómo? ¡por mi propia culpa!

Dirá empero alguno tal vez : si cometo este pecado ¿por qué quereis ya que me condene? ¿no puedo salvar-

---

(1) Finita est æstas, et nos salvati non sumus. *Jer.* VIII. 20.
(2) Ergo erravimus.
(3) Perditio tua, Israel; tantummodo in me auxilium tuum. *Os.* XIII. 9.

me todavía? Mas á esto respondo yo : verdad es, podeis salvaros, pero tambien puede ser que os condeneis, y entended que es mucho mas fácil lo segundo, pues la Escritura amenaza con la condenacion á los pecadores obstinados como sois vos ahora : *Ay de los hijos que desiertan, dice el Señor* (1). — *Ay de ellos, porque se apartaron de mí* (2). Por este pecado que cometeis ¿no poneis en peligro vuestra salud eterna? ¿y es este un negocio que deba ponerse en peligro? No se trata aquí de una casa, de un campo, de un destino; trátase, dice S. Juan Crisóstomo, de sufrir una eternidad de tormentos, y de perder un eterno paraiso (3). Y este negocio, que para vos lo es todo, ¿ le quereis arriesgar por un *puede ser*?

Puede ser, dirá todavía el pecador temerario, puede ser que no me condene; ¿quién sabe? espero que Dios mas tarde me perdonará. ¿Pero sabeis si Dios os condenará al infierno en este mismo momento? Decidme, ¿os arrojaréis en un pozo diciendo, tal vez no moriré? No. Pues ¿cómo podeis apoyar vuestra salud eterna sobre una esperanza tan infundada como aquella, sobre un *puede ser*? ¡Oh! ¡cuántos y cuántos se han condenado con esta maldita esperanza! ¿ Y no sabeis que la esperanza de aquellos que se obstinan en querer pecar, no es una esperanza, sino un engaño, una presuncion que, en vez de excitar la misericordia de Dios, provoca su indignacion? Si yo te digo que no te fies en la resistencia de las tentaciones, que luches con tu pasion dominante, ¿cómo resistirás, como combatirás, si en vez de aumentársete las fuerzas, te faltarán del todo cometiendo el pecado? Pues de una parte tu alma quedará ciega y endurecida en su malicia, y de otra no recibirá mas socorros de parte de Dios. ¿Esperas tal vez que Dios te dé mayor

---

(1) Væ filii desertores, dicit Dominus. *Is.* xxx. 1.
(2) Væ eis, quoniam recesserunt. *Os.* vii. 13.
(3) De immortalibus suppliciis, de cœlesti regni amissione res agitur.

abundancia de luces y de gracias, cuando hayas cometido mayor número de pecados?

AFECTOS Y SÚPLICAS.

¡Oh Jesus mio! haced que no se aparte jamas de mi memoria la muerte que padecisteis por mí, y aumentad mi confianza. Temo que en la hora de mi muerte, no procure el demonio hacerme entrar en la desesperacion á vista de las ingratitudes de que soy culpable. ¡Cuántas veces os prometí no ofenderos á vista de la luz que me habiais infundido, y despues os he vuelto de nuevo las espaldas, esperando siempre que me perdonariais! ¡Ah! ¿os habré injuriado tanto porque no me habeis castigado? ¿Y porque no se ha cansado de sufrir vuestra misericordia, os habré yo ultrajado mas y mas? ¡Oh Redentor mio! hacedme concebir un grande dolor de mis pecados, ántes que parta de esta vida. Ya me arrepiento, ó sumo bien, de haberos ofendido, y os prometo en adelante morir mil veces ántes que abandonaros. Hacedme oir aquellas dulces palabras que dirigisteis á Magdalena: *Tus pecados están ya perdonados* (1). Hacedme concebir un dolor intenso de mis culpas ántes que muera, pues temo que mi muerte sea desgraciada : *Espanto no me causes tú, esperanza mia eres tú en el dia de la afliccion* (2). No me aterroriceis en aquel momento extremo, ó buen Jesus, que fuisteis por mí crucificado. Si yo muriese ántes de haber llorado mis pecados, y ántes de haberos amado, vuestras llagas y vuestra sangre me inspirarán mas bien terror que confianza. No os pido pues en este mundo ni consuelos ni bienes, por los dias que me

---

(1) Remittuntur tibi peccata tua.
(2) Non sis tu mihi formidini, spes mea tu in die afflictiónis. *Jer.* XVII. 17.

quedan de vida; no quiero sino dolores y amor. Oid mis súplicas, ó dulce Salvador mio : os lo ruego por aquel amor que os hizo sacrificar vuestra vida por mí sobre el Calvario. ¡Oh María! ¡Oh Madre mia! alcanzadme estas gracias, con la de la perseverancia hasta la muerte.

CONSIDERACION XIII.

VANIDAD DEL MUNDO.

> *Quid prodest homini si mundum uni-*
> *versum lucretur, animæ vero suæ detri-*
> *mentum patiatur?*
> ¿ Qué aprovecha al hombre si ganare
> todo el mundo, y perdiere su alma?
> (Matth. XVI. 26.

PUNTO I.

Viajaba por un mar tempestuoso un antiguo filósofo llamado Aristipo. Naufragó la nave que le conducia, y el filósofo perdió todo lo que consigo traia. Llegó por fin á salvamento, y como se habia hecho tan célebre por su saber, los habitantes de aquel país le dieron otros tantos bienes de los que habia perdido. Poco tiempo despues escribió á los amigos de su patria, y les encargó que, aprovechando su ejemplo, no se proveyesen en sus viajes de otros bienes que de los que no se pueden perder en los naufragios. Ahora bien : esto mismo es lo que nos avisan nuestros parientes y nuestros amigos desde la eternidad : nos advierten que no hagamos provision en esta vida sino de aquellos bienes que no se pierden con la muerte. El dia de la muerte se llama : *Dia de perdicion (cerca está el dia de su perdicion* (1)); porque realmente en este dia honores, riquezas, placeres, todo quedará perdido para no volver. Lo cual obliga á decir á S. Ambrosio que todo esto, en buen lenguaje, no puede tener el nombre de bienes, porque no nos lo podemos llevar con nosotros en el otro mundo; y que solo las virtudes nos siguen en la eternidad (2).

¿De qué sirve pues, dice Jesucristo, ganar el mundo entero, si en la hora de la muerte, perdiendo el alma, se pierde todo (3)? ¡Ah! ¡á cuántos hizo entrar en el claustro esta máxima importante! ¡á cuántos anacoretas condujo al desierto, á cuántos mártires al suplicio por el amor de Jesucristo! Por medio de esta misma verdad S. Ignacio de Loyola ganaba tantas almas para Dios, y sobre todo á S. Francisco Javier, que se hallaba entónces en Paris, ocupado enteramente en pensamientos mundanos. Francisco, le dijo un dia el Santo, pensad en que el mundo es un impostor, que promete y no cumple su palabra. Y aun suponiendo que cumple lo que promete, acordaos que vuestro corazon no quedará jamas plenamente satisfecho. Demos aun que os contente en toda la duracion de vuestra felicidad; pregunto, ¿esta felicidad os seguirá mas allá del sepulcro? ¿Y qué reportaréis de ella definitivamente en la eternidad? ¿hay algun poderoso que haya llevado á la otra vida su dinero ó sus servidores? ¿hay algun rey que haya llevado un solo pedazo de púrpura? Estas palabras hicieron una impresion tan profunda en S. Francisco, que dejó el mundo, siguió á S. Ignacio y trabajó en la perfeccion. *¡Vanidad de vanidades* (4)*!* así llama Salomon todos los bienes de este mundo, él, que no se privaba de ninguno de los place-

---

(1) Dies perditionis (juxta est dies perditionis). *Deut.* XXXII. 35.
(2) Non nostra sunt quæ non possumus auferre nobiscum; sola virtus nos comitatur.
(3) Quid prodest homini si mundum universum lucretur?
(4) Vanitas vanitatum!

res de que puede gozarse en la tierra. Ved ahí su lenguaje : *No les negué á mis ojos todas cuantas cosas desearon* (1). La hermana Margarita de Santa Ana de la órden de Carmelitas descalzas, é hija del emperador Rodolfo II, decia : ¿De qué sirven los tronos en la hora de la muerte? ¡Cosa admirable por cierto! Los santos tiemblan, pensando en el momento en que va á decidirse de su suerte eterna. Temblaba el P. Segneri, cuando decia a su confesor, llena su alma de sobresalto : ¿Qué me decis, padre mio, me salvaré? Temblaba S. Andrés Avelino, cuando, derramando torrentes de lágrimas, exclamaba : ¿Quién sabe si me salvaré? La misma idea atormentaba á S. Luis Bertran, el cual saltaba de su lecho por el temor de la muerte, y exclamaba : ¡Quién sabe si yo mismo me condeno! ¡Qué diferencia! Los pecadores se condenan, y duermen, viven, se divierten y rien como si debieran salvarse.

AFECTOS Y SUPLICAS.

¡Oh Jesus mi Redentor! gracias os sean dadas por haberme hecho conocer mi locura, y el mal que he cometido volviéndoos la espalda, á vos que derramasteis vuestra sangre, y disteis vuestra vida por mí. No, no mereciais que os diese tan indignos tratamientos. Si ahora tengo cercana la muerte, ¿qué otra cosa hallaré en mí sino pecados y remordimientos de conciencia que me darán mil inquietudes? ¡Oh Salvador mio! confieso que obré el mal; que al abandonaros me engañé á mí mismo, ó soberano bien, y ¿por qué os abandoné? por miserables placeres de este mundo : de ello me arrepiento de todo corazon. ¡Ah! por aquel dolor que sufristeis en la

1) Omnia, quæ desideraverunt oculi mei, non negavi eis. *Eccl.* II. 10.

cruz, hacedme sentir un tal dolor de mis pecados que gima toda mi vida por los pecados que he cometido. ¡Oh mi Jesus! ¡mi dulce Jesus! os prometo no daros mas disgustos y amaros siempre. No soy ya mas digno de vuestro amor por haberle un tiempo menospreciado : mas, vos habeis dicho que amais al que os ama : *Yo amo á los que me aman* (1). Yo os amo, amadme vos tambien. No quiero ya mas incurrir en vuestra desgracia. Renuncio á todas las grandezas, á todos los placeres del mundo, con tal que me ameis. Escuchadme, ó mi Dios, por amor á Jesucristo, el cual os ruega por sí mismo que no me desecheis de vuestro corazon. Conságrome todo á vos, os consagro mi vida, mis placeres, mis sentidos, mi alma, mi cuerpo, mi voluntad, mi libertad. Acogedme en vuestro seno, no me rechaceis, como lo merezco por haber tantas veces rehusado vuestra amistad : *No me deseches de tu rostro* (2). Vírgen santa, madre mia, rogad á Jesus por mí : pongo mi confianza en vuestra intercesion.

PUNTO II.

Tiene en sus manos una balanza engañosa (3). Es menester pesar los bienes en la balanza de Dios, y no en la del mundo, pues esta última es engañadora. Los bienes del mundo son muy poca cosa, no satisfacen nuestra alma, y acaban luego : *Mis dias fueron mas veloces que un correo: pasaron como naves cargadas de frutas* (4). Los dias de nuestra vida pasan y se deslizan, ¿y qué queda despues de los placeres del mundo? *Pasaron como naves.* Les naves no dejan rastro de haber pasado sobre las aguas

---

(1) Ego diligentes me diligo. *Prov.* VIII. 17.
(2) Ne projicias me à facie tua. *Ps.* L. 13.
(3) In manu ejus statera dolosa. *Os.* XII. 7.
(4) Dies mei velociores fuerunt cursore : pertransierunt quasi naves poma portantes. *Job.* IX. 25.

que atraviesan : *Como nave, que pasa por el agua ondeante, de la cual, luego que pasó, no es dable hallar rastro* (1). Preguntemos á tantos ricos, á tantos sabios, á tantos príncipes, á tantos emperadores como se hallan en la eternidad, ¿qué les ha quedado de sus pompas, de sus delicias, de sus grandezas, de las alegrías de este mundo? Y os responderán todos : nada, absolutamente nada. Ó hombre, dice S. Agustin : tú no atiendes sino á los bienes que posee este grande de la tierra; atiende tambien á las riquezas que consigo lleva al sepulcro (2) : es un cadáver horrible y un harapo de vestido que va á pudrirse con él. Apénas se oye hablar de los grandes de este mundo, poco tiempo despues de su muerte, y pasado algun tiempo, piérdese enteramente su memoria : *Pereció la memoria de ellos con el sonido* (3). Y si estos miserables van al infierno, ¿qué es lo que dicen, qué hacen allí? lloran y exclaman : *¿De qué nos aprovechó la soberbia ó la jactancia de las riquezas? Todas aquellas cosas pasaron como sombra* (4). ¿De qué nos han servido las pompas y las riquezas, si ahora pasó todo como una sombra, y solo nos quedan penas, y gemidos, y desesperacion eterna?

Los hijos de este siglo mas sabios son en sus negocios que los hijos de la luz (5). Sorprende á la verdad cuánta es la prudencia de los mundanos para las cosas de la tierra. ¡Cuántas fatigas para obtener este destino, aquel ropaje! ¡Qué solicitud en conservar la salud del cuerpo! Escogen los medios mas seguros, los mejores médicos, los mejores remedios, el aire mas favorable. Y sin embargo ¡cuán descuidados para su alma! Y con todo es cierto que la salud, los destinos, los ricos trajes han de

(1) Tanquam navis, quæ pertransit fluctuantem aquam, cujus, cum præterierit, non est vestigium invenire. *Sap.* v. 10.
(2) Quid hic habeat attendis; quid secum fert, attende. *Serm.* 13. *de Adv. Dom.*
(3) Periit memoria eorum cum sonitu. *Ps.* IX. 7.
(4) Quid nobis profuit superbia, aut divitiarum jactantia? Transierunt omnia illa, tanquam umbra. *Sap.* v. 8.
(5) Filii hujus sæculi prudentiores filiis lucis sunt. *Luc.* XVI. 6.

acabar algun dia, y que el alma no tendrá fin. *Observemos*, dice S. Agustin, *cuánto padecen los hombres por cosas que no debieran amar* (1). ¿Qué no sufre el vengativo, el ladron, el hombre desarreglado para llegar á su objeto infame? ¡Y nada querrá sufrir para su alma! ¡Oh Dios! á la luz de aquel cirio que se enciende en la hora de la muerte, ¡cómo los malos reconocen y confiesan entónces su locura! Entónces no hay uno de ellos que no diga : ¡Ah! ¡pluguiera á Dios que yo lo hubiese abandonado todo y que me hubiera hecho santo! El papa Leon XI decia, estando para morir : Mejor me hubiera sido ser portero de mi monasterio que ser papa. Honorio III, otro soberano pontífice, decia tambien al morir : Mejor hubiera hecho yo en quedarme en la cocina de mi convento para lavar la vajilla. Felipe II, rey de España, al momento de morir, hizo llamar á su hijo y levantando su manto real, le mostró su pecho cubierto de gusanos, y le dirigió estas palabras : Mirad, príncipe, como se muere, y como se terminan todas las grandezas de este mundo. Y despues exclamó : ¡ah! ¡ojalá que yo hubiese sido lego de algun convento, y que nunca hubiese subido al trono! En seguida se hizo atar al cuello una cruz de madera, y disponiéndose para morir, dijo otra vez á su hijo : Hé querido, hijo mio, que fueses testigo de este acto, para que sepas por ti mismo el modo con que trata el mundo á los monarcas. La muerte de los reyes es la misma que la de los pobres de la tierra. El que mejor ha vivido es aquel á quien Dios trata mejor. Posteriormente este niño se llamó Felipe III y no vivió sino cuarenta y tres años. Y hallándose en el lecho de la muerte, exclamó: Ó vosotros todos, súbditos mios, en mi oracion fúnebre no hableis de otra cosa que de lo que ahora veis : decid sobre todo que en la hora de la muerte no se saca otra ventaja de ser rey sino sentir un tormento mas cruel por haberlo

---

(1) Intueamur, quanta homines sustineant pro rebus, quas vitiose diligunt.

sido. Mas decia aun : ¡Oh! ¡plugiera á Dios que yo no hubiese sido rey, y que hubiese pasado mi vida en servir á Dios en un desierto, pues ahora iria con mas confianza á presentarme á su tribunal y no corriera tanto riesgo de condenarme! Mas, ¿de qué sirven todos estos deseos en el momento de la muerte sino de aumentar la pena y desesperacion de los que no amaron á Dios durante su vida? Decia Sta. Teresa : No se ha de tener cuenta con lo que se hace cuando se acaba la vida. La verdadera vida es vivir de manera que no se tema la muerte. Y por esto, si ver queremos lo que son los bienes de este mundo, mirémoslos desde el lecho de la muerte, y digamos luego : Estos honores, estos placeres, estos bienes acabarán un dia, necesario es pensar en hacerse santo y rico únicamente de aquellos bienes que nos llevaremos con nosotros y que harán nuestra dicha durante la eternidad.

AFECTOS Y SÚPLICAS.

¡Ah, Redentor mio! vos sufristeis tantas penas é ignominias por amor de mí, y yo tanto he amado los placeres y el humo de la tierra, que no he temblado de pisotear mil veces vuestra gracia. Mas, si, cuando yo os despreciaba, no dejasteis de venir á mi encuentro, no debo temer, ó mi Jesus, que me desecheis ahora que os busco, que os amo con todo mi corazon, y que me arrepiento de haberos ofendido, mas que cualquier otro pesar que hubiese podido sucederme. ¡Oh Dios de mi alma! de esta hora en adelante no quiero daros el menor disgusto por pequeño que sea. Dadme á conocer lo que os desagrada; pues yo quiero abstenerme de hacerlo, cuésteme lo que me costare, y hacedme conocer lo que os complace, pues pronto me hallo á daros gusto. Amaros quiero sinceramente : abrazo, Señor, todos los dolores, todas las cruces que me vengan de vuestra mano; dadme la resignacion de que necesito. *Aquí quema, aquí corta* (1) : castigadme en esta vida, á fin de que en la otra pueda amaros por una eternidad. María, mi madre, á vos me encomiendo : no dejeis de rogar á Jesus por mí.

PUNTO III.

El tiempo es corto... los que gozan de este mundo, como si no gozasen de él: porque pasa la escena de este mundo (2). ¿Es otra cosa nuestra vida en este mundo que una escena de teatro que pasa y acaba al momento? *Pasa la escena de este mundo; escena,* es decir, una apariencia, una comedia. *El mundo es como una escena,* dice Cornelio á Lápide; *una generacion pasa, otra viene: el que hace de rey no lleva consigo la púrpura, dime, ó aldea, ó casa, ¿cuántos señores tuviste* (3)? Cuando acaba la comedia, el que ha representado el papel de rey ya no es rey, el señor ya no es señor. Ahora estais poseyendo esta casa de campo, este palacio; pero vendrá la muerte y otros serán sus dueños.

Una hora de mal hace olvidar los mayores placeres (4). La hora funesta de la muerte trastorna y termina todas las grandezas, los títulos de nobleza y las pompas del mundo. Un dia, Casimiro, rey de Polonia, estando en la mesa con los grandes de su reino, murió súbitamente, acercando una copa á sus labios : para él se acabó la escena del mundo. El emperador Celso, despues de siete dias de ser elegido, fué asesinado, y para él acabó

(1) Hic ure, hic seca.
(2) Tempus breve est... qui utuntur hoc mundo, tanquam non utantur; præterit enim figura hujus mundi. 1. *Cor.* VII. 29 *et* 31.
(3) Mundus est instar scenæ, generatio præterit, generatio advenit. Qui regem agit, non aufert secum purpuram; dic mihiò villa, ò domus, quod dominos habuisti?
(4) Malitia horæ oblivionem facit luxuriæ magnæ. *Eccl.* XI. 29.

la comedia. Ladislao, rey de Bohemia, jóven de diez y ocho años, estaba esperando á su esposa, que era una hija del rey de Francia, y hacia preparar brillantes fiestas; pero una mañana fué atacado de una enfermedad, y murió. y al momento se expidieron correos para advertir á la reina que se volviese á Francia, pues la comedia habia acabado para Ladislao. Este pensamiento de la vanidad del mundo rindió á San Francisco de Borja, el cual, como hemos dicho ya en otras consideraciones, viendo á la emperatriz Isabel muerta en medio de las grandezas y en la flor de su edad, resolvió darse enteramente á Dios, exclamando : ¿Así, pues, acaban las grandezas y las coronas de este mundo? Quiero en adelante servir á un señor, que no pueda morir.

Tratemos, pues, de vivir de modo que en nuestra muerte no se nos pueda decir como se dijo al necio del Evangelio : *Necio, esta noche te vuelven á pedir el alma: ¿lo que has allegado para quién será* (1)? Y luego añade S. Lúcas : *Así es el que atesora para sí, y no es rico en Dios* (2). Y despues dice tambien : Tratad de enriqueceros, no con joyas de mundo sino de Dios : enriqueceos de virtudes y de méritos : los solos bienes eternos que estarán con vosotros en el cielo : *Haceos bolsas, que no se envejecen, tesoros en los cielos, que jamas faltan : adonde el ladron no llega, ni roe la polilla* (3). Y S. Mateo dice igualmente: *Atesorad para vosotros tesoros en el cielo, en donde no los consume orin ni polilla* (4). Para conseguir esto pensemos en adquirir este gran tesoro del amor divino. Dice S. Agustin : si alguno posee

---

(1) Stulte, hac nocte animam tuam repetunt à te, et quæ parasti, cujus erunt? *Luc.* XII. 20.
(2) Sic est qui sibi thesaurizat, et non est in Deum dives. *Luc.* XII. 21.
(3) Facite vobis sacculos, qui non veterascunt, thesaurum non deficientem in cœlis : quó fur non appropiat, neque tinea corrumpit. *Luc.* XII. 33.
(4) Thesaurizate vobis thesauros in cœlo : ubi neque ærugo, neque tinea demolitur. *Matth.* VI. 20.

todas las riquezas y no posee á Dios, es el hombre mas pobre del mundo; pero el pobre, que posee á Dios, lo tiene todo (1). ¿Quién es pues el que posee á Dios ? El que le ama : *Quién permanece en caridad, en Dios permanece, y Dios en él* (2).

AFECTOS Y SUPLICAS.

No quiero, pues, que el demonio tenga ningun poder sobre mi alma : vos solo, Señor, seréis su dueño. Todo quiero abandonarlo para adquirir vuestra gracia, que aprecio mas que mil coronas y mil reinos. ¿Y á quién pudiera yo amar sino á vos, amabilidad infinita, bien infinito ? En lo pasado os abandoné por las criaturas : he aquí la causa de mi dolor que traspasará siempre mi corazon por haber ofendido á un Dios que tanto me ha amado. Mas, ya que vos me habeis atraido con tantas gracias, ó mi Dios, espero no verme jamas privado de vuestro amor. Aceptad, ó amor mio, aceptad toda mi voluntad y todo cuanto poseo, y haced de mí lo que os agrade. Si ántes pude abismarme en el pecado, os pido por ello perdon. No quiero darme pena por las disposiciones que tengais con respecto á mí : sé que son santas y todas para mi bien. Haced, ó Dios mio, lo que querais, y os prometo estar siempre contento y siempre agradecido. Haced que os ame y que nada mas os pida. ¡Qué bienes, qué honores, qué mundo! Dios solo, solo Dios, no quiero sino á Dios solo. Y vos Vírgen bienaventurada, ó María que solo á Dios amasteis en este mundo, haced que yo siga vuestras pisadas en tanto que viviere : en vos pongo toda mi confianza.

(1) Quid habet dives, si charitatem non habet? Pauper, si charitatem habet, quid non habet?
(2) Qui manet in charitate, in Deo manet, et Deus in eo. 1. *Joan.* IV. 16.

CONSIDERACION XIV.

LA VIDA PRESENTE ES UN VIAJE HÁCIA LA ETERNIDAD.

Ibit homo in domum æternitatis suæ.
Irá el hombre á la casa de su eternidad.
(Eccl. XII. 5.)

PUNTO I.

Al considerar que en este mundo tantos inicuos viven en la prosperidad, y tantos buenos, al contrário, viven en las tribulaciones, los paganos mismos, sin mas auxilio que la luz natural, conocieron y comprendieron la verdad de que, existiendo un Dios, y siendo este Dios justo, ha de haber otra vida en que los impíos sean castigados, y los buenos recompensados. Lo que lo paganos dijeron por las solas luces de la razon, nosotros, los cristianos, lo confesamos ahora por la fe : *No tenemos aquí ciudad permanente, mas buscamos la que está por venir* (1). No es esta tierra nuestra patria, para nosotros solo es un lugar de tránsito que debemos atravesar cuanto ántes para llegar á la casa de nuestra eternidad : *Irá el hombre á la casa de su eternidad.* Así pues, lector amado, la casa, que habitais, no es vuestra propia casa ; es

(1) Non habemus hic manentem civitatem, sed futuram inquirimus. *Hebr.* XIII. 14.

un meson del cual muy presto, y ántes de lo que pensais, tendréis que salir. Sabed que, cuando venga la muerte, vuestros mas próximos parientes serán los primeros en sacaros de casa. ¡Cuál será entónces vuestra verdadera casa! Un hoyo será la casa de vuestro cuerpo hasta el dia del juicio, y vuestra alma irá á la casa de la eternidad, ó paraíso, ó infierno. Por esto nos dice S. Agustin : *Huésped eres, pasas, y lo ves* (1). Loco seria el viajero, que, no haciendo sino pasar en un país en que no puede detenerse, gastase todo su patrimonio en comprar un campo y una casa que deberia dejar dentro de pocos dias. Pensad pues, dice el mismo Santo, que no haceis sino pasar en este mundo; no pongais vuestro corazon en lo que veis, mirad y pasad : no penseis sino en procuraros una buena morada allá donde habeis de habitar para siempre.

Si os salvais, ¡cuánta es vuestra dicha! ¡oh! ¡qué bella casa es el Paraíso! Todos los palacios mas suntuosos de los monarcas no son sino establos con respecto á la ciudad celestial, única que merece el nombre de *Ciudad de hermosura perfecta* (2). Allí nada tendréis que desear: estaréis en la compañia de los Santos, de la Madre de Dios, de Jesucristo; no temeréis mal alguno; en una palabra, viviréis en un océano de delicias, en una alegría inmortal : *Alegría perdurable sobre la cabeza de ellos* (3). Será tan grande esta alegría, que, por toda la eternidad, os parecerá siempre nueva. Al contrário, si os condenais, ¡cuán digno sois de lástima! Seréis arrojado en medio de fuegos y de tormentos; desesperado, abandonado de todos, y hasta de Dios. ¿Y esto, por cuánto tiempo? Pasados cien años, despues de mil años ¿será acabado vuestro suplicio? ¡Ah! ¿acabado decis? Cien mil millones de años y de siglos pasarán, y estaréis siempre en el infierno. ¿Qué son mil años para la eternidad? **ménos**

---

(1) Hospes es, transis, et vides.
(2) Civitas perfecti decoris. *Ez.* XXIII. 3.
(3) Lætitia sempiterna super capita eorum. *Is.* XXXV. 10.

que el dia que pasó. *Mil años delante de tus ojos, son como el dia de ayer, que ya pasó* (1). ¿Quereis saber ahora la casa que habitaréis por toda la eternidad? Será la que mereciereis, y la que vos mismo escogiereis por vuestras buenas obras.

AFECTOS Y SÚPLICAS.

Ved pues, Señor, la casa que yo he merecido por mi vida; el infierno, en donde deberia estar sepultado desde el primer pecado que cometí, sin esperanza de no amaros mas. Bendita sea para siempre vuestra misericordia por haberme esperado y por haberme dado tiempo de reparar el mal que hice. Bendita sea la sangre de Jecristo que tal gracia me ha obtenido. No, ó Dios mio, no quiero mas abusar de vuestra paciencia. Arrepiéntome mas que de todo otro mal de haberos ofendido, no tanto por el infierno de que me hice digno, como por haber ultrajado á vuestra infinita bondad. Mas, no será mas así, ó mi Dios, no sucederá así. Ántes la muerte que ofenderos de nuevo. Si ahora me hallase en el infierno, ó soberano bien, ni yo podria amaros, ni vos pudierais amarme. Yo os amo, y deseo que vos me ameis. No lo merezco, es verdad, pero ya lo merece por mí Jesucristo. ¿No murió él en una cruz para que pudieseis vos perdonarme y amarme? Padre eterno, por amor á vuestro Hijo, dadme la gracia de amaros siempre, y amaros de véras. Yo os amo, ó Padre mio, pues que disteis vuestro Hijo por mí. Os amo, ó Hijo de Dios, pues vos moristeis por mí. Os amo, ó Madre de Jesus, pues por vuestra intercesion he alcanzado tiempo para hacer penitencia. Conseguidme ahora, ó Señora mia, el dolor de mis pecados, el amor á Dios y la santa perseverancia.

(1) Mille anni ante oculos tuos, tanquam dies hesterna, quæ præteriit. *Ps.* LXXXIX. 4.

PUNTO II.

Si el madero cayere hácia el Austro, ó hácia el Aquillon, en cualquier lugar que cayere, allí quedará (1). Allá donde caiga en la muerte el árbol de vuestra alma allí quedará por toda la eternidad. No hay pues medio: ó reinar para siempre en el cielo, ó gemir esclavo en el infierno : ó siempre feliz en un océano de delicias, ó siempre desesperado en un mar de tormentos. S. Juan Crisóstomo, considerando al rico que habia sido mirado como un hombre feliz en este mundo, porque era opulento, pero que fué luego arrojado á las llamas del infierno, y Lázaro, á quien se habia mirado como un pobre desdichado, y que habia gozado de la gloria, exclama : ¡Oh infeliz felicidad que llevó al rico á una infelicidad eterna! ¡Oh feliz infelicidad, que condujo al pobre á una felicidad eterna (2)! ¿De qué sirve atormentarse, como hacen algunos, con decirse: Quién sabe si soy condenado, ó predestinado? El árbol que se corta de raiz, ¿hácia donde ha de caer? hácia el lado al cual está inclinado. ¿Á qué lado estais inclinado vos, hermano mio? ¿qué vida llevais? Tratad de caer siempre del lado del mediodía; conservaos en gracia con Dios, huid el pecado, por este medio os salvaréis y seréis presdetinado. Mas, para huir del pecado, tened siempre presente el grande pensamiento de la eternidad, como le llama S. Agustin (3). Este pensamiento es el que ha hecho abandonar el mundo á tantos jóvenes, y los ha conducido al desierto para vivir allí en la soledad, y para no ocuparse

---

(1) Si céciderit lignum ad Austrum, aut ad Aquilonem, in quocumque loco ceciderit, ibi erit. *Eccl.* xi. 3.
(2) O infelix felicitas, quæ divitem ad æternam infelicitatem traxit! O felix infelicitas, quæ pauperem ad æternitatis felicitatem perduxit!
(3) Magna cogitatio.

sino en los negocios de su alma. Ellos se han asegurado su felicidad : ahora que son salvos, están contentos, y lo estarán por toda la eternidad.

Una señora, que vivia alejada de Dios, se convirtió por esta sola palabra que le dijo el Padre Avila : Señora, pensad en estas dos palabras : *siempre, jamas*. El P. Pablo Segneri, pensando un dia en la eternidad, no pudo dormir durante la noche, y se dió desde entónces á una vida mas austera. Dressekins refiere que un obispo conservaba la santidad recordando únicamente, pero de contínuo, estas palabras : *Á cada instante estoy en las puertas de la eternidad* (1). Un solitario se encerró en una tumba exclamando sin cesar : ¡oh eternidad! ¡oh eternidad! El que creyendo en la eternidad, no se hace santo, decia el P. Avila, mereciera ser encerrado en una casa de locos.

AFECTOS Y SÚPLICAS.

¡Oh Dios mio! habed piedad de mí. Yo sabía, que, si pecaba, me condenaba por mí mismo á una eternidad de penas; y á pesar de esto, quise ir contra vuestra voluntad. ¿Y por qué? por un placer miserable. ¡Ah! Señor, perdonadme, pues me arrepiento de todo mi corazon. No quiero mas oponerme á que se cumpla vuestra voluntad. ¡Cuán desdichado sería, si me hubieseis hecho morir entre los desórdenes de mi vida! Ahora estaria en el infierno, en donde aborreceria vuestra santa voluntad. Mas, en el dia la amo, y quiero amarla siempre : *Enséñame á hacer tu voluntad* (2). Enseñadme, y dadme fuerza para hacer en adelante vuesto beneplácito. No quiero ya oponerme mas á vuestra voluntad, ¡oh bondad infinita! solo os pido una gracia : *Hágase tu voluntad, así en el*

(1) Omni momento ad ostium æternitatis sto.
(2) Doce me facere voluntatem tuam.

cielo como en la tierra (1) : haced que yo cumpla
vuestra voluntad : nada mas deseo. ¿Y qué otra cosa
deseais vos, Dios mio, sino mi bien y mi salud? ¡Ah!
eterno Padre, escuchadme por el amor de Jesucristo : él
me ha enseñado á pediros siempre : yo os lo pido en
nombre suyo : *Hágase tu voluntad, hágase tu voluntad,
hágase tu voluntad* (2). ¡Oh! ¡feliz de mí, si yo paso el
resto de mis dias en vuestra gracia, y si muero haciendo
vuestra voluntad! ¡Oh! ¡cuán dichosa sois, María, vos
que hicisteis siempre la voluntad del Señor! alcanzadme
por la virtud de vuestros méritos que yo la cumpla tambien durante el tiempo que me queda de vida.

PUNTO III.

Irá el hombre á la casa de su eternidad (3). El profeta dice *ibit (irá),* para indicar que cada cual irá á la
la casa adonde quiera ir : que no se le llevará, sino que
él mismo irá allá de su propio movimiento. Es muy cierto
que Dios quiere que nos salvemos todos, pero no quiere
que sea por fuerza : *Ante el hombre la vida y la muerte* (4). Ha puesto delante de nosotros la vida y la muerte, y nos dará la que escojamos : *Lo que pluguiere á él,
le será dado* (5). Dice tambien Jeremías que el Señor
nos ha dado dos sendas para caminar, la una conduce al
Paraíso, la otra al infierno : *He aquí que yo pongo delante de vosotros el camino de la vida, y el camino de
la muerte* (6). La eleccion es vuestra. Mas, ¿cómo el
que quiere marchar por el camino del infierno, podrá

---

(1) Fiat voluntas tua, sicut in cœlo et in terra.
(2) Fiat voluntas tua, fiat voluntas tua, fiat voluntas tua.
(3) Ibit homo in domum æternitatis suæ.
(4) Ante hominem vita et mors. *Eccl.* xv. 18.
(5) Quod placuerit ei, dabitur illi. *Eccl.* xv. 18.
(6) Ego do coram vobis viam vitæ et mortis. *Jer.* xxi. 8.

entrar en el cielo? ¡Cosa rara! Todos los pecadores quieren salvarse, y sin embargo todos se condenan á la muerte, diciendo: Yo espero salvarme. ¿Y quien es el loco, dice S. Agustin, que traga veneno esperando curar (1)? Y sin embargo tantos cristianos, tantos insensatos se dan la muerte por el pecado, exclamando: Mas tarde ya tomaré el remedio. ¡Oh error que tantas almas ha conducido al infierno!

Pero nosotros, hermano mio, no seamos tan locos: consideremos que en ello va nuestra eternidad. ¡Cuánto se fatigan los hombres para edificarse una casa cómoda, vasta, airosa, pensando que la habitarán toda su vida! Y ¿por qué pues son tan negligentes, cuando se trata de la casa que han de habitar por toda la eternidad? *El negocio de que tratamos es el de la eternidad* (2), dice S. Euquerio. No se trata de una casa mas ó ménos cómoda, mas ó ménos ventilada; trátase de un lugar lleno de todas las delicias de los amigos de Dios, ó de un pozo profundo en donde yacen atormentados la turba infame de los malvados, de los herejes y de los idólatras. ¿Y por cuanto tiempo? No será por veinte ni por cuarenta años, sino por toda la eternidad. Grande negocio es este. No es punto de poca importancia, sino un punto esencial. Cuando Tomás Moro fué condenado á muerte por Enrique VIII, su mujer Luisa procuraba persuadirle que consintiese en lo que queria Enrique; pero su esposo le respondió: Dime, Luisa, ya ves que soy viejo; ¿cuánto tiempo podré vivir aun? Podeis vivir veinte años, le dijo la mujer. ¡Oh ciega criatura! repuso Tomás, ¿quieres tú que por veinte años de vida en este mundo pierda una eternidad de dicha, y me condene á una pena eterna.

¡Oh Dios! iluminadnos; si la eternidad fuese una cosa dudosa ó tan solo probable, deberíamos sin descanso aplicarnos á bien vivir á fin de sustraernos al peligro de

---

(1) Nemo vult ægrotare sub spe salutis.
(2) Negotium, pro quo contendimus, æternitatis est.

ser eternamente desgraciados, para el caso que fuese verdadera esta opinion. Mas no, esta verdad no es dudosa, es cierta, es infalible : no es una pura opinion, es una verdad de fe : *Irá el hombre á la casa de su eternidad* (1). ¡Oh! ¡cuántos pecados causa la falta de fe, dice Sta. Teresa, á cuántos cristianos arrastra á la condenacion eterna! Avivemos pues nuestra fe, diciendo : *Creo en la vida eterna* (2) : creo que despues de esta vida hay otra que no acabará jamas. Y teniendo siempre á la vista este pensamiento, tomemos las medidas para asegurar nuestra eterna salud. Frecuentemos los sacramentos, meditemos todos los dias, pensemos en la vida eterna, huyamos las ocasiones peligrosas. Y si es necesario abandonar el mundo, abandonémosle, pues no hay medio de seguridad que no debamos emplear para asegurarnos la eterna salud, dice S. Bernardo (3).

AFECTOS Y SÚPLICAS.

No hay medio pues, ó Dios mio : ó deberé ser siempre feliz, ó siempre desgraciado; ó en un océano de satisfacciones, ó en un mar de tormentos; ó siempre con vos en el Paraiso ó siempre separado y alejado de vos en el infierno. Sé que este infierno lo he merecido; pero, sé tambien que vos perdonais al que se arrepiente, y que librais del infierno al que en vos espera : *Clamará á mí... le libraré, y le glorificaré* (4). ¡Ah, Dios mio! perdonadme y libradme del infierno. Yo me arrepiento sobre todo, ó soberano bien, de haberos ofendido. Volvedme prontamente vuestra gracia, y dadme vuestro san-

---

(1) Ibit homo in domum æternitatis suæ. *Eccl.* XII. 5.
(2) Credo vitam æternam.
(3) Nulla nimia securitas, ubi periclitatur æternitas.
(4) Clamabit ad me... eripiam eum, et glorificabo eum. *Psalm.* XC. 15.

to amor. Si ahora me hallase en el infierno, no podria ya amaros, y os odiaria siempre. ¡Ah, Dios mio! ¿qué mal me habeis hecho para que os aborrezca? ¿No me habeis amado hasta morir? Vos mereceis un amor infinito. ¡Oh Señor! no permitais que me separe de vos. Os amo, y quiero siempre amaros : *¡Quién me separará del amor de Jesucristo* (1). ¡Ah, Jesus mio! solo el pecado puede separarme de vos : ¡ah! no lo permitais : os lo ruego por esa sangre que por mí habeis derramado : hacedme ántes morir. *No permitais que yo me separe de vos* (2). ¡Oh Reina! ó Madre mia, ayudadme con vuestras súplicas; dadme la muerte mil veces ántes que yo me separe de la union de vuestro Hijo.

(1) Quis me separabit à charitate Christi?
(2) Ne permittas me separari à te.

CONSIDERACION XV.

DE LA MALICIA DEL PECADO MORTAL.

Filios enutrivi, et exaltavi; ipsi autem spreverunt me.

Hijos crié, y engrandecí: mas ellos me despreciaron.

(Is. I. 2)

PUNTO I.

¿Qué hace el que comete un pecado mortal? Injuria á Dios, le deshonra, le colma por su parte de amargura. En primer lugar, el pecado mortal es una injuria que á Dios se hace. La malicia de una injuria, dice Sto. Tomás, se mide por la persona que la recibe y por la que la hace. Una injuria, hecha a un simple particular, es sin duda un mal, pero es un mal mayor si se hace á una persona de alta categoría, y mucho mayor aun si se dirige á un rey. ¿Y quién es Dios? Es el Rey de reyes: *Es el Señor de los señores, y el Rey de los reyes* (1). Dios es una majestad infinita, y delante de él todos los príncipes de la tierra, todos los santos, los ángeles del cielo juntos, son ménos aun que un grano de arena : *Son como una gota de agua de un arcaduz... como polvo menudo* (2)

---

(1) Dominus dominorum est, et Rex regum. *Apocalyp.* XVII. 14.
(2) Quasi stilla situlæ... pulvis exiguus. *Is.* XL. 15.

Respecto á la grandeza de Dios, todas las criaturas son tan pequeñas, que son como si no fuesen : *Todas las naciones, como si no fueran, así son en su presencia* (1). Ved ahí lo que es Dios; ¿y el hombre, qué es? Responde S. Bernardo : saco de gusanos, pasto de gusanos (2), que están para devorarle. *Cuitado... y pobre, y ciego, y desnudo* (3). Es el hombre un miserable que nada puede, un ciego que nada ve, un pobre desnudo que nada posee. ¡Y este gusano quiere injuriar á Dios! *¡A tan terrible majestad se atreve á irritar un vil polvillo* (4)! Lo mismo dice S. Bernardo. El angélico Doctor tiene, pues, razon en decir que el pecado del hombre contiene una malicia casi infinita: *El pecado tiene cierta infinidad de malicia por razon de la infinidad de la majestad divina* (5). S. Agustin llama al pecado absolutamente *un mal infinito* (6). Por manera que, si todos los hombres y los ángeles se ofreciesen á morir y á aniquilarse, no pudieran satisfacer por un solo pecado. Dios castiga el pecado mortal por el suplicio del infierno, mas el modo como le castiga, dicen todos los teólogos, es siempre *mas acá de lo condigno* (7), esto es, con una pena mucho menor que la que él mereciera.

¿Qué suplicio pudiera ser bastante para castigar, como él se merece, un gusano que se rebela contra su señor? Dios solo es el señor de todo pues lo ha criado : *En tu poder están todas las causas... Tú hiciste todo cuanto se contiene en el ámbito del cielo* (8). Y de hecho, todas las criatu-

---

(1) Omnes gentes quasi non sint, sic sunt coram eo. *Is.* XL. 17.
(2) Saccus vermium, cibus vermium.
(3) Miser... et pauper, et cœcus, et nullus. *Apoc.* III. 17.
(4) Tam terribilem majestatem audet vilis pulvisculus irritare!
(5) Peccatum habet quandam infinitatem malitiæ ex infinitate divinæ majestatis. *p.* 3. *q.* 2. *c.* 2. *ad.* 2.
(6) Infinitum malum.
(7) Citra condignum.
(8) In ditione tua cuncta sunt posita : tu fecisti quidquid cœli ambitu continetur. *Esth.* XIII. 9.

ras le obedecen : *Los vientos y la mar le obedecen* (1).
—*El fuego, el granizo, la nieve... ejecutan la palabra de él* (2). Mas, cuando el hombre peca, ¿qué hace? Dice á Dios : Señor, yo no quiero servirte : *Quebraste mi yugo... y dijiste : no serviré* (3). El Señor le dice : No te vengues; y el hombre responde : Yo quiero vengarme. No tomes el bien de otro.—Yo quiero tomarle.—Abstente de este placer impuro. — Yo no quiero abstenerme. El pecador dice á Dios lo que decia Faraon, cuando Moisés le intimó la órden del Señor de conceder la libertad á su pueblo. Este temerario respondió : *¿ Quién es el Señor, para que obedezca á su voz...? No conozco al Señor* (4). El pecador usa del mismo lenguaje : Señor, yo no os conozco : hacer quiero lo que me place. En una palabra, le falta al respeto, y se aparta de él. El pecado mortal, propiamente hablando, no es mas que la accion por la cual el hombre se aleja de Dios : *Alejamiento del bien inconmutable* (5), le llama Sto. Tomás. De esto se queja el Señor : *Tú me has abandonado, dice el Señor : tú te has vuelto atras* (6). Tú eres un ingrato, dice el Señor, tú me has abandonado, á mí, que jamas te hubiera dejado. *Tú te has vuelto atras* (7); esto es, tú me has vuelto la espalda.

Dios ha declarado que detestaba la culpa, y no puede ménos que detestar las personas que la cometen : *Dios aborrece igualmente al impío, y á su impiedad* (8).

(1) Venti et mare obediunt ei. *Matth.* VIII. 27.
(2) Ignis, grando, nix, glacies... faciunt verbum ejus. *Ps.* CXLVIII. 8.
(3) Confregisti jugum meum... et dixisti : non serviam. *Jer.* II. 20.
(4) Quis est Dominus, ut audiam vocem ejus...? Nescio Dominum. *Exod.* V. 2.
(5) Aversio ab incommutabili bono. *S. Thom. p.* 1. *q.* 24. *art.* 4.
(6) Tu reliquisti me, dicit Dominus; retrorsum abiisti. *Jer.* XV. 6.
(7) Retrorsum abiisti.
(8) Similiter autem odio sunt Deo, impius et impietas ejus. *Sap.* XIV. 9.

Cuando el hombre peca, arde por hacerse enemigo de Dios, y combate cuerpo á cuerpo contra él : *Se enrobusteció contra el Todopoderoso* (1). ¿Qué diriais, si vierais una hormíga que quiere medir sus fuerzas contra un soldado? Dios es aquel poder que con una señal sola sacó de la nada el cielo y la tierra, y todas las cosas que allí hay : *Dios de la nada las hizo á ellas* (2). Y si quiere, con otra señal puede destruir todo lo que existe : *Puede destruir al mundo entero* (3). Y el pecador, consintiendo en el pecado, alza su mano contra Dios (4) : levanta el cuello, esto es, la soberbia, y corre á injuriar á Dios; se arma su pesada cabeza, es decir, la ignorancia (porque la cabeza pesada es el símbolo de la ignorancia) y exclama : *¿ Qué hice* (5)? ¿Qué grande mal hice en pecar? Dios es bueno, y perdona á los pecadores. ¡Qué injuria! ¡qué temeridad! ¡cuánta ceguera!

AFECTOS Y SÚPLICAS.

Ahí teneis, ó mi Dios, á vuestras plantas al rebelde, al temerario que tuvo la osadía de faltaros al respeto á vuestra presencia, y de huir de vos : mas ahora implora piedad. Vos habeis dicho : *Clama á mí y te oiré* (6). Hay un infierno para mí, ya lo sé, pero atended, que tengo mas dolor de haberos ofendido, que si hubiese perdido todos mis bienes, y hasta mi vida. ¡Ah! Señor, perdonadme, y no permitais que os ofenda mas. Vos me habeis esperado para que, bendiciendo en adelante vuestra mise-

(1) Contra omnipotentem roboratus est. *Job.* XV. 25.
(2) Ex nihilo fecit illa Deus. 2. *Mach.* VII. 28.
(3) Potest... universum mundum uno nutu delere. 2. *Mach.* VIII. 18.
(4) Tetendit adversum Deum manum suam : cucurrit adversus eum erecto collo, pingui cervice armatus est.
(5) Quid feci?
(6) Clama ad me, et exaudiam te. *Jer.* XXXIII. 3.

ricordia, tiernamente os amase: sí, os bendigo y os amo, y espero, por los méritos de Jesucristo, no separarme mas de vuestro amor. Vuestro amor me ha librado del infierno; y el infierno me librará del pecado en lo venidero. Os doy gracias, Señor, por las luces y el deseo que de amaros me inspirais. ¡Ah! tomad entera posesion de mí, de mi alma, de mi cuerpo, de mis fuerzas, de mis sentidos, de mi voluntad, de mi libertad: *Tuyo soy, sálvame* (1). Vos que sois el único bien, el único objeto digno de ser amado, sed tambien mi único amor, dadme fuego para amaros. ¡Ah! tanto os he ofendido, que no podré igualar mi amor con las ofensas que contra vos he cometido; pero quiero amaros, para ver, á lo ménos, si os podré hacer olvidar mis faltas. Esto espero de vos, Dios mio, que todo lo podeis. Tambien lo espero de vuestras súplicas, ó María, vos que con Dios lo podeis todo.

PUNTO II.

No solamente hace el pecador á Dios una injuria, sino que le deshonra: *Deshonras á Dios quebrantando la ley* (2). Esto es indudable, porque renuncia á su gracia, y por un vil placer huella con desprecio la amistad de Dios. Si el hombre perdiese la amistad de Dios para ganar un reino, y aun para ganar el mundo entero, haria un mal inmenso, pues la amistad de Dios vale mas que un mundo y que mil mundos. Pero, ¿por qué se ofende á Dios? ¿*Por qué ha irritado á Dios el impío* (3)? Por un puñado de tierra, por un momento de cólera, por un placer brutal, por el humo, por un capricho: *Me deshonraban... por un puñado de cebada, y por un pedazo de*

(1) Tuus sum ego, salvum me fac.
(2) Per prævaricationem legis Deum inhonoras. *Rom.* II. 23.
(3) Propter quid irritavit impius Deum? *Ps.* IX. 13.

pan (1). Cuando el pecador delibera si consentirá en el pecado, toma en sus manos, por decirlo así, la balanza, y examina qué es lo que mas pesa, si la gracia de Dios, ó la cólera ó el humo del placer, y cuando presta su consentimiento, declara, en cuanto á él, que todo esto vale mas que la amistad de Dios. Ved pues á Dios despreciado por el pecador. Decia David, considerando la grandeza y la majestad de Dios : *Señor, ¿ quién es semejante á ti* (2)? Pero Dios, al contrário, viéndose puesto en balanza por el pecador, y pospuesto á una vil satisfaccion, le dice : *¿ Á quién me habeis asemejado, é igualado* (3)? ¿Con que este placer, dice el Señor, valia mas que mi gracia? *Me has echado tras tu cuerpo* (4). Tú no hubieras cometido este pecado, si hubieses debido perder una mano, diez ducados, ó tal vez ménos. Solo Dios, pues, es á tus ojos despreciable, dice Salviano, pues prefieres á él un momento de cólera, ó una miserable satisfaccion (5)?

Ademas, cuando el pecador ofende á Dios por su propio gusto, sabe que este placer viene á ser su Dios, pues de él hace su último término. S. Jerónimo dice : *Cada cual, si venera lo que desea, del objeto de su pasion hace un Dios. El vicio en el corazon es un ídolo en el altar* (6). Por lo cual dice Sto. Tomás : *Si amas las delicias, á estas tienes por tú Dios* (7). Y S. Cipriano : *Todo cuanto el hombre antepone á Dios, se lo hace Dios* (8). Cuando se rebeló Jeroboam, procuró atraer el pueblo á su idolatría, y le ofreció ídolos diciendo : *Aquí tienes, Israel, tus dioses* (9). Así lo hace el demonio :

(1) Violabant me... propter pugillum hordei, et fragmen panis. *Ezech.* XIII. 19.
(2) Domine, quis similis tibi? *Ps.* XXXIV. 10.
(3) Cui assimilastis me, et adæquasti? *Is.* XL. 25.
(4) Projecisti me post corpus tuum. *Ezech.* XXIII. 35.
(5) Deus solus in comparatione omnium tibi vilis fuit.
(6) Unusquisque quod cupit, si veneratur, hoc illi Deus est. Vitium in corde est idolum in altari.
(7) Si amas delicias, deliciæ dicuntur Deus tuus.
(8) Quidquid homo Deo anteponit, Deum sibi facit.
(9) Ecce dii tui, Israel. 3. *Reg.* XII. 28.

presenta el placer al pecador, y le dice : ¿Qué quieres hacer de Dios? Aquí tienes el tuyo, este placer, esta pasion : acepta y abandona á Dios. Y cuando el pecador consiente, adora en su corazon al placer como á su Dios : *El vicio en el corazon es un ídolo en el altar* (1).

Toda vez que el pecador deshonra á Dios, debiera á lo ménos no hacerlo en su presencia ; pero no : él le deshonra, le injuria á la cara, pues Dios está presente en todas partes : *Lleno yo el cielo y la tierra* (2). Esto lo sabe el pecador, y no obstante no deja de provocar á Dios en su misma presencia : *En mi cara me está provocando continuamente á enojo* (3).

AFECTOS Y SÚPLICAS.

Vos sois pues, ó mi Dios, un bien infinito, y mas de una vez os he trocado por un vil placer de momento. Mas, aun cuando os haya despreciado, me ofreceis todavía el perdon, si yo le quiero, y me prometeis recibirme en vuestra gracia, si me arrepiento de haberos ofendido. Sí, ó Señor, arrepiéntome de todo corazon de haberos ultrajado tan vilmente ; aborrezco mi pecado mas que todo otro mal. Y ahora volviendo á vos, como lo espero, me recibiréis y me abrazaréis como amoroso padre. Yo os lo agradezco, ó infinita bondad, pero necesito de vuestro auxilio : no me lo negueis, Dios mio, y no permitais que me separe jamas de vos. No dejará de tentarme el infierno, pero mas fuerte sois vos que el infierno. Sé que si siempre á vos me recomiendo, jamas me separaré de vos, y esta es la gracia que os pido ; haced que nunca cese de

---

(1) Vitium in corde est idolum in **altari.**
(2) Cœlum et terram ego impleo. *Jer.* XXIII. 24.
(3) Ad iracundiam provocant me ante faciem meam. *Is.* LXV. 3.

rogaros como ahora lo hago. Asistidme, Señor, dadme la luz, la fuerza, la perseverancia, dadme el paraíso; pero sobre todo dadme vuestro amor, que es el paraíso de las almas. Os amo, bondad infinita, y quiero amaros siempre : escuchadme por amor de Jesucristo, ó María, vos que sois el refugio de pecadores; socorred á uno que quiere amar á vuestro Dios.

PUNTO III.

El pecador, no solo hace una injuria á Dios, y le deshonra, sino que en cuanto es de su parte le colma de amargura. No hay amargura mas sensible como verse correspondido con ingratitud por una persona á quien se ama y á la cual se ha colmado de beneficios. ¿Qué hace el pecador? Injuria á un Dios que le ha criado, y que le ha amado hasta el punto de dar su sangre y su vida por su amor; y cometiendo un pecado mortal, le arroja de su corazon. Dios baja á habitar en el alma del que le ama : *Si alguno me ama... mi Padre le amará, y vendremos á él, y haremos morada en él* (1). Notad la expresion : *haremos morada.* Dios desciende á esta alma para fijar en ella su mansion, de suerte que no la deja, si el alma no le arroja de sí : *No abandona, si no es abandonado* (2), como dice el concilio de Trento. Pero, si ya sabeis, Señor, que este ingrato os ha de echar de sí despues, ¿por qué no le dejais desde ahora? ¿Aguardais á que él os destierre? Abandonadle, salid de él, ántes que os haga tal injuria. No, dice el Señor, yo no quiero separarme de mi propio movimiento; esperar quiero que él mismo me despida.

---

(1) Si quis diligit me... Pater meus diliget eum, et ad eum veniemus, et mansionem apud eum faciemus. *Joann.* XIV. 23.
(2) Non deserit, nisi deseratur.

Cuando el alma, pues, consiente en el pecado, dice á Dios: Señor, alejaos de mí: *Ellos* (los impíos) *dijeron á Dios: Apártate de nosotros* (1). No lo dice con la boca, pero lo dice con sus acciones, segun S. Gregorio (2). Sabe el pecador que Dios no puede vivir con el pecado; ve que pecando debe necesariamente alejarle de sí, y así le dice: Ya que no podeis vivir con el pecado, alejaos pues, buen viaje. Arrojando á Dios de su corazon, da este al demonio, el cual toma luego posesion de él, y el enemigo entra por la misma puerta por donde sale Dios: *Entónces va, y toma consigo otros siete espíritus peores que él, y entran dentro, y moran allí* (3). Cuando se bautiza un niño, el sacerdote exorciza al demonio, diciéndole: *Sal de aquí, espíritu inmundo, y cede el lugar al Espíritu Santo* (4). Y en verdad, porque esta alma, recibiendo la gracia, viene á ser el templo de Dios: *¿No sabeis que sois el templo de Dios* (5)? Mas, cuando el hombre consiente en el pecado, hace todo lo contrário, diciendo á Dios que está en su alma: *Salid de mí, Señor, ceded el lugar al diablo* (6). De esto se quejaba el Señor á Sta. Brígida, cuando le decia que, al arrojarle el pecador de su corazon, es como un rey arrojado de su propio trono: *Soy como un rey arrojado de su propio reino, y en mi lugar ha sido elegido un ladron pésimo* (7).

¡Qué pena no sentiríais, si recibierais una injuria grave de alguno á quien hubieseis colmado de beneficios! Pues bien, la misma pena causais á vuestro Dios, que

---

(1) Qui (impii) dixerunt Deo, recede à nobis. *Job.* XXI. 14.
(2) Recede non verbis, sed moribus.
(3) Tunc vadit, et assumit septem alios spiritus secum nequiores se, et intrantes habitant ibi. *Matth.* XII. 45.
(4) Exi ab eo, immunde spiritus, et da locum Spiritui Sancto.
(5) Nescitis quia templum Dei estis... ? 1. *Cor.* III. 16.
(6) Exi à me, Domine, da locum diabolo.
(7) Sum tanquam rex à proprio regno expulsus, et loco mei latro pessimus electus est.

dió su vida para salvaros. El Señor convida al cielo y á la tierra á gemir con él sobre la ingratitud de los pecadores : *Oid, cielos, y tú, ó tierra, escucha... Hijos crié, y engrandecí : mas ellos me despreciaron* (1). Los pecadores, en suma, afligen el corazon de Dios por el pecado : *Mas ellos le provocaron á ira, y contristaron el espíritu de su Señor* (2). Dios no puede sufrir, porque es impasible, pero si pudiese, un solo pecado mortal bastaria para hacerle morir de dolor, como lo dice el P. Medina (3). Así como dice S. Bernardo : *El pecado, en cuanto, es en sí, da la muerte á Dios* (4). Cuando el pecador pues comete un pecado mortal, aprisiona á Dios, por decirlo así, y en cuanto está de su parte, le da la muerte : *Exasperó al Señor el pecador* (5). Y en expresion de S. Pablo, pisotea al Hijo de Dios : *El que hollare al Hijo de Dios* (6) : porque desprecia todo lo que hizo y sufrió Jesucristo para quitar el pecado del mundo.

AFECTOS Y SÚPLICAS.

Todas las veces que he pecado, ó Redentor mio, os he arrojado de mi alma, y me hubiera esforzado en quitaros la vida, si pudieseis morir. Ahora oigo que me preguntais : *¿Qué te hice, ó en qué te contristé? respóndeme* (7); es decir : ¿Qué mal te hice yo? ¿qué disgusto te he dado, para que tanto pesar me causes? Señor, vos me pregun-

(1) Audite, cœli, et auribus percipe, terra... Filios enutrivi et exaltavi : ipsi autem spreverunt me. *Is.* I. 2.
(2) Ipsi autem iracundiam provocaverunt, et afflixerunt spiritum sancti ejus. *Is.* LXIII. 10.
(3) Peccatum mortale, si possibile esset, destrueret ipsum Deum, eo quod causa esset, tristitiæ in Deo infinitæ. *De Pœnitent.*
(4) Peccatum, quantum in se est, Deum perimit.
(5) Exacerbavit Dominum peccator. *Ps. sec. Heb.* X. 4.
(6) Qui Filium Dei conculcaverit. *Hebr.* X. 29.
(7) Quid fecit tibi, aut in quo contristavi te? Responde mihi.

tais ¿qué mal me habeis hecho? Me disteis el ser, y habeis muerto por mí; ved ahí el mal que me habeis hecho. ¿Qué he de responderos? Digo que merezco mil veces el infierno, y que allí debiais haberme arrojado. Mas, acordaos de este mismo amor, que por mí os hizo morir en la cruz; acordaos de la sangre que por amor de mí derramasteis, y habed piedad de mí. Pero, ya os comprendo, no quereis que yo me desespere, y me haceis saber que os hallais á la puerta de mi corazon, de donde os he arrojado, y adonde buscais como entrar por medio de vuestras inpiraciones : *Estoy á la puerta, y llamo* (1). Vos me clamais que os abra : *Ábreme, hermana mia* (2). Sí, ó Jesus mio, ya me alejo del pecado, me arrepiento de todo mi corazon, y os amo sobre todas las cosas. Entrad, pues, amor mio, abierta teneis la puerta, entrad, y no me dejeis mas. Ligadme para siempre á vuestro amor, y no permitais que de vos me separe. No, ó mi Dios, nosotros no queremos separarnos el uno del otro: yo os abrazo y os estrecho en mi corazon; dadme la santa perseverancia : *No permitas que me separe de ti* (3). ¡Oh María! oh mi Madre, socoredme siempre, rogad á Jesus por mí, alcanzdme de no perder jamas su gracia.

(1) Sto ad ostium, et pulso. *Apoc.* III. 2º.
(2) Aperi mihi, soror mea. *Cant.* V. 3.
(3) Ne permittas me separari à te.

CONSIDERACION XVI.

DE LA MISERICORDIA DE DIOS.

> *Superexaltat autem misericordia judicium.*
> La misericordia triunfa sobre el juicio.
> (Jac. II. 13.)

PUNTO I.

La bondad es comunicativa; tiende á partir sus propios bienes con los demas. Dios, que por su naturaleza es la bondad infinita, dice S. Leon (1), siente un vivo deseo de comunicarnos su felicidad; y por esto está siempre mas dispuesto á perdonar que á castigar. Castigar, dice Isaías, es una cosa que repugna á Dios: *Se enojará para ejecutar su obra* (ó venganza), *una obra que es ajena de él* (ó de su amor...) *una obra que es extraña de él* (pues que solo desea perdonar (2). Y cuando el Señor castiga en esta vida, es para ser en la otra misericordioso: *Dios, te enojaste y tuviste misericordia de nos-*

---

(1) Deus cujus natura bonitas.
(2) Irascetur: ut faciat opus suum, alienum opus ejus.., peregrinum est opus ejus ab eo. *Is.* XXVIII. 21.

otros (1). Muéstrase irritado, para que nos guardemos de pecar y detestemos el pecado : *Mostraste á tu pueblo cosas duras : dístenos á beber vino de compuncion* (2). Y si nos envía algun castigo, lo hace porque nos ama, y para librarnos del castigo eterno : *Diste á los que te temen una señal, para que huyan de la faz del arco, y se libren tus amados* (3). ¿Quién podrá admirar y glorificar lo bastante la grandeza de la misericordia de que usa Dios hácia el pecador, esperándole, llamándole y recibiéndole cuando á sus brazos se arroja? Y ante todo, ¡qué paciencia de parte de Dios, esperando nuestro arrepentimiento! ¡Oh hermano mio! cuando le ofendiais, Dios podia haceros morir, pero os aguardaba, y en vez de castigaros, os colmaba de bienes, os conservaba la vida, pensaba en vos. Hacia como quien no ve vuestros pecados, porque os corrigieseis : *Disimulas lo pecados de los hombres por amor de la penitencia* (4). Pero ¿cómo, Señor, vos que no podeis ver un solo pecado veis tantos, y callais? *No podrás mirar la iniquidad : ¿porqué te vuelves á mirar sobre los que hacen mal, y te estás callanda* (5)? ¿Vos estais viendo este hombre deshonesto, vengativo, á este blasfemo, cuyos pecados van en aumento de dia en dia, y no le castigais? ¿Y porqué tanta paciencia? *Aguarda el Señor, para tener misecordia de vosotros* (6). Dios espera al pecador para que se corrija, á fin de perdonarle y de salvarle.

Dice Sto. Tomás que todas las criaturas, el fuego, la tierra, el aire, el agua, están prontos, por un instinto na-

---

(1) Deus iratus es, et misertus es nobis. *Ps.* LIX. 8.
(2) Ostendisti populo tuo dura, potasti nos vino compunctionis. *Ibid*. 5.
(3) Dedisti metuentibus te significationem, ut fugiant à facie arcus, ut liberentur dilecti tui. *Ibid.* 6.
(4) Dissimulas peccata hominum propter pœnitentiam. *Sap.* XI. 24.
(5) Respicere ad iniquitatem non poteris : quare respicis super iniqua agentes et taces? *Habac.* I. 13.
(6) Propterea expectat Dominus, ut misereatur vestri. *Is.* XXX. 18.

tural, á castigar al pecador, y á vengar las injurias que este comete contra quien le crió (1); mas, Dios las detiene por un efecto de su piedad. Señor, vos aguardais los impíos para que se enmienden, y ¿no veis que los ingratos abusan de vuestra misericordia para ofenderos mas? *Perdonaste, Señor, perdonaste al pueblo : ¿acaso has sido glorificado* (2)? Y ¿por qué tanta paciencia? Porque Dios no quiere la muerte del pecador, sino que quiere que se convierta y que se salve : *No quiero la muerte del impío, sino que se convierta y viva* (3). ¡Oh, generosidad inmensa de Dios! Llega á decir S. Agustin que, si Dios no fuese Dios, seria injusto; tanta es su paciencia para con el pecador : *Dios, Dios mio, diré con tu permiso, sino porque eres Dios, serias injusto* (4). Y en efecto, aguardar al que abusa de vuestra benignidad para mas ultrajaros, ¿no es en cierto modo hacer injuria al amor que os es debido? *Nosotros pecamos*, dice tambien el mismo Santo, *nos unimos al pecado* (5); hay quienes están en paz con el pecado, y que duermen aletargados en él por meses y años enteros : *nos gozamos en el pecado* (6); otros se glorian de sus crímenes, *¿Y tú estás aplacado? Nosotros te provocamos á la ira y tú á la misericordia* (7) : parece que estamos en lucha con Dios; nosotros en provocarle para que nos castigue; él en invitarnos al perdon.

(1) Omnis creatura, tibi factori deserviens, excandescit adversos injustos.
(2) Indulsisti, Domine, indulsisti genti : numquid glorificatus es ? *Is*. XXVI. 15.
(3) Nolo mortem impii, sed ut convertatur et vivat. *Ez*. XXXIII. 11.
(4) Deus, Deus meus, pace tua dicam, nisi quia Deus es, injustus esses.
(5) Nos peccamus, inhæremus peccato.
(6) Gaudemus de peccato.
(7) Et tu placatus es? Te nos provocamus ad iram, tu nos ad misericordiam.

AFECTOS Y SÚPLICAS.

¡Ah! Señor, conozco en este instante que yo era mil veces digno de arder en el infierno ; *El infierno es mi casa* (1). Pero, merced á vuestra misericordia, no me hallo en él, sino á vuestros piés, bien penetrado de que vos me mandais que os ame: *Ama al Señor Dios tuyo* (2). Decis que quereis perdonarme, si me arrepiento de las injurias que os he hecho : si, ó mi Dios, pues que vos quereis que yo os ame, á pesar de haberme rebelado contra vuestra majestad, os amo con todo mi corazon, y me arrepiento de haberos ultrajado; y de ello estoy mas afligido que de toda otra desgracia que sobrevenirme pudiera. ¡Ah! iluminadme, ó bondad infinita, y dadme á conocer lo mal que he pagado vuestros beneficios. No, no quiero resistir mas á vuestra voz, ni quiero disgustar mas á un Dios que tanto me ha amado, y que tantas veces me ha perdonado con amor. ¡Ah! ¡pluguiese á Dios que yo no os hubiese nunca ofendido, ó mi Jesus! perdonadme y haced que de aquí en adelante no viva sino por vos que moristeis por mí; que sufra por vuestro amor, ya que tanto sufristeis por el mio. Vos que me habeis amado de toda la eternidad, haced que arda por vos en un amor eterno. Todo lo espero de vuestros méritos, ó Salvador mio. Ó Maria, en vos confio tambien : **vos podeis salvarme** con la ayuda de vuestra intercesion.

(1) Infernus domus mea est.
(2) Dilige Dominum Deum tuum.

PUNTO II.

Considerad ademas la misericordia de Dios, cuando llama el pecador á penitencia. Cuando Adan se rebeló contra Dios, se ocultó; pero Dios se presenta, y no viéndole, le busca, y le llama en su dolor: *Adan, ¿dónde estás* (1)? Palabras son de un padre, comenta el P. Pereira, que busca al hijo que ha perdido (2). ¡Cuántas veces ha hecho Dios lo mismo con vos, hermano mio! Cuando huíais de él, os llamaba, ya por santas inspiraciones, ya por remordimientos de conciencia, ya por la muerte de vuestros amigos; de manera que hablando de vos puede decir Jesucristo: *Me cansé de dar voces, enronqueciéronse mis fauces* (3). ¡Oh hijo mio! la voz casi he perdido á fuerza de llamarte. Pero, cuidado, pecadores, dice Sta. Teresa, mirad que el Dios, que ahora tan amoroso y solícito os llama, es el mismo que debe un dia juzgaros.

¿Cuántas veces te has mostrado sordo, cristiano, cuando Dios te llamaba? Digno eras de que Dios no te llamase mas. Mas no por esto ha dejado de llamarte, porque queria reconciliarse contigo, y salvarte. ¡Oh Dios! ¿quién era el que te llamaba? Un Dios de majestad infinita. Y ¿quién eres tú? Un miserable gusano de la tierra. ¿Para qué te llamaba Dios? para volverte la gracia que habias perdido: *Convertios y vivid* (4). Para obtener la gracia divina, poco sería vivir siempre en un desierto; mas, Dios te ofrece darte la gracia en un instante, si tú la deseas por un solo acto de arrepentimiento, y tú te has negado. A pesar de esto Dios no te ha aban-

(1) Adam, ubi es? *Gen.* tit. 10.
(2) Sunt verba patris, quærentis filium suum perditum.
(3) Laboravi clamans: raucæ factæ sunt fauces meæ. *Ps.* LXVIII. 4.
(4) Revertimini, et vivite. *Ez.* XVIII. 32.

donado, sino que se ha puesto delante de ti, gimiendo y diciéndote : Hijo mio, ¿ por qué, pues, quieres condenarte? ¿ *Y por qué moriréis, casa de Israel* (1) ?

Cuando el hombre comete un pecado mortal, arroja á Dios de su alma : *Los impios dijeron á Dios : Apártate de nosotros* (2). Pero ¿qué hace Dios? se coloca á la misma puerta del ingrato : *Hé aquí que estoy á la puerta, y llamo* (3). Y pide al alma infiel que le deje entrar : *Abreme, hermana mia* (4). Y ruega hasta fatigarse : *Cansado estoy de rogar* (5). Sí, dice S. Dionisio Areopagita, Dios va al encuentro del pecador como un amante abandonado, y le suplica que no se pierda (6). Y esto mismo dice S. Pablo, escribiendo á sus discipulos : *Os rogamos por Cristo, que os reconcilieis con Dios* (7). Comentando este pasaje, S. Juan Crisóstomo hace una bella reflexion : *El mismo Cristo,* dice, *os ruega.* ¿ *Y qué es lo que os ruega? Que os reconcilieis con Dios :* luego no es él enemigo vuestro, sino vosotros (8). Quiere decir este Santo que el pecador no tiene que hacer esfuerzos para mover á Dios á que se reconcilie con él, pues le basta que quiera su amistad; pues no es Dios, sino el pecador quien se niega á hacer la paz.

¡Ah ! este Dios tan bueno está sin cesar al lado de los pecadores, diciéndoles : ¡Ingratos ! no huyais mas de mí : ¿ por qué me huis? decídmelo. Yo deseo vuestra felicidad; no quiero sino que seais dichosos ; ¿ cómo pues quereis perderos ? Pero, Señor, ¿ qué haceis ? ¿ por

---

(1) Et quare moriemini, domus Israel? *Ez.* xviii. 31.
(2) Impii dixerunt Deo : Recede à nobis. *Job.* xxi. 14.
(3) Ecce sto ad ostium et pulso. *Apoc.* iii. 20.
(4) Aperi mihi, soror mea. *Cant.* v. 2.
(5) Laboravi rogans. *Jer.* xv. 6.
(6) Deus etiam à se aversos amatorie sequitur, et deprecatur ne pereant.
(7) Obsecramus pro Christo, reconciliamini Deo. 2. *Cor.* v. 20.
(8) Ipse Christus vos obsecrat. Quid autem obsecrat ? Reconciliamini Deo : non enim ipse inimicus gerit, sed vos.

qué tanta paciencia y tanto amor con estos rebeldes? ¿Qué bien esperais de ellos? ¿Qué honra buscais en mostraros tan vivamente solícito hácia unos miserables que huyen de vos? ¿*Qué cosa es el hombre, para que le engrandezcas? ¿ó por qué pones sobre él tu corazon* (1)?

AFECTOS Y SÚPLICAS.

Aquí á vuestras plantas teneis el ingrato que os ruega y os suplica piedad : *Padre, perdóname* (2). Mi padre os llamo, ya que asi lo quereis. Oh padre mio, perdonadme. No merezco compasion, pues cuantas mas bondades habeis sobre mí derramado, mas ingrato con vos he sido. ¡Ah! por esta misma bondad que no os ha dejado abandonarme, ó Dios mio, cuando yo huía, acogedme ahora que vuelvo á vos. Dadme, ó mi Jesus, un vehemente dolor de las ofensas que contra vos cometí; y añadid á él el ósculo de la paz. Me pesa, mas que todos los males, de las injurias que os he hecho; las detesto y abomino, y uno este horror al que vos sentisteis, ó Redentor mio, en el huerto de Gethsemaní. ¡Ah! perdonadme por los méritos de aquella sangre que por mí derramasteis en aquel huerto. Os prometo firmemente de no separarme mas de vos, y de arrojar de mi corazon todo afecto que no sea vos. ¡Oh mi Jesus! ¡Oh amor mio! os amo sobre todas las cosas; quiero siempre amaros, y amar á vos solo; mas, dadme la fuerza de perseverar en esta resolucion, haced que sea todo de vos. ¡Oh María, esperanza mia! Vos sois la madre de misericordia; rogad á Dios por mí, y tened piedad de mí.

(1) Quid est homo, quia magnificas eum? aut quid apponis erga eum cor tuum? *Job.* VII. 17.
(2) Pater, dimitte.

PUNTO III.

Los príncipes de la tierra se desdeñan casi siempre de volver sus ojos hácia los vasallos rebeldes que van á implorarles perdon; pero no se porta así Dios con nosotros: *No os volverá la cara, si contritos acudiereis á él* (1). Dios no sabe volver la cara al que se echa á sus piés; no, porque él mismo le invita y le promete recibirle, cuando venga: *Vuélvete á mí... y yo te recibiré* (2). — *Volveos á mí... y yo me volveré á vosotros* (3). ¡Oh! ¡con qué amor, con qué ternura abraza Dios al pecador que vuelve á él! No puede declararlo mas claro Jesucristo que por medio de aquella parábola del buen pastor, que carga sobre sus hombros la oveja perdida que ha encontrado: *La pone sobre sus hombros* (4). Invita á sus amigos á que le acompañen en el gozo: *Dadme el parabien, porque he hallado mi oveja, que se habia perdido* (5). S. Lúcas añade en seguida: *Habrá mas gozo en el cielo sobre un pecador que hiciere penitencia* (6). Esto mismo quiso significar el Salvador con la parábola del Hijo pródigo, cuando dice que él es aquel padre, el cual, viendo volver al hijo descarriado, corre á su encuentro, le cubre de besos, y que ni aun con sus abrazos puede expresar la ternura y el consuelo que siente su corazon: *Corriendo á él, le echó los brazos*

---

(1) Non avertet faciem suam à vobis, si reversi fueritis ad eum. 2. Par. III. 9.
(2) Revertere ad me... et ego suscipiam te. *Jer.* III. 1.
(3) Convertimini ad me, et convertar ad vos, ait Dominus. *Zach.* 1. 3.
(4) Imponit in humeros suos, gaudens. *Luc.* XV. 5.
(5) Congratulamini mihi, quia inveni ovem meam, quæ perierat. *Ibid.* v. 6.
(6) Gaudium erit in cœlo super uno peccatore pœnitentiam agente. *Ibid.* v. 7.

al cuello, y le besó (1). Dice tambien el Señor que, si el pecador se arrepiente, no quiere acordarse ya mas de sus pecados, como si nunca se le hubiese ofendido : *Si el impío hiciere penitencia.... verdaderamente vivirá...; de todas sus maldades no me acordaré yo* (2). Y añade : *Venid, y acusadme, dice el Señor : si fueren vuestros pecados como la grana, como nieve serán emblanquecidos* (3). Que es como si dijera : Venid, pecadores (4), y si no os perdono, reconvenidme y tratadme de infiel en mis promesas. Pero no, Dios no sabe despreciar un corazon que se humilla y se arrepiente : *Al corazon contrito y humillado no lo despreciarás, ó Dios* (5).

El Señor se glorifica usando de misericordia y perdonando á los pecadores : *Será ensalzado perdonándoos*(6). ¿Y cuándo perdona? Al momento : *De ninguna manera llorarás, grandísima misericordia tendrá de ti* (7) Ó pecador, dice el Profeta, no tienes que llorar mucho para ser perdonado. Desde que habrás derramado las primeras lágrimas, el Señor tendrá piedad de ti : *Luego que oyere la voz de tu clamor, te responderá* (8). Dios no se porta con nosotros como nosotros con él. Si él nos llama, hacemos el sordo; pero Dios, *apénas te oyere, le responderá* (9). Desde el momento en que te

---

(1) Accurrens, cecidit super collum ejus, et osculatus est eum. *Luc.* xv. 20.
(2) Si impius egerit pœnitentiam, vita vivet; omnium iniquitatum ejus non recordabor. *Ez.* xviii. 21.
(3) Venite et arguite me, dicit Dominus : si fuerint peccata vestra ut coccinum, quasi nix dealbabuntur. *Is.* i. 18.
(4) Venite et arguite me.
(5) Cor contritum et humiliatum, Deus, non despicies. *Ps.* l. 19.
(6) Exaltabitur parcens vobis. *Is.* xxx. 18.
(7) Plorans, nequaquam plorabis; miserans, miserebitur tui. *Is.* xxx. 19.
(8) Ad vocem clamoris tui, statim ut audierit, respondebit tibi. *Is.* xxx. 19.
9) Statim ut audierit, respondebit tibi.

arrepientas y le pidas perdon, él te responde y te perdona.

AFECTOS Y SÚPLICAS.

¡Oh Dios! ¿contra quién he querido luchar? ¿contra vos que sois la bondad misma, que me habeis criado, y que habeis muerto por mí? ¡Y así habeis sufrido todas mis traiciones! ¡Ah! á la sola consideracion de la paciencia que conmigo habeis tenido, no debiera ya vivir mas, sino como una llama de amor hácia vos. ¿Y quién es el que hubiera sufrido todas las injurias de que os he colmado, como habeis hecho vos? ¡Desdichado de mí, si volviese á ofenderos y si me condenase! Esta misericordia con que me habeis tratado, sería para mí, ó mi Dios, un infierno mas cruel que el infierno mismo. No, Redentor mio, no permitais que os vuelva la espalda. Haced ántes que muera. Ya veo que vuestra misericordia no puede aguantarme mas, y me arrepiento, ó soberano bien, de haberos ofendido. Os amo de todo corazon, y estoy resuelto á consagraros todo lo que me resta de vida. Escuchadme, Padre eterno, por los méritos de vuestro Hijo; concededme la santa perseverancia y vuestro santo amor. Escuchadme, ó mi Jesus, os lo ruego por la sangre que por mí derramasteis (1). Ó María, madre mia, volved á mí vuestros ojos misericordiosos, y atraedme todo sin reserva á Dios (2).

(1) Te ergo quæsumus, tuis famulis subveni, quos pretioso sanguine redemisti.
(2) Oculos tuos misericordes ad me converte.

CONSIDERACION XVII.

ABUSO DE LA DIVINA MISERICORDIA.

> *Ignoras quoniam benignitas Dei ad pœnitentiam te adducit?*
>
> No sabes que la benignidad de Dios te convida á penitencia?
>
> (Rom. II. 4.)

PUNTO I.

Leemos en la parábola de la zizaña del capítulo XIII de S. Mateo que, habiendo crecido esta mala yerba en un campo junto con el buen grano, los servidores querian arrancarla : *¿Quieres que vayamos y la cojamos* (1)? Pero el dueño les respondió : No, dejadla crecer, mas tarde la arrancaremos para arrojarla al fuego : *En el tiempo de la siega diré á los segadores : coged primeramente la zizaña, y atadla en manojos para quemarla* (2). En esta parábola se ve de una parte la paciencia de Dios con respecto á los pecadores, y de otra

---

(1) Vis, imus et colligimus ea. *Matth.* XIII. 28.
(2) In tempore messis dicam messoribus : Colligite primum zizania, et aligate ea in fasciculos ad comburendum. *Matth.* XIII. 30.

el rigor con que trata á los obstinados. Dice S. Agustin que el demonio engaña á los hombres de dos maneras: *Haciéndoles desesperar y esperar* (1). Cuando el pecador ha caido en una falta, trata de conducirle á la desesperacion, mostrándole el terror de la justicia divina; pero, ántes de pecar, le hace esperar en la misericordia de Dios. Por esto él nos amonesta lo contrário; temer ántes de pecar, y esperar despues de haber pecado: *Despues del pecado espera misericordia; ántes del pecado teme la justicia* (2). Y así es en efecto, pues el que se sirve de la misericordia de Dios para ofenderle, no es digno de perdon. La misericordia no es sino para aquellos que temen á Dios, y no para aquellos que se prevalen de ella para no temerle. El que ofende la justicia, dice un piadoso escritor, puede recurrir á la misericordia; mas el que ofende la misericordia, ¿á qué recurrirá?

Difícilmente se encontraria un pecador, cuya desesperacion llegase al extremo de querer ser condenado. Los pecadores quieren pecar, pero no quieren perder la esperanza de salvarse. Cuando cometen el pecado, dicen en su interior: Dios es la misericordia por excelencia, voy á cometer este pecado, del cual me confesaré despues: *Dios es bueno; haré lo que me plazca* (3); este es el lenguaje de los pecadores, dice S. Agustin (4). Mas, ¡oh Dios! ¡este mismo lenguaje tuvieron los que ahora están ardiendo en el infierno!

No digais, exclama el Señor, la misericordia de Dios es grande; y todos los pecados, que yo cometiere, se me perdonarán con un acto de contricion. *Y no digas: la misericordia del Señor es grande, de la muchedumbre*

---

(1) Desperando et sperando.
(2) Post peccatum spera misericordiam; **ante peccatum** pertimesce justitiam.
(3) Bonus est Deus; faciam quod mihi placet.
(4) Tract. 33. in Job.

de mis pecados tendrá piedad (1). No así habléis, dice el Señor, ¿y por qué? *Porque su ira está tan pronta como su misericordia, y su ira mira á los pecadores* (2). La misericordia de Dios es infinita, pero los actos de esta misericordia, que son los de compasion, son finitos. Dios es clemente, pero tambien es justo: *Yo soy justo y misericordioso*, dijo un dia el Señor á Sta. Brígida; *los pecadores me consideran solamente misericordioso* (3). Los pecadores, escribe S. Basilio, no quieren ver de Dios sino la mitad: *Bueno es el Señor, pero tambien es justo: no queramos ver de Dios sino la mitad* (4). Aguantar al que se sirve de la misericordia de Dios para cometer mas faltas, dice el Padre M. Avila, no seria clemencia, sino un defecto de justicia. Dios promete su misericordia á los que le temen, no á los que abusan de ella: *Y su misericordia con los que le temen* (5), como cantaba la Madre de Dios; y amenaza con su justicia á las almas obstinadas. Dios, dice S. Agustin, así como no miente en sus promesas, así tampoco mentirá en sus amenazas (6).

Cuidado, dice S. Juan Crisóstomo, estad alerta cuando es el demonio y no Dios el que os promete la misericordia, á fin de que caigais en el pecado (7). ¡Ay de aquel que espera para pecar! añade S. Agustin (8). ¡Oh! ¡y cuantos se adormecieron y se han perdido, dice el mismo Santo, adormecidos en esta vana esperanza (9)! ¡Desdi-

---

(1) Et ne dicas: miseratio Domini magna est, multitudinis peccatorum meorum miserebitur. *Eccl.* v. 6.
(2) Misericordia enim, et ira ab illo cito proximant, et in peccatores respicit ira illius. *Ibid.* v. 7.
(3) Ego sum justus et misericors, peccatores tantum misericordem me existimant.
(4) Bonus est Dominus, sed etiam justus; nolimus Deum ex dimidia parte cogitare.
(5) Et misericordia ejus timentibus eum.
(6) Qui verus est in promittendo, verus est in minando.
(7) Cave ne unquam canem illum suspicias qui misericordiam Dei pollicetur. *Hom.* 50. *ad pop. Antioch.*
(8) Sperat ut peccet, væ à perversa spe! *In Psalm.* 144.
(9) Denumerari non possum quantos hæc inanis spei umbra deceperit

chado de aquel que se engaña á sí mismo contando sobre la clemencia de Dios, para poder mejor ultrajarle! Dice S. Bernardo que Lucifer no fué castigado por Dios sino por haberse rebelado, esperando sin embargo no ser castigado. El rey Manasés pecó, se convirtió despues, y Dios le perdonó. Su hijo Amon, viendo que su padre habia sido perdonado con tanta facilidad, llevó mala vida, esperando tambien ser perdonado, pero para Amon no hubo misericordia. Por este motivo, dice S. Juan Crisóstomo, se perdió tambien Júdas, pues pecó por demasiada confianza en la bondad de Jesucristo: *Fió en la lenidad del Maestro* (1). En suma, si Dios es paciente, no lo es siempre. Si Dios fuese siempre paciente, nadie se condenaria, pero la mas comun sentencia es que la mayor parte de los cristianos (esto es de los adultos) se condena: *Ancha es la puerta, y espacioso el camino que lleva á la perdicion, y muchos son los que entran por él* (2).

El que ofende á Dios esperando ser perdonado, *es un escarnecedor y no un penitente* (3), dice S. Agustin. Mas al contrário, dice S. Pablo, Dios no permite que se burlen de él: *Dios no puede ser burlado* (4). Y seria burlarse de Dios hacer todo lo que puede ofender á Dios, é ir despues al paraíso: *Porqne aquello que sembrare el hombre, eso tambien segará* (5). No hay razon para que quien siembra el pecado, deba esperar otra cosa que ser castigado en el infierno. El lazo con que el demonio arrastra á tantos cristianos, que se condenan, es con esta engañadora palabra: Pecad libremente, porque á pesar de todos estos pecados os salvaréis. Pero Dios maldice al que peca esperando el perdon: *Maldito sea el hom-*

---

(1) Fidit in lenitate Magistri.
(2) Lata porta, et spatiosa via est quæ ducit ad perditionem: et multi intrant per eam. *Matth.* VII. 13.
(3) Irris or est, non pœnitens.
(4) Deus non irridetur. *Galat.* VI. 7.
(5) Quæ enim seminaverit homo, hæc et metet. *Ib.* 8.

bre *que peca en la esperanza* (1). La esperanza del pecador despues del pecado, y cuando se arrepiente es grata á Dios; pero la esperanza de los obstinados le es abominable : *Y sus mismas esperanzas causarán abominacion* (2). Una tal esperanza irrita á Dios, y le provoca á castigar, como un amo que viese que su criado le ultraja por ser bueno en demasia.

AFECTOS Y SÚPLICAS.

¡Ah Dios mio! vedme aquí, cual otro de los que os han ofendido por ser conmigo tan bondadoso. ¡Ah Señor! atended mis ruegos; no me abandoneis aun, y espero, mediante vuestra santa gracia, no provocaros mas á que me abandoneis. Arrepiéntome, ó bondad infinita, de haberos ofendido, y de haber asi fatigado vuestra paciencia. Gracias os doy de haberme esperado hasta ahora, y en adelante no quiero seros traidor como lo fui por desgracia. Ya que vos me habeis sufrido tanto para que adorase un dia vuestra bondad, creed que este dia ha llegado, como yo lo esperaba. Os amo sobre todas las cosas; prefiero vuestra gracia á todos los reinos del mundo, y ántes que perderla, perderia mil veces la vida. ¡Oh Dios mio! por el amor de Jesucristo, dadme la santa perseverancia hasta la muerte, y asimismo vuestro santo amor. No permitais que os haga nuevas traiciones, y que cese de amaros. Ó María, vos que sois mi esperanza, alcanzadme esta perseverancia : es la única gracia que os pido.

(1) Maledictus homo qui peccat in spe.
(2) Et spes illorum abominatio. *Job.* XI. 20.

PUNTO II.

Dirá quizás alguno : Dios ha usado conmigo de tanta clemencia en lo pasado, que puedo esperar que usará de ella en adelante. Mas, yo respondo : ¿Con que por haber Dios usado contigo de misericordia quieres tú ofenderle denuevo? Á este propósito dice san Pablo, ¿de este modo despreciais la bondad y la paciencia de Dios? ¿Ignorais acaso que, si el Señor os ha aguantado hasta ahora, no es para que continueis á ofenderle, sino para que lloreis el mal que habeis hecho? *¿Ó menosprecias tal vez las riquezas de su bondad y paciencia? ¿No sabes que la benignidad de Dios te convida á penitencia* (1)? Cuando tú confiando en la misericordia divina, quieras abusar de ella, Dios te la retirará : *Si vosotros no os convirtiereis... entesó su arco y lo preparó* (2). — *Mia es la venganza, y yo les daré el pago á su tiempo* (3). Dios aguarda : mas, cuando ha llegado el tiempo de la venganza, no aguarda mas, y castiga.

Por esto aguarda el Señor, para tener misericordia de vosotros (4). Dios espera al pecador para que se corrija; pero cuando ve que este emplea el tiempo, que le ha dado para llorar sus pecados, en aumentar su número, desde entónces fija este mismo tiempo para juzgarle : *Ha aplazado contra mí el tiempo* (de la ruina) (5). San Gregorio dice : *El tiempo mismo viene á juzgarle* (6).

(1) An divitias bonitatis ejus, et patientiæ contemnis? Ignoras quoniam benignitas Dei ad pœnitentiam te adducit? *Rom.* II. 4.
(2) Nisi conversi fueritis, arcum suum vibrabit. *Ps.* VII. 13.
(3) Mea est ultio, et ego retribuam in tempore. *Deut.* XXXII. 35.
(4) Propterea expectat Dominus, ut misereatur vestri *Is.* XXX. 18.
(5) Vocavit adversum me tempus. *Thren.* I. 15.
(6) Ipsum tempus ad judicandum venit.

Así pues, el tiempo que se le haya concedido, la misericordia de que haya abusado, todo esto servirá para hacerle castigar con mas rigor y abandonarle con mas prontitud : *Hemos medicinado á Babilonia, y no ha sanado: desamparémosla* (1). ¿Mas, como le abandona Dios? Ó bien le envia la muerte, y le hace morir en el pecado; ó bien le priva de las gracias abundantes, y le deja únicamente con la gracia suficiente, con la cual el pecador puede muy bien salvarse, pero con la cual no se salvará. Un espíritu obcecado, un corazon endurecido, hábitos perversos, ved ahí lo que hará su salud moralmente imposible ; y si no queda absolutamente abandonado, lo quedará siempre moralmente : *Le quitaré su cerca, y será talada* (2). ¡Oh! ¡qué castigo! Cuando el amo rompe el cercado que rodeaba la viña, y que impedia á hombres y bestias que la pisoteasen, señal es que la abandona. Así obra Dios cuando abandona un alma : quita el cercado del temor de los remordimientos de conciencia, y la deja en las tinieblas; entónces es cuando quedan de asiento en esta alma todos los vicios juntos : *Pusiste tinieblas y fué hecha la noche : en ella transitarán todas las bestias de la selva* (3). Y el pecador abandonado á esta terrible oscuridad, lo despreciará todo, gracia de Dios, paraíso, avisos, excomuniones : se burlará del infierno : *El impío, despues de haber llegado al profundo, no hace caso* (4).

Dios le dejará en esta vida sin castigarle : pero su mayor castigo será el no ser castigado : *Apiadémonos del impío..., no aprenderá* (jamas) *justicia* (5). Aludiendo á este texto exclama S. Bernardo : *No quiero esta mise-*

---

(1) Curavimus Babylonem, et non est sanata; derelinquamus eam. *Jer.* LI. 9.
(2) Auferam sepem ejus, et erit in direptionem. *Is.* v. 5.
(3) Posuisti tenebras, et facta est nox : in ipsa pertransibunt omnes bestiæ sylvæ. *Ps.* CIII. 20.
(4) Impius, cum in profundum venerit..., contemnit. *Prov.* XVIII. 3.
(5) Misereamur impio, et non discet justitiam. *Is.* XXVI. 10.

ricordia, mas terrible que cualquier ira (1). ¡Oh! ¡qué castigo aquel por el cual Dios deja al pecador en su propio pecado, y parece no pedirle ya cuenta de él! *No le buscará segun la muchedumbre de su indignacion* (2). Parece que ya no está indignado contra él : *Se apartará mi zelo de ti, y descansaré: y no me enojaré mas* (3). Parece querer dejarle llegar á todo lo que él desea en este mundo : *Y los dejé ir segun los deseos de su corazon* (4). ¡Ay de los pecadores que prosperan en esta vida! Prueba es esto de que Dios quiere hacerlos víctimas de su justicia en la eternidad. Pregúntase á sí mismo Jeremías : *¿ Por qué el camino de los impíos va en prosperidad* (5)? Y responde en seguida : *Congrégalos como rebaño para el degolladero* (6). No hay castigo mayor que aquel por el que Dios permite al pecador que acumule pecados sobre pecados, segun lo que decia David : *Tú permitirás que añadan pecados ó pecados. Borrados sean del libro de los vivientes* (7). Y Belarmino dice á este propósito : Ningun castigo es mayor que cuando el pecado es la pena del pecado (8). Mas hubiera valido á cada cual de estos desventurados que Dios les hubiera quitado la vida luego despues del primer pecado; pues ahora, cuando mueran, sufrirán tantos infiernos como faltas hayan cometido.

(1) Misericordiam hanc ego nolo, super omnem iram miseratio ista. *Serm.* 42. *in Cant.*
(2) Secundum multitudinem iræ suæ non quæret. *Ps.* IX. 4.
(3) Auferetur zelus meus à te, et quiescam, nec irascar amplius. *Ezech.* XVI. 42.
(4) Et dimisi eos secundum desideria cordis eorum. *Ps.* LXXX. 13.
(5) Quare via impiorum prosperatur? *Jer.* XII. 1.
(6) Congregas eos quasi gregem ad victimam. *Id.* V. 3.
(7) Appone iniquitatem super iniquitatem... deleantur de libro viventium. *Ps.* LXVIII. 28.
(8) Nulla pœna major quam cum peccatum est pœna peccati.

AFECTOS Y SÚPLICAS.

¡Oh Dios mio! viendo estoy que en tan miserable estado merecí que me privaseis de vuestra gracia y de vuestra luz. Mas, al ver la luz que me concedeis, y al escuchar vuestra voz, que me llama á la penitencia, reconozco que no me habeis todavía abandonado. Ya que así es, mi Dios, yo cobro aliento para pediros que aumenteis conmigo el número de vuestras misericordias: aumentadlas pues, Señor, aumentad la luz; aumentad en mí el deseo de serviros y de amaros. Trasformadme, por un rasgo de vuestra omnipotencia, y de traidor y de rebelde que he sido, haced que me convierta en uno de los que mas aman vuestra bondad, á fin de que un dia pueda cantar en el cielo vuestras misericordias eternamente. Si vos quereis perdonarme, nada mas deseo que vuestro perdon y vuestro amor. Arrepiéntome, ó bondad sin límites, de haberos causado tantos disgustos. Os amo, soberano bien, porque vos me lo mandais, y os amo porque sois digno de ser amado. ¡Ah Redentor mio! por los méritos de vuestra sangre, haceos amar de un pecador á quien habeis amado tanto vos mismo, y que con tal paciencia habeis sufrido por tantos años. Todo lo espero de vuestra clemencia. Espero amaros en adelante hasta la muerte y por toda la eternidad : *Cantaré eternamente las misericordias del Señor* (1). Para siempre alabaré vuestra clemencia, ó mi dulce Jesus; y para siempre ensalzaré vuestra misericordia, ó María que tantas gracias me habeis alcanzado. Así lo reconozco : todas vienen por vuestra intercesion. Continuad, ó madre mia, continuad en ayudarme aun, y alcanzadme la santa perseverancia.

(1) Misericordias Domini in æternum cantabo. *Psalm.* LXXXVIII. 2.

PUNTO III.

Refiérese, en la vida del P. Luis Lanuza, que habia en Palermo dos amigos que paseaban juntos un dia; el uno se llamaba César, y era cómico, y viendo á su compañero muy pensativo : ¡apostara, le dijo, que has ido á confesarte! ¿y esto te pone de mal humor? ¿Te acuerdas, añadió, que me dijo un dia el P. Lanuza que Dios me daria doce años de vida, y que, si no me enmendaba en todo este tiempo, moriria de mala muerte? Desde entónces he viajado por todas las partes del mundo, he tenido enfermedades, una sobre todo que me hizo llegar al borde del sepulcro; pero este mes, en el cual se cumplen los doce años, mi salud es mejor que nunca. En seguida le convidó á que fuese á ver la comedia, con una pieza nueva que él mismo habia compuesto. ¿Qué sucedió? Aquel dia era un sábado, 24 de Noviembre de 1668. Al momento en que iba á entrar en escena, tuvo un ataque de gota que le hizo morir súbitamente, y espiró en brazos de una actriz. Así acabó la comedia. Mas volvamos á nuestro asunto. Cuando el demonio te tienta, hermano mio, y te excita de nuevo al pecado, si quieres condenarte, eres libre de pecar, pero no digas entónces que quieres salvarte. Ya que quieres pecar, considérate condenado, y figúrate que Dios escribe tu condenacion y te dice : ¿*Qué debí hacer á mi viña, y no lo hice* (1)? ¡Ingrato! ¿qué debí hacer por ti, que no haya hecho? Mas, ya que quieres ahora condenarte, condénate pues por culpa tuya.

Me dirás, empero : ¿En dónde está pues la misericordia de Dios? ¡Ah! ¡infeliz! ¿no es misericordia el haberte sufrido tantos años con tantos pecados? Por ello

---

(1) Quid ultra debui facere vineæ meæ et non feci? *Is.* v. 4.

debieras dar gracias á Dios, pegada la faz contra la tierra y decirle: *Es una misericordia del Señor el que nosotros no háyamos sido consumidos* (1). Cometiendo un solo pecado mortal has caido en una falta mayor que si hubieses pisoteado al primer monarca de la tierra; y tantos y tan graves pecados has cometido, que, si hubieras hecho á tu hermano segun la carne, todas las injurias que has acumulado contra tu Dios, no te hubiera aguantado; y Dios al contrário, te ha llamado mil veces, y te ha convidado al perdon: ¿*Qué mas debia hacer* (2)? Si Dios tuviera de ti necesidad, ó si le hubieses hecho un grande favor, ¿pudiera usar de mas clemencia? Esto supuesto, si vuelves á ofenderle, harás convertir toda su misericordia en furor y en castigo.

Si aquella higuera, á la que halló sin fruto su señor, despues de haberle este concedido un año mas de cultivo, fué hallada tambien estéril, ¿quién osaria esperar que el dueño le diese mas tiempo y no la hiciese arrancar? Escuchad lo que os advierte S. Agustin: *¡Oh árbol infructuoso! se ha diferido el golpe de la segur; con todo, no estés seguro, porque serás cortado* (3). Es decir, el castigo se ha aplazado, pero vendrá: si abusas por mas tiempo de la divina misericordia, *serás cortado*, te arrancarán de raiz. ¿Esperas que Dios te arroje al infierno? Mas, si allí te arroja, ya sabes que para ti no habrá remedio. El Señor calla, pero no calla siempre. Cuando ha llegado la hora de la venganza, rompe el silencio: *Tales cosas hiciste y callé. Injustamente creiste que seré tal como tú: mas, yo te pediré cuenta de ellas, y te las echaré en cara* (4). Os pondrá ante los ojos los

---

(1) Misericordiæ Domini quia non sumus consumpti. *Thren.* III. 22.
(2) Quid ultra debui facere?
(3) O arbor infructuosa! dilata est securis; noli esse secura, amputaberis.
(4) Hæc fecisti, et tacui. Existimasti, inique, quod ero tui similis: arguam te, et statuam contra faciem tuam. *Ps.* XLIX. 21.

actos de su misericordia, y estos mismos actos serán los que os juzguen y os condenen.

AFECTOS Y SÚPLICAS.

¡Ah! Dios mio ¡cuán miserable fuera, si en adelante no os fuese fiel, y despreciase de nuevo la luz que me habeis dado! Esta luz es una prueba de que quereis perdonarme. Yo me arrepiento, ó soberano bien, de todas las injurias que os hice, por haber ofendido á vuestra infinita majestad; espero vuestro perdon; por vuestra sangre, lo espero con seguridad; pero, si me apartase otra vez de vos, veo que merecería un infierno para mí solo. Esto es lo que me estremece, ó Dios de mi alma. Sí, yo puedo aun perder vuestra gracia, cuando considero que tantas veces he prometido seros fiel, y que siempre me he rebelado contra vos. ¡Ah! Señor, no lo permitais, no me abandoneis á tan terrible desgracia; haced que no sea mas vuestro enemigo. Acepto todos los castigos que os plazca enviarme; pero, Señor, no permitais que me separe de vos. Si veis alguna vez que me hallo dispuesto á ofenderos todavía, hacedme ántes morir. Prefiero la muerte mas cruel, ántes que gemir otra vez en la desdicha de verme privado de vuestra gracia: *No permitas que me separe de ti* (1). Así lo repito, ó mi Dios, y haced que sin cesar lo repita: *No permitas que me separe de ti.* Yo os amo, Redentor mio, y no quiero jamas separarme de vos. Por la virtud de los méritos de vuestra muerte, abrasadme en un grande amor; haced que me una con vos tan íntimamente, que no pueda mas dejaros.

(1) Ne permittas me separari à te.

Ó María, mi madre, si vuelvo á ofender al Señor, temeré que vos me habeis tambien abandonado. Ayudadme con vuestras súplicas : alcanzadme la santa perseverancia y el amor de Jesucristo.

CONSIDERACION XVIII.

DEL NÚMERO DE LOS PECADOS.

Quia non prefertur citò contra malos sententia, ideo filii hominum perpetrant mala.

Por cuanto la sentencia no es proferida luego contra los malos, los hijos de los hombres cometen males sin temor alguno.

(Eccl. VIII. 11.)

PUNTO I.

Si Dios castigase luego á los que le ofenden, sin duda no se viera tan ultrajado como se ve ahora. Pero, como no castiga al momento, sino que espera, los pecadores se creen con derecho de ofenderle mas. Sin embargo, es preciso saber que, si Dios espera y es paciente, no siempre lo es. Segun el sentir de casi todos los Padres, de S. Basilio, de S. Jerónimo, de S. Ambrosio, de S. Cirilo de Alejandría, de S. Juan Crisóstomo, de S. Agustin y de muchos otros; así como Dios tiene determinado para cada uno de nosotros el número de dias de nuestra vida, el grado de santidad ó de talento que quiere darnos : *Todo lo dispusiste en medida, y cuenta, y peso* (1) ; así tam-

(1) Omnia in mensura, et numero et pondere disposuisti *Sap.* XI. 21.

bien tiene fijado el número de pecados, que quiere perdonarnos; y cumplido este número, no perdona mas. *Conviene que conozcamos,* dice S. Agustin, *que la paciencia de Dios nos sufre hasta cierto tiempo; trascurrido el cual no nos queda ninguna esperanza de perdon* (1). Eusebio de Cesarea dice tambien lo mismo: *Dios espera hasta cierto número, y luego abandona* (2). Lo mismo dicen tambien los Padres arriba citados.

No han hablado al acaso estos Padres, sino fundados en la Escritura. Dice el Señor en un pasaje que suspendia la ruina de los amorreos, porque no era todavía cumplido el número de sus faltas: *Todavía no han llegado á su colmo las maldades de los amorreos* (3). Y en otra parte dice: *De aquí en adelante no tendré ya misericordia de Israel* (4). Y ademas: *Me han tentado ya por diez veces... no verán la tierra.* (5). Job dice tambien: *Tienes sellados como en una arquilla mis delitos* (6). Si los pecadores no cuentan sus faltas, Dios ya sabe señalarlas, á fin de castigarlas, cuando la mies está madura, esto es, cuando el número está cumplido: *Echad las hoces, porque madura esta la mies* (7). En otro pasaje dice Dios: *Del pecado perdonado no quieras estar sin miedo, ni añadas pecado sobre pecado* (8). Esto quiere decir: Pecador, preciso es que tiembles hasta por los pecados que yo te he perdonado, pues, si otro de nuevo cometes, podrá suceder que este pecado añadido á los que

---

(1) Illud sentire nos convenit, tamdiu unumquemque à Dei patientia sustineri, quo consummato, nullam illi veniam reservari. *De vita Christi, c.* 9.
(2) Deus expectat usque ad certum numerum, et postea deserit. *Lib.* 8. *c.* 2.
(3) Necdum completæ sunt iniquitates Amorrhæorum. *Gen.* XV. 16.
(4) Non addam ultra misereri Israel. *Os.* I. 6.
(5) Tentaverunt me per decem vices... non videbunt terram. *Num.* XIV. 22.
(6) Signasti quasi in sacculo delicta mea. *Job* XIV. 17.
(7) Mittite falces, quoniam maturavit messis. *Joel.* III. 13.
(8) De propitiato peccato noli esse sine metu; neque adjicias peccatum super peccatum. *Eccl.* V. 5.

tú has cometido, hagan el número designado, y que entónces no haya ya para ti misericordia. Dice aun mas claramente la Escritura en otra parte : *El Señor sufre con paciencia para castigarlas en el colmo de sus pecados* (las naciones), *cuando viniere el dia del juicio* (1). Así es, que Dios aguarda hasta el dia en que está llena la medida de los pecados; y despues castiga.

En la Escritura se leen vários castigos de este género, y especialmente el de Saul, el cual habiendo desobedecido á Dios por segunda vez, Dios le abandonó; y cuando rogando á Samuel que por él intercediese, le decia : *Ruégote que sobrelleves mi pecado (y me obtengas el perdon), y vuélvete conmigo para que adore (contigo) al Señor* (2). Samuel le respondió : *No volveré contigo, por cuanto has desechado la palabra del Señor, y el Señor te ha desechado á ti* (3). Hay tambien el ejemplo de Baltasar, el cual, estando en la mesa y profanando los vasos del templo, vió una mano que escribia en la pared : *Mane, Thecel, Phares.* Llegó Daniel, y explicó así estas palabras : *Has sido pesado en la balanza, y has sido hallado falto* (4). Le dió á entender que el peso de sus pecados habia hecho caer la balanza de la justicia divina; y en efecto, Baltasar fué muerto aquella misma noche : *Aquella misma noche mataron á Baltasar rey caldeo*(5). ¿Y á cuántas personas no sucede la misma desgracia, que pasan muchos años en el pecado, y cuando el número está lleno, mueren y van al infierno? *Pasan en place-*

---

(1) Expectat Dominus patienter, ut cum judicii dies advenerit, eas (nationes) in plenitudine peccatorum puniat. 2. *Mach.* VI. 14.

(2) Porta, quæso, peccatum meum, et revertere mecum, ut adorem Dominum.

(3) Non revertar tecum, quia abjecisti sermonem Domini, et abjecit te Dominus. 1. *Reg.* XV. 25.

(4) Appensus es in statera; et inventus es minus habens. *Dan.* v. 27.

(5) Eadem nocte interfectus est Balthasar, rex Chaldæus. *Dan.* v. 30.

res sus dias, *y en un punto descienden á los infiernos* (1). Hombres hay que procuran investigar el número de las estrellas, el número de los ángeles ó de los años que vivirá alguno; mas ¿quién es el que podrá decir cuál es el número de pecados que Dios quiere perdonar á cada uno? Debemos pues temblar de continuo. ¿Quién sabe, hermano mio, si á este primer deleite vergonzoso, si á este primer pensamiento consentido, si al primer pecado que cometiereis, Dios no os perdonará ya mas?

AFECTOS Y SÚPLICAS.

¡Oh! cuántas gracias os doy, ó Dios mio. ¡Cuántas almas hay que por muchos ménos pecados que yo están penando en el infierno, en donde no hay ya ni perdon ni esperanza para ellas! ¡yo me hallo todavía en vida, fuera del infierno, con la esperanza de ser perdonado, y de entrar en el cielo, si asi lo quiero! Sí, ó mi Dios, yo quiero mi perdon. Me pesa sobre todos los males de haberos ofendido, por ser vos una bondad infinita. Padre eterno, *mira el rostro de tu Cristo* (2) : mirad á vuestro Hijo muerto por mi en esta cruz; por sus méritos, habed piedad de mí. Yo os prometo desear ántes la muerte que ofenderos mas. Con razon he de temer, despues de tantos pecados como he cometido y de las gracias que me habeis hecho, que un solo pecado mas llene la medida, y me condene al instante. ¡Ah! ayudadme con vuestra gracia ; de vos espero la luz y la fuerza para seros fiel. Y si veis que debo de nuevo ofenderos, hacedme morir en el momento mismo en que espero hallarme

---

(1) Ducunt in bonis dies suos, et in puncto ad inferna descendunt. *Job.* XXI. 13.
(2) Respice in faciem Christi tui.

en estado de gracia. Ó Dios mio, yo os amo sobre todas las cosas, y temo mas que la muerte misma verme aun en vuestra desgracia; ¡ ah ! por piedad, no lo permitais. Ó madre mia, María, por piedad ayudadme, alcanzadme la santa perseverancia.

PUNTO II.

Tal vez responderá el pecador : Mas Dios es misericordioso. Y yo respondo : ¿ quién lo niega ? La misericordia de Dios es infinita. Pero ¿ cuántos se condenan cada dia y cada hora á pesar de esta misericordia ? *Viene para medicinar á los contritos de corazon* (1). Dios cura á aquellos que tienen buena voluntad : perdona los pecados, pero no quede perdonar la voluntad de pecar. Dirá quizás : Pero yo soy jóven. ¡ Eres jóven ! Dios no cuenta los años, sino los pecados. Y esta medida de pecados no es igual para todos. Á unos perdona Dios cien pecados, á otros mil ; otras veces arroja al infierno al que no comete sino su segundo pecado. ¡ Y cuántos fueron condenados en su primer pecado ! Cuenta S. Gregorio que un niño de cinco años, habiendo pronunciado una blasfemia, fué al momento lanzado al infierno. La santa Vírgen reveló á la sierva de Dios, Benedicta de Florencia, que un niño de doce años fué condenado en su primer pecado. Otro niño de ocho años murió al pecar por primera vez, y fué arrojado á las llamas eternas. Léese en el Evangelio de S. Mateo que el Señor maldijo á la primera vez la higuera que habia encontrado sin fruto : *Nunca jamas nazca fruto de ti* (2) ; y el árbol se secó. Otra vez dijo : *Por tres maldades de Damasco, y por la cuarta, no revocaré los cas-*

---

(1) Veni ut mederer contritis corde. *Is.* LXI. 1.
(2) Nunquam ex te nascatur fructus. *Matth.* XXI. 19.

tigos (1). Quizás querrá preguntar á Dios algun temerario, ¿por qué no quiere perdonar á este sino tres pecados, y no cuatro? Aquí es preciso adorar los altos juicios de Dios, y exclamar con el Apóstol : ¡ *Oh profundidad de las riquezas de la sabiduría y de la ciencia de Dios! ¡ cuán incomprensibles son sus juicios, é impenetrables sus caminos* (2) ! Y con san Agustin : *Él sabe á quien ha de perdonar y á quien no ha de perdonar. Á los que se concede misericordia, se concede de gracia ; y á los que se niega, se niega de justicia* (3). Pero, el alma obstinada replicará : Mas si, despues de haber ofendido á Dios tantas veces, siempre me ha perdonado, espero tambien que tendrá á bien perdonarme esta nueva culpa. Mas, yo te digo: Y porque Dios no te ha castigado hasta ahora, ¿ piensas tú que ha de ser siempre así? Cumpliráse la medida, y el castigo vendrá. Sanson, continuando en complacerse con Dálila, esperaba librarse de las manos de los filisteos, como ya una vez le habia sucedido : *Saldré como ántes lo he hecho, y me sacudiré de ellos* (4). Pero, esta última vez cayó preso, y perdió la vida. Dice el Señor: *No digas : Pequé, ¿ y qué adversidad me ha venido* (5)? es decir: cometido he tantos pecados, y Dios nunca me ha castigado ; *Porque el altísimo, aunque sufrido, da lo merecido* (6). Él os tiene anunciado que vendrá un dia en que se lo pagaréis todo. Y cuanto mas hayais abusado de la misericordia, tanto mas terrible será el castigo que os imponga. Dice el Crisóstomo que mas debe temerse por el obstinado, cuando Dios le sufre,

(1) Super tribus sceleribus Damasci, et super quatuor non convertam eum. *Amos.* I. 3.
(2) O altitudo divitiarum sapientiæ et scientiæ Dei! Quam incomprehensibilia sunt judicia ejus, et investigabiles viæ ejus! *Rom.* XI. 33.
(3) Novit ille cui parcat, et cui non parcat. Quibus datur misericordia, gratis datur; quibus non datur, ex justitia non datur. *Lib. de Corrept. cap.* 5.
(4) Egrediar, sicut ante feci, et me excutiam. *Judic.* XVI. 20.
(5) Ne dicas: peccavi, et quid accidit mihi triste? *Eccl.* V. 4.
(6) Altissimus enim est patiens redditor. *Eccl.* V. 4.

que cuando le castiga (1); pues, como dice S. Gregorio, á los que Dios aguarda con mas paciencia, castiga despues con mas rigor, si permanecen ingratos (2). Y suele acontecer, añade el mismo Santo, que casi todos aquellos á quienes sufrió Dios por largo tiempo, mueren de improviso y sin tener tiempo de convertirse (3). Y tu obstinacion y tu ceguera serán tanto mayores, cuanto mas numerosas sean las luces que Dios te haya concedido. *Porque mejor les era,* dice S. Pedro, *no haber conocido el camino de la justicia, que despues del conocimiento volver las espaldas* (4). Y S. Pablo dice que es imposible, moralmente hablando, que un alma que ha recibido luces, en pecando se convierta de nuevo: *Porque los que una vez fueron iluminados, y gustaron el don del cielo... si despues de esto han caido, es imposible sean otra vez renovados á penitencia* (5).

Lo que dice el Señor contra los que se hacen sordos á su voz, hace temblar: *Por cuanto os llamé, y dijisteis que no..... Yo tambien me reiré en vuestra muerte, y os escarneceré* (6). Nótense bien estas palabras · *yo tambien,* pues significan que, así como el pecador se ha burlado de Dios, confesándose, haciéndole promesas, y siéndole traidor de nuevo, asi tambien el Señor se burlará de él en la hora de la muerte. Dice ademas el Sabio: *Como perro que vuelve á su vómito, tal es el imprudente, que repite su necedad* (7). Dionisio el Cartujo

(1) Plus timendum est cùm tolerat, quam cùm festinanter punit.
(2) Quod diutius expecta, durius damnat.
(3) Sæpe qui diù tolerati sunt, subita morte rapiuntur, ut nec flere ante mortem liceat.
(4) Melius enim erat illis non cognoscere viam justitiæ, quam post agnitionem retrorsum converti. 2. *Petr.* II. 21.
(5) Impossibili est enim eos, qui semel sunt illuminati, et gustaverunt donum cœleste... et prolapsi sunt, rursus renovari ad pœnitentiam. *Hebr.* VI. 4. *et* 6.
(6) Quia vocavi, et renuistis... ego quoque in interitu vestro ridebo, et subsannabo vos. *Prov.* I. 24. *et* 26.
(7) Sicut canis qui revertitur ad vomitum suum, sic imprudens qui iterat stultitiam suam. *Prov.* XXVI. 11.

desenvuelve este pensamiento, y dice que, así como el perro que devora lo que ha vomitado una vez torna asqueroso y abominable, asimismo el hombre que reincide en el pecado, despues de haberle detestado recibiendo el sacramento de la penitencia, incurre en el odio de Dios (1).

AFECTOS Y SÚPLICAS.

Héme aquí á vuestras plantas, Dios mio: yo soy como aquel perro, que tantas veces me he alimentado con aquellos frutos prohibidos que habia destado ántes. No merezco piedad alguna, ó Redentor mio; pero la sangre que por mi habeis derramado, me alienta, y me hace esperar misericordia. ¡ Cuántas veces os he ofendido ! y ¡ cuántas me habeis perdonado ! Yo os prometí no ofenderos mas, y volví á caer en el vómito de la culpa, y vos, aun os dignasteis perdonarme. Pues ¿qué espero? ¿que me echeis al infierno? No, ó mi Dios; enmendarme quiero; y para seros fiel, en vos quiero poner toda mi confianza; quiero, cuando sea tentado, recurrir á vos. Por lo que hace á lo pasado, tuve una confianza temeraria en mis promesas y en mis resoluciones, y descuidé encomendarme á vos en la tentacion: ved ahí la causa de mi ruina. Mas no, de aquí en adelante vos seréis mi esperanza y mi fortaleza: *Todo lo puedo en aquel que me conforta* (2). Dadme, ó mi Jesus, por vuestros méritos la gracia de encomendarme á vos, y de pediros ayuda en mis necesidades. Os amo, ó supremo bien, ó amabilidad soberana, y no quiero amar sino á vos; pero vos ayudadme. Y vos tambien, ó María, madre mia, socor-

---

(1) Sicut id quod ver vomitum est rejectum, resumere est valde abominabile ac turpe, sic peccata deleta reiterare.
(2) Omnia possum in eo, qui me confortat.

redme con vuestra intercesion, cubridme con vuestro manto maternal, y haced que yo os invoque cuantas veces me vea tentado. Vuestro nombre dulcísimo será mi defensa.

PUNTO III.

Hijo, ¿*pecaste? no vuelvas á pecar otra vez : mas ruega por las culpas antiguas que te sean perdonadas* (1). Ved ahí lo que os dice nuestro Señor, pues quiere que os salveis. ¡Oh hijo mio! no me ofendas de nuevo, sino pídeme en adelante el perdon de los pecados que has cometido. ¡Oh hermano mio! cuanto mas hayas ofendido á Dios, mas debes temer el ofenderle mas, pues otro pecado quizás hará caer la balanza de la justicia divina, y serás condenado. No te digo absolutamente que no haya perdon para ti, si cometes otro pecado, pues lo ignoro; pero digo que esto puede muy bien suceder. Cuando te veas tentado, exclama pues : ¿Quién sabe si Dios no me perdonará mas? ¿quién sabe si me condenaré? Dime por tu vida, si tomarias alguna bebida, que creyeras con algun fundamento ser envenenada. ¿Si tuvieras probabilidades para pensar que tu enemigo te aguarda en un camino para asesinarte, pasarias por él, teniendo de otra parte otro camino en donde no corrieses el menor peligro? ¿Y qué certeza, qué probabilidad tienes para creer que, haciéndote pecador, concebirás despues dolor, y que no reincidirás mas en el vómito detestable de la culpa; que Dios no te hará morir en el instante mismo de pecar, ó bien que despues no te abandonará del todo?

¡Oh Dios! si compras una casa, cuidas muy bien de

(1) Fili, peccasti? non adjicias iterum : sed et de pristinis deprecare ut tibi dimittantur. *Eccl.* xxi. 1.

que la compra te quede asegurada por una garantía, para no exponerte á perder tu dinero. Si tomas una medicina, procuras tener certeza de que no puede hacerte mal. Si atraviesas un torrente, tomas tus precauciones para no caer en él. Y despues, por una miserable satisfaccion, por un placer brutal, quieres arriesgar tu salud eterna, diciendo : Espero que me confesaré de este pecado. Y ahora te pregunto : ¿Cuándo te confesarás? — El domingo. — ¿Y quién te ha prometido que vivirás hasta el domingo? — Mañana. — ¿Y quién te ha prometido el dia de mañana? ¿ *Tienes un dia,* dice S. Agustin, *cuando no tienes una hora* (1)? ¿Cómo puedes prometerte que te confesarás mañana, cuando no sabes si tienes una hora de vida? *El que prometió el perdon al penitente,* dice tambien el mismo Santo, *no prometió el dia de mañana al pecador; tal vez lo concederá, tal vez no lo concederá* (2). Dios ha prometido el perdon á los que se arrepienten; pero no ha prometido el dia de mañana á los que le ofenden. Si pecas ahora, puede que Dios te dará tiempo de hacer penitencia, y puede que no : si no te lo da, ¿qué será de ti por toda la eternidad? ¿Arriesgarias la pérdida de mil ducados para conseguir una vil complacencia? Digo mas, ¿dirias, por este placer aquí va todo, dinero, casas, tierras, libertad, vida? No. Y pues ¿por qué por este mismo placer quieres perderlo todo, perdiendo el alma, paraíso y á Dios? Dime, estas cosas que enseña la fe, el cielo, el infierno, la eternidad ¿son verdades ó fábulas? ¿Crees que, si te sorprende la muerte en el pecado, quedarás condenado para siempre? ¡Qué locura, qué temeridad inconcebible, condenarte á una eternidad de penas por esta palabra : Espero mas tarde corregirme ! *Nadie quiere enfermar con la esperanza de curar* (3),

---

(1) Diem tenes, qui horam non tenes?
(2) Qui pœnitenti veniam spopondit, peccanti diem crastinum non promisit; fortasse dabit, fortasse non dabit.
(3) Nemo suæ spe salutis vult ægrotare.

dice S. Agustin. ¿No se creyera loco el que tomando un veneno, dijese: Es muy posible que yo despues me cure con un remedio? ¡Y tú, quieres condenarte á una muerte eterna, diciendo: yo me trago el veneno del pecado, y puede ser que yo me libre! ¡Oh locura sobre todas las locuras, que arroja cada dia tantas almas á las llamas del infierno! Segun la amenaza del Señor: *Tuviste confianza en tu malicia... Vendrá mal sobre ti, y no sabrás de donde nacer* (1). Tú has pecado confiando temerariamente en la divina misericordia; mas, caerá sobre ti el castigo de improviso, sin que sepas de donde viene.

AFECTOS Y SÚPLICAS.

Aquí teneis, Señor, á uno de estos locos que tantas veces perdió su alma y vuestra gracia con la esperanza de recobrarlas. Si en aquellos momentos me hubieseis enviado la muerte, en aquella noche en que yo estaba en pecado, ¿qué hubiera sido de mí? Gracias infinitas doy á vuestra misericordia por haberme esperado, y por haberme hecho conocer mi locura. Claramente veo que vos quereis salvarme; y me arrepiento, ó bondad infinita, de haberos tantas veces abandonado. Os amo de todo corazon, y espero por los méritos de vuestra pasion, ó Jesus mio, que no volveré á caer en tal locura. Perdonadme, apresuraos á recibirme en vuestra gracia, pues no quiero de ella separarme mas. *En ti, Señor, esperé, no quede yo jamas confuso* (2). Espero, ó Redentor mio, que en la muerte no me veré en el oprobio de hallarme privado para en adelante de vuestra gracia y de vuestro amor. Concededme pues la santa perseverancia, y haced que os

---

(1) Fiduciam habuisti in malitia tua... Veniet super te malum, et nescies ortum ejus. *Is.* XLVII. 10.
(2) In te Domine, speravi; non confundar in æternum.

la pida sobre todo, cuando sea tentado : haced que llame en mi ayuda vuestro santo nombre, y el de vuestra santa **Madre**, exclamando : Ó Jesus mio, ayudadme : ó María, socorredme : si, reina de mi corazon, recurriendo á vos, no seré jamas vencido. Si la tentacion se prolonga, alcanzadme la gracia de no cesar de invocaros.

CONSIDERACION XIX.

CUÁN GRANDE BIEN SEA EL ESTAR EN GRACIA CON DIOS, Y CUÁN TERRIBLE MAL EL INCURRIR EN SU DESGRACIA.

Nescit homo pretium ejus.
No conoce el hombre su precio.
(Job XXVIII. 13.)

PUNTO I.

Dice el Señor : *Si apartares lo precioso de lo vil, serás como mi boca* (1). El que sabe separar las cosas preciosas de las viles, se hace semejante á Dios, que sabe desechar el mal y escoger el bien. Veamos pues qué bien es la gracia, y qué mal es la desgracia de Dios. Los hombres no comprenden el valor de la gracia de Dios : *No conoce el hombre su precio.* Y por esto la truecan por un nonada, por un puñado de humo, por un poco de tierra, por un placer brutal ; pero, ella es un tesoro infinito que nos hace dignos de la amistad de Dios : *Porque es un tesoro infinito para los hombres : del cual los que han usado, han sido hechos partícipes de la amistad de*

---

(1) Si separaveris pretiosum à vili, quasi os meum eris. *Jer*. XV. 19.

Dios (1). Así pues, un alma en estado de gracia es la amíga de Dios. Los paganos, privados de la luz de la fe, tenian por imposible que una criatura pudiese gozar de la amistad de Dios. Y hablando segun la luz natural, decian una verdad, porque la amistad, como dice S. Jerónimo, hace iguales los amigos (2). Mas, Dios nos ha declarado en varios pasajes que nos hacemos sus amigos, si observamos su ley : *Vosotros sois mis amigos si hiciereis las cosas que yo os mando* (3). — *No os llamaré ya siervos... mas á vosotros os he llamado amigos* (4). Lo cual hace decir á S. Gregorio : ¡Oh bondad de Dios! no siendo dignos nosotros, ni de ser llamados sus servidores, dígnase él llamarnos sus amigos (5).

¡Por cuán feliz se tuviera aquel á quien cupiese la dicha de tener al rey por amigo! Mas sería temeridad de parte de un súbito el pretender lazos de amistad con su príncipe. Pues bien, no es temerario el que pretenda ser amigo de Dios. Refiere S. Agustin que en un monasterio de solitarios habia dos cortesanos : el uno de ellos estaba leyendo la vida de san Antonio, abad : Leía, dice el santo obispo, y miéntras leía, su corazon se desasia poco á poco de las afecciones del mundo (6). Y volviéndose á su compañero : Amigo mio, le dijo, ¿qué vamos á buscar, insensatos de nosotros? ¿Podemos llegar á mas que á servir el emperador y á ser amigos suyos? Y aun cuando lo consigamos ¿no exponemos á grande riesgo nuestra eterna salud? Y será muy difícil llegar á obtener

(1) Infinitus erim thesaurus est hominibus : quo qui usi sunt, participes facti sunt amicitiæ Dei. *Sap.* vii. 14.
(2) Amicitia pares aut accipit, aut facit.
(3) Vos amici mei estis, si faceritis quæ ego præcipio vobis. *Joan.* xv. 14.
(4) Jam non dicam vos servos... vos autem dixi amicos. *Ibid.* 15.
(5) Oh mira divinæ bonitatis dignatio! Servi non sumus digni nominari, et amici vocamur.
(6) Legebat, et exuebatur mundo cor ejus.

la amistad del César (1). Mas, si quiero ser amigo de **Dios**, concluyó diciendo, puedo serlo ahora mismo (2).

El que está pues en gracia de Dios, se hace su amigo. Y aun mucho mas, pues se hace hijo suyo : *Yo dije: Dioses sois, y todos hijos del Altísimo* (3). Esta es la grande calidad que nos ha alcanzado el divino amor por la mediacion de Jesucristo : *Considerad cuál caridad nos ha dado el Padre, queriendo que tengamos nombre de hijos de Dios, y lo seamos* (4). El alma, que está en gracia, se hace tambien esposa de Dios : *Te deposaré conmigo en fe* (5). Por esto el padre del hijo pródigo, volviéndole á admitir en su gracia, mandó que se le diese un anillo en señal de desposorio : *Ponedle anillo en su mano* (6). Hácese tambien templo del Espíritu Santo. La hermana María de Ognes vió salir un demonio del cuerpo de un niño que recibia el bautismo, y vió entrar en él al Espíritu Santo en medio de una nube de ángeles.

AFECTOS Y SÚPLICAS.

¡Oh Dios mio! cuando mi alma estaba en gracia vuestra, era, pues, vuestra amiga, vuestra hija, vuestra esposa, y vuestro templo; pero, al pecar, lo perdió todo, trasformóse en enemiga vuestra, y esclava del infierno. Mas, yo os doy gracias porque me dais tiempo para recobrar vuestra gracia. Ó Dios mio, yo me arrepiento so-

---

(1) Quid quærimus? Major ne esse potest spes nostra, quem quod amici imperatoris simus? Et per quod pericula ad majus periculum pervenitur? Et quamdiu hoc erit?
(2) Amicus autem Dei, si voluero ecce nunc fio.
(3) Ego dixi : Dii estis, et filii Excelsi omnes. *Psalm.* LXXXI. 6.
(4) Videte qualem charitatem dedit nobis Pater, ut filii Dei nominemur, et simus. 1. *Jo.* III. 1.
(5) Sponsabo te mihi in fide. *Os.* II. 20.
(6) Date annulum in manum ejus. *Luc.* XV. 22.

bre todo de haberos ofendido, ó bondad infinita, y os amo mas que á todas las cosas. ¡Ah! recibidme de nuevo en vuestra amistad; no me desecheis, por compasion. Bien sé que yo merecia ser desechado; pero Jesucristo, por razon del sacrificio con que se inmoló á sí mismo en el Calvario, mereció que me recibieseis en mi arrepentimiento. *Venga á nos el tu reino* (1). Ó Padre mio (pues con este nombre me enseñó á llamaros vuestro Hijo), ó Padre mio, venid á reinar en mi corazon por vuestra gracia; haced que no sirva sino á vos, que no viva sino por vos, que no ame sino á vos. *Y no nos dejes caer en la tentacion* (2) : ¡ah! no permitais que mis enemigos me venzan en la tentacion. *Mas, libranos de mal* (3) : libradme del infierno; ó mas bien, libradme del pecado que puede conducirme al infierno. ¡Oh María! rogad por mí, y libradme del grande mal que yo sentiria viéndome en el abismo del pecado, y privado de la gracia de vuestro Dios y del mio.

PUNTO II.

Santo Tomás de Aquino dice que el don de la gracia supera todo lo que puede recibir una criatura, pues que por la gracia llega á participarse de la naturaleza misma de Dios (4). Y esto es lo que habia dicho S. Pedro : *Para que por ella seais hechos participantes de la naturaleza divina* (5). Jesus mereció infinitamente por su pasion, y nos comunicó aquel resplandor que recibió de

---

(1) Adveniat regnum tuum.
(2) Et ne nos inducas in tentationem.
(3) Sed libera nos à malo.
(4) Donum gratiæ excedit omnem facultatem naturæ creatæ, cum sit participatio divinæ naturæ.
(5) Ut per hæc efficiamini divinæ consortes naturæ. 2. *Petr.* I. 4.

Dios: *Yo les he dado la gloria que tú me diste* (1). En una palabra, el que está en gracia con Dios, no hace con él sino un solo espíritu: *El que se allega al Señor* (por medio de la fe y de la caridad), *un espíritu es* (2). Dijo el Redentor que la augusta Trinidad viene á habitar en una alma que ama á Dios: *Si alguno me ama... mi Padre le amará, y vendremos á él y haremos morada en él* (3).

Un alma en estado de gracia es una cosa tan bella á los ojos de Dios, que él la glorifica por sí mismo: *¡Qué hermosa eres, amiga mia, qué hermosa eres* (4)! Parece que Dios no sabe apartar un momento los ojos de un alma que le ama, y que es todo oídos para escuchar sus menores deseos: *Los ojos del Señor sobre los justos: y sus orejas á los ruegos de ellos* (5). Decia Sta. Brígida que un mortal no pudiera ver la belleza de un alma que está en gracia con Dios, sin morir de placer: y Sta. Catalina de Sena, habiendo visto un alma en estado de gracia, dijo que hubiera dado con mucho gusto su vida á fin de que aquella alma no hubiese perdido jamas aquel tan feliz estado. Y por esto aquella santa mujer besaba las huellas de los sacerdotes, pensando que por su mediacion las almas volvian á entrar en gracia con Dios.

¡Cuántos méritos puede adquirir un alma en estado de gracia! En cada momento puede adquirir una gloria eterna. Dice Sto. Tomás que todo acto de amor hecho por un alma en gracia merece un paraíso (6). ¿Para qué tener envidia á los grandes del mundo? pues, que si es-

---

(1) Et ego claritatem quam dedisti mihi, dedi eis. *Joan.* XVII. 22.
(2) Qui adhæret Domino, unus spiritus est. 1. *Cor.* VI. 17.
(3) Si quis diligit me... Pater meus diligit eum, et ad eum veniemus, et mansionem apud eum faciemus. *Jo.* XIV. 23.
(4) Quam pulchra es, amica mea! quam pulchra es! *Cant.* IV. 1.
(5) Oculi Domini super justos, et aures ejus in preces eorum. *Ps.* XXXIII. 16.
(6) Quilibet actus charitatis meretur vitam æternam

tamos en gracia con Dios, podemos á cada instante adquirir grandezas mucho mayores en el cielo. Un hermano coadjutor de la Compañía de Jesus, segun refiere el P. Patrignani en sus Monólogos, aparecióse un dia despues de su muerte, y dijo que se habia salvado él, así como Felipe II, rey de España, y que los dos estaban disfrutando de la gloria; pero que cuanto menor habia sido él en la tierra comparado á Felipe, tanto mas grande era en el cielo. Mas, solo el que la goza, puede comprender la paz que siente en este mundo un alma que está en gracia con Dios : *Gustad y ved que el Señor es suave* (1). Así lo confirma la palabra misma del Señor : *Mucha paz para los que aman tu ley* (2). La paz del que está unido con Dios sobrepuja todo el placer que pueden dar los sentidos y el mundo : *La paz de Dios, que sobrepuja todo entendimiento* (3).

AFECTOS Y SÚPLICAS.

¡Oh Jesus mio ! vos sois este buen pastor, que os habeis dejado crucificar para darnos la vida á nosotros que somos vuestras ovejas. Cuando yo huia de vos, no dejasteis de venir á mi alcance para buscarme. Acogedme, pues, ahora que os busco yo, y que vuelvo arrepentido á vuestros piés. Dadme de nuevo vuestra gracia, que yo he perdido por culpa mia. Pésame de todo corazon, y quisiera morir de dolor, cuando considero que tantas veces os he vuelto la espalda. Perdonadme por los méritos de aquella muerte amarga que sufristeis por mí en la cruz. Atadme con las dulcísimas cadenas de vuestro amor, y

---

(1) Gustate et videte, quoniam suavis est Dominus. *Ps.* XXXIII. 9.
(2) Pax multa diligentibus legem tuam. *Ps.* CXVIII. 165.
(3) Pax Dei, quæ exuperat omnem sensum. *Philip.* IV. 7.

no permitais que yo os huya jamas. Dadme fuerza para sufrir con paciencia todas las cruces que me enviareis, pues merecidas tengo todas la penas eternas del infierno. Haced que abrace con amor los desprecios que recibiere por parte de los hombres, pues que he merecido ser eternamente pisoteado por los demonios. Haced, en una palabra, que obedezca en todo á vuestras inspiraciones, y que supere todo respeto humano por amor de vos. Resuelto estoy á no servir sino á vos en adelante. Pidan los otros lo que quieran, yo no quiero amar sino á vos, Dios mio, que sois la misma amabilidad. Á vos solo quiero agradar, pero dadme vuestra ayuda, sin la cual nada podria. Ó Jesus mio, os amo con todo mi corazon, y pongo mi confianza en vuestra sangre. Ó María, mi esperanza, socorredme con vuestras súplicas. Gloríome de ser esclavo vuestro; y ya que os gloriais de salvar á los pecadores que recurren á vos, socorredme, y salvadme.

PUNTO III.

Veamos ahora cuál es el estado de desdicha de un alma que se halla en desgracia de Dios. Está separada del soberano bien, que es Dios: *Vuestras maldades pusieron division entre vosotros y vuestro Dios* (1). Ni ella pertenece á Dios, ni él está en ella: *Vosotros no sois mi pueblo, y yo no seré vuestro* (2). No solo ella no es de Dios, sino que Dios la aborrece y la condena á las llamas infernales. Dios no detesta á ninguna de sus criaturas ni aun á las bestias feroces, ni á las serpientes, ni á los reptiles: *Amas todas las cosas que son, y ninguna abor-*

---

(1) Iniquitates vestræ diviserunt inter vos et Deum vestrum. *Is.* LIX. 2.
(2) Vos non populus meus, et ego non ero vester. *Os.* I. 9.

reces de aquellas que hiciste (1). Mas, Dios no puede dejar de aborrecer á los pecadores : *Aborreces á todos los que obran iniquidad* (2). Sí, porque Dios no puede amar al pecado, que es un enemigo que contraría su voluntad; y si detesta al pecado, debe necesariamente detestar tambien al pecador, que se halla identificado con el pecado mismo : *Y Dios aborreces igualmente al impío, y á su impiedad* (3). ¡Ay, Dios! si alguno tuviese por enemigo á un príncipe de la tierra, no viviria nunca tranquilo, pues temeria con razon la muerte á cada paso que diera. Y el que tiene á Dios por enemigo ¿puede no temer nada? Aquel puede evitar la cólera del príncipe, ocultándose en la profundidad de un bosque, ó desterrándose á otro reino; pero ¿quién puede escapar de la mano de Dios? Señor, decia David, si voy al cielo, si me escondo en el infierno, donde quiera que vaya puede llegar hasta mí vuestra mano : *Si subiere al cielo, tú allí estás: si descendiere al infierno, estás presente... Aun allá me guiará tu mano* (4).

¡Desventurados pecadores! son malditos de Dios, malditos de los ángeles, malditos de los Santos, y malditos todos los dias sobre la tierra por los sacerdotes, por los religiosos que pronuncian maldicion sobre ellos, rezando el oficio : *Malditos sean aquellos que se apartan de tus mandamientos* (5). Ademas, la desgracia de Dios importa consigo la pérdida de todos los merecimientos. Cuando un hombre hubiese merecido tanto como un S. Pablo ermitaño, que vivió noventa años en una cueva; tanto como un S. Francisco Javier, que ganó para Dios

---

(1) Diligis omnia quæ sunt, et nihil odisti eorum quæ fecisti. *Sap.* XI. 25.
(2) Odisti omnes qui operantur iniquitatem. *Ps.* V. 7.
(3) Similiter autem odio sunt impius, et impietas ejus. *Sap.* XIV. 9.
(4) Si ascendero in cœlum, tu illic es; si descendero in infernum, ades. Etenim illuc manus tua deducet me. *Ps.* CXXXVIII. 8.
(5) Maledicti qui declinant à mandatis tuis.

diez millones de almas; tanto como un S. Pablo apóstol, que obtuvo mas méritos, dice S. Jerónimo, que todos los otros apóstoles juntos: si este hombre, repito, cometiese un solo pecado mortal, todo lo perderia: *No se hará memoria de ninguna de las obras justas que él habia hecho* (1). Ved ahí, pues, la ruina inmensa que consigo lleva la desgracia con Dios. De hijo de Dios nos convierte en esclavos de Lucifer; de amigos queridos, en enemigos altamente detestados; de herederos del paraíso, nos hace condenados al fuego eterno. S. Francisco de Sáles decia que, si los ángeles pudiesen gemir, viendo la desgracia de un alma que comete un pecado mortal y que pierde la gracia de Dios, llorarian todos de piedad y de compasion.

Pero la mayor de las desgracias es que el pecador no gime sobre lo que haria gemir á los ángeles, si de ello fuesen capaces. Dice San Agustin: El que pierde un animal, una oveja, no come, ni duerme, y gime; y el pecador pierde la gracia de Dios, y come, y duerme, y no despide el menor gemido.

AFECTOS Y SÚPLICAS.

Tal es el estado deplorable al que yo mismo me reduje, ó Redentor mio. Vos, para hacerme digno de vuestra gracia pasaste treinta y tres años de penas y de fatigas; y yo por un instante de placer envenenado, la he despreciado y perdido sin reparo. Agradezco á vuestra misericordia que me da, si yo quiero, tiempo para recobrarla. Sí, quiero recobrarla en cuanto esté de mi parte. Decidme lo que he de hacer para recibir de vos el perdon. ¿Quereis mi arrepentimiento? ¡Ah Jesus mio! arrepién-

(1) Omnes justitiæ, quas fecerat, non recordabuntur. *Ex.* XVIII. 24.

tome de todo corazon por haber ofendido á vuestra infinita bondad. ¿Quereis que os ame? Pues bien : yo os amo sobre todo cuanto hay. Por largo tiempo empleé mi corazon en el amor de las criaturas y de la vanidad. En adelante, solo por vos quiero vivir, solo á vos quiero amar, ó Dios mio, mi tesoro, mi esperanza, y mi fuerza. De vos espero la fuerza para seros fiel. Recibidme, pues, en vuestra gracia, ó Salvador mio, y no permitais que mas os abandone. Desasidme de las afecciones mundanas, é inflamad mi corazon en vuestro santo amor : *Enciende en él el fuego de tu amor* (1). ¡Oh madre mia María! haced que arda en amor por Dios, como ardeis vos misma hácia él.

(1) Tui amoris in eo ignem accende.

CONSIDERACION XX.

LOCURA DEL PECADOR

> *Sapientia hujus mundi stultitia est apud Deum.*
> La sabiduria de este mundo es locura delante de Dios.
> (1. Cor. III. 19.)

PUNTO I.

El venerable P. Juan de Avila hubiera querido dividir el mundo en dos grandes prisiones : la una para aquellos que no tienen fe; y la otra para aquellos que, teniendo fe, viven en el pecado y alejados de Dios. Y para estos hubiera querido casillas de locos. Pues la mayor desgracia que puede sobrevenir á estos miserables es de creerse cuerdos y prudentes, cuando son los mas ciegos y los mas insensatos del mundo. Lo peor es que su número es infinito : *Y el número de los necios es infinito* (1). Quien torna loco por los honores, quien por los placeres, quien por la nada y vanidad de la tierra. Y despues se atreven á llámar locos á los santos que desprecian los bienes de este mundo para adquirir la vida eterna, y el verdadero bien que es Dios. Tienen por locura

---

(1) Et stultorum infinitus est numerus. *Eccl.* I. 15.

abrazar las humillaciones, perdonar las injurias; por locura privarse de los placeres de los sentidos, y abrazar las mortificaciones ; por locura renunciar á los honores y á las riquezas; por locura amar la soledad, y la vida humilde y retirada. Pero no piensan en que el Señor llama tambien locura su sabiduría : *Porque la sabiduría de este mundo es locura delante de Dios* (1).

¡Ah! dia vendrá en que confesarán su locura; ¿pero cuándo? Cuando no hubiere ya remedio, y exclamarán en medio de su desesperacion : *Nosotros insensatos teníamos su vida por locura, y su fin por una deshonra* (2). ¡Ah! ¡cuán desdichados hemos sido! Locura llamábamos la vida de los santos, y ahora reconocemos que los locos éramos nosotros : *Ved como han sido contados entre los hijos de Dios, y entre los santos está la suerte de ellos* (3). Vedlos ahí colocados en el número de los bienaventurados hijos de Dios, y como gozan la dicha de los santos, y esta dicha será eterna y los hará felices para siempre, y nosotros hemos sido arrojados entre los esclavos del demonio, y condenados á arder en el lugar de los suplicios por toda una eternidad : *Luego hemos errado del camino de la verdad,* así terminarán sus gemidos, *y la luz de la justicia no nos ha alumbrado* (4). Nos engañamos, pues, queriendo cerrar los ojos á la divina luz, y lo que nos hará todavía mas desdichados, es que no hay ni habrá jamas remedio á nuestro error, miéntras Dios sea Dios.

¡Qué insensatez, qué delirio, perder la gracia de Dios por un poco de humo, por un vil interes, por un placer

---

(1) Sapientia enim hujus mundi stultitia est apud Deum. 1. *Cor.* III. 19.
(2) Nos insensati vitam illorum æstimabamus insaniam, et finem illorum sine honore. *Sap.* v. 4.
(3) Ecce quomodo computati sunt inter filios Dei, et inter sanctos sors illorum est. *Ibid.* 5.
(4) Ergo erravimus à via veritatis, et justitiæ lumen non luxit nobis. *Sap.* v. 6.

de momento! ¡Qué no hace un súbdito para ganarse la gracia de su príncipe! ¡Oh Dios! ¡por una miserable satisfaccion perder el bien soberano, que es Dios! ¡perder el paraíso! ¡perder hasta el sosiego en esta vida, haciendo entrar el pecado en un alma que será atormentada por los remordimientos! ¡condenarse voluntariamente á una eterna desdicha! ¿Os abandonariais á este placer ilícito, si estuvieseis seguros de quemaros luego la mano, ó de ser encerrados en una tumba? ¿Cometieraiseste pecado, si debieseis perder algun dinero? ¡Y sin embargo, teneis fe, y la fe os enseña que pecando perdeis el paraíso con Dios, y seréis condenados al fuego eterno, y pecais !!!

AFECTOS Y SÚPLICAS.

¡Oh Dios de mi alma! ¿qué hubiera sido de mí en aquel momento, si no hubieseis usado de tanta misericordia? Yo estaria en el infierno en donde gimen sin remedio los insensatos á cuyas huellas seguí. Os doy gracias, Señor, y os ruego que no me abandoneis en mi ceguedad. Digno era de que me hubierais retirado vuestras luces, pero veo que vuestra gracia no me ha todavia abandonado. Oigo qué me llamais con ternura, que me invitais á conseguir el perdon y á esperarlo todo de vos, á pesar de las grandes ofensas de que soy culpable á vuestra presencia. Sí, ó Salvador mio, espero que me recibiréis por hijo vuestro. No merezco llamarme con tan amoroso nombre, pues tantas veces he osado ultrajaros descaradamente: *Padre, no soy digno de llamarme hijo tuyo, porque pequé contra el cielo y contra ti* (1). Mas sé que vais buscando las ovejas descarriadas, y que os consolais abrazando á vuestros hijos que andan per-

---

(1) Pater, non sum dignus vocari filius tuus; peccavi in cœlum et coram te.

didos : ¡Oh Padre mio! arrepiéntome de haberos ofendido : arrójome á vuestros piés, abrazo vuestras rodillas, y no me retiraré hasta que me hayas perdonado y bendecido : *No te dejaré, si no me bendijeres* (1). Bendecidme, ó Padre mio, y hágame concebir vuestra bendicion un intenso dolor de mis pecados y un ardiente amor para con vos. Yo os amo, ó Padre mio, os amo con todo mi corazon. No permitais que jamas me separe de vos. Privadme de todo, pero no me priveis de vuestro amor. Ó María, si Dios es mi padre, vos sois mi madre. Bendecidme vos tambien. No merezco ser hijo vuestro: admitidme por vuestro esclavo; pero haced que sea un siervo que os ame tiernamente y que confie siempre en vuestra proteccion.

PUNTO II.

¡Infortunados pecadores! ellos se fatigan y se cansan para adquirir las ciencias mundanas y el arte de amontonar bienes en esta vida, que es tan corta, y descuidan los bienes de la vida que no acaba jamas; y pierden de tal manera el juicio, que este afan los hace volver locos y los reduce á la condicion de brutos. No distinguen ya el bien del mal, y no siguen sino aquel instinto brutal que los lleva á lo que satisface sus carnales apetitos, sin pensar en aquel Dios que perdona, ni en su propia eterna ruina hácia la cual se precipitan. No es esto obrar como un hombre: es seguir la propension de bruto: *Llamamos hombre á aquel que conserva la figura de tal,* dice S. Juan Crisóstomo; *mas ¿ cuál es la figura del hombre? ser racional* (2). Ser hombre es ser racional, esto es, obrar segun la razon y no segun

(1) Non dimittam te, nisi benedixeris mihi. *Gen.* XXXII. 26.
(2) Hominem illum dicimus, qui imaginem hominis salvam retinet. Quæ autem est imago hominis? Rationalem esse.

el apetito de los sentidos. Si una bestia recibiese de Dios el uso de la razon, é hiciese sus actos segun esta misma razon, se diria que sus acciones son de hombre; así pues, cuando el hombre obra en un sentido contrário á la razon, debe decirse que obra como un bruto.

¡Oh si tuvieren sabiduría é inteligencia, y previesen las postrimerías (1) ! El que obra con prudencia segun la razon, preve lo futuro, es decir, lo que ha de sucederle al fin de la vida, la muerte, el juicio, y despues de esta vida, el infierno ó el paraíso. ¡Oh! ¡cuánto mas dichoso es un rústico que se salva, que un monarca que se condena! *Mejor es mozo pobre y sabio, que rey viejo y necio que no sabe prever para en adelante* (2). ¡Oh Dios! ¿no se tuviera por un loco al que para ganar un juguete arriesgase perder todos sus bienes? Y el que por una corta satisfaccion pierde su alma, y se pone en peligro de perderla para siempre ¿no debe ser mirado como loco? El motivo de la ruina de tantas almas, que se condenan, es no atender sino á los bienes y á los males de esta vida, y no pensar siquiera en los bienes y en lo males eternos.

No nos puso Dios ciertamente en este mundo para enriquecernos, ni para adquirir honores, ni para contentar nuestros sentidos, sino para alcanzar la vida eterna : *Y por fin la vida eterna* (3). No debemos mirar como importante sino el conseguir este último fin : *En verdad una solo cosa es necesaria* (4). Mas, este fin es el que desprecian los pecadores; no piensan sino en lo presente : caminan hácia la muerte, se van acercando á la eternidad, y no saben adónde van. ¿Qué se diria de un piloto, exclama san Agustin, á quien se preguntase

---

(1) Utinam saperent, et intelligerent, et novissima providerent ! *Deut.* XXXII. 29.
(2) Melior est puer pauper et sapiens, rege sene et stulto, qui nescit prævidere in posterum. *Eccles.* IV. 13.
(3) Finem vero vitam æternam. *Rom.* VI. 22.
(4) Porro unum est necessarium. *Luc.* X. 42.

adónde va, y él respondiese que no lo sabe? Todos dirian que va á perder su nave (1). *Tal es,* concluye el Santo, *el que anda fuera de camino* (2). Y así son estos sabios segun el mundo, que saben ganar dinero, darse placeres, obtener destinos, y que no saben salvar su alma. El rico avariento fué sabio en amontonar tesoros; pero *murió, y fué sepultado en el infierno* (3). Alejandro el Grande fué sabio conquistando tantos reinos ; pero murió dentro de poco, y fué condenado por toda la eternidad. Enrique VIII fué sabio porque supo mantenerse en el trono despues de su rompimiento con la Iglesia; pero al fin de sus dias reconoció que habia perdido su alma, y exclamó: *Todo lo perdimos* (4). Cuántos miserables gímen ahora y exclaman en el infierno : ¿ *De qué nos aprovechó la soberbia? ¿ó qué nos ha traido la jactancia de las riquezas? Todas aquellas cosas pasaron como sombra* (5). ¡ Ved, dicen, como pasaron para nosotros como sombra los bienes del mundo, y no nos queda sino gemir y sufrir eternamente !

Ante el hombre la vida y la muerte ; lo que pluguiere á él, le será dado (6). ¡ Oh cristiano ! en este mundo se te ha puesto ante los ojos la vida y la muerte, y se te ha dejado la eleccion entre ambas cosas, ó privarte de los placeres ilícitos y ganar la vida eterna, ó gustarlos, é ir al infierno. ¿ Qué dices? ¿ qué escoges? Escoge como un hombre y no como el bruto ; escoge como un cris-

(1) Fac hominem perdidisse quo tendit, et dicatur ei : quo is? Et dicat : nescio. Nonne iste navem ad naufragium perducet?
(2) Talis est, qui currit præter viam.
(3) Mortuus est, et sepultus in inferno.
(4) Perdidimus omnia.
(5) Quid nobis profuit superbia? aut divitiarum jactantia quid contulit nobis? Transierunt omnia illa, tanquam umbra. *Sap.* v. 8.
(6) Ante hominem vita et mors, quod placuerit ei, dabitur illi. *Eccli.* xv. 18.

tiano que tiene fe, y dí: ¿ *Qué aprovecha al hombre si ganare todo el mundo, y perdiere su alma* (1)?

AFECTOS Y SÚPLICAS.

¡Ah Dios mio! vos me disteis la razon, vos me disteis la luz de la fe, y yo obré como un bruto perdiendo vuestra gracia por los viles placeres de mis sentidos que pasaron como un soplo ligero, y hoy no reporto de todo esto sino remordimientos de conciencia y cargos que tiene contra mí vuestra divina justicia. *No entres en juicio con tu siervo* (2). ¡Ah, Señor! no me juzgueis segun merezco; tratadme segun vuestra misericordia. Iluminadme, dadme dolor de haberos ofendido y perdonadme : *Anduve errante, como oveja descarriada: busca á tu siervo* (3). Soy una oveja perdida, si no me buscais, quedaré descarriada. Habed piedad de mí por esta sangre que por mi amor derramasteis. Yo me arrepiento, ó soberano bien, de haberos abandonado, y de haber voluntariamente renunciado á vuestra gracia. Morir quisiera de dolor, mas, vos hacedme concebir una mayor contricion. Haced que vuele al cielo á cantar vuestras misericordias. Ó María, tierna madre mia, vos sois mi refugio ; rogad á Jesus por mí, suplicadle que me perdone y que me dé la santa perseverancia.

(1) Quid prodest homini si mundum universum lucretur, animæ vero suæ detrimentum patiatur? *Matth.* xv. 26.
(2) Non intres in judicium cum servo tuo.
(3) Erravi sicut ovis quæ periit, quære servum tuum. *Ps.* CXVIII. 176.

PUNTO III.

Penetrémonos bien de que los principales sabios son los que saben adquirir la gracia divina y el paraiso. Roguemos, pues, sin cesar al Señor para que nos conceda la ciencia de los santos, aquella ciencia que da á todos cuantos se la piden: *Le dió la ciencia de los santos* (1). ¡Oh cuán bella ciencia la de saber amar á Dios y salvar la propia alma! Ella consiste en saber tomar el camino de la salud eterna y los medios para llegar á ella. El tratado en el que se habla de la salud del alma es el mas necesario de todos. Si lo sabemos todo ménos la ciencia de salvarnos, no nos servirá de nada y seremos siempre desgraciados; al contrário, si hemos amado á Dios, aunque ignoremos todas las demas cosas: *Bienaventurado el que le conoce, aunque ignore lo demas* (2), dice S. Agustin. Dijo cierto dia el hermano Gillo á S. Buenaventura: Qué dicha teneis, padre Buenaventura, de saber tantas cosas, y yo, pobre de mí, no sé nada: vos podeis adquirir mayor santidad que yo. Sabed, le respondió el santo, que si una buena vieja sumida en la mas crasa ignorancia sabe amar á Dios mas que yo, tendrá mas sentidad que yo. Á estas palabras se puso á exclamar el buen hermano: Ó buena vieja, buena vieja, sabedlo, sabedlo: si amais á Dios, podeis adquirir mas santidad que el padre Buenaventura.

Levántanse los ignorantes, y arrebatan el cielo (3), dice S. Agustin. ¡Cuántos hombres groseros que ni aun leer saben y saben amar á Dios, se salvan; y cuántos sabios segun el mundo se condenan! Mas no con estos los ver-

---

(1) Dedit illi scientiam Sanctorum. *Sap.* x. 10.
(2) Beatus, qui te novit, et si alia nesciat.
(3) Surgunt indocti, et rapiunt cœlum.

daderos sabios. ¡Oh! ¡cuánta sabiduría tuvieron los **P. Pascal, S. Félix** capuchino, los **S. Juan de Dios,** bien que ignorasen las ciencias humanas! ¡cuánta sabiduría tuvieron aquellas que abandonando el mundo, se encerraron en un claustro, vivieron en los desiertos, tales como **S. Buenaventura, S. Francisco de Asís y S. Luis de Tolosa,** que renunció la corona! ¡cuánta sabiduría tuvieron tantos mártires, tantas vírgenes que renunciaron enlaces ilustres y prefirieron ir á morir por Jesucristo! Los mundanos conocen tambien esta verdad, y no dejan de decir del que se ha dado á Dios: ¡Feliz aquel que le conoce y que salva su alma! En realidad los que abandonan los bienes de este mundo para darse á Dios se llaman hombres desengañados; y los que abandonan á Dios por los bienes del mundo, ¿cómo debieran llamarse? Los hombres engañados.

¡Oh hermano mio!! ¿de qué número quisieras ser tú? Para hacer una eleccion acertada, te aconseja S. Juan Crisóstomo visitar los cementerios: *Vamos á los sepulcros* (1). Las tumbas son la mejor escuela para conocer la vanidad de los bienes de este mundo, y para aprender la ciencia de los santos. Díme, dice S. Crisóstomo, ¿sabes distinguir aquí el príncipe del letrado y del noble? En cuanto á mí, dice el Santo, nada veo sino podredumbre, huesos y gusanos. Todo es engaño, sueño, sombra (2). Presto pasará todo lo de este mundo y desaparecerá como una farsa, como un sueño, como una sombra; pero, si tú, cristiano, quieres adquirir la sabiduría no basta conocer la importancia de tu fin, sino que es menester emplear los medios para llegar á él. Todos quisieran salvarse y llegar á ser santos; pero, como descuidan los medios, no consiguen lo que desean y se condenan. Es necesario huir las ocasiones, frecuen-

---

(1) Proficiscamur ad sepulcra.
(2) Nihil video, nisi putredinem, ossa et vermes. Omnia fabula, somnium, umbra.

tar los sacramentos, hacer oracion, y sobre todo tener grabadas en el corazon las máximas del Evangelio. *¿Qué aprovecha al hombre si ganare todo el mundo* (1)?— *Quien ama su alma, la perderá* (2). Es decir: conviene perder hasta la vida para salvar el alma. *Si alguno quiere venir en pos de mí, niéguese á sí mismo* (3). Para seguir á Jesucristo, preciso es rehusar al amor propio las satisfacciones que exige. *La vida en su voluntad* (4). Nuestra salud consiste en hacer la divina voluntad, y en praticar algunas otras máximas saludables.

AFECTOS Y SUPLICAS.

¡Oh Padre de las misericordias! echad una ojeada sobre mi miseria, y habed piedad de mí. Iluminad mi entendimiento y dadme á conocer mi pasada locura, para que la llore; hacedme conocer vuestra bondad infinita, para que la ame. ¡Óh Jesus mio! no permitais que las bestias infernales devoren las almas, que os confiesan. Vos derramasteis vuestra sangre para salvarme; no permitais que yo vuelva á caer jamas esclavo de los demonios, como sucedió ya por desgracia. Me arrepiento, ó soberano bien, de haberos abandonado. Maldigo aquel momento en que mi voluntad consintió de lleno en el pecado, y abrazo vuestra santa voluntad, que solo desea mi bien. Padre eterno, por los méritos de vuestro Hijo dadme fuerza para cumplir todo lo que sea de vuestro agrado. Hacedme morir ántes que yo resista á vuestra voluntad. Ayudadme con vuestra gracia á poner en vos

---

(1) Quid prodest homini, si mundum universum lucretur? *Matth.* XVI. 26.
(2) Qui amat animam suam, perdet eam. *Joan.* XII. 25.
(3) Si quis vult post me venire, abnejet semetipsum. *Matth.* XVI. 24.
(4) Vita in voluntate ejus. *Ps.* XXIX. 6.

solo todo mi amor, y á desasirme de todas las afecciones que no tengan á vos por objeto. Yo os amo, ó Dios de mi alma, os amo sobre todo cuanto existe, y de vos espero toda suerte de bienes, el perdon, la perseverancia en vuestro amor, y el paraíso en donde os amaré eternamente. Ó María, ya que vuestro Hijo nada os niega, pedidle para mí estas gracias. Ó esperanza mia, en vos confío.

CONSIDERACION XXI.

VIDA DESGRACIADA DEL PECADOR, Y VIDA FELIZ DEL QUE AMA Á DIOS.

> *Non est pax impiis, dicit Dominus.*
> No hay paz para los impios, dice el Señor. (Is. XLVIII. 22.)
>
> *Pax multa diligentibus legem tuam.*
> Mucha paz para los que aman tu ley. (Ps. CXVIII. 165.)

PUNTO I.

Fatíganse todos los hombres en esta vida para hallar la paz. El mercader, el militar, el que tiene un pleito trabaja y se afana porque cree que aquel dinero, aquel destino, el feliz exito de su causa hará su fortuna, y que encontrará la paz. ¡Mas, ah, pobres mundanos, que correis tras un mundo, que no os la puede dar! Dios solo puede darnos la paz. *Da á tus servidores,* ruega la Iglesia en sus oraciones, *aquella paz que el mundo no puede dar* (1). No, no puede el mundo con todos sus bienes satisfacer el corazon del hombre, porque el hom-

---

(1) Da servis tuis illam, quam mundus dare non potest, pacem.

bre no ha sido criado para esta especie de bienes, sino únicamente para Dios, y de ahí es que solo Dios puede contentarle. Los animales, que no fueron criados sino para los placeres de los sentidos, hallan la paz en los bienes de esta vida. Dad á un caballo un poco de yerba, á un perro un poco de comida: quedan contentos y nada mas desean. Pero el alma, que es criada solo para amar á Dios y unirse á él, no hallará jamas la paz en los placeres sensuales; Dios solo puede contentarla plenamente.

El rico, de que habla S. Lúcas, despues de haber hecho una abundante cosecha en sus campos, se decia á sí mismo: *Alma mia, recogidos tienes riquezas para muchos años, descansa, come, bebe* (1). Mas, este infeliz fué tratado de loco: *stulte;* y con mucha razon, dice san Basilio: *¿Acaso tienes el alma de puerco* (2)? ¡Desgraciado! le dice el Santo, ¿teneis acaso el alma de un bruto para no pensar sino en holgaros, comer, beber y saciar regaladamente vuestra sensualidad? *Descansa, come, bebe.* Puede muy bien el hombre verse lleno de bienes de fortuna, pero no saciado: *Puede llenarse, mas no saciarse* (3), dice S. Bernardo. El mismo Santo, hablando de aquella palabra del Evangelio: *Bien ves que lo abandonamos todo* (4), dice que ha visto muchos locos con diversas locuras. Añade que todos padecen una hambre devoradora, pero que los unos se hartan de tierra, que es la figura de los avaros; los otros de aire, emblema de los que ambicionan honores; los otros, puestos junto á una hoguera ardiente, atizan las llamas que se levantan, y esto representa á los hombres coléricos; los otros, en fin, van rodando en torno de

(1) Anima, habes multa bona posita in annos plurimos; requiesce, comede, bibe. *Luc.* XII. 19.
(2) Numquid animam porcinam habes?
(3) Inflari potest, satiari non potest.
(4) Ecce nos reliquimus omnia.

un lago fétido, y beben sus corrompidas aguas, figura de los hombres entregados al deleite. Y dirigiéndose despues á todos el Santo, les dice : ¡Oh locos! ¿no veis que todo esto irrita y aumenta vuestra hambre en vez de satisfacerla (1)? Los bienes del mundo son bienes aparentes, y no pueden saciar el corazon humano : *Comisteis y no os saciasteis* (2). Por esto el avaro, cuanto mas adquiere, mas se afana para adquirir. *La mayor riqueza,* dice S. Agustin, *no cierra las fauces de la avaricia, sino que las abre* (3). Cuanto mas el voluptuoso se revuelca en el cieno de sus sórdidos placeres, tanto mas queda fastidiado y afamado al mismo tiempo; y ¿cómo la basura y el placer de los sentidos serán capaces de llenar nuestro corazon? Esto mismo sucede al ambicioso, que quiere saciarse de humo, pues mas le halaga lo que no tiene, que lo que ya posee. Despues de haber conquistado tantos reinos, Alejandro el Grande se lamentaba de que le faltasen aun para conquistar los estados de algunos príncipes. Si los bienes de este mundo contentasen al hombre, los ricos, los monarcas serian plenamente dichosos; mas la experiencia prueba lo contrário. El mismo Salomon asegura que no se habia privado de ninguno de los placeres de los sentidos : *Y no les negué á mis ojos todas cuantas cosas desearon* (4). Pero á pesar de esto añade : *Vanidad de vanidades, y todo es vanidad* (5). Como si dijera, todo lo que hay en este mundo no es mas que vanidad, mentira, locura.

(1) Hæc potius famem provocant quam extinguunt.
(2) Comedistis, et non estis satiati. *Agg.* I. 6.
(3) Major pecunia avaritiæ fauces non claudit, sed extendit.
(4) Et omnia quæ desideraverunt oculi mei, non negavi eis. *Eccles.* II. 10.
(5) Vanitas vanitatum et omnia vanitas. *Ibid.* I. 2.

AFECTOS Y SÚPLICAS.

¡ Oh Dios mio! ¿ qué he sacado de las ofensas cometidas contra vos, sino penas, amarguras, tormentos para el infierno? El dolor, que me causan, léjos de disgustarme me consuela, pues es un don de vuestra gracia, y me hace esperar, segun vuestra palabra, que quereis perdonarme. Lo que mas me atormenta es el haber amargado tanto vuestro corazon, ó Redentor mio, habiéndome vos amado tanto. Merecia, Señor, que me hubieseis abandonado al momento; mas, léjos de abandonarme, estoy viendo que me ofreceis el perdon y que sois el primero en pedirme que me reconcilie con vos. Sí, Jesus mio, con vos quiero estar en paz, y deseo vuestra gracia mas que otro bien alguno. Arrepiéntome, ó bondad infinita, de haberos ofendido, y quisiera por ello morir de dolor. ¡Ah! por este amor que me habeis mostrado, muriendo por mí en la cruz, perdonadme y recibidme en vuestro corazon. Cambiad el mio, y haced que os sea tan grato en lo venidero, como desagradable os ha sido hasta ahora. Por vuestro amor renuncio de aquí en adelante todos los placeres que puede ofrecerme el mundo, pues resuelvo perder ántes la vida que vuestra gracia. Decidme lo que puedo hacer por agradaros, pues hacerlo quiero. ¡Qué placeres, ni honores ni riquezas! Á vos solo quiero, Dios mio, placer mio, gracia mia, mi tesoro, mi vida, mi amor, mi todo. Dadme, Señor, la gracia de seros fiel; dadme vuestro amor, y haced de mí lo que quisiereis. ¡Oh María, mi madre y mi segura confianza en Jesus! recibidme bajo vuestra proteccion, y alcanzádmelo todo de Dios.

PUNTO II.

No dice solamente Salomon que los bienes de este mundo son tan solo vanidad y que no satisfacen, sino que añade que son penas que afligen nuestro espíritu: *Y hé aquí todo es vanidad, y afliccion de espíritu* (1). ¡Desdichados pecadores! ellos pretenden ser felices con sus pecados, y no hallan en ellos sino amargura y remordimientos: *Quebranto y calamidad en los caminos de ellos, y no conocieron el camino de la paz* (2). ¡Qué paz! qué paz! nos dice el Señor: *No hay paz para los impíos* (3). Primeramente el pecado trae consigo el terror y la venganza divina. Cuando alguno tiene un enemigo poderoso, no come ni duerme con tranquilidad. ¿Y el que tiene á Dios por enemigo, puede vivir en paz? *El camino del Señor es... espanto para los que obran mal* (4). Cuando el que está en pecado siente temblar la tierra y tronar el cielo, ¡cómo teme! una hoja que caiga, le asusta: *El sonido del terror amedrenta siempre sus oídos* (5). Huye siempre sin ver quien le persigue: *Huye el impío, no persiguiéndole nadie* (6). ¿Y quién le persigue, pues? Su mismo pecado. Cain, despues de haber muerto á su hermano Abel, decia: *Cualquiera que me hallare, me matará* (7). Pero el Señor le aseguró que nadie le dañaria: *Díjole el Señor: No será así* (8). *Así*, dice la Escritura, *habitó fugitivo so-*

(1) Et ecce universa vanitas, et afflictio spiritus. *Eccles.* I. 14.
(2) Contritio et infelicitas in viis eorum, et viam pacis non cognoverunt. *Ps.* XIII. 3.
(3) Non est pax impiis. *Isa.* XLVIII.. 22.
(4) ... Via Domini: et pavor his, qui operantur malum. *Prov.* X. 29.
(5) Sonitus terroris semper in auribus illius. *Job.* XV. 2.
(6) Fugit impius, nemine persequente. *Prov.* XXVIII. 1.
(7) Omnis igitur qui invenerit me, occidit me. *Gen.* IV. 14.
(8) Dixitque ei Dominus: Nequaquam ita fiet. *Gen.* IV. 15.

bre *la tierra* (1). Huía de un lugar á otro. ¿Quién pues perseguia á Cain? Nadie mas que su pecado.

El pecado trae ademas consigo el remordimiento de la conciencia, que es un gusano maldito que roe siempre. El miserable pecador asiste al espectáculo, á las fiestas, á los banquetes. Pero tú estas en desgracia de Dios, le dice la conciencia, ¿adónde vas? El remordimiento de conciencia es una pena tan grande en esta vida, que muchos se han dado la muerte para librarse de él. Entre estos desgraciados se cuenta á Júdas, que, como es sabido, se colgó desesperado. Refiérese de un sugeto que, habiendo dado la muerte á un infante, concibió por ello tan terrible pesar, que se sepultó en un claustro; pero que no habiendo tampoco encontrado paz en la religion, se presentó ante el juez, confesó su crimen, y se hizo condenar á muerte.

¿Qué es un alma, cuando vive fuera de Dios? Dice el Espíritu Santo que es un mar de tempestades : *Mas, los impíos son como el mar agitado, que no puede estar en calma* (2). Si te vieses trasportado á un concierto, á un baile, á un festin, pero colgado de piés arriba y de cabeza abajo, pregunto, ¿pudieras gozar de aquellos placeres? Tal es el hombre, cuya alma cuelga, por decirlo así, de piés arriba en medio de los bienes de este mundo, pero sin Dios. Come, bebe, baila, va soberbiamente vestido, está colmado de honores, obtiene altos destinos, vastas propiedades; pero no tiene la paz : *No hay paz para los impíos* (3). La paz no viene sino de Dios, y Dios la da únicamente á sus amigos, nunca á sus enemigos.

Los bienes de este mundo, dice S. Vicente Ferrer, están defuera, y no entran jamas en el corazon : *Son*

---

(1) Habitavit profugus in terram. *Gen.* IV. 16.
(2) Impii autem quasi mare fervens, quod quiescere non potest. *Is.* LVII. 20.
(3) Non est pax impiis. *Isa.* XLVIII. 22.

aguas que no entran en donde esta la sed (1). Este pecador traerá un vestido de brillante bordadura, hermoso diamante en el dedo; se alimentará á su gusto; mas su pobre corazon está lleno de espinas y de hiel, y le veréis con todas sus riquezas, sus delicias, sus placeres, estar siempre inquieto, enfurecerse á la menor contrariedad, arder en cólera, semejante á un tigre rabioso. El que ama á Dios se resigna á su voluntad en la desgracia, y encuentra la paz. Pero el que es enemigo de la voluntad de Dios, no tiene este recurso, y no halla jamas medio de sosegarse. El infeliz es cautivo del demonio; sirve á un tirano que le abreva de tristeza y de amarguras. Dios mismo se lo anuncia con estas espantosas palabras, cuando le dice: *Por cuanto no serviste al Señor Dios tuyo con gozo... servirás á tu enemigo... con hambre, y con sed, y con desnudez y con todo género de carestía* (2). ¡Cuánto no sufre este vengativo despues de haberse vengado, este voluptuoso despues de haberse hartado de deleite, este ambicioso, este avaro! ¡Oh! ¡cuán grandes santos pudieran ser estos infelices, si sufriesen por Dios lo que sufren por su eterna condenacion!

AFECTOS Y SUPLICAS.

¡Oh vida que he perdido! ¡Oh! ¡si para serviros, Dios mio, hubiese sufrido las penas que padecí para ofenderos, cuántos merecimientos hubiera acumulado para el cielo! Ah Señor, ¿por qué os abandoné? ¿por qué perdí vuestra gracia? ¡por placeres emponzoñados y momentáneos, que desaparecieron al punto, y me dejaron el corazon lleno

---

(1) Sunt aquæ, quæ non intrant illuc, ubi est sitis.
(2) Eo quod non servieris Domino Deo tuo in gaudio.... servies in inimico tuo... in fame et siti et nuditate et omni penuria. *Deut.* XXVIII. 47. 48.

de espinas y de amargura! ¡Ah pecados! yo os detesto, yo os maldigo mil veces, al paso que bendigo vuestra misericordia, ó mi Dios, y la paciencia con que me habeis sufrido. Yo os amo ó Criador y Redentor mio, á vos que habeis dado la vida por mí; y porque os amo, me arrepiento de todo corazon de haberos ofendido. ¡Oh Dios mio, Dios mio! ¿porqué os perdí? ¿por qué cosas os troqué? ahora conozco el mal que hice, y tomo la resolucion de perderlo todo, la vida si conviene, ántes que vuestro amor. Iluminadme, ó Padre eterno, por el amor de Jesucristo; hacedme conocer el bien inmenso que sois y los absolutamente falsos bienes que me presenta el demonio para hacerme perder vuestra gracia. Os amo, porque deseo todavía amaros mas. Haced que vos seais mi único pensamiento, mi único deseo, mi único amor. Todo lo espero de vuestra bondad por los méritos de vuestro Hijo. ¡Oh madre mia María! por el amor que teneis á Jesucristo os suplico me alcanceis la luz y la fuerza necesarias para servirle y amarle hasta la muerte.

PUNTO III.

Si todos los bienes y todos los placeres del mundo no pueden contentar el corazon del hombre, ¿quién pues podrá contentarle? Solo Dios : *Cifra tus delicias en el Señor, y te otorgará las peticiones de tu corazon* (1). El corazon del hombre busca siempre un bien que le satisfaga. Posee las riquezas, las dignidades, y no está todavia satisfecho, porque todos estos bienes son finitos, y él ha sido criado para un bien infinito. Mas, que encuentre á Dios, que se una á él, queda contento, y nada mas desea : *Cifra tus delicias en el Señor, y te otorgará las*

(1) Delectare in Domino, et dabit tibi petitiones cordis tui. *Ps* xxxvi. 4.

peticiones de tu corazon. S. Agustin nunca halló la paz, miéntras llevó una vida de placeres; mas, cuando se dió á Dios, entónces lo confesó, diciendo á Dios : *Inquieto está nuestro corazon, hasta descansar contigo* (1). ¡Oh Dios mio! decia, ahora conozco que todo es vanidad y dolores, y que solo vos sois la verdadera paz del alma : *Duras son todas las cosas, y tú solo eres el descanso* (2). Y cuando fué dueño de sus placeres, exclamaba : ¿ *Qué buscas, hombrecillo, buscando bienes? Procura hallar aquel bien en el cual se encierran todos los bienes* (3). El rey David, despues de haber pecado, iba á la caza, se paseaba por sus jardines, se abandonaba al regalo de la mesa y á todos los placeres de un monarca; pero los festines, los parques deliciosos y todas las criaturas que él hácia servir á sus placeres, le decian : David, nosotros no somos capaces de contentarte, no; no podemos satisfacerte. ¿ *En dónde está tu Dios?* Ve á hallar tu Dios, él solo puede satisfacerte. Y por esto David no hacia mas que derramar lágrimas en medio de sus delicias : *Mis lágrimas me han servido de pan dia y noche, miéntras que se me dice cada dia :* ¿ *En dónde esta tu Dios* (4)?

¡Oh! ¡cómo sabe Dios, por lo contrário, satisfacer las almas fieles que le aman! San Francisco de Asís, despues de haberlo abandonado todo por Dios, hallándose sin apoyo, cubierto de andrajos, muerto de frio, extenuado de hambre, exclamando : *Mi Dios lo es todo para mí* (5), se creía ya en el cielo. S. Francisco de Borja, siendo religioso, dormia muchas veces sobre la paja, durante sus viajes; y sentia entónces tan gran copia de consuelo, que le privaba el sueño. S. Felipe Neri,

(1) Inquietum est cor nostrum, donec requiescat in te.
(2) Dura sunt omnia, et tu solus requies.
(3) Quid quæris, homuncio, quærendo bona? Quære unum bonum, in quo sunt omnia bona.
(4) Fuerunt mihi lacrymæ meæ panes ac die ac nocte, dum dicitur mihi quotidie; Ubi est Deus tuus? *Ps.* XLI. 4.
(5) Deus meus omnia.

lo habia tambien abandonado todo; pero Dios le envió tantos consuelos, que, cuando se ponia en la cama, exclamaba : Bastante, ó Jesus mio, dignaos dejarme dormir. El P. Cárlos de Lorena, jesuita, de la casa de Lorena, estando en su pequeña celda, se ponia á bailar de placer. S. Francisco Javier, estando en las Indias, se descubria el pecho, y decia : *Bastante, Señor* (1) : no me deis mas consuelos que no puede soportarlos mi corazon. Decia Sta. Teresa que una sola gota de consuelos celestiales infunde mayor contento que todos los placeres y diversiones del mundo. No pueden faltar las promesas de Dios en dar á los que por su amor abandonan los bienes del mundo, el centuplo de paz y de contento aun en esta vida : *Cualquiera que dejare casa, ó hermanos, etc... por mi nombre, recibirá ciento por uno, y poseerá la vida eterna* (2).

¿Qué vamos pues á buscar? Vamos á Jesucristo que nos llama y que nos dice : *Venid á mí todos los que estais trabajados y cargados, y yo os oliviaré* (3). Un alma. que ama á Dios, halla esta paz que excede sin comparacion á todos los placeres y á todas las satisfacciones que pueden dar los sentidos y el mundo : *La paz de Dios, que sobrepuja todo entendimiento* (4). Los santos verdad es que sufren en esta vida, porque la tierra es un lugar de sufrimiento, y no puede merecerse sin sufrir; pero dice S. Buenaventura que el amor divino es como la miel, que hace dulces y amables las cosas mas amargas. El que ama á Dios ama la voluntad de Dios, y se regocija en espíritu en medio de las amarguras; porque abrazándolas sabe que ellas le agradan y le complacen en

---

(1) Sat est, Domine.
(2) Qui reliquerit domum, vel fratres, etc... propter nomen meum, centuplum accipiet, et vitam æternam possidebit. *Matth.* XIX. 29.
(3) Venite ad me omnes, qui laboratis, et onerati estis, et ego reficiam vos. *Matth.* XI. 28.
(4) Pax Dei, quæ exsuperat omnem sensum. *Phil.* IV. 7.

extremo. ¡Oh Dios mio! los pecadores quieren despreciar la vida espiritual sin haberla probado, dice S. Bernardo (1); no advierten sino las mortificaciones que sufren los verdaderos amantes de Dios, y los placeres de que se privan: pero no ven las delicias espirituales con que les favorece el Señor. ¡Oh! ¡ sí los pecadores gustasen un poco la paz de que goza completamente un alma que no ama sino á Dios! *¡Gustad, y ved*, dice David, *que el Señor es suave* (2)*!* Oh hermano mio, empezad á hacer la meditacion todos los dias, á comulgar á menudo, á recibir el Santísimo Sacramento: empezad á abandonar el mundo, á volver á Dios, y veréis que el Señor os dará mas consuelo en el tiempo de regresar á su dulcísimo seno, de los que no os ha traido en el mundo con todos sus encantos: *Gustad, y ved*. Cual sea el contento de un alma que ama á Dios, no puede comprenderlo sino el que lo haya probado.

AFECTOS Y SÚPLICAS.

¡Oh Redentor mio! ¡cuán ciego he sido hasta ahora en abandonaros, siendo vos un bien infinito, fuente de toda consolacion, por las míseras y cortas satisfacciones de los sentidos! Asombrado estoy de mi propia ceguera; pero mas asombrado estoy de vuestra misericordia, que con tanta bondad me ha sufrido. Os agradezco el haberme dado á conocer mi locura, y la obligacion que tengo de amaros. Yo os amo, ó Jesus mio, con toda mi alma, y deseo amaros mas y mas: aumentad, pues, mi deseo y mi amor. Abrasadme de amor, ó amabilidad infinita, que tanto habeis hecho para que yo os ame, y que deseais

---

(1) Vident crucem, sed non vident unctionem.
(2) Gustate, et videte quoniam suavis e t Dominus, *Ps.* xxxiii. 9.

mi amor : *Si quieres, puedes limpiarme* (1). ¡Ah Redentor mio! despojad mi corazon de tantas afecciones impuras, que me privan de amaros como yo quisiera. No tengo yo fuerza suficiente para hacer que mi corazon no arda sino por vos, y que no ame sino á vos. Esta fuerza solo puede darla vuestra gracia, que es omnipotente. Desasidme de todo : arrojad de mi alma todo afecto que no sea por vos, y haced que sea todo vuestro. Arrepiéntome sobre todo de tantos disgustos como os he causado, y tomo la resolucion de consagrar los dias que me restan á vuestro santo amor; pero vuestra es la obra. Hacedlo por esa sangre que por mí derramasteis con tanto dolor como amor. Hacedlo por la gloria de vuestro poder, que mi corazon, que por algun tiempo estuvo lleno de afecciones terrenas, sea todo inflamado por vos, ó bien infinito. ¡Oh Madre del bello amor! volvedme por vuestras súplicas, como vos habeis sido siempre, una llama de caridad para con Dios.

(1) Si vis, potes me mundare. *Matth.* VIII. 2.

CONSIDERACION XXII.

DE LOS MALOS HÁBITOS.

> *Impius, cum in profundum venerit peccatorum, contemnit.*
>
> El impío despues de haber llegado al profundo de los pecados, no hace caso.
>
> (Prov. XVIII. 3.)

PUNTO I.

Una de los mayores desdichas, que nos trajo el pecado de Adan, es la inclinacion al pecado. Suspiraba el Apóstol, viéndose aguijoneado por la concupiscencia, y arrastrado hácia mal que él aborrecia : *Veo otra ley en mis miembros, que... me lleva esclavo á la ley del pecado* (1). De ahí es que nosotros infectados de esta concupiscencia y circuidos de tantos enemigos que nos impelen hácia el mal, con dificultad podemos llegar á la patria de los bienaventurados sin haber cometido falta alguna. Reconocida ya esta fragilidad humana, pregunto yo ahora : ¿Qué diriais de un viajero, que debiendo pasar el mar durante una deshecha tormenta sobre una

---

(1) Video aliam legem in membris meis .. captivantem me in lege peccati. *Rom.* VII. 23.

nave medio podrida, quisiese cargar con un peso capaz por sí solo, aun en tiempo no borrascoso, de hacer sumergir en lo profundo el débil esquife? ¿qué pensariais acerca del peligro de este hombre? Aplicad este ejemplo á un hombre que tiene malos hábitos, y que debiendo atravesar el mar de esta vida (mar borrascosa en la que tantos han naufragado) en un barco pequeño y consumido, como nuestra carne, con la que estamos unidos, quisiera cargarle de pecados de habitud. Dificilísimo es que este hombre se salve, porque los malos hábitos, ciegan el espíritu, endurecen el corazon, y le hacen obstinado hasta la muerte.

En primer lugar, las malas habitudes ciegan. ¿Por qué causa los santos piden la luz á Dios, y por qué temen llegar á ser los mas grandes pecadores de la tierra? Porque saben que una vez lleguen á perder la vida de la gracia, pueden cometer muchos crímenes. ¿Y por qué tambien tantos cristianos han querido vivir obstinadamente en la culpa, hasta que por fin se han condenado? *Los cegó su malicia* (1). El pecado les cegó la vista, y por esto se perdieron. Cada pecado trae consigo su ceguera particular, y á medida que crece el número de los pecados, aumenta la ceguera. Y como Dios es nuestra luz, el alma está tanto mas ciega y oscura á medida que se aparta de Dios: *Sus huesos se llenarán de vicios* (2). Á la manera que la luz del sol no puede penetrar en un vaso lleno de tierra, asimismo la luz divina no puede penetrar en un corazon lleno de vicios. Por esto se ve por desgracia con harta frecuencia pecadores fatigados, perder enteramente la luz, ir cayendo de pecado en pecado, y ni siquiera pensar en enmendarse: *Los impíos andan alrededor* (3). Estos infelices, caidos en aquel hoyo de tinieblas, no piensan sino en pecar, y obran como si ignorasen que el

---

(1) Excæcavit illos malitia eorum. *Sap.* II. 21.
(2) Ossa ejus implebuntur vitiis. *Job.* XX. 11.
(3) In circuitu impii ambulant. *Ps.* XI. 9.

pecado es un mal. La costumbre misma de pecar, dice S. Agustin, no deja ver á los pecadores el mal que hacen. Así viven, como si no creyeran que hay un Dios, un paraíso, un infierno, una eternidad.

El pecado, que al principio os inspiraba horror, por efecto del hábito no os parece ya tan terrible : *Ponlos como rueda y como pajilla delante del viento* (1). Ved, dice S. Gregorio, con cuánta facilidad es llevada una paja por el ligero céfiro. Así veréis muchas veces á tal persona, que ántes de caer resistia, á lo ménos por algun tiempo, á las tentaciones, y que luchaba con ellas; pero una vez dominado por el mal hábito recae en cada tentacion y á cada ocasion. ¿Por qué esto? porque los malos hábitos le han quitado la luz. Dice S. Anselmo que el demonio hace con ciertos pecadores como el que tiene un pájaro atado con un hilo, y que le deja volar; pero que, cuando quiere, lo hace caer en tierra. Tales son, dice el mismo Santo, los cristianos que tienen malas habitudes: *Los que están dominados por la mala costumbre, son presa del enemigo : vuelan, y caen en los mismos vicios* (2). Muchos hay, dice S. Bernardino de Sena, que hasta pecan sin tener ocasion. Añade este mismo Santo que los que tienen malos hábitos, son como los molinos de viento, que ruedan por donde quiera que sople : *Ruedan á todos vientos* (3). Y ruedan, aunque no haya grano que moler, y sin quererlo el molinero. Observad á uno de estos cristianos : tiene malos pensamientos sin ocasion, sin sentir placer, sin casi quererlo, por la sola fuerza de la habitud. *Dura cosa es la costumbre*, dice S. Juan Crisóstomo, *que muchas veces obliga á cometer culpas aunque no se quiera* (4). Y realmente, pues, como

(1) Pone illos, ut rotam et sicut stipulam ante faciem venti. *Ps.* LXXXII. 14.
(2) Pravo usu irretiti ab hoste tenentur, volantes, in eadem vicia dejiciuntur. *Ap. Edinor, in vita lib.* 2.
(3) Rotantur omni vento.
(4) Dura res est consuetudo, quæ nonnunquam nolentes comittere cogit illicita.

7*

dice S. Agustin, los malos hábitos pasan á ser una necesidad (1). Y añade S. Bernardino : *El uso se convierte en naturaleza* (2). Y así como es indispensable al hombre el respirar, asimismo es necesario á los que han contraido malos hábitos y que son esclavos del pecado, el recaer incesantemente. Esclavos he dicho, porque hay servidores que os sirven mediante un salario, y esclavos que os sirven sin salario. Miserables hay que se hallan en el número de estos últimos : pecan sin sentir el menor placer.

El impío despues de haber llegado al profundo de los pecados, no hace caso (3). S. Crisóstomo aplica este texto al que tiene una mala costumbre, y que, hallándose entre tinieblas, desprecia las correcciones, las pláticas, las censuras, el infierno, Dios, en una palabra, todo, semejante á la infeliz ave de rapiña, que por no dejar el cadáver que devora, prefiere dejarse matar por el cazador. Refiere el P. Recúpito que un condenado á muerte, caminando al suplicio, alzó los ojos, vió una jóven, y consintió en un mal pensamiento. El P. Gisolfo cuenta tambien que un blasfemo, condenado tambien á muerte, profirió una blasfemia en el momento mismo en que le daban el empellon para ahorcarle. Dice S. Bernardino que de nada sirve el rogar por los pecadores de costumbre, y que tan solo deben compadecerse como condenados. ¿Cómo pueden, pues, salir de aquel precipicio, si nada ven sus ojos? Preciso es un milagro de la gracia. Los ojos de aquel desdichado no se abrirán, sino en el infierno, cuando será inútil que los abra, y que solo podrán llorar sin remedio su locura.

(1) Dum consuetudini non resistitur, facta est necessitas.
(2) Usus vertitur in naturam.
(3) Impius, cum in profundum venerit peccatorum, contemnit. *Prov.* XVIII. 8.

AFECTOS Y SÚPLICAS.

¡Oh Dios mio! vos os habeis complacido en llenarme de beneficios, mas de los que habeis hecho con los demas hombres, y yo, en ofenderos é injuriaros he excedido á todas las personas que yo conozco. ¡Oh corazon abrevado de dolor de mi buen Dios! Vos que en la cruz fuisteis tan atormentado y afligido á vista de mis pecados, dadme por vuestros méritos un perfecto conocimiento y un profundo dolor de mis culpas. ¡Ah Jesus mio! lleno estoy de defectos; pero vos sois todopoderoso, y podeis llenarme de vuestro santo amor. En vos confío, que sois la bondad y la misericordia infinita. Arrepiéntome, soberano bien, de haberos ofendido : ¡ah! ¡pluguiera á Dios que fuese muerto, y que no os hubiera nunca ofendido! Yo me olvidé de vos, pero vos os habeis acordado de mí: así lo estoy viendo con el auxilio de esta luz con que iluminais mis pasos. Ya pues que me dais la luz, dadme tambien la fuerza para seros fiel. Os prometo morir mil veces ántes que huir mas de vos; toda mi esperanza pongo en vuestro socorro: *En ti, Señor, esperé, no quede yo jamas confuso* (1). En vos espero, ó mi dulce Jesus, no verme mas envuelto en la confusion del pecado, ni privado de vuestra gracia. Tambien me vuelvo hácia vos, ó María, madre mia. *En ti, Señora, esperé, no quede yo jamas confuso* (2). Descanso en vuestra intercesion, ó mi esperanza, para que no me vea jamas el enemigo de vuestro Hijo. ¡Ah! suplicadle que me haga morir ántes que yo no caiga en tan espantosa desgracia.

(1) In te, Domine, speravi, non confundar in æternum. *Ps.* xxx. 2.
(2) In te, Domine, speravi, non confundar in æternum.

PUNTO II.

En segundo lugar los malos hábitos nos endurecen
La costumbre de pecar endurece el corazon (1). Esto permite Dios en castigo de las resistencias que hemos opuesto á sus llamamientos. Dice el Apóstol que el Señor *tiene misericordia de quien quiere, y al que quiere endurece* (2). S. Agustin desenvuelve así este pensamiento: *El endurecimiento, por parte de Dios, es no querer compadecerse* (3). Pero no se contenta Dios con endurecer al que tiene malos hábitos, sino que le quita la gracia, en punicion de las ingratitudes que ha cometido contra la gracia; y su corazon se hace duro como un peñasco: *Su corazon se endurecerá como piedra, y se apretará como yunque de martillador* (4). De aquí viene que, miéntras los otros se enternecen y lloran, pensando en los rigores de los juicios de Dios, en los suplicios de los condenados, en la pasion de Jesucristo, al que ha contraido malos hábitos, nada le mueve; si algo de esto le ocurre, permanece indiferente, como si fuesen cosas extrañas á él, haciéndose así insensible á todos los pecados: *Y se apretará como yunque de martillador*.

Por manera que, las muertes súbitas, los temblores de tierra, el trueno, el rayo, nada le espanta: en vez de reanimarle y devolverle la vida, todo esto prolonga todavía mas el sueño de muerte en que está sepultado: *Á tu amenaza, Dios de Jacob, adormeciéronse* (5). El que se

(1) Cor durum efficit consuetudo peccandi. *Cornelius à Lapide.*
(2) Cujus vult misereatur, et quem vult indurat. *Rom.* IX. 18.
(3) Obduratio Dei est nolle misereri.
(4) Cor ejus indurabitur tanquam lapis, et stringetur quasi malleatoris incus. *Job.* XLI. 15.
(5) Ab increpatione tua, Deus Jacob, dormitaverunt. *Ps.* LXXV. 7.

ha entregado á una perversa costumbre, va perdiendo insensiblemente todo remordimiento de conciencia; los mas enormes pecados le parecen nada : *Los pecados mas horrendos,* dice S. Agustin, *con las costumbre de cometerlos, llegan á parecer pequeños ó nulos* (1). Cuando cometemos un mal, nos ruborizamos naturalmente; mas, los pecadores habituales, dice, no tienen rubor de pecar (2). S. Pedro los compara á los inmundos cerdos que se revuelcan por el fango : *La puerca lavada, á revolcarse en el cieno* (3). Asi como el cerdo, que se revuelca en el cieno, no siente el hedor que exhala, asimismo el pecador de hábito es el único que no percibe la hediondez que apesta á todos los demas. Este cieno le ha privado hasta del uso de la vista. ¿ Qué tiene pues de extraño, dice S. Bernardino, el que ni aun vuelva en sí, cuando le hiere la mano de Dios? *El pueblo se revuelca en los pecados, como la puerca en el cieno de su cubil; ¿qué mucho, pues, que no conozca los futuros juicios de Dios que le castiga* (4)? De donde llega á suceder que, en vez de contristarse de sus pecados, se alegra, rie, y hace alarde de ellos : *Se alegran, cuando hacen mal* (5).
— *El necio obra la maldad como por risa* (6). ¿ Qué serán estas señales de tan diabólico endurecimiento? Son, dice Sto. Tomás de Villanueva, señales de condenacion (7). Ó hermano mio, tiembla y teme que no te suceda otro tanto. Si te has dejado llevar de algun mal hábito, trata de salir de él desde este momento, porque Dios te llama. Y pues que tienes todavía remordimientos de conciencia,

(1) Peccata, quamvis horrenda, cum in consuetudinem veniunt, parva aut nulla esse videntur.
(2) Qui ne pudorem quidem habent in delictis.
(3) Sus lota in volutabro luti. 2. *Pet.* II. 22.
(4) Populus immergit se in peccatis, sicut sus in volutabro luti, quid mirum si Dei flagellantis futura judicia non cognoscit? *S. Bernard Sen. p.* 2. *pag.* 182.
(5) Lætantur cum malefecerint. *Prov.* II. 14.
(6) Quasi per risum stultus operatur scelus. *Prov.* X. 23.
(7) Induratio damnationis indicium.

alégrate, porque es señal que Dios no te ha abandonado. Pero corrígete y enmiéndate luego, pues, si así no lo hicieres, tu llaga se gangrenará y tú serás perdido.

AFECTOS Y SÚPLICAS.

Señor, ¿cómo puedo daros, como debo, gracias, por tantos beneficios como sobre mí habeis derramado? ¿Cuántas veces me habeis llamado, y cuántas os he resistido? En vez de seros reconocido, en vez de amaros, pues me habeis librado del infierno, y con tanto amor me habeis invitado, no he cesado de provocar vuestra indignacion redoblando las injurias. No, ó mi Dios, no quiero mas ultrajar vuestra paciencia; bastante os he ofendido. Solo vos, porque sois bondad infinita, habeis podido sufrirme hasta hoy. Pero veo que no podréis ya sufrirme mas, y os sobra la razon para no sufrirme. Perdonadme, pues, Señor, ó mi soberano bien, todas las injurias que contra vos he cometido. Arrepiéntome de todo mi corazon, y propongo no ofenderos mas en adelante. ¡Y qué! ¿habria yo de continuar en irritaros? ¡Ah! Dios de mi alma, apaciguaos conmigo, os ruego, no por mis méritos, pues yo no merezco sino el castigo y el infierno, sino por los méritos de vuestro hijo mi Redentor, en el cual pongo toda mi esperanza. Por el amor de Jesucristo, recibidme en vuestra gracia, y dadme la perseverancia en vuestro amor. Desasidme de los afectos impuros y atraedme todo enteramente hácia vos. Yo os amo, ó Dios poderoso, verdadero amante de las almas, vos que sois digno de un amor infinito. ¡Ah! ¡pluguiera al cielo que yo os hubiese siempre amado! Oh madre mia María, haced que en la vida, que me queda, no ofenda mas á vuestro Hijo, y que le ame, llorando los disgustos que le he ocasionado.

PUNTO III.

Cuando tenga pérdida la luz y endurecido el corazon, el pecador hará probablemente un fin desastroso, y morirá obstinado en su crímen : *El corazon duro lo pasará mal á lo último* (1). Los justos van siempre marchando por el camino recto : *Derecha la vereda por donde el justo pasa* (2). Y el pecador de costumbre va siempre por la senda torcida : *Los impíos andan al rededor* (3). Dejan el pecado por un instante, pero vuelven á caer en él. Á estos es á quienes íntima S. Bernardo la condenacion : *¡Ay del hombre que anda por este círculo* (4)! Puede que diga alguno : yo bien quiero corregirme ántes de morir. Mas, ahí está la dificultad. Un pecador habitual se corrige muy rara vez ni aun en su edad decrépita. *El mancebo segun tomó su camino,* dice el Espíritu Santo, *aun cuando se envejeciere, no se apartará de él* (5). La razon es, dice Sto. Tomás de Villanueva (6), que nuestra fuerza es muy débil : *Y será vuestra fuerza como pavesa de estopa* (7). De ahí viene, segun el mismo Santo, que el alma, que está privada de la gracia, no puede pasar mucho tiempo sin pecar de nuevo (8). Y prescindiendo de esta razon concluyente, ¿qué locura la de aquel que quisiese jugar y perder vo-

(1) Cor durum habebit male in novissimo. *Eccli.* III. 27.
(2) Rectus callis justi ad ambulandum. *Is.* XXVI. 7.
(3) In circuitu impii ambulant. *Ps.* XI. 9.
(4) Væ homini qui sequitur hunc circuitum! *Serm.* 12. *sup. Psal.* 90.
(5) Adolescens juxta viam suam, etiam cum senuerit, non recedet ab ea. *Prov.* XXII. 6.
(6) *Conc.* 4. *Dom. Quadrag.* 4.
(7) Et erit fortitudo vestra ut favilla stuppæ. *Is.* 1. 31.
(8) Quo fit ut anima à gratia destituta diu evadere ulteriora peccata non possit.

luntariamente todos sus bienes, esperando recuperar aquella pérdida en la partida siguiente? Pues esta es la locura de los que continúan en vivir en el pecado, esperando el remedio para el postrer momento de su vida. ¿El etíope ó el leopardo pueden acaso mudar el color de su piel? ¿Y cómo podrá llevar una buena vida el que ha tenido por largo tiempo perversas costumbres? *Si el etíope puede mudar su piel, y el leopardo sus manchas, podréis tambien vosotros hacer bien, despues de haberos acostumbrado al mal* (1). De ahí es que el pecador de costumbre se abandona por fin á la desesperacion, y acaba sus dias infelizmente : *El que es de duro corazon, se precipitará en el mal* (2).

Refiriéndose á este pasaje de Job : *Me sajó herida sobre herida, se arrojó sobre mí como gigante* (3); exclama S. Gregorio : El que se ve asaltado por un enemigo, á la primera herida, tiene aun fuerza para resistir y para defenderse; pero, á medida que va recibiendo heridas, pierde sus fuerzas, y queda en fin muerto en el campo. Así obra el pecado. Á la primera y á la segunda vez queda alguna fuerza al pecador, esto es, la de la gracia que ayuda ; pero, si continúa á pecar, el pecado torna un gigante que embiste y oprime : *Se arrojó sobre mí como gigante.* ¿Cómo pues el pecador, cuando se halle tan débil y tan fatigado por tan repetidos golpes, podrá evitar la muerte? Al pecado compara Jeremías con una grande piedra que oprime el alma : *Y pusieron sobre mí una losa* (4). Es tan difícil á un pecador de costumbre el levantarse, dice S. Bernardo, como á un hombre sepul-

---

(1) Si mutare potest ætiops pellem suam, aut pardus varietates suas, et vos potueritis benefacere, cum didiceritis malum. *Jer.* XIII. 23.
(2) Qui vero mentis est duræ, corruet in malum. *Prov.* XXVIII. 14.
(3) Concidit me vulnere super vulnus, irruit in me quasi gigas. *Job.* XVI. 15.
(4) Et posuerunt lapidem super me. *Thren.* III. 53.

tado debajo de un gran peñasco el quitársele y alzarse libre él (1).

¿Con que yo me hallo reducido a la desesperacion? dirá un pecador de costumbre. No, hermano mio, no te ves reducido á la desesperacion, si corregirte quieres. Mas no falta quien ha dicho que en las enfermedades violentas eran indispensables violentos remedios (2). Si un médico dijera á un enfermo que rehusa tomar remedios, porque conoce la gravedad de su mal : Amigo, estais perdido, si no tomais este remedio ; ¿qué diria el paciente? Traédmelo al instante, quiero tomarlo porque en ello va mi vida. Lo mismo te digo yo, cristiano mio; si te hallas en la costumbre de algun pecado, muy mal estás : eres del número de aquellos enfermos que *raramente curán* (3), como dice Sto. Tomás de Villanueva; estás en grande peligro de condenarte. Con todo, si quieres curar, puedes, pero no aguardes un prodigio de la gracia : preciso es por tu parte huir de las ocasiones, y de las malas compañias, y encomendarte á Dios durante la tentacion. Pon en práctica los medios que te señalo : confiésate á menudo, ten cada dia lectura espiritual, sé devoto de la Santa Virgen, rogándole sin cesar que te alcance la fuerza para no recaer jamas. Hazte violencia sobre todo, pues de lo contrário caerá sobre tu cabeza la amenaza que fulmina el Señor sobre los pecadores obstinados : *Moriréis en vuestro pecado* (4). Y si no pones remedio hoy que el Señor te concede todavía su luz, muy difícil será que despues lo remedies. Escucha al Señor que te dice : *Levántate Lázaro, y sal de tu sepulcro* (5). ¡Desdichado pecador, ya muerto y medio consumido en la culpa ! sal del hoyo profundo de tu vida

---

(1) Difficile surgit, quem moles malæ consuetudinis premit.
(2) Præstad in magnis morbis à magnis auxiliis initium medendi sumere. *Cardin. Met. cap.* 16.
(3) Raro sanantur.
(4) In peccato vestro moriemini. *Joan.* VIII. 21.
(5) Lazare, veni foras.

desordenada. Date prisa á responder y á darte á **Dios**; y teme que este no sea de su parte el último llamamiento.

AFECTOS Y SÚPLICAS.

¡Ah, Dios mio! ¿para qué esperar que me abandoneis de vuestro proprio movimiento, y que me arrojeis al infierno? ¡Ah, Señor! atendedme, pues quiero mudar de vida y darme á vos. Decidme lo que he de hacer, pues quiero practicarlo. ¡Oh sangre de Jesus! ayudadme. Ó María, abogada de pecadores, salvadme. Y vos, Padre eterno, por los méritos de María habed piedad de mí. Arrepiéntome, ó Dios de bondad infinita, de haberos ofendido, y os amo sobre todas las cosas. Perdonadme por amor á Jesucristo, y dadme vuestro amor. Haced que tiemble de perderme, si de nuevo os ofendo. Iluminadme, Señor, iluminadme: todo lo espero de vuestra misericordia. Tantas gracias me hicisteis, cuando léjos de vos estaba, que espero muchas mas ahora que vuelvo á vos firmemente resuelto de no amar sino á vos solo. Yo os amo, ó Dios mio, mi vida, mi bien, mi todo. Tambien á vos os amo, ó María, madre dulcísima; os recomiendo mi alma. Preservadla, os suplico, por vuestra intercesion poderosa, de que vuelva á caer en desgracia de Dios.

CONSIDERACION XXIII.

DE LOS LAZOS QUE TIENDE EL DEMONIO AL ESPÍRITU DE LOS PECADORES.

Aunque algunos de los sentimientos de este artículo los hayamos tocado en las precedentes consideraciones, hemos creido sin embargo conveniente reunirlos, á fin de combatir con mas fuerza los errores ordinarios de que se sirve el espíritu maligno para hacer reincidir á los pecadores.

PUNTO I.

Figurémonos á un jóven, que, despues de haber caido en culpas graves, se halla ya confesado, y ha vuelto á recobrar la gracia de Dios. El demonio le tienta de nuevo; el jóven se resiste al principio, pero despues vacila, por los lazos que le tiende el enemigo. Jóven, digo yo, responde, ¿qué quieres hacer? ¿Quieres por una miserable satisfaccion perder esta gracia de Dios que has adquirido, y que vale mas ella sola que todo el mundo? ¿Quieres escribirte tú mismo la sentencia de muerte eterna, y condenarte tú mismo á arder eternamente en el infierno? No, me respondes, no quiero yo condenarme, ántes al contrário, quiero salvarme; pero, si cometo este pecado, ya me confesaré de él. Ved ahí el primer lazo del espíritu tentador. Tú me dices que despues te confesarás, pero entre tanto pierdes tu alma. Dime por tu vida : si tuvieras en tus manos una joya que valiera mil ducados, ¿la arrojarias á un rio, diciendo : mas tarde la buscaré con todo cuidado, y la encontraré? Tu alma es esta joya que en tus manos tienes. Jesucristo la rescató con el precio infinito de su sangre preciosa, y tú la arrojas voluntariamente al rio del infierno, pues por el pecado te condenas, segun toda justicia, y despues dices : mas yo espero recobrarla por medio de la confesion. ¿Y si no la vuelves á encontrar? Para recobrarla se necesita una verdadera contricion, que es un don de Dios; ¿y si Dios no la concede? ¿y si viene la muerte sin que hayas tenido tiempo de convertirte?

Dices que en este estado no pasarás sino una semana, y que despues te convertirás. ¿Y quién te ha prometido esta semana? Dices despues que te confesarás mañana; ¿y quién te ha prometido el dia de mañana? *Dios no ha prometido el dia de mañana*, dice S. Agustin; *tal vez lo concederá tal vez no lo concederá* (1). Dios, pues, no te ha prometido el dia de mañana; puede que te lo conceda, puede que te lo niegue, como á tantos otros que se acostaron en buena salud, y que por la mañana siguiente fueron hallados muertos en su cama. ¡Á cuántos pecadores no hizo morir y no envió al infierno en el momento mismo de consumar el crímen! Y si así lo hace contigo, ¿cómo podrás remediar tu eterna perdicion? Has de saber que con estas palabras : ya me confesaré despues, el demonio ha enviado millares de cristianos al infierno; pues difícilmente se hallaria un pecador reducido á un tal estado de desesperacion, que quisiese condenarse, sino que, si pecaba, lo hacia con la esperanza de que se confesaria. Así es como se han condenado tantos miserables, y que no pueden ya ahora poner remedio á su eterna desdicha.

(1) Crastinum Deus non promisit; fortasse dabit, et fortasse non dabit.

Pero me dirás : temo que no podré resistir á esta tentacion; hé aquí el segundo lazo que tiende el demonio, el cual intenta darte á entender que te falta fuerza suficiente para resistir á la violencia de las pasiones. Para estar prevenido contra esta tentacion, preciso es ante todo que sepas que Dios es fiel, como lo dijo el Apóstol, y que no permite jamas que seamos tentados mas allá de nuestras fuerzas : *Mas fiel es Dios, que no permitirá que seais tentados mas allá de vuestras fuerzas* (1). Y te pregunto ademas : si dudas de poder resistir ahora, ¿cómo tendrás confianza para mas tarde en tus propias fuerzas? Mas adelante el enemigo no dejará de provocarte á cometer otros pecados, y entónces él será mas fuerte que tú, y tú mas débil que ántes. Si ahora desconfías en poder apagar esta llama, ¿cómo podrás lograr apagarla, cuando ella sea mayor? Dios me ayudará, decis; pero ¿acaso Dios no te ayuda tambien ahora? ¿y por qué ahora no quieres resistir? ¿Esperais quizá que Dios os añada mas socorros y gracias, cuantos mas pecados hayais cometido? Si deseas mas socorros y mas fuerza, ¿por qué no la pides á Dios? ¿Dudas acaso de que Dios te sea fiel en concederte lo que le pidieres, despues de habértelo prometido? *Pedid y se os dará* (2). Dios no falta nunca á lo que promete : recurre á él, que ya te dará la fuerza de resistir. Dios no manda ningun imposible, dice el concilio de Trento; sino que, al imponernos algunos deberes, nos advierte que podemos cumplirlos con el socorro actual que nos da; y cuando no basta este socorro, él mismo nos exhorta á pedirle mayores; y si se los pedimos, no falta jamas en concederlos (3).

(1) Fideles autem Deus est, qui non patietur vos tentari supra id quod potestis. 1. *Cor.* x. 13.
(2) Petite, et dabitur vobis. *Matth.* vii. 7.
(3) Deus impossibilia non jubet, sed jubendo monet et facere quod possis, et petere quod non possis, et adjuvat ut possis. *Ses.* 6. *cap.* 11.

AFECTOS Y SÚPLICAS

¿Y el haber vos usado conmigo de tanta bondad me habrá movido á ser con vos tan ingrato? Vos y yo hemos obrado como á competencia: yo en huir, vos en correr á mi alcance; vos en colmarme de bienes, y yo en corresponder obrando el mal. ¡Ah Señor! aun cuando no fuese sino por la bondad que conmigo habeis usado, deberia yo estar enamorado de vos, pues á medida que yo aumento el número de mis pecados, aumentais vos él de vuestras gracias. ¿Por dónde he merecido yo la luz con que me regalais? Millares de gracias os doy, Señor, por ella, de todo corazon, y espero dároslas un dia en el cielo por toda una eternidad. Espero en la eficacia de vuestra sangre, que me salvaré, y lo espero sin sombra de temor, ya que conmigo habeis sido tan misericordioso. Espero tambien que me daréis la fuerza para no haceros nunca mas traicion. Propóngome mediante vuestra gracia morir mil veces ántes que ofenderos de nuevo. Amaros quiero durante todos los dias que me restan de vida. ¿Y cómo pudiera dejar de amar á un Dios, que despues de haberse abandonado á la muerte por mí, me ha sufrido con tanta paciencia á pesar de todas las injurias que contra él he cometido? ¡Oh Dios de mi alma! de ello me arrepiento con toda mi alma y por ello quisiera morir de dolor. Pero, si hasta ahora os he vuelto atras el rostro, ahora os amo sobre todo, y mas que á mí mismo. Padre eterno, os ruego por los méritos de Jesucristo que os digneis socorrer á un desdichado pecador que quiere amaros. María, esperanza mia, ayudadme: alcanzadme la gracia de que acuda siempre á vuestro Hijo y á vos todas las veces que el demonio me provoque á ofenderos de nuevo.

PUNTO II

Añade el demonio otra nueva sugestion : *El Señor es el Dios de las misericordias*. Ved ahí el tercer lazo que tiende el demonio á los pecadores, y que hace condenar gran número de ellos. Dice un sabio escritor que la misericordia de Dios envía mas cristianos al infierno que su misma justicia, porque los pecadores, temerariamente confiados en la misericordia divina, pecan y se pierden. El Señor es el Dios de misericordia, ¿quién lo niega? Mas, á pesar de esto, ¿cómo todos los dias van tantos al infierno? Dios es misericordioso, pero tambien es justo, y por consiguiente se ve obligado por su misma justicia á castigar á quien le ofende. Usa de misericordia, ¿pero con quién? con aquellos que le temen : *Su misericordia sobre los que le temen... se ha compadecido el Señor de los que le temen* (1). Pero desplega toda su justicia con los que le desprecian, y que abusan de su misericordia para despreciarle mas todavía. Y esto con mucha razon. Dios perdona al pecador pero no perdona la voluntad de pecar. Dice S. Agustin que el que peca pensando que mas tarde se arrepentirá, no es un penitente, sino un hombre que se burla de Dios: *Es un escarnecedor y no un penitente*. (2). Y nos dice el Apóstol que Dios no permite que se burlen de él : *No querais errar, Dios no puede ser burlado* (3). Sería burlaros de Dios el ofenderle, cuando bien os parece, cuando os place; y despues tener pretensiones al paraiso.

Mas ya que Dios ha usado conmigo de tanta mise-

---

(1) Misericordiam suam super timentes se... Misertus est Dominus timentibus se. *Ps.* CII. 11. 13.
(2) Irrisor est, non pœnitens.
(3) Nolite errare; Deus non irridetur. *Gal.* VI. 7.

ricordia, y que no me ha castigado, espero que tambien usará de ella en adelante. Ved ahí el cuarto lazo que tiende el demonio. ¿Con que pensais que, porque Dios ha tenido piedad de vosotros, será siempre misericordioso, y no os castigará jamas? Pero cuidado: cuanto mas misericordioso ha sido el Señor, mas debeis temer que no os perdone y que os castigue, si le ofendeis de nuevo: *No digas: Pequé, ¿y qué adversidad me ha venido? Porque el Altísimo, aunque sufrido, da lo merecido* (1). No se ha de decir, exclama el Eclesiástico, he pecado, y no se me ha castigado; porque, si Dios es paciente, no lo es siempre. Cuando llegue la época que tiene prefijada para poner un término á los actos de misericordia con que favorece al pecador, entónces es cuando le da el castigo de sus pecados; y ese castigo será tanto mas terrible, cuanto mas largo tiempo haya esperado al pecador, como dice S. Gregorio: *Condena con mas rigor á los que mas espera* (2).

Si pues, hermano mio, habeis muchas veces ofendido á Dios, y no os ha arrojado al infierno debeis exclamar: *Son misericordias del Señor el que nosotros no hayamos sido consumidos* (3). Señor, yo os doy gracias de no haberme enviado al infierno, como yo merecia. Pensad luego en el número de aquellos que son condenados, por haber cometido ménos culpas que vos, y segun este pensamiento, procurad compensar las ofensas que habeis cometido hácia Dios por la penitencia y por las buenas obras. Esta paciencia, que Dios ha tenido con vos, debe alentaros á no disgustarle mas, ántes al contrário, á servirle y á amarle, en vista de las misericordias que sobre vos ha derramado y que no ha usado con otras personas, que quizás no hubieran sido tan ingratas.

(1) Ne dixeris: Peccavi, et quid mihi accidit triste? Altissimus est enim patiens redditor, *Eccli*. v. 4.
(2) Quos diutius expectat, durius damnat.
(3) Misericordiæ Domini, quia non sumus consumpti. *Thren.* III. 22.

AFECTOS Y SÚPLICAS.

¡Oh Jesus crucificado, Señor y Redentor mio! ved ahí el traidor á vuestros piés : vergüenza tengo de parecer en vuestra presencia. ¡Cuántas veces me he burlado de vos! ¡cuántas os he prometido el no ofenderos! pero mis promesas han sido otro tantos actos de traicion, pues, cuando la ocasion se ha presentado, os he olvidado, y de nuevo os he vuelto las espaldas. Os doy gracias por no haber permitido que no me halle sepultado en el infierno, y de que me sufrais á vuestros piés, de que me instruyais y llameis á vuestro amor. Sí, yo os amo, Señor y Dios mio, y no quiero mas despreciaros. Demasiado sufrimiento habeis tenido, ¡y cuán desdichado sería yo, si, á pesar de tantas gracias, os volviera á ofender de nuevo! Por fin he resuelto, Señor, cambiar enteramente de vida, y quiero amaros tanto como os he ofendido. Lo que me consuela es el poder apelar á vuestra bondad infinita. Arrepiéntome de haberos asi despreciado, y os prometo para en adelante todo mi amor. Perdonadme por los méritos de vuestra pasion; olvidad las injurias que os he hecho, y dadme fuerza para seros fiel durante la vida que me queda : yo os amo, soberano bien, y espero amaros siempre. ¡Oh mi Dios! querido sois á mi corazon, y no quiero ya mas abandonaros. ¡Oh Madre de Dios! unidme á Jesucristo, y alcanzadme la gracia de jamas separarme de él. En vos pongo toda mi confianza.

PUNTO III.

Pero yo soy jóven, Dios compadece la juventud; mas tarde ya me daré á Dios. Este es el quinto lazo. ¡Sois jéven! ¿Y no sabeis que Dios no cuenta los años sino los pecados de cada uno de nosotros? ¡Jóven sois! Pero, ¿cuántos pecados habeis cometido? Muchos viejos hay que no han cometido la décima parte de vuestros pecados. ¿Ignorais acaso que el Señor ha fijado el número y la medida de los pecados que quiere perdonar á cada uno de nosotros? *El Señor sufre con paciencia,* dice la Escritura, *para castigarlas (las naciones) en el colmo de sus pecados, cuando viniere el dia del juicio* (1). Lo cual equivale á decir que Dios es paciente, pero que lo es hasta cierto punto; en el cual, cuando la medida de los pecados, que quiere perdonar, se ha llenado, no perdona entónces y castiga al pecador, ya sea dándole la muerte, si se halla en estado de condenacion, ó bien abandonándole en su pecado, castigo mas terrible que la muerte misma : *Le quitaré su cerca (á la viña), y quedará para ser talada* (2). Si tuvierais una propiedad, que por muchos años la hubierais cercado y cultivado, gastando mucho en ella, y que sin embargo no os diese el menor fruto, ¿qué hariais? Quitariais el cerco, y la dejariais abandonada. Temblad pues; así lo hará con vos el Señor. Si continuais á pecar, no sentiréis remordimientos de conciencia, ni pensaréis en la eternidad, ni en vuestra alma : perderéis toda luz y todo amor : ved ahí quitada la cerca ; ved ahí el abandono de Dios.

Toquemos el último lazo. Decis vos : *Verdad es que por este pecado pierdo la gracia de Dios, y me he condenado al infierno. Puede suceder que me vea condenado por esta culpa, pero tambien puede suceder que me confiese y que me salve.* Y bien, sea así, os lo concedo ; posible es que os salveis, pues no siendo yo profeta no puedo deciros con certeza que Dios no os concederá mas

---

(1) Dominus patienter expectat, ut eas (nationes) cùm judicii dies advenerit, in plenitudine peccatorum puniat **2**. *Machab.* VI. 14.
(2) Auferam sepem ejus, et erit in direptionem. *Is.* v. 5.

misericordia. Pero no podeis negar conmigo, que despues de tantas gracias como el Señor os ha hecho, si de nuevo le ofendeis, es muy posible que seais perdido. Ved aquí lo que dice la Escritura : *El corazon duro lo pasará mal á lo último* (1) : el que tiene el corazon obstinado, tendrá un fin desastroso. *Los que proceden malignamente, serán exterminados* (2) : los malos serán exterminados por la justicia divina. *Aquello que sembrare el hombre, eso tambien segará* (3) : el que siembra pecados, no cogerá sino penas y tormentos. *Os llamé, y dijisteis que no* : ... *yo tambien me reiré en vuestra muerte y os escarneceré* (4) : yo os he llamado, dice Dios, y os habeis burlado de mí : á mi vez yo me burlaré de vosotros en la muerte. *Mia es la venganza, y yo les daré el pago á su tiempo* (5) ; es decir : mia es la venganza de los pecadores, y yo me vengaré á su tiempo. Asi habla la Escritura de los pecadores obstinados, y esto exigen la razon y la justicia. Pero insistis diciendo : *Puede ser que á pesar de esto me salve*. Y os repito yo que podeis salvaros, no tiene duda. ¿Pero qué locura fiar la salud del alma á un *puede ser*, y á un puede ser tan poco probable? ¿Haceis negocio por ventura en correr tan inminente peligro?

AFECTOS Y SÚPLICAS.

¡Oh Redentor mio! postrado á vuestros piés os doy gracias de que, despues de tantos pecados cometidos, no me hayais abandonado. ¡Cuántas personas hay que no

---

(1) Cor durum habebit male in novissimo. *Eccli*. III. 27.
(2) Qui malignantur, exterminabuntur. *Ps*. XXXVI. 9.
(3) Quæ seminaverit homo, hæc et metet. *Gal*. VI. 8.
(4) Vocavi et renuistis... Ego quoque in interitu vestro ridebo et subsannabo vos. *Prov*. I. 24. 26.
(5) Mea est ultio, et ego retribuam in tempore. *Deut*. XXXII. 35.

os han ofendido tanto como yo, y que sin embargo no tendrán las luces que vos hoy dia me concedeis! Ya veo que quereis que me salve, y yo quiero salvarme tambien para daros gusto. Al cielo quiero ir para cantar eternamente vuestras misericordias. Creo que me habréis ya perdonado; pero, si jamas debiese caer en desgracia vuestra, porque no he sabido arrepentirme como debia de las ofensas que contra vos he cometido, me arrepiento de ellas con todo mi corazon, y estoy por ellas sumamente afligido. Perdonadme por piedad, y aumentad mas y mas en mí el dolor de haber ofendido á un Dios tan bondadoso. Dadme el dolor y el amor. Os amo sobre todas las cosas, pero os amo demasiado poco : yo quiero amaros lo bastante : os pido este amor, y espero que me le concederéis. Escuchadme, ó Jesus mio, vos que habeis prometido atender á los que os ruegan. !Oh madre de mi Dios, María! todos me dicen que vos no dejais desconsolados á los que á vos se acogen. !Oh esperanza mia, despues de Jesus! á vos recurro, en vos confío, recomendadme vuestro Hijo, y salvadme.

CONSIDERACION XXIV.

DEL JUICIO PARTICULAR.

> *Omnes nos manifestari oportet ante tribunal Christi.*
>
> Es necesario que todos nosotros seamos manifestados ante el tribunal de Cristo.
> (2. Cor. v. 10.)

PUNTO I.

Consideremos el emplazamiento, la oracion, el exámen y la sentencia. Ó hablando de la comparecencia del alma ante el Juez supremo, dicen comunmente los teólogos, que el juicio particular se verifica en el instante mismo en que el hombre espira; y que en el paraje mismo en que el alma se separa del cuerpo es juzgada por Jesucristo, quien no enviará nadie en su lugar, sino que vendrá él mismo en persona á juzgar esta causa: *Á la hora que no pensais vendrá el Hijo del hombre* (1). — *Vendrá lleno de amor para los buenos,* dice S. Agustin, *y lleno de terror para los malos* (2). ¡Oh! ¡qué terror para aquel, que viendo al Redentor por la primera

---

(1) Qua hora non putatis Filius hominis veniet. *Lucæ,* XII. 40.
(2) Veniet bonis in amore, impiis in tremore.

vez, le verá indignado! *Ante la faz de su indignacion ¿quién subsistirá* (1)? ¿Quién podrá estar á la faz de su indignacion? Figurándose esta imágen el P. Luis Dupont temblaba de manera que hacia temblar el aposento que ocupaba. El reverendo P. Juvenal Ancina oyó un dia cantar: *En aquel dia de ira* (2), y al pensar en los terrores que se apoderarán del alma al momento en que será presentada delante de su Juez, tomó la resolucion de abandonar el mundo, como le abandonó en efecto. La indignacion del Juez será la señal de la condenacion: *La indignacion del rey, anuncio es de muerte* (3). Dice S. Bernardo que entónces el alma padecerá mas al ver á Jesucristo irritado, que cuando esté en el infierno mismo (4).

Hase visto á los criminales cubrirse de helado sudor ante los jueces de la tierra. Pison, compareciendo ante el senado cubierto con el vestido de criminal, quedó tan avergonzado, que se quitó la vida. ¡Qué pena para un hijo ó para un súbdito el ver á su padre ó á su rey profundamente indignado! ¡Y qué pena mayor pudiera sentir un alma que ver á Jesucristo, á quién ella ha tanto despreciado en la tierra! *Pondrán su vista en mí á quien traspasaron* (5). Entónces conocerán á aquel á quien traspasaron. Este Cordero que ha tenido tanta paciencia en en este mundo, estará entónces irritado, y el alma le verá en aquel formidable aspecto sin poderle apaciguar. Este terror inconcebible le moverá á suplicar á las montañas que caigan sobre ella, para que la libren así del furor del Cordero airado: *Montes, caed sobre nosotros y escondednos... de la ira del Cordero* (6). Dice S. Lú-

---

(1) Ante faciem indignationis ejus quis stabit? *Nahum*. I. 6.
(2) Dies iræ, dies illa.
(3) Indignatio regis, nuntii mortis. *Prov*. XVI. 14.
(4) Mallet esse in inferno.
(5) Aspicient ad me, quem confixerunt *Zach*. XII. 10.
(6) Montes, cadite super nos, abscondite nos... ab ira Agni. *Apoc*. VI. 16.

cas, hablando del juicio : *Entónces verán al Hijo del hombre* (1). Ver á su propio Juez en forma humana : ¡oh! ¡qué suplicio para el pecador! porque al ver aquel hombre que murió para salvarle, se acordará mas que nuncà de su ingratitud. Cuando el Salvador subió á los cielos, los ángeles dijeron á sus discípulos : *Este Jesus, que de vuestra vista se ha subido al cielo, así vendrá como le habeis visto ir al cielo* (2). El Juez vendrá, pues, á juzgar con las llagas que tenia cuando dejó la tierra : *Grande gozo de los que ven á Dios cara á cara, gran temor de los que esperan* (3), dice Ruperto. Estas llagas consolarán á los justos y llenarán de espanto á los pecadores. Cuando José dijo á sus hermanos : *Yo soy José vuestro hermano, á quien vendisteis* (4), quedaron estos tan sobresaltados que perdieron el uso de la palabra : *No podian responderle los hermanos, espantados de un excesivo terror* (5). ¿Qué responderá el pecador á Jesucristo? ¿Tendrá acaso valor para implorarle piedad, cuando le dé cuenta en aquel instante de los desprecios que hizo de las misericordias de que abusó? ¿*Con qué vergüenza,* dice Eusebio de Emezo, *pedirás misericordia antes de ser juzgado por el desprecio de la misericordia* (6)? ¿Qué hará pues, dice S. Augustin? ¿Adónde huirá, cuando vea sobre sí á su soberano Juez indignado, debajo el infireno abierto para recibirle; á un lado los pecados que le acusan, al otro los demonios que se dan prisa á ejecutar la sentencia, y dentro de sí mismo la conciencia que le roe las entrañas (7)?

(1) Tunc videbunt Filium hominis. *Luc.* XXI. 27.
(2) Hic Jesus, qui assumptus est à vobis in cœlum, sic veniet, quemadmodum vidistis eum euntem in cœlum. *Act.* I. 11.
(3) Grande gaudium intuentium; grandis timor expectantium.
(4) Ego sum Joseph, quem vendidistis.
(5) Non poterant respondere fratres nimio terrore perterriti. *Gen.* XLV. 3.
(6) Qua fronte, misericordiam petes primum de misericordiæ contemptu judicandus?
(7) Superius erit judex iratus, inferius horrendum chaos à dextris peccata accusantia, à sinistris dæmonia ad supplicium

AFECTOS Y SÚPLICAS.

Oh Jesus mio, pues quiero siempre llamaros por vuestro nombre; esto me consuela y me da valor, cuando me acuerdo que sois mi Salvador y que habeis muerto para salvarme. Vedme á vuestros piés : confieso que soy digno de tantos infiernos como veces os he ofendido por el pecado mortal. No merezco perdon; pero vos moristeis para perdonarme : *Piadoso Jesus, no olvides que por mí fué tu venida* (1). Anticipaos, ó Jesus mio, á perdonarme ántes que vengais á juzgarme. Entónces ya no podré pediros piedad, mas ahora puedo, y espero que me la concederéis. Entónces vuestras llagas me llenarán de espanto, ahora me inspiran confianza. ¡Oh Redentor de mi alma! yo me arrepiento sobre todo de haber ofendido vuestra infinita bondad; y prefiero sufrir todas las pérdidas posibles, ántes que burlarme de vuestra gracia. Os amo con todo mi corazon : habed piedad de mí : *Ten piedad de mí, ó Dios, segun tu grande misericordia* (2). Ó María, madre de misericordia, abogada de pecadores, alcanzadme un intenso dolor de mis pecados, el perdon y la perseverancia en el divino amor. Yo os amo, ó reina de mi corazon, y en vos pongo toda mi confianza.

trahentia, intus conscientio urens; quo fugiet peccator sic comprehensus?
(1) Recordare, Jesu pie, quod sum causa tuæ viæ.
(2) Miserere mei, Deus, secundum magnam misericordiam tuam. Ps. L. 1.

PUNTO II

Considerad la acusacion y el exámen : *Se sentó el juicio, y fueron abiertos los libros* (1). Dos libros habrá abiertos, el Évangelio y la conciencia. En el Evangelio se leerá lo que el criminal debia hacer, y en la conciencia lo que ha hecho : *Cada uno verá lo que ha hecho* (2), dice S. Jerónimo. En la balanza de la justicia divina no se pesarán entónces las riquezas, la dignidad, la nobleza de las personas, sino únicamente las obras : *Has sido pesado en la balanza,* dijo Daniel á Baltasar, *y has sido hallado falto* (3). El P. Alvárez comenta así estas palabras : *Ni el oro ni las riquezas entran en la balanza; solo se pesa al rey* (4). Vendrán entónces los acusadores, y el demonio el primero : *Pronto acudirá el demonio,* dice S. Agustin, *ante el tribunal de Cristo, y recitará las palabras de tu profesion. Nos echará en cara todo cuanto hicimos, y el dia y la hora en que pecamos* (5). Recitará las palabras de tu profesion : esto significa que presentará á la vista las promesas á las cuales hemos faltado, nos circunstanciará nuestras faltas, señalándonos el dia'y la hora en que las hemos cometido. En seguida dirá el demonio al Juez, segun S. Cipriano : *Yo no he sufrido por estos ni bofetadas ni azotes* (6) : Señor, yo

(1) Judicium sedit, et libri aperti sunt. *Dan.* VII. 10.
(2) Videbit unusquisque quid fecit.
(3) Appensus es in statera, et inventus es minus habens. *Dan.* v. 27.
(4) Non aurum, non opes in stateram veniunt, solus rex appensus est.
(5) Præsto erit diabolus, ante tribunal Christi, et recitabit verba professionis tuæ. Objiciet nobis in faciem omnia quæ fecimus, in qua die, in qua hora peccavimus. *S. Aug. cont. Jud. tom.* 6.
(6) Ego pro istis nec alapas, nec flagella sustinui.

nada he sufrido por este culpable, mas él os ha abandonado á pesar de haber muerto vos por salvarle, y ha preferido ser mi esclavo : luego me pertenece. Los ángeles custodios, dice Orígenes, serán tambien nuestros acusadores : cada uno de ellos dará testimonio de los años que habrá procurado trabajar para su salvacion, y que él lo despreció todo (1). Pues entónces tendrá lugar lo de Jeremías : *Todos sus amigos la despreciaron* (2) Las paredes que hayan ocultado el crímen, le acusarán tambien : *La piedra desde la pared clamará* (3). Despues, la conciencia : *Dando testimonio á ellos su misma conciencia en el dia en que Dios juzgará* (4). Los pecados mismos hablarán entónces, dice S. Bernardo, y dirán: *Tú nos hiciste, obra tuya somos, no te dejaremos* (5). En fin, dice S. Juan Crisóstomo, las llagas de Jesucristo le acusarán tambien : *Los clavos te redargüirán, las cicatrices hablarán contra ti, la cruz de Cristo alzará la voz para inculparte* (6). Vendrá luego el exámen.

Dice el Señor: *Yo escudriñaré á Jerusalen con la vela en la mano* (7). La lámpara, dice Mendoza, penetra todos los escondrijos de la casa (8). Y Cornelio á Lápide, comentando la palabra *in lucernis,* dice que entónces Dios pondrá delante los ejemplos de los santos, todas las luces, las inspiraciones que haya dado durante la vida y todos los años que haya concedido para hacer el bien : *Llamó contra mí el tiempo* (9). Y en aquel momento,

(1) Unusquisque angelorum testimonium perhibet : quod annis circa cum laboraverit, sed ille omnia sprevit. *Orig.* Hom. 66.
(2) Omnes amici ejus spreverunt eam. *Thren.* I. 2.
(3) Lapis de pariete clamabit. *Habac.* II. 11.
(4) Testimonium reddente illis consciencia ipsorum in die cum judicabit Deus. *Rom.* II. 15. 16.
(5) Tu nos fecisti, opera tua sumus, non te deseremus. *Lib. Medo. cap.* 2.
(6) Clavi de te conquerentur : cicatrices contra te loquentur : crux Christi contra te perorabit. *Chrysost. Hom. in Matth.*
(7) Scrutabor Jerusalem in lucernis. *Soph.* I. 12.
(8) Lucerna omnes angulos permeat.
(9) Vocavit adversum me tempus. *Thren.* I. 15.

pecador, darás cuenta hasta de una mirada, dice S. Anselmo (1). *Purificará á los hijos de Leví, y los afinará* (2). Y así como se purifica el oro separando la escoria del metal, asimismo se examinarán las buenas obras, las confesiones, las comuniones, etc. : *Cuando yo tomare el tiempo, yo juzgaré las justicias* (3). En este juicio, dice S. Pedro, apénas se salvará el justo. *¿Si el justo apénas será salvo, el impío y el pecador en dónde comparecerán* (4)? Si se ha de dar cuenta de una palabra ociosa, ¿ cuán terrible ha de ser la cuenta de tantos malos pensamientos consentidos, de tantas palabras indecentes? *Si se pide cuenta de una palabra ociosa,* dice S. Gregorio, *¿qué cuenta no se pedirá de una palabra impura* (5)? Dice el Señor especialmente, hablando de los escandalosos, que tantas almas le han robado, que se echará sobre ellos como una osa, á la que han robado sus pequeñuelos : *Los asaltaré como osa á quién han robado sus cachorros* (6). Y hablándole por último de las obras, el Juez le dirá : *Dadle del fruto de sus manos* (7). Dadle segun sus obras.

AFECTOS Y SÚPLICAS.

¡Ah Jesus mio! si ahora quisierais vos darme segun mis obras, no me quedaria mas recurso que el infierno. ¡ Oh Dios! ¡cuántas veces he escrito yo mismo la sentencia que me condena al fuego eterno ! Gracias os doy por

(1) Exigetur à te usque ad ictum oculi.
(2) Purgabit filios Levi, et colabit eos. *Malach.* III. 3.
(3) Cum accepero tempus, ego justitias judicabo. *Ps* LXXIV. 3.
(4) Si justus vix salvabitur, impius, et peccator ubi parebunt? 1. *Petr.* IV. 16.
(5) Si de verbo otioso ratio poscitur, quid de verbo impuritatis ?
(6) Occurram eis quasi ursa, raptis catulis. *Os.* XIII. 8.
(7) Date ei de fructu manuum suarum. *Prov.* XXXI. 31.

la paciencia que habeis tenido en sufrirme. ¡Oh Dios! si yo debiera ahora comparecer delante de vuestro tribunal, ¡qué cuenta debiera yo dar de mi vida! *No entres en juicio con tu siervo* (1). ¡Ah! Señor, aguardad aun ántes de juzgarme. Si quisiera juzgarme ahora mismo ¿qué sería de mí? Oid mis súplicas, Señor, y ya que tanta misericordia me habeis manifestado hasta el presente, sed aun misericordioso, infundiéndome un intenso dolor de mis pecados. Arrepiéntome, ó soberano bien, de haberos tantas veces despreciado. Yo os amo sobre todas las cosas. Padre eterno, perdonadme por amor á Jesucristo, y en virtud de sus méritos alcanzadme una santa perseverancia. ¡Oh Jesus mio! todo lo espero de vuestra sangre. Ó María, fuente de santidad, en vuestras manos me entrego : *Ea pues, vuelve á nosotros tus ojos misericordiosos* (2). Contemplad mi miseria, y habed piedad de mí.

PUNTO III.

Para adquirir la salud eterna, es necesario que en el dia del juicio se reconozca que el alma ha conformado su vida con la de Jesucristo: *Los que conoció en su presciencia, á estos tambien predestinó, para ser hechos conformes á la imágen de su Hijo* (3). Mas, esto es lo que hacia temblar á Job : *¿Qué haré, cuando Dios se levantare á juzgar? y cuando me preguntare ¿qué le responderé* (4)? Habiendo reprendido Felipe II á uno de sus domésticos, que le habia engañado, diciéndole estas

---

(1) Non intres in judicium cum servo tuo. *Ps.* CXLII. 2.
(2) Eia ergo, advocata nostra, illos tuos misericordes oculos ad nos converte.
(3) Quos præscivit et prædestinavit conformes fieri imaginis Filii sui. *Rom.* VIII. 29.
(4) Quid faciam cum surrexerit ad judicandum Deus? Et cum quæsierit, quid respondebo illi?

solas palabras : ¿*Y así me engañais?* aquel infeliz al llegar á su casa murió de dolor. ¿Qué hará pues, y qué responderá el pecador á Jesucristo su juez? Hará lo que aquel hombre de quien habla el Evangelio, que habiendo comparecido sin traje de boda, calló, y no supo que contestar : *Mas, él enmudeció* (1). El pecado mismo le cerrará la boca : *Toda iniquidad cerrará su boca* (2). Dice S. Basilio que la afrenta, que sentirá el pecador, le atormentará mas que el fuego del infierno (3).

El Juez por fin pronunciará su sentencia : *Apartaos de mi, malditos, al fuego eterno* (4). ¡Oh! ¡qué rayo tan horrible caerá sobre su cabeza! *¡Oh! ¡cuán terriblemente resonará aquel trueno* (5)! dice Dionisio el Cartujo. Quien no tiembla con esta caida de rayo, muerto es, dice S. Anselmo : y Eusebio añade que el terror del pecador que oiga pronunciar su condenacion, será tan grande, que, si pudiese morir, moriria al momento : *Tan grande será el terror que se apoderará de los malos, cuando vieren que el Juez profiere la sentencia, que moririan otra vez, sin no fuesen inmortales* (6). Entónces, dice Sto. Tomás de Villanueva, no es ya tiempo de rogar, no hay ya intercesores á quienes acudir : *No será tiempo de rogar, ni habrá intercesor, ni amigo, ni padre que nos valga* (7). ¿Á quién, pues, recurrirá? ¿Será á Dios á quien habrá despreciado? ¿ *Quién te li-*

(1) At ille obmutuit. *Matth.* xxII. 12.
(2) Omnis iniquitas oppilabit os suum. *Ps.* CVI. 42.
(3) Horridior, quam ignis, erit pudor.
(4) Discede à me, maledicte, in ignem æternum. *Matth.* xxv. 41.
(5) O quam terribiliter personnabit tonitrum illud !
(6) Tantus terror invadet malos cùm viderint Judicem sententiam proferentem, ut, nisi essent immortales, iterum morerentur.
(7) Non ibi precandi locus; nullus intercessor assiste, non amicus, non pater.

brará? ¿Acaso Dios, á quien despreciaste (1)? ¿Será á los santos? ó ¿á la Vírgen? No, porque entónces : *Las estrellas* (que son los santos patronos) *caerán del cielo; y la luna* (esto es, María, *no alumbrará* (2). Dice san Agustin : María huirá de las puertas del paraiso (3).

¡Oh Dios, exclama Sto. Tomás de Villanueva, con qué indiferencia oimos hablar de juicio, como si la sentencia de condenacion no se dirigiese á nosotros, ó como si nosotros no debiéramos ser juzgados (4). ¡ Y qué locura el estar tranquilos en medio de tan gran peligro (5)! No digas, hermano mio, dice S. Agustin : ¡Ah! ¿querrá Dios enviarme al infierno (6)? No digas esto, continúa el mismo Santo, pues los hebreos no creían deber ser exterminados, y una multitud de réprobos tampoco creían les cupiese tan desdichada suerte, mas al fin llegó la hora del castigo : *El fin llega, llega el fin... ahora enviaré mi furor sobre ti, y te juzgaré* (7). Asi te sucederá á ti. Vendrá el dia del juicio, y hallarás ser verdaderas las amenazas de Dios (8). Á nosotros toca ahora, dice S. Eloy, escoger la sentencia que prefiramos (9). ¿Qué hemos pues de hacer? Preparar nuestras cuentas ántes del juicio : *Ántes del juicio prepara para ti justicia* (10). Observa S. Buenaventura que los negociantes

---

(1) Quis te eripiet? Deus ne ille, quem contempsisti? *S. Basil. Orat. 4. de Pœn.*
(2) Stellæ cadent de cœlo ; et luna non dabit lumen suam. *Matth.* XXIV. 29.
(3) Fugiet à janua paradisi Maria. *Serm. 3. ad fratres.*
(4) Heu! quam securi hæc dicimus et audimus, quasi non tangeret hæc sententia, aut quasi dies ille nunquam esset venturus! *Conc. 1 de Judic.*
(5) Quæ est ista stulta securitas in discrimine tanto ?
(6) Numquid Deus vere damnaturus est ?
(7) Finis venit, venit finis... nunc immitam furorem meum in te, et judicabo. *Ez.* VII. **2.** *et* 3.
(8) Veniet judicii dies, et invenies verum quod minatus est Deus.
(9) In potestate nostra datur qualiter judicemur.
(10) Ante judicium para justitiam. *Eccli* XVIII. 19.

cuerdos, á fin de no hallarse engañados, repasan con frecuencia sus cuentas. Dice S. Agustin : El juez ántes del juicio puede aplacarse, pero en el juicio ya no puede (1). Digamos pues al Señor, con S. Bernardo : *Quiero presentarme despues y no ántes de ser juzgado* (2). Ó Juez mio, quiero que me juzgueis ahora miéntras vivo, y que me castigueis miéntras puedo aprovecharme de vuestra misericordia, y podeis perdonarme; porque despues de la muerte será tiempo de justicia.

AFECTOS Y SÚPLICAS.

¡Oh Dios mio! si ahora no os aplaco, no será ya entónces tiempo de hacerlo. ¿Mas, como os aplacaré, yo que tantas veces he despreciado vuestra amistad por placeres terrestres? Con ingratitudes he correspondido á vuestro amor inmenso. ¿Qué satisfaccion meritoria puede dar una criatura á su criador por haberle ultrajado? ¡Ah Señor! gracias os doy de que vuestra misericordia me haya ya proporcionado el medio como aplacaros y como satisfaceros. Os ofrezco la sangre y la muerte de Jesucristo vuestro hijo, y veo ya vuestra justicia aplacada y superabundantemente satisfecha. Mas, para esto es necesario que yo tenga contricion. Sí, ó Dios mio, yo me arrepiento de todo mi corazon de todas las injurias que contra vos he cometido. Juzgadme pues desde ahora, ó Redentor mio : yo detesto mas que todos los males los disgustos que os he causado. Os amo de todo mi corazon, y me propongo amaros siempre, y morir ántes que ofenderos. Vos habeis prometido perdonar á los que se arrepienten; valor, ó Dios mio, juzgadme ahora y ab-

---

(1) Judex ante judicium placari potest, in judicio non potest.
(2) Volo judicatus præsentari, non judicandus.

solvedme de mis pecados. Ya acepto la pena que merezco; pero restablecedme en vuestra gracia y conservádmela hasta la muerte : así lo espero. Ó María, madre mia, os doy gracias por tantas misericordias como me habeis alcanzado. Continuad en protegerme hasta el fin

CONSIDERACION XXV.

DEL JUICIO UNIVERSAL.

> *Cognoscetur Dominus judicia faciens.*
> Conocido será el Señor que hace justicia. (Ps. IX. 17.)

PUNTO I.

No hay persona en el dia mas despreciada en el mundo que Jesucristo. Se hace mas caso de un hombre cualquiera que de Dios, porque se teme que este hombre viéndose ofendido, no se indigne y no se vengue; pero á Dios se le ultraja, se multiplican contra él las injurias, como si Dios no pudiese vengarse, cuando le place : *Y juzgaban del Todopoderoso como si nada pudiese* (1). Mas para esto Dios tiene destinado un dia que es el dia del juicio universal, dia llamado por la Escritura *Dia del Señor* (2), en que Jesucristo querrá darse á conocer por el Señor de todas las cosas : *Conocido será el Señor que hace justicia* (3). Este dia no se llama el dia de misericordia y de perdon, sino *dia de ira, dia*

---

(1) Et quasi nihil posset facere Omnipotens, æstimabant eum. *Job.* XXII. 17.
(2) Dies Domini.
(3) Cognoscetur Dominus judicia faciens. *Ps.* IX. 17.

de tribulacion y de angustia, dia de calamidad y de miseria (1). Sí, porque entónces el Señor vendrá á resarcir el honor que los pecadores de esta ingrata y pérfida tierra han osado arrebatarle. Veamos pues cómo vendrá el juicio de este grande dia.

Ántes de la llegada del Juez, *Fuego irá delante de él* (2) : vendrá fuego del cielo que abrasará la tierra y todo cuanto esta encierra : *La tierra y todas las obras que hay en ella, serán abrasadas* (3). Asi pues, palacios, iglesias, casas de campo, ciudades, reinos, todo esto se reducirá á un monton de cenizas. Preciso es purificar con el fuego esta gran casa contagiada por la presencia del pecado. Ved ahí el término final de las riquezas, de las pompas y de las delicias de la tierra. Los hombres habrán ya muerto, sonará la trompeta, y resucitarán todos : *La trompeta pues sonará, y los muertos resucitarán* (4). S. Jerónimo, comentando el capítulo 5 de S. Mateo, dice : Cuando considero el dia del juicio, me estremezco : siempre me parece resonar en mis oidos aquella trompeta : *Levantaos, muertos, venid á juicio* (5). Al son de esta trompeta las almas de los bienaventurados descenderán bellas todas y resplandecientes para unirse á sus cuerpos, con los que habrán servido á Dios en esta vida. Y las almas desdichadas de los condenados saldrán del infierno para unirse á esos cuerpos malditos con los cuales han ofendido á Dios.

¡Oh! ¡qué diferencia entónces entre los cuerpos de los bienaventurados y los de los réprobos! Aquellos apa-

(1) Dies iræ, dies tribulationis et angustiæ, dies calamitatis et miseriæ. *Soph.* I. 15.
(2) Ignis ante ipsum præcedet. *Ps.* XCVI. 3.
(3) Terra autem et quæ in ipsa sunt opera exurentur. 2. *Petre.* III. 10.
(4) Canet enim tuba, et mortui resurgent. 1. *Cor.* XV. 52.
(5) Quoties diem judicii considero, contremisco ; semper videtur illa tuba insonare auribus meis : Surgite, mortui, venite ad judicium.

recerán blancos como la nieve y mas brillantes que el mismo sol ; *Entónces los justos resplandecerán como el sol* (1). ¡Feliz aquel que sabe mortificar su carne en esta vida, negándole los deleites prohibidos, y que para enfrenarla mejor, le niega hasta los placeres lícitos de los sentidos, y la maltrata como han hecho los santos ! ¡Oh! cuán lleno de contento estará entónces, como S. Pedro de Alcántara que, despues de su muerte, dijo á Sta Teresa : *¡ Oh feliz penitencia, que tanta gloria me ha producido* (2)! Los cuerpos de los reprobados, al contrário, parecerán feos, negros y hediondos. ¡Oh ! ¡qué pena entónces para el condenado el reunirse con su cuerpo maldito ! dirá el alma, ¡ yo me he perdido para darte gusto ! Y el cuerpo dirá : Alma maldita, tú que estabas dotada de razon, ¿por qué me concediste aquellos placeres que te han perdido conmigo por toda una eternidad ?

DEL NÚMERO DE LOS PECADOS.

¡Ah! Jesus mio, mi Redentor, que debeis ser mi juez, perdonadme ántes que llegue este dia terrible : *No apartes de mí tu rostro* (3). Ahora vos sois mi padre, y como tal, admitid en vuestra gracia un hijo que vuelve á vuestros piés lleno de arrepentimiento. Ó Padre mio, os pido perdon, por lo muy injustamente que os he ofendido y os he abandonado : no mereciais vos de mí tan indignos tratamientos, pero ya me arrepiento de ello, y se me parte el corazon de dolor. Perdonadme, perdonadme: *No apartes de mí tu rostro*. No me volvaisá la otra parte la cara, no me trateis como yo merezco. Acordaos de la sangre que por mí habeis derramado, y habed piedad

---

(1) Tunc justi fulgebunt sicut sol. *Matth.* XIII. 43.
(2) O felix pœnitentia, quæ tantam mihi promeruit **gloriam!**
(3) Non avertas faciem tuam à me. *Ps.* CXLII. 7.

de mí. ¡Oh Jesus mio! no quiero otro juez que vos. Decia santo Tómas de Villanueva : Gustoso me someto al juicio de aquel que murió por mí, y que para no condenarme se dejó condenar á la cruz. Y. S. Pablo ántes habia dicho : ¿*Quién es el que condenará? Jesucristo que murió por nosotros* (1). ¡Oh Padre mio ! yo os amo, y en adelante no quiero abandonaros. Y al acordaros de las injurias que os he hecho, inspiradme un amor intenso hácia vuestra bondad. Deseo amaros mucho mas de lo que os he ofendido ; pero sin vuestro socorro, no puedo amaros. Ayudadme, ó mi Jesus ; haced que sea yo reconocido á vuestro amor, á fin de que en aquel dia espantoso me halle en el valle del juicio entre aquellos que os aman. Ó María, mi reina y mi abogada, socorredme, pues si me pierdo, no podréis socorrerme. Vos que rogais por todos, rogad por mí, que me glorío de ser uno de vuestros mas rendidos siervos, y que en vos he puesto tanta confianza.

PUNTO II.

Cuando los hombres hayan resucitado, los ángeles les intimarán que vayan á reunirse en el valle de Josafat para ser allí juzgados : *Pueblos, pueblos en el valle de la matanza, porque cercano está el dia del Señor* (2). Cuando todos se hallen reunidos, vendrán los ángeles y separarán los malos de los elegidos : *Saldrán los ángeles, y apartarán á los malos de entre los justos* (3). Los justos quedarán á la derecha, los condena-

---

(1) Quis est qui condamnet? Christus Jesus qui mortuus est. *Rom.* VIII. 34.
(2) Populi, populi in valle concisionis, quia juxta est dies Domini. *Joel.* III. 14.
(3) Exibunt Angeli, et separabunt malos de medio justorum. *Matth.* XIII. 49.

dos serán colocados á la izquierda. ¡Que tormento el verse entónces separado del cuerpo de la Iglesia! ¡Qué pena verse rechazados de la compañía de los santos! ¡Qué confusion la de los impíos, cuando separados de los justos, se vean abandonados á su eterna desdicha! Dice S. Crisóstomo que, si los condenados no tuviesen otra pena que sufrir, esta sola confusion les serviria de infierno (1). El hijo será separado de su padre, el marido de su mujer, el amo de su servidor : *El uno será tomado, y el otro será dejado* (2). Decidme, hermano mio, ¿adónde preferis ir? Si quereis estar á la derecha, abandonad la senda que conduce á la izquierda.

En este mundo no se honra sino á los príncipes y á los ricos, y se desprecia á los santos que viven en la pobreza y en la humillacion. Ó fieles que amais á Dios, no os aflijais de ser mal vistos y humillados sobre la tierra : *Vuestra tristeza se convertirá en gozo* (3). Entónces seréis llamados los verdaderamente dichosos, y tendréis el honor de ser declarados cortesanos de la corte de Jesucristo. ¡Oh! ¡qué grande dicha el haber sido un S. Pedro de Alcántara, que fué vilipendiado como un apóstata ; un S. Juan de Dios, que fué tratado de loco; un S. Pedro Celestino, que despues de haber renunciado al sumo pontificado, murió en una prision! ¡Oh! ¡qué honor, qué gloria para tantos mártires que fueron desgarrados por los verdugos! *Entónces cada uno tendrá de Dios la alabanza* (4). ¡Cuán horribles, al contrário, serán los Heródes, los Pilátos, los Nerones, y una multitud de otros grandes de la tierra que se verán condenados! ¡Oh amadores del mundo! en aquel valle, en aquel valle os aguardo yo.

---

(1) Et si nihil ulterius paterentur, ista sola verecundia sufficeret eis ab pœnam. *In Matth. cap.* 24.
(2) Unus assumetur, et unus relinquetur. *Matth.* XXIV. 40.
(3) Tristitia vestra vertetur in gaudium. *Joan.* XVI. 20.
(4) Tunc laus erit unicuique à Deo. 1. *Cor.* IV. 5.

Allí mudaréis de parecer, allí lloraréis vuestra locura. Desgraciados, que por representar un corto papel en la escena del mundo, haréis entónces el triste papel de condenados en la terrible tragedia del juicio. Los elegidos serán colocados á la derecha, y para su mayor gloria, dice el Apóstol, serán levantados por los aires en una nube, é irán con los ángeles al recibimiento de Jesucristo, qué descenderá del cielo : *Seremos arrebatados con ellos en las nubes á recibir á Cristo en los aires* (1). Y los condenados, como machos de cabrío destinados al matadero, serán arrojados á la izquierda, miéntras se aguarda al Juez que haga pública la condenacion de sus enemigos.

Mas, ya los cielos se abren ; los ángeles vienen á asistir al juicio, llevando en sus manos los instrumentos de la pasion de Jesucristo : *Cuando el Señor venga para juzgar,* dice Santo Tomás, *aparecerá la señal de la cruz y otros trofeos de la pasion* (2). La cruz sobre todo aparecerá : *Y entónces parecerá la señal del Hijo del hombre en el cielo, y entónces plañirán todas las tribus de la tierra* (3). Exclama Cornelio á Lápide . ¡Oh! ¡cómo entónces al ver la cruz lamentarán los pecadores el haber descuidado su eterna salud que tanto costó al Hijo de Dios! *Llorarán los que descuidaron de su salvacion, que tan cara costó á Jesucristo* (4). Entónces, dice san Juan Crisóstomo : *Los clavos se quejarán de ti, contra ti hablarán las llagas, y contra ti clamará la cruz de Cristo* (5). Los santos Apóstoles

---

(1) Rapiemur cum illis in nubibus obviam Christo in aera. 1. *Thess.* IV. 16.
(2) Veniente Domino ad judicium, signum Crucis et alia passionis indicia demonstrabuntur. *Opusc.* 2. c. 244.
(3) Et tunc parebit signum Filii hominis in cœlo, et tunc plangent omnes tribus terræ. *Matth.* XXIV. 30.
(4) Plangent qui salutem suam, quæ Cristo tam caro stetit, neglexerint.
(5) Clavi de te conquerentur, cicatrices contra te loquentur, crux Christi contra te perorabit. *Hom.* 29. *in Matth.*

asistirán tambien á este juicio como asesores, junto con todos aquellos que los hayan imitado, y todos juntos juzgarán las naciones : *Resplandecerán los justos..., juzgarán á las naciones* (1). Vendrá tambien á presenciarlo todo la Reina de los santos y de los ángeles, la Vírgen María. En fin, vendrá el Juez eterno sobre un trono de majestad y de luz : *Y verán al Hijo del hombre que vendrá en las nubes del cielo con grande poder y majestad* (2) — *Á su presencia serán atormentados los pueblos* (3). La vista de Jesucristo consolará á los elegidos, pero á los reprobos les causará mas tormento que el infierno mismo : *Para los condenados,* dice S. Jerónimo, *es preferible sufrir las penas del infierno, que la presencia del Senor* (4). Decia Santa Teresa : Ó Jesus mio, hacedme sufrir el suplicio que os plazca, pero no me mostreis vuestra faz indignada en aquel terrible dia. *Esta confusion exeeded toda pena*(5), dice S. Basilio. Entónces sucederá lo que san Juan predijo; los condenados pedirán á las montañas que caigan sobre ellos y los sustraigan de la presencia del Juez irritado : *Decian á los montes : Caed sobre nosotros, y escondednos de la presencia del que está sentado sobre el trono, y de la ira del Cordero* (6).

(1) Fulgebunt justi... judicabunt nationes. *Sap.* III. 7.
(2) Et Videbunt Filium hominis venientem in nubibus cœli, cum virtute multa, et majestate. *Matth.* XXIV. 30.
(3) A facie ejus crociabuntur populi. *Joel.* II. 6.
(4) Damnatis, melius esset inferni pœnas, quam Domini præsentiam ferre.
(5) Superat omnem pœnam confusio ista.
(6) Dicunt autem montibus : Cadite super nos, et abscondite nos à facie sedentis super thronum, et ab ira Agni. *Apoc.*VI.16.

AFECTOS Y SÚPLICAS.

¡Oh Redentor mio! cordero de Dios, que vinisteis al mundo no para castigar sino para perdonar; ¡ah! perdonadme ántes del dia terrible en que debeis juzgarme. Veros entónces, ó Cordero sin mancha, que con tanta paciencia me habeis sufrido, y perderos, seria el infierno de mi infierno. Perdonadme luego, y haced que auxiliado por vuestro mano bienhechora salga del hondo precipicio en que he caido por mis pecados. Pésame, ó soberano bien, de haberos con tanta frecuencia ofendido. Yo os amo, ó Juez mio, pues vos tanto me habeis amado. ¡Ah! por los méritos de vuestra muerte, hacedme la gracia inefable de convertirme de pecador en santo. Prometido habeis atender á los que os piden: *Clama á mi, y te oiré* (1). No os pido bienes de la tierra, no quiero sino vuestra gracia y vuestro amor. Escuchadme, Jesus mio, por aquel amor que me tuviste, muriendo en cruz. Ó Juez amado, culpable soy, pero un culpable que os ama mas que á sí mismo. Habed piedad de mí. María, ó madre mia, socorredme á toda prisa, ahora es cuando lo necesito. Vos no me habiais abandonado, cuando yo vivia apartado de vos y de mi Señor; socorredme ahora que he tomado la resolucion de serviros siempre y de no ofender mas á Dios. Ó María, vos sois mi esperanza.

PUNTO III.

Mas, el juicio va á empezar. Abierta está la audiencia; examínanse los procesos, esto es, las conciencias: *Se*

---

1) Clama ad me, et exaudiam te. *Jer.* XXXIII. 8.

sentó el juicio y fueron abiertos los libros (1). Los primeros testigos que se levanten contra los réprobos, serán los demonios, los cuales exclamarán, segun dice san Agustin : Justísimo Juez, entréganos como nuestro al que no quiso ser tuyo. Despues acusarán las propias conciencias: *Dando testimonio á ellos su misma conciencia* (2). Ademas habrá otros testimonios que clamarán venganza; tales serán las paredes de la casa en la que los pecadores habrán ofendido á Dios : *La piedra desde la pared clamará* (3). Vendrá enfin el testimonio del mismo Juez, que ha estado presente á todas las ofensas que se le han hecho : *Yo soy el juez y el testigo, dice el Señor* (4). Dice S. Pablo que en aquel momento el Señor *aclarará aun las cosas escondidas de las tinieblas* (5). Descubrirá á todos los hombres los pecados mas ocultos y mas vergonzosos de los réprobos, hasta aquellos que se habrán ocultado al confesor : *Descubriré tus ignominias en tu cara* (6). El maestro de las sentencias y muchos otros teólogos opinan que los pecados de los elegidos no serán descubiertos, sino que quedarán ocultos á los ojos de todos, segun aquello de David : *Bienaventurados aquellos cuyas iniquidades han sido perdonadas, y cuyos pecados han sido encubiertos* (7). Al contrário, dice San Basilio, los pecados de los réprobos, presentados como en un cuadro, se descubrirán de una sola ojeada (8). Añade santo Tomás: Si en el huerto de Getsemaní por la sola palabra de : *Yo soy* (9),

(1) Judicium sedit, et libri aperti sunt. *Dan.* VII. 10.
(2) Testimonium reddente illis conscientia ipsorum. *Rom.* II. 15.
(3) Lapis de pariete clamavit. *Habac.* II. 11.
(4) Ego sum judex et testis, dicit Dominus. *Jer.* XXIX. 23.
(5) Illuminabit abscondita tenebrarum. 1. *Cor.* IV. 5.
(6) Revelabo pudenda tua in facie tua. *Nahum.* III. 5.
(7) Beati quorum remissæ sunt iniquitates, et quorum tecta sunt peccata. *Ps.* XXXI. 1.
(8) Unico intuitu singula peccata, velut in pictura, noscentur. *Lib.* 1. *de Ver. Virg.*
(9) Ego sum.

todos los soldados que habian venido á prender á Jesucristo, cayeron en tierra, ¿qué será cuando, sentándose en su trono de juez, diga á los condenados : Yo soy aquel á quien tanto habeis despreciado? *Qué hará cuando juzgará el que hizo esto cuando habia de ser juzgado* (1) ?

Mas, ha llegado ya el momento de dar el fallo. Jesucristo volverá su rostro hácia los elegidos, y les dirá estas dulces palabras : *Venid, benditos de mi Padre, poseed el reino que os está preparado desde el establecimiento del mundo* (2). S. Francisco de Asis, que sabia por revelacion que era predestinado, nunca habia sentido consolacion semejante. ¡ Qué alegría el oir de boca del soberano Juez : Venid, hijos benditos, venid á mi reino! Ya no habrá para vosotros mas penas, ni mas temor : conmigo estais y estaréis por toda la eternidad. Bendigo la sangre que por vosotros he derramado : bendigo las lágrimas que vosotros habeis derramado por vuestros pecados; vamos al cielo en donde estaremos juntos eternamente. La Vírgen María bendecirá tambien á sus devotos y los invitará á seguirla en el paraiso : entónces los elegidos, al canto de ¡ *aleluya!* ¡ *aleluya!* harán su entrada triunfante en el cielo, en donde poseerán, bendecirán y amarán á Dios eternamente.

Los condenados, empero, volviéndose á Jesucristo, le dirán : ¿ Y nosotros, desdichados, qué hacemos ? Vosotros, les dirá el Juez eterno, ya que renunciasteis á mi gracia, y que la habeis pisoteado con descaro: *Apartaos de mí, malditos, al fuego eterno* (3). *Apartaos*, no quiero mas veros ni oiros. *Malditos* seais, pues habeis despreciado mi bendicion. ¿ Y adónde irán, Señor, es-

---

(1) Quid faciet judicaturus, qui hoc fecit judicandus ?
(2) Venite, benedicti Patris mei, possidete paratum vobis regnum à constitutione mundi. *Matth*. xxv. 34.
(3) Discedite à me, maledicti, in ignem æternum. *Matth*. xxv. 41.

tos desgraciados? *Al fuego,* al infierno, para arder allí en cuerpo y en alma. Mas, ¿cuántos años? ¿cuántos siglos? ¡Qué siglos! qué años! *Al fuego eterno:* ¡para siempre! ¡miéntras Dios sea Dios! Despues de esta sentenria, dice S. Efren, los réprobos se despedirán de los santos, de sus parientes, de la Madre de Dios : *A Dios, justos; á Dios, cruz; á Dios, paraíso; á Dios, padres é hijos, pues ya no hemos de ver mas á ninguno de vosotros. A Dios tambien tú, ó María, madre de Dios*(1) Y entónces, del centro del vallado se abrirá la tierra, y demonios y condenados serán tragados juntamente; y oirán cerrarse tras sí las puertas que no se abrirán nunca jamas, por toda la eternidad. ¡Oh pecado maldito! ¡á qué desdichado fin habrás conducido un dia á tantas pobres almas! ¡Oh almas desgraciadas, para quienes está reservado un fin tan deplorable!

AFECTOS Y SÚPLICAS.

¡Ah Salvador y Dios mio! ¿cuál será la sentencia, que sobre mí daréis en aquel espantoso dia? Si ahora, mi dulce Jesus, me pidierais cuenta de mi vida, ¿qué pudiera responderos sino que merezco mil infiernos? Sí, Redentor mio, verdad es : mil infiernos merezco, pero sabed que os amo, y que os amo mas que á mí mismo : y tanto es mi dolor por los pecados que he cometido, que prefiriera haber sufrido todo género de males ántes que haberos disgustado. ¡Oh Jesus! vos condenais á los pecadores obstinados, pero no á aquellos que se arrepienten y que quieren amaros. Á vuestros piés me teneis postrado, plenamente arrepentido : dadme á conocer que

---

(1) Valete, justi, vale, crux, vale, paradise : valete, patre ac filii; nullum si quidem vestrum visuri sumus ultra. Vale tu quoque, Dei genitrix, Maria. *S. Efrem. de Var. torm. inf.*

me perdonais. Mas ya escucho al profeta que me dice: *Volveos á mí y yo me volveré á vosotros* (1). Todo lo abandono, renuncio todos los placeres y todos los bienes de este mundo, y á vos me convierto, y os abrazo, ó amado Redentor. ¡Ah! recibidme en vuestro corazon, y en él, inflamadme en vuestro santo amor; inflamadme de tal manera que no intente nunca mas separarme de vos. Ó Jesus mio, salvadme, y toda mi salud consista en amaros y ensalzar siempre vuestras misericordias: *Cantaré eternamente las misericordias del Señor* (2). Ó María, mi esperanza, mi refugio, y madre mia, ayudadme y conseguidme la santa perseverancia. Nadie de los que han reclamado vuestro socorro, se ha perdido. Á vos me encomiendo pues, habed piedad de mí.

(1) Convertimini ad me et convertar ad vos. *Zac.* I. 3.
(2) Misericordias Domini in æternum cantabo. *Psalm.* LXXXII. 2.

CONSIDERACION XXVI.

DE LAS PENAS DEL INFIERNO.

Et ibunt hi in supplicium æternum.
É irán estos al suplicio eterno. (Matth. xxv. 46.)

PUNTO I.

El pecador cuando peca, comete dos males: abandona á Dios, que es el soberano bien, y se convierte hácia las criaturas: *Porque dos males hizo mi pueblo: me dejaron á mí, que soy fuente de agua viva, y cavaron para sí aljibes rotos, que no pueden contener las aguas* (1). Y porque el pecador se da á las criaturas despues que se ha disgustado de Dios, es justamente atormentado en el infierno por estas mismas criaturas, el fuego, y los demonios; lo cual constituye la pena de los sentidos; mas, como su mayor delito es el haber abandonado á Dios, la pena principal será tambien la de daño, que consiste en la pérdida de Dios.

Consideremos ante todo la pena de los sentidos. Es

---

(1) Duo enim mala fecit populus meus: me derelinquerunt fontem aquæ vivæ, et foderunt sibi cisternas, cisternas dissipatas, quæ continere non valent aquas. *Jer.* II. 13.

de fe que hay un infierno. En el centro de la tierra se encuentra esta vasta prision, reservada al castigo de aquellos que se han rebelado contra Dios. ¿Qué es pues el infierno? *Es un lugar de tormentos* (1): así llamó al infierno el Rico avariento. Lugar de tormentos, en donde todos los sentidos y todas las potencias del condenado sufrirán su suplicio separado, en donde cada sentido sufrirá mas ó ménos segun lo que haya servido para ofender á Dios: *Por las cosas en que uno peca, por las mismas es tambien atormentado* (2). — *Cuanto ha vivido en deleites, tanto daréis de tormento* (3). La vista será atormentada por las tinieblas: *La tierra tenebrosa y cubierta de oscuridad de muerte* (4). ¡Qué compasion no excita un hombre encerrado en un hoyo oscuro durante cuarenta ó cincuenta años de su vida! El infierno es un hoyo cerrado por todos lados en donde no entra jamas rayo de sol ni de luz: *Ya no verá jamas la luz* (5). El fuego, que en la tierra alumbra, será del todo oscuro en el infierno: *Voz del Señor que dispara centellas de fuego* (6). S. Basilio desenvuelve así este pensamiento: El Señor separará la luz del fuego, de manera que el fuego abrasará sin alumbrar. Con mayor concision se explica aun Alberto el Grande, diciendo: *Separará la luz del fuego* (7). El humo que saldrá de aquel fuego formará aquel nublado de tinieblas de que habla el apóstol S. Judas, y que cegará los ojos de los condenados: *Para los que está reservada la tempestad de las tinieblas eternas* (8). Dice Sto. Tomás que los condenados no gozan

(1) In hunc locum tormentorum. *Luc.* XVI. 28.
(2) Per quæ peccat quis, per hæc et torquetur. *Sap.* XI. 17.
(3) Quantum in deliciis fuit, tantum date illi tormentum. *Apoc.* XVIII. 7.
(4) Terram tenebrosam, et apertam mortis caligine. *Job.* X. 21.
(5) Usque in æternum non videbit lumen. *Ps.* XLVIII. 20.
(6) Vox Domini intercidentis flammam ignis. *Ps.* XXVIII. 7.
(7) Dividet à calore splendorem.
(8) Quibus procella tenebrarum servata est in æternum. *Judæ.* 13

de la luz sino para sufrir un nuevo tormento: *Lo que basta para ver aquellos objetos que son capaces de atormentar* (1). Al pálido fulgor de aquella luz, verán la horrible deformidad de los demas condenados y de los demonios que se les aparecerán bajo formas espantosas para mantenerlos en contínuo pavor. El olfato tendrá tambien su suplicio. ¡Qué tormento el ser encerrado en un aposento con un cadáver en estado de putrefaccion! *Subirá hedor de sus cadáveres* (2). El réprobo se hallará en medio de una multitud de otros condenados, vivientes para sufrir, pero cadáveres por el hedor que despedirán. Dice S. Buenaventura que, si el cuerpo de un condenado fuese arrojado fuera del infierno, infectaria tan de léjos su hediondez que causaria la muerte á todos los hombres. Y despues, véngannos á decir algunos insensatos: si me voy al infierno, no estaré allí solo. ¡Desdichados! cuantos mas seais, mas sufriréis. *Allí,* dice Sto. Tomás, *la sociedad de los miserables no menguará sino que aumentará la miseria* (3). Sí, mas sufriréis, infelices, pues habrá mas hedor, habrá mas gritos, y estaréis mas apretados. Porque en el infierno estarán amontonados unos sobre otros como carneros apiñados en invierno: *Como ovejas son puestos en el infierno* (4). Así pues, serán como racimos aplastados bajo la prensa de la cólera de Dios: *Y él pisa el lagar del vino del furor de la ira de Dios* (5). De ahí se seguirá la pena de la inmobilidad: *Queden inmobles como piedra* (6). Del modo que el condenado caiga en el infierno en el último dia, así quedará sin cambiar de po-

---

(1) Quantum sufficit ad videndum illa quæ torquere possunt.
(2) De cadaveribus eorum ascendit fœtor. *Is.* XXXIV. 3.
(3) Ubi miserorum societas miseriam non minuet, sed augebit. *S. Thom. Suppl. qu.* 86. *art.* 1.
(4) Sicut oves in inferno positi sunt. *Ps.* XLVIII. 15.
(5) Et ipse calcat torcular vini furoris iræ Dei. *Apoc.* XIX. 15.
(6) Fiant immobiles quasi lapis. *Exod.* XV. 16.

sicion y sin poder mover piés ni manos, y esto miéntras Dios sea Dios.

El oído será tambien atormentado por los aullidos continuos, por los gemidos de aquellos infelices desesperados. Los demonios harán un ruido incesante: *Sonido de terror siempre en sus orejas* (1). ¡Cuánto se sufre cuando se quiere dormir, y se oye ó un enfermo que se lamenta sin cesar, ó un perro que ladra, ó un niño que se deshace en llanto! ¡Infelices condenados, que han de escuchar durante una eternidad el estruendo y los gritos de los condenados! El estómago estará atormentado por el hambre, porque el réprobo sufrirá un hambre devoradora: *Padecerán hambre como perros* (2). Mas no habrá un pedazo de pan. La sed será tal, que toda el agua del mar no bastaria á satisfacerla. Una sola gota pide el Rico Avariento, pero no la ha conseguido hasta ahora, ni la conseguirá nunca jamas.

AFECTOS Y SÚPLICAS.

¡Ah Señor! vedme aquí á vuestras plantas, vedme á mí que tan poco caso hice de vuestra gracia como de vuestros castigos. ¡Cuán desdichado sería, ó mi Jesus, si no hubieseis tenido compasion de mí! ¡Cuánto tiempo haria ya que me hallara en aquella cárcel ardiente y hedionda, en donde están ardiendo ya gran número de mis conocidos! ¡Ah Redentor mio! ¿cómo al pensar en esto, no me abraso de amor hácia vos? ¿Cómo puedo ni soñar en ofenderos en adelante? ¡Ah! ¡no sea ya mas así, ó Jesus mio! Hacedme ántes morir mil veces. Ya que habeis empezado, concluid vuestra obra. Ya que me arrancasteis de la hediondez de mis pecados, y con tanta be-

---

(1) Sonitus terroris semper in auribus illius. *Job.* xv. 21.
(2) Famem patientur ut canes. *Ps.* LVIII. 15.

nignidad me habeis llamado á vuestro amor, haced que emplee ahora para vos el tiempo que me concedeis. ¡Cuánto dieran los condenados por un dia, por una hora de las que vos medais! ¿Y qué haré yo? ¿continuaré en emplearlas para disgustaros? No, Jesus mio, no lo permitais por los méritos de esta sangre que hasta este dia me ha librado del infierno. Yo os amo, ó soberano bien, y porque os amo, me arrepiento de haberos ofendido. No quiero ultrajaros mas, ántes quiero amaros siempre. Ó María, madre mia, y reina mia, rogad á Jesus por mí, y concededme el don de la perseverancia y de su santo amor.

PUNTO II.

El suplicio que mas atormenta los sentidos del condenado, es el fuego del infierno, que afecta al tacto : *La venganza de la carne del impío será fuego y gusanos* (1). El Señor hace del fuego una mencion especial en el juicio : *Apartaos de mi, malditos, al fuego eterno* (2). El suplicio del fuego es en este mundo el mas horrible de todos ; pero hay tanta diferencia de nuestro fuego al del infierno, que, segun san Agustin, el nuestro es con respecto á aquel una mera pintura (3). Y añade S. Vicente Ferrer que el nuestro es frio comparado con aquel. Y la razon es porque nuestro fuego fué criado para utilidad nuestra, pero el del infierno lo fué para atormentar. *Hay gran diferencia,* dice Tertuliano, *del fuego que sirve para el uso del hombre al que sirve para la justicia de Dios* (4). La indignacion de Dios enciende

---

(1) Vindicta carnis impii ignis et vermis. *Eccli.* VII. 19.
(2) Discedite à me, maledicti, in ignem æternum. *Matth.* XXV. 41.
(3) In cujus comparatione noster hic ignis depictus est.
(4) Longe alius, est ignis, qui usui humano. alius, qui Dei justitiæ deservit

con un soplo este fuego de las venganzas eternas: *Fuego se ha encendido en mi saña* (1). Y por esto en Isaías el fuego es llamado el espíritu de ardor: *Cuando limpiare el Señor las manchas... con espíritu de ardor* (2). Así que el infeliz condenado quedará rodeado de fuego como el leño dentro de un horno: tendrá sobre su cabeza un abismo de fuego, debajo de sus piés un abismo de fuego, y un abismo de fuego por todos sus lados. Si toca, si ve, si respira, todo es fuego. Sumergido estará en el fuego como el pez en el agua. El fuego no solo le rodeará, sino que penetrará en sus entrañas para atormentarle. Su cuerpo se convertirá en llama, todo arderá en él, sus vísceras, su corazon, su cerebro, su sangre, la médula de sus huesos. Cada condenado será una hornaza de fuego: *Los pondrás como horno de fuego* (3)

Personas hay que no pueden sufrir andar por un camino calentado por los rayos del sol, que no pueden estar encerradas en un aposento con un brasero, que no pueden aguantar una pequeña chispa que salta de un candil, y sin embargo, no temen aquel fuego que devora, como dice Isaías: *¿Quién de vosotros podrá habitar con el fuego devorador* (4)? Al modo que una fiera voraz devora un tierno cabrito, así devora al réprobo el fuego del infierno: le devora, pero sin darle la muerte. Seguid, insensato, dice S. Pedro Damiano hablando del voluptuoso, seguid en contentar vuestra carne; pero dia vendrá en que todos vuestros placeres sensuales se pegarán á vuestras entrañas, como una especie de pez que hará mas tenaz y mas horrible la llama que os abrasará en el infierno: *Vendrá un dia ó mas bien una noche, en que tu liviandad se convertirá en pez, y en que un*

---

(1) Ignis succensus est in furore meo. *Jer.* xv. 14.
(2) Si abluerit Dominus sordes... in spiritus ardoris. *Is.* iv. 4.
(3) Pones eos ut clibanum ignis. *Ps.* xx. 10.
(4) Quis poterit habitare de vobis cum igne devorante? *Is* xxxiii. 14.

fuego eterno se alimentará en tus entrañas (1). Añade S. Jerónimo que este fuego llevará consigo todos los tormentos y todos los géneros de dolores que se pueden sufrir en la tierra, dolores de costado, dolores de cabeza, dolores de entrañas, dolores de nervios: *Los pecadores en el infierno experimentarán todos los suplicios en un solo fuego* (2). Y hasta el tormento del hielo se padecerá en este fuego: *Á un calor extremo pase desde aguas de nieves* (3). Penetrémonos bien, pues, de que todas las penas de esta vida no son mas que una sombra, como dice S. Crisóstomo, en comparacion de las penas del infierno (4)

Hasta las potencias tendrán tambien su tormento particular. El réprobo sufrirá en su memoria el mas horrible suplicio, al acordarse del tiempo que para salvarse tenia, y que él empleó para su condenacion; al acordarse de las gracias que recibió de Dios, y de que no quiso aprovecharse. Será castigado en el entendimiento, pensando en los grandes bienes que ha perdido, en el cielo, en Dios, y viendo que esta pérdida no tiene ya remedio. Será atormentado en la voluntad, cuando vea que se le niega todo lo que pide: *El deseo de los pecadores perecerá* (5). Nada tendrá el desdichado de lo que desea, y no poseerá sino lo que detesta, esto es, tormentos eternos. Librarse quisiera de los tormentos, y encontrar la paz, pero siempre será atormentado, y nunca jamas hallará aquel reposo de que está sediento.

(1) Venit dies imo nox, quando libido tua vertetur in picem, se nutriet perpetuus ignis in tuis visceribus. *S. P. Dum. Epist.* 6.
(2) In uno igne omnia supplicia sentiunt in inferno peccatores.
(3) Ad nimium calorem transeat ab aquis nivium. *Job.* XXIV. 19.
(4) Pone ignem, pone ferrum, quid nisi umbra ad illa tormenta?
(5) Desiderium peccatorum peribit. *Ps.* CXI. 10.

AFECTOS Y SÚPLICAS.

Oh Jesus mio! vuestra sangre y vuestra muerte son mi esperanza. Vos moristeis para librarme á mi de la muerte eterna. ¡Ah, Señor! ¿quién mas que yo, miserable pecador, ha participado de los méritos de vuestra pasion, yo que tantas veces he merecido el infierno? ¡Ah! no permitais que sea ingrato á tantas gracias de que me habeis colmado. Vos me habeis librado del fuego del infierno, porque no quereis que arda yo en aquel fuego de tormento, sino en el dulcísimo fuego de vuestro amor. Socorredme, pues, para que pueda yo cumplir vuestro deseo. Si ahora me hallase en el infierno, no pudiera amaros; mas toda vez que puedo amaros, resuelto estoy á hacerlo. Yo os amo, ó infinita bondad, os amo, ó Redentor mio, que tanto me habeis amado. ¡Cómo he podido vivir olvidado hasta de vuestro nombre! Gracias os doy de que os hayais acordado de mí: si me hubieseis olvidado, ahora estaria en el infierno, ó bien ningun arrepentimiento tendria de mis pecados. Este dolor que tengo de haberos ofendido, este deseo, que es una prueba de que os amo, dones son de vuestra gracia con la cual me asistis. Yo os lo agradezco, ¡oh Jesus mio! y espero que en adelante os consagraré todo lo que me queda de vida. Á todo renuncio, pues no quiero pensar sino en serviros y en complaceros. Presentadme siempre á la memoria el infierno que he merecido y las gracias que me habeis hecho, y no permitais que me vuelva á alejar de vos, y que me condene yo mismo á aquel lugar de tormentos. ¡Oh Madre de mi Dios! rogad por mí que soy un pecador. Vuestra intercesion me ha librado del infierno, ó madre mia, libradme tambien por ella del pecado, único mal que puede hacerme digno del infierno.

PUNTO II.

Pero todas estas penas nada son con respecto á la pena de daño. Las tinieblas, la fetidez, los gritos, el fuego, no constituyen el infierno : el infierno es la pena de haber perdido á Dios. S. Bruno dice : *Multiplíquense los tormentos, con tal que no se los prive de Dios* (1). Y S. Juan Crisóstomo se explica así : *Si me dijeres mil infiernos de fuego, nada dirás que iguale al dolor de aquel* (2). S. Agustin añade que, si los condenados gozasen de la vista de Dios, *ninguna pena padecerian, y el mismo infierno se convertiria en paraíso* (3). Para comprender algo de lo que es esta pena, valgámonos de un ejemplo. Si alguno pierde una piedra preciosa que vale cien escudos, siente una pena grande; mas si esta piedra valiese doscientos, su pena sería dos veces mayor; si su valor fuese de cuatrocientos, lo sería mucho mas, es decir, que la pena de haber perdido un objeto está en proporcion del valor de este mismo objeto. Mas ¿qué bien ha perdido el condenado ? Un bien infinito, que es Dios. Luego el réprobo tiene que sufrir un dolor en cierto modo infinito : *La pena de un condenado es infinita, porque es la pérdida de un bien infinito* (4).

Hé aquí la única pena que temen los santos : *Esta es la pena de los que aman á Dios, no de los que le desprecian* (5), dice S. Agustin. S. Ignacio de Loyola de-

---

(1) Addantur tormenta tormentis, ac Deo non priventur. *Ser. de jud. fin.*
(2) Si mille mihi dixeris gehennas, nihil per dices illius dolori. *Hom. 49. ad Pop.*
(3) Nullam pœnam sentirent, et infernus ipse verteretur in paradisum. *S. August. t. 9. de trip. hap.*
(4) Pœna damnati est infinita, quia est amissio boni infiniti. *D. Th. 1. 2. q. 87. a. 4.*
(5) Hæc amantibus, non contemnentibus pœna est.

cia : Señor, todas las penas sufro, pero no puedo sufrir el estar privado de vos. Mas esta pena en nada afecta á los pecadores que se contentan de vivir meses y años enteros sin Dios, pues los infelices viven en las tinieblas. Hasta la muerte no les es permitido conocer el grande bien que pierden. Pero al momento que sale el alma de esta vida, conoce ya que es criada para Dios, dice S. Antonio : *Mas una vez el alma está separada del cuerpo, conoce que Dios es el sumo bien y que fué criada para Dios* (1). Lánzase al momento para abrazar este bien soberano, pero como está en pecado, Dios la rechaza. Cuando un perro ve á su presa, y se le tiene atado en la cadena, hace mil esfuerzos para romper el lazo que le retiene á fin de lanzarse sobre ella. Así el alma, al separarse del cuerpo, se siente naturalmente impelida hácia Dios; pero el pecado la separa de él, y la arroja al infierno : *Vuestras maldades pusieron division entre vosotros y vuestro Dios* (2). Todo el infierno pues consiste en estas dos palabras : *Apartaos de mí, malditos* (3) : apartaos, dirá Jesucristo, no quiero que veais mi rostro : *Si alguno se figura mil infiernos, ese me podrá decir qué cosa es el ser aborrecido de Cristo* (4). Cuando David condenó á Absalon á no comparecer mas á su presencia, Absalon sintió por ello tan intenso dolor, que exclamó : Decid á mi padre, ó que me permita verle, ó que me dé la muerte (5). Felipe II dijo á un Grande de España que estaba con poca reverencia en la iglesia : No parezcais mas á mi presencia; y aquel Grande tuvo tanta pena que vuelto á su casa, murió de dolor. ¿Qué será, pues, cuando Dios en el instante de la

---

(1) Separata autem anima à corpore intelligit Deum summum bonum, et ad illud esse creatam.
(2) Iniquitates vestræ diviserunt inter vos, et Deum vestrum. *Is.* LIX. 2.
(3) Discedite à me, maledicti. *Matth.* XXV. 41.
(4) Si mille quis ponat gehennas, mihi tale dicturus est, quale est exosum esse Christo. Chrys. Hom. 24. *in Matth.*
(5) 2. *Reg.* XIV. 24.

muerte diga al réprobo: Marcha, marcha, no quiero ya verte mas? *Esconderé de él mi rostro, y... hallarán todos los males y aflicciones* (1). No sois ya mis amigos, dirá Jesus á los condenados en aquel dia terrible, ni yo soy tampoco amigo vuestro: *Llama su nombre No pueblo mio: porque vosotros no sois mi pueblo, y yo no seré vuestro* (2).

Qué pena para un hijo cuyo padre muere, para una mujer que pierde á su marido, el verse obligados á decir: ¡Oh padre mio! ¡oh esposo mio! ¡ya no te veré mas! Ahora bien, si pudiéramos escuchar los lamentos de un réprobo, y le dijéramos: ¡Oh alma! ¿de qué te lamentas? Ella responderia: Me lamento porque he perdido á Dios, y porque no le veré mas. Fuésele á lo ménos concedido al condenado el poder amar á su Dios, y resignarse á su santa voluntad. Mas no, que si esto le fuese dado, el infierno ya no sería infierno. El infeliz no puede resignarse á la voluntad de Dios, porque se ha constituido ya su enemigo. No solo no puede amar á Dios, sino que le aborrece y aborrecerá para siempre, y su mayor tormento será el conocer que Dios es el soberano bien, y verse forzado á detestarle al mismo tiempo que él le conoce digno de un amor infinito. *Yo soy aquel malvado desposeido del amor de Dios* (3). Así respondió aquel demonio que fué preguntado por Sta. Catalina de Génova. El condenado detestará y maldecirá á Dios, y maldiciéndole, maldecirá tambien los beneficios que de él ha recibido, la creacion, la redencion, los sacramentos, el bautismo, sobre todo, la Penitencia y la Eucaristía. Tendrá un odio implacable á los ángeles y á los santos, principalmente á su ángel de guarda, á sus santos patronos, y á la Vírgen en especial. Maldecirá á la Santísima Trinidad,

---

(1) Abscondam faciem meam ab eo, et... invenient eum omnia mala. *Deut.* XXXI. 17.
(2) Voca nomen ejus non populus meus: quia vos non populus meus, et ego non ero vester. *Os.* I. 9.
(3) Ego sum ille nequam privatus amore Dei.

y sobre todo á la segunda persona, al Hijo de **Dios, que** murió por su salud; maldecirá sus llagas, su sangre y sus sufrimientos y su muerte.

AFECTOS Y SÚPLICAS.

¡Ah Dios mio! ¡con que vos sois mi soberano bien, bien infinito, y yo os he perdido tantas veces! ¡Sabía que por el pecado os causaria el mayor disgusto, que perderia vuestra gracia, y á pesar de esto, yo le cometia! ¡Ah! si yo no os viese clavado en una cruz, ó Hijo de Dios, y muriendo por mí no me atreveria á invocaros, ni á esperar jamas el perdon. Padre eterno, no fijeis en mí vuestros ojos, sino en vuestro Hijo querido que os está clamando para mí, misericordia: escuchadle y perdonadme. Muchos años hace que debiera hallarme sepultado en el infierno, y sin esperanza de amaros y de recobrar la gracia que he perdido. ¡Oh Dios mio! arrepiéntome del ultraje que os hice, renunciando á vuestra amistad, y despreciando vuestro amor por los miserables placeres de este mundo. ¡Ah! ¡pluguiera á Dios que hubiese muerto mil veces ántes que ofenderos! ¿Cómo pudo llegar á tal extremo mi ceguedad y locura? Agradézcoos, Dios mio, de haberme dado tiempo para poder pensar en el mal que he hecho. Y ya que por un efecto de vuestra misericordia no me hallo en el infierno, y puedo amaros, amaros quiero, ó Dios mio, y no quiero diferir un solo instante el convertirme á vos. Os amo, bondad infinita, os amo, ó vida mia, mi tesoro, mi amor, mi todo. Recordadme, Señor, recordadme siempre el amor que me habeis tenido, y el infierno en donde debia encontrarme, á fin de que esta idea me inflame, y me obligue á hacer actos de amor, y á deciros siempre: Yo os amo, yo os amo, yo os amo. ¡Oh María, reina de mi corazon, esperanza mia, madre mia, si me hallara en el infierno, no podria amaros jamas! Yo os amo, ó madre mia: en vos pongo mi confianza; espero no abandonaros ya mas, ni á vos, ni á mi Dios. Socorredme y rogad por mí á Jesus.

CONSIDERACION XXVII.

DE LA ETERNIDAD DEL INFIERNO.

> *Et ibunt hi in supplicium æternum.*
>
> É irán estos al supplicio eterno. Matth xxv. 46.)

PUNTO I.

Si el infierno no fuese eterno, ya no sería infierno. El dolor que no dura mucho tiempo no es un dolor profundo : ábrese una apostema á un enfermo, quémase á otro la parte de un miembro gangrenado : grande es el dolor, no hay duda, pero como presto pasa, no debe considerarse como un grande tormento. ¡ Qué diferencia empero, si esta operacion de la incision ó del fuego se prolongase por una semana ó por un mes entero! Puédese apénas soportar un dolor ligero, pero de larga curacion, como un dolor de ojos, una fluxion. ¿ Qué digo ahora? Una pieza de teatro, una tocata de música que durase mucho tiempo, todo un dia, nos causara un fastidio mortal. ¿Y si durase todo un mes, todo un año? ¿ Qué será pues el infierno, en donde no es una comedia la que debe representarse, ni música la que se oye, ni mal de ojos, ni fluxiones, ni amputacion ni cauterizacion lo que ha de sufrirse, sino toda suerte de tormentos y de suplicios, mucho mas de lo que podemos concebir é imaginar? ¿Y por cuánto tiempo? Por toda la eternidad : *Serán atormentados dia y noche en los siglos de los siglos* (1).

Que hay una eternidad es cosa de fe. Esta no es una opinion : es una verdad que atestigua Dios en la Escritura : *Apartaos de mí, malditos, al fuego eterno* (2). — *É irán estos al suplicio eterno* (3). *Pagarán la pena eterna de perdicion* (4). *Todos serán salados con fuego* (5). Así como la sal tiene la propiedad de conservar las cosas, asimismo el fuego del infierno, atormentando á los condenados, tiene la virtud de preservar de la muerte. *Allí el fuego consume de modo,* dice S. Bernardo,*que conserva siempre* (6).

¡Oh! ¡qué locura seria la de aquel, que para darse un dia de placer, quisiese ser condenado despues á veinte ó á treinta años de prision ! Si el infierno durase cien años, ¿qué digo cien años? si no durase sino dos ó tres años, sería la mayor locura condenarse por un momento de placer á dos ó tres años de fuego. Pero no se trata aquí de treinta, ni de ciento, ni de mil, ni de cien mil años, trátase de una eternidad; trátase de sufrir siempre los mismos tormentos que no serán nunca aliviados, y que no acabarán jamas. Razon, pues, tuvieron los Santos miéntras en este mundo estuvieron, y en peligro de perderse, de llorar y de temblar. El bienaventurado Isaías, estando en el desierto, ayunaba, hacia penitencia, gemia, exclamando : ¡Ah infeliz de mí, que aun no me veo libre del infierno (7)!

(1) Cruciabuntur die ac nocte in sæcula sæculorum. *Apoc.* xx. 10.
(2) Discedite à me, maledicti, in ignem æternum. *Matth.* xxv. 41.
(3) Et ibunt hi in supplicium æternum. *Ibid.* 46.
(4) Pœnas dabunt in interitu æternas. 2. *Thes.* I. 9.
(5) Omnis igne salietur. *Marc.* ix. 48.
(6) Ignis ibi consumit, ut semper servet. *Médit. cap.* 8.
(7) Heu me miserum, quia nondum à gehennæ igne sum liber!

AFECTOS Y SÚPLICAS.

¡Ah Dios mio! si me hubieseis enviado al infierno, como mil veces he merecido, y que despues me hubierais sacado de allí por un efecto de vuestra misericordia, ¡cuánto debiera estaros obligado! ¡Qué santa vida no llevara despues de tan señalado favor! Y ahora que por un mayor efecto de vuestra misericordia, me habeis preservado de caer en él, ¿qué haré? ¿Volveré á ofenderos y á provocar vuestra indignacion, para que vos me envieis á arder en aquella prision de rebeldes, en donde arden tantas almas que han cometido ménos pecados que yo? ¡Ah! Redentor mio, tal ha sido mi pasada conducta : en vez de aprovecharme del tiempo que vos me dabais para llorar mis pecados, le empleé en despreciaros. Gracias pues doy á vuestra infinita bondad por haberme sufrido tanto. Si no fueseis infinito, ¿cómo hubierais podido tener tanto sufrimiento? Os doy gracias pues, ó mi Dios, por haberme aguardado hasta el dia presente; gracias os doy por la luz que me concedeis, y con la cual me haceis conocer mi locura y la infamia que os he hecho, ultrajándoos por mis pecados. ¡Oh Jesus mio! yo los detesto, y de ellos me arrepiento con toda mi alma : perdonadme por vuestra pasion. Asistidme con vuestra gracia, para que no os ofenda mas. Con razon he de temer ahora que, si cometo otro pecado mortal, vos me abandonaréis. ¡Ah Señor, os suplico me pongais á la vista este justo temor, cuando el demonio me provoque á ofenderos. Oh mi Dios, yo os amo, y no quiero perderos mas; ayudadme con vuestra gracia. Socorredme, ó Vírgen santa : haced que siempre recurra á vos en mis tentaciones á fin de que no pierda mas á Dios. María, sed mi esperanza.

PUNTO II.

El que una vez entrare en el infierno, no saldrá ya mas de él por toda la eternidad. Este pensamiento hacia temblar á David: *Ni me trague el abismo,* decia, *ni el pozo cierre sobre mí su boca* (1). Cuando el réprobo ha caido en aquel pozo de tormentos, ciérrasele la puerta para no abrírsele mas. En el infierno hay una puerta para entrar, pero ninguna hay para salir. *Se descenderá,* dice Eusebio, *mas no se ascenderá* (2). Y explica de este modo las palabras del Salmista: *Ni cierre apretadamente su boca; porque, cuando los haya tragado, se cerrará por arriba y se abrirá por debajo* (3). En tanto que vive el pecador, puede siempre conservar la esperanza del remedio; mas, si muere en el pecado, ya no hay esperanza para él: *El impio una vez muerto, no tendrá mas esperanza* (4). Si á lo ménos pudiesen los condenados alimentarse de alguna falsa esperanza, hallarian algun alivió á su desesperacion. Este pobre enfermo, cubierto de heridas, tendido sobre su lecho de dolor, desesperado de los médicos, puede aun hacerse ilusion, y consolarse diciendo: ¿Quién sabe si encontraré algun médico ó algun remedio que me cure? El que está condenado á galeras por toda su vida, se consuela tambien, diciendo: ¿Quién sabe lo que puede suceder, si tal vez me librará alguno de mis cadenas? Si el condenado, repito, pudiese á lo ménos decirlo asi, pensando: ¿Quién sabe si algun dia saldré de esta prision?

(1) Neque absorbeat me profundum, neque urgeat super me puteus os suum. *Ps.* LXVIII 16.
(2) Descensus erit, ascensus non erit.
(3) Neque urgeat os suum; quia, cùm susceperit eos, claudetur sursum, et aperietur deorsum.
(4) Mortuo homine impio, nulla erit ultra spes. *Prov.* XI. 7.

pudiera consolarse con esta falaz esperanza. Mas no, en el infierno no hay esperanza alguna ni verdadera, ni falsa. No puede allí decirse : ¿quién sabe? *Te las echaré en cara* (1). El infeliz tendrá siempre escrita delante de sus ojos su condenacion eterna, en la cual leerá que debe penar y llorar eternamente en aquel abismo de tormentos. *Unos para la vida eterna, y otros para oprobio, para que lo vean siempre* (2). El condenado, pues, no sufre solamente las penas de un instante, sino que sufre tambien las de la eternidad, pues dice : lo que sufro ahora lo sufriré para siempre jamas. *Sostiene,* dice Tertuliano, *el peso de la eternidad* (3).

Roguemos pues al Señor como lo hacia san Agustin : *Quema y corta y no perdones aquí, para que perdones en la eternidad* (4). Los castigos de esta vida son transitorios : *Atravesaron tus rayos, la voz de tu trueno en la rueda* (5). Pero los de la otra vida no pasan jamas. Temámoslos, pues, temblemos por aquel trueno, *la voz de tu trueno en la rueda,* es decir, por aquel trueno de la condenacion eterna que saldrá de la boca del Juez en el último juicio contra los réprobos : *Apartaos de mí, malditos, al fuego eterno* (6). La Escritura dice : *en la rueda;* la rueda es en efecto la figura de la eternidad, pues no tiene fin. *Saqué de su vaina mi espada irresistible* (7). Grande será el castigo del infierno, pero lo que tendrá de mas terrible es que será irrevocable.

Mas ¿dónde está, dira el incrédulo, dónde está la justicia de Dios? ¿Castigar el pecado de un momento por

---

(1) Statuam contra faciem. *Ps.* XLIX. 21.
(2) Alii in vitam æternam, et alii in opprobrium, ut videant semper. *Dan.* XII. 2.
(3) Pondus æternitatis sustinent.
(4) Hic ure, hic seca, hic non parcas, ut in æternum parcas.
(5) Sagittæ tuæ transeunt, vox tonitrui tui in rota. *Ps.* LXXVI 18.
(6) Discedite à me, maledicti, in ignem æternum.
(7) Eduxi gladium meum de vagina sua irrevocabilem. *Ezech.* XXI. 5.

un suplicio eterno? ¿Mas como, responderé, puede tener osadía un pecador por el placer de un momento ofender á un Dios de majestad infinita? En los juicios de los hombres, dice Sto. Tomás, la pena no se mide por la duracion del tiempo, sino por la calidad del delito: *No porque un homicidio se comete en un momento, se castiga con pena de momento* (1). Poca cosa es el infierno para un pecado mortal; porque en razon de la ofensa que ataca una majestad infinita. el castigo deberia ser infinito, dice S. Bernardino de Sena (2). Mas, dice el Ángel de las escuelas, ya que la criatura no puede soportar una pena infinita en intensidad, Dios hace pues que la sufra infinita en extension.

Esta pena debe ser necesariamente eterna, porque el condenado no puede satisfacer por su culpa. En esta vida el pecador no puede satisfacer sino en cuanto le son aplicados los méritos de Jesucristo; pero, como el condenado no participa de estos méritos, no puede jamas aplacar á Dios, porque su pecado siendo eterno, deberá tambien ser eterno el castigo: *Ninguno podrá ofrecer á Dios cosa que le aplaque... sino que penará para siempre* (3). — *Allí la culpa podrá siempre ser castigada,* dice Vicente de Belluacense, *pero expiada, nunca jamas* (4); pues que, en expresion de S. Antonino, allí el pecador no puede arrepentirse (5). Por esto el Señor está siempre indignado contra él: *El pueblo contra quien el Señor está indignado para siempre* (6). Ademas el condenado no quiere ser perdonado, aun cuan-

(1) Non quia homicidium in momento committitur, momentanea pœna punitur. 1. 2. *qu.* 87. *art.* 3.
(2) In omni peccato mortali infinita Deo contumelia irrogatur: infinitæ autem injuriæ infinita debetur pœna.
(3) Non dabit Deo placationem suam.... et laborabit in æternum. *Ps.* XLVIII. 8.
(4) Culpa semper poterit ibi puniri, et nunquam poterit expiari. *Lib.* 2. *pag.* 3.
(5) Ibi peccator pœnitere non potest.
(6) Populus, cui iratus est Dominus usque in æternum. *Malach.* I. 4.

do quisiera Dios perdonarle, porque su voluntad está obstinada y decidida en su odio contra Dios. Dice Inocencio III que los réprobos no se humillarán, ántes bien crecerá en ellos la malignidad del odio (1); y S. Jerónimo, que en su deseo de pecar son insaciables (2). La herida del réprobo es desesperada, puesto que no quiere curar : *Se ha hecho perpétuo su dolor y la llaga desahuciada rehusó ser curada.* (3).

AFECTOS Y SÚPLICAS.

Si me viera ahora condenado, como tantas veces lo he merecido, ó Redentor mio, estaria obstinado en mi odio contra vos, ó mi Dios, á pesar de haber muerto por mí. ¡Oh, Dios! ¡oh, y qué infierno tan cruel sería el aborreceros, á vos, que tanto me habeis amado, y que sois una bondad infinita digna de un amor infinito! Si me hallase pues en el infierno, fuera tan desdichada mi posicion que ni aun quisiera el perdon que vos me ofrecieseis. ¡Oh Jesus mio! yo lleno de gratitud, adoro esa misericordia con que me habeis tratado, y ya que puedo ser perdonado y amaros, deseo ardientemente lo uno y lo otro. Vos me ofreceis el perdon, y yo os le pido, y le espero por vuestros merecimientos. Arrepiéntome de todas las ofensas que contra vos he cometido, ó bondad infinita; dignaos pues vos perdonarme. Yo os amo con toda mi alma. ¡Ah, Señor! ¿y qué mal me habeis hecho para que debiera yo aborreceros eternamente como enemigo vuestro? ¿Y qué amigo hubiera hecho y sufrido lo que vos habeis hecho y sufrido por mí, oh mi Jesus? ¡Ah!

(1) Non humiliabuntur reprobi, sed malignitas odii in illis excrescet. *Lib.* 3. *de Cont. Mund. cap.* 10.
(2) Insatiabiles sunt in desiderio peccandi. *In Prov.* 27.
(3) Factus est dolor ejus perpetuus, et plaga desperabilis renuit ourari. *Jer.* xv. 18

no permitais que yo vuelva á caer en vuestra desgracia, y que pierda vuestro amor; hacedme morir ántes que suceda tan fatal desgracia. ¡ Oh María! acogedme bajo vuestro manto, y no permitais que salga de él para rebelarme contra Dios y contra vos misma.

PUNTO III.

La muerte es lo que mas temen los pecadores en esta vida, y en el infierno es lo que con mas ardor desearán: *Buscarán los hombres la muerte, y no la hallarán: y desearán morir, y huirá la muerte de ellos* (1). — *¡ O muerte!* exclama san Jerónimo, *¡ cuán dulce serias á los mismos para los que fuiste tan amarga* (2) ! Dice David que la muerte se cebará en los condenados : *Ellos serán pasto de la muerte* (3). Á este propósito escribe S. Bernardo que, asi como el ganado mascando la yerba se alimenta de las hojas y deja las raices, del mismo modo la muerte triturará á los condenados, matándolos á cada momento, y dejándoles la vida, para matarlos despues durante toda la eternidad (4). Así es, dice S. Gregorio, que el condenado muere á cada momento sin morir jamas: *Entregado á las llamas vengadoras, morirá continuamente* (5). Si un hombre muere á fuerza del dolor, todos generalmente le compadecen; ¿ pero tendrá el condenado alguno que de su suerte se com-

---

(1) Quærent homines mortem, et non invenient eam : et desiderabunt mori, et fugiet mors ab eis. *Apoc.* IX. 6.
(2) O mors, quam dulcis esses quibus tam amara fuisti! *Ap. s. Bon. Solil.*
(3) Mors depascet eos. *Ps.* XLVIII. 15.
(4) Sicut animalia depascunt herbas, sed remanent radices; sic miseri in inferno corrodentur à morte, sed iterum reservabuntur ad pœnas.
(5) Flammis ultricibus traditus semper morietur : *Lib. Mor. c. 12.*

padezca ? No: á cada momento el desdichado muere en los tormentos, y nadie le tiene lástima. El emperador Zenon, encerrado en un hoyo, exclamaba: *Abridme por piedad.* Y nadie le oía, y se le encontró muerto de desesperacion, habiendo devorado hasta la carne de sus brazos. Los réprobos claman en el infierno, dice S. Cirilo de Alejandría, mas nadie acude á sacarlos de sus penas, porque ninguno los compadece (1).

¿ Y cuánto tiempo durará esta desgracia? Siempre, siempre. Léese en los ejercicios espirituales del P. Segneri, el jóven, escritos por Muratori, que en Roma se preguntó un dia á un demonio que se hallaba en el cuerpo de un energúmeno, cuánto tiempo debia estar en el infierno, y respondió con rabia y con estruendo: *siempre, siempre.* Tal fué el terror en la asamblea, que muchos jóvenes pretenecientes al seminario romano hicieron una confesion general, y mudaron de vida, ¡ tánta impresion les habian hecho aquellas dos palabras! ¡ Pobre Júdas ! Mil ochocientos años hace que este traidor está en el infierno, y el infierno para él es como si empezase. ¡ Infeliz Cain ! Cinco mil seiscientos años hace que arde en las llamas eternas, y el infierno no es para él mas que un principio. Preguntóse un dia á otro demonio, ¿ desde cuántos años estaba en el infierno ? Y respondió: *Desde ayer.*—¿ *Cómo desde ayer,* se le replicó, *si hay mas de cinco mil años que estás condenado?* — *Ó si vosotros supierais,* contestó, *lo que es la eternidad, comprenderiais que para ella cinco mil años no son mas que un instante.* Si un ángel dijese á un condenado: tú saldrás del infierno, pero tan solo cuando hayan trascurrido tantos siglos, como gotas de agua hay en el mundo, hojas en los árboles, granos de arena en las orillas, el condenado estaria mas contento que un mendigo á quien se elevase de repente sobre un trono. Y con razon, pues

---

(1) Lamentantur, et nullus eripit; plangunt, et nemo compatitur.

todos estos siglos pasarán y se multiplicarán al infinito, y el infierno no se hallará aun sino en su principio. No habria condenado que no hiciese este pacto con Dios: Señor, aumentad, cuanto os plazca mis tormentos: hacedlos durar tanto como querais, pero ponedles al fin término, y estaré contento. Mas no, no habrá término para el suplicio del réprobo. La trompeta de la justicia eterna no hará resonar en el infierno sino estás palabras: *Siempre, siempre; jamas, jamas.*

Preguntarán los condenados á los demonios: ¿Á qué hora de la noche estamos? *Centinela, ¿qué hay de la noche* (1)? ¿cuándo vendrá el dia? ¿cuándo cesarán estas trompetas, estos gritos, esta fetidez, estas llamas, estos tormentos? Y se les responderá: *jamas, jamas.* ¿Cuánto tiempo durará todo esto? *Siempre, siempre.* ¡Ah Señor! dad la luz á tantos ciegos que cuando se los insta para que no se condenen, responden con frescura: Por fin, si me voy al infierno, paciencia. ¡Oh Dios! ellos no tienen paciencia para sufrir un poco de frío, de habitar en un aposento demasiado cálido, de soportar un golpe, ¿y tendrán la de morar en una mar de llamas, pisoteados por los demonios, abandonados de Dios y de todos por toda la eternidad?

AFECTOS Y SÚPLICAS.

¡Oh Padre de misericordia! vos no abandonais á los que os buscan: *No abandonaste á los que te buscan, Señor* (2). Hasta ahora yo he huido de vos, y vos no me habeis abandonado: no me dejeis pues, ahora que os busco. Arrepiéntome, ó soberano bien, de haber hecho tan poco caso de vuestra gracia que yo he trocado por

(1) Custos, quid de nocte? *Is.* XXI. 11.
(2) Non dereliquisti quærentes te, Domine. *Ps.* IX. 11.

un poco de humo. Mirad las llagas de vuestro Hijo, escuchad sus gritos: ellas os claman que me perdoneis: perdonadme pues. Y vos, ó Redentor mio, recordadme lo que por mí habeis sufrido, el amor que me habeis manifestado, y mi ingratitud por la que tantas veces he merecido el infierno, á fin de que lamente sin cesar el ultraje que os hice, y no viva sino para amaros. ¡Ah, mi dulce Jesus! ¿cómo no arderé en amor por vos al pensar que tantos años hace debia yo arder en el infierno, y arder por una eternidad; que vos moristeis para librarme de tal infortunio, y que lo hicisteis con tanta misericordia? Si ahora me hallara en el infierno, yo os aborreceria, y estaria en disposicion de aborreceros siempre; pero yo os amo, y quiero amaros para siempre: esto es lo que espero por vuestra sangre. Vos me amaréis siempre, si yo no os abandono. ¡Oh Salvador mio! libradme de esta desgracia, no permitais que yo os deje jamas, y haced de mí lo que quisiereis. Toda suerte de castigos merezco, y todos los acepto para que me libreis de el de quedar privado de vuestro amor. Ó María, mi refugio, ¡cuántas veces me he condenado al infierno y cuántas me habeis vos de él arrancado! ¡Ah! privadme ahora del pecado, único que puede privarme de la gracia de Dios, y arrojarme al infierno.

CONSIDERACION XXVIII.

REMORDIMIENTOS DEL CONDENADO.

Vermis eorum non moritur.
El gusano de aquellos no muere. (Marc. IX. 47.)

PUNTO I.

Dice Sto. Tomás que por este gusano, que nunca muere, debe entenderse los remordimientos de conciencia del condenado que será eternamente atormentado en el infierno. La conciencia roerá el corazon de los réprobos, mordiéndole de mil maneras, pero principalmente de tres que causarán su mayor tormento, á saber; la nada de las cosas por las que se han condenado; lo poco que tenian que hacer para salvarse; y en fin, el grande bien que han perdido. El primer remordimiento será pues el pensar en la vanidad de lo que los ha perdido. Cuando Esaú hubo comido el plato de lentejas, por el cual habia vendido su derecho de primogenitura, dice la Escritura que tuvo tanta pena de lo que acababa de perder que se puso á dar aullidos: *Bramó con grande alarido* (1). ¡Oh! ¡qué aullidos, qué rugidos espantosos arrojarán

(1) Irrugiit clamore magno. Gen. XXVII. 34.

los condenados, pensando que por algunas satisfacciones momentáneas y envenenadas han perdido un reino eterno de felicidad, y se han condenado para siempre á una muerte contínua! Gemirán mas amargamente que Jonatás, cuando fué condenado á muerte por su mismo padre por haber comido un poco de miel: *Gusté con mucho gusto un poquito de miel, y hé aquí que muero* (1). ¡Oh Dios! ¡qué pena será entónces para los condenados el ver la causa de su condenacion! ¿Qué nos parece á nosotros nuestra vida pasada? ¿No es como un sueño, como un instante? ¿Y qué parecerá á estos réprobos cincuenta ó sesenta años de vida que habrán pasado sobre la tierra, cuando se vean sumergidos en el abismo de la eternidad, en donde despues de haber pasado cien mil millones de años, verán que su eternidad no hace mas que comenzar? Pero ¿qué digo? ¿Cincuenta años de vida, son acaso cincuenta años de placer? ¿Acaso el pecador, que vive léjos de Dios, se goza siempre en su pecado? ¿Cuánto tiempo duran los placeres que procura el pecado? Un momento, pues lo restante es para el que vive en desgracia de Dios, un tiempo de penas y de martirios. ¿Qué parecerán pues á los infelices condenados estos momentos de placer? ¿Qué les parecerá sobre todo aquel último pecado por el que se perdieron? ¡Qué! ¡por un vil placer de bruto que no duró sino un momento, y que se disipó como el humo, arder en un fuego, desesperados, abandonados de todo el mundo, y esto miéntras Dios sea Dios, por toda la eternidad!

AFECTOS Y SÚPLICAS

Señor, dadme á conocer la injusticia que con vos he

---

(1) Gustans gustavi... paululum mellis, et ecce ego morior. 1. Reg. XIV. 48.

cometido en ofenderos, y el castigo eterno que he merecido. ¡Oh Dios mio! grande dolor es el que siento por haberos ofendido, pero esto es lo que me consuela. Si vos me hubieseis arrojado al infierno como yo merecia, seria el infierno de mi infierno el pensar haberme condenado por tan poca cosa. Pero el remordimiento, que siento, me consuela, pues me alienta á esperar vuestro perdon, pues vos habeis prometido perdonar á los que se arrepienten. Sí, ó Señor, yo me arrepiento de haberos ultrajado: yo abrazo esta dulce pena, y hasta os ruego que me la aumenteis y me la conserveis hasta la muerte, á fin de que llore amargamente los disgustos que os he ocasionado. Perdonadme, ó mi Jesus, ó Redentor mio, que por la piedad que tuvisteis de mí, no la habeis tenido de vos mismo, condenándoos á morir de dolor para arrancarme del infierno; habed misericordia de mí, Permitid que yo sienta el haberos ofendido, y que me inflame de amor hácia vos, que me habeis amado tanto; que con tanta paciencia me habeis aguantado, y que ahora, en vez de castigarme, me enriqueceis de luces y de gracias. Yo os lo agradezco, ó mi dulce Jesus, porque yo os amo; os amo mas que á mí mismo; os amo de todo mi corazon. Vos no sabeis desechar al que os ama. Pues yo os amo, no me arrojeis de vuestra presencia. Recibidme en vuestra gracia, y no permitais que os pierda jamas. Ó María, mi padre, admitidme por esclavo vuestro, y unidme á Jesus vuestro hijo. Rogadle que me perdone, que me conceda su amor, y la gracia de la perseverancia hasta la muerte.

PUNTO II.

Dice Sto. Tomás que la pena principal del réprobo será el ver que por un puro nada se ha perdido, y que podia con la mayor facilidad adquirir la gloria del paraiso, si lo hubiese querido (1). El segundo remordimiento de la conciencia será pues el pensar en lo poco que tenian que hacer para salvarse. Apareciose á S. Huberto un condenado, y le dijo, que el mayor tormento, que padecia en el infierno, era el pensar en el poco valor de las cosas por las cuales se habia condenado, y en lo poco que habia de hacer para salvarse. Dirá pues entónces el desdichado : Si yo me hubiese mortificado, si no hubiese querido ver aquel objeto, si hubiese vencido aquel respeto humano, si hubiese huido de tal reunion, de tal compañia, de tal amigo, no me hubiera condenado. Si me hubiese confesado cada semana, si hubiese frecuentado las congregaciones, si hubiese tenido diariamente una lectura espiritual, si me hubiese encomendado á Jesucristo y á María, no hubiera recaido. Mil veces habia resuelto el hacerlo, pero nunca he cumplido mis resoluciones, ó si alguna vez las he empezado, luego has he abandonado, y por esto me condené.

Los ejemplos que haya visto en sus amigos y compañeros, aumentarán este sentimiento; entrarán despues para mas afligirle los dones que Dios le haya concedido para salvarse : dones de naturaleza, buena salud, fortuna, talentos, que Dios no le concedió sino para que fuese santo; dones de gracia, luces, inspiraciones, llamamientos, tantos años concedidos para reparar el mál obrado; y verá al mismo tiempo que en el estado miserable en que se halla, no es ya tiempo de poner remedio. Y escuchará al ángel del Señor clamarle y jurarle : *Y el ángel que vi... juró por el que vive en los siglos de los siglos... que no habrá ya mas tiempo* (2). ¡Oh! ¡qué puñal tan agudo para el corazon del infeliz condenado serán las gracias que recibió, cuando vea que no hay ya tiempo de

---

(1) Principaliter dolebunt, quod pro nihilo damnati sunt, et facillime vitam poterant consequi sempiternam.
(2) Et angelus quem vidi... juravit per viventem in sæcula sæculorum... quia tempus non erit amplius. *Apoc.* x. 6.

remediar su eterna ruina! Dirá pues entre horrorosos gemidos con sus desesperados compañeros : *Pasó la siega, fenecido es el estío, y nosotros no hemos sido librados* (1). Dirá pues el desgraciado : ¡Oh! ¡si yo hubiese sufrido por Dios las fatigas que sufrí para el infierno, hoy sería un grande santo! ¿Y qué he sacado ahora de ello sino remordimientos y penas que me atormentarán eternamente? ¡Ah! ¡cuánto destrozará al réprobo mas que el fuego y los otros suplicios eternos esta idea : Yo podia ser para siempre feliz, y seré para siempre desdichado!

AFECTOS Y SÚPLICAS.

¡Oh mi Jesus! ¿cómo habeis podido sufrirme tanto tiempo? ¡Tántas veces como he huido de vos, y á pesar de esto vos habeis venido siempre á mi encuentro! ¡Tántas veces como os he ofendido, y vos me habeis perdonado! ¡Os ofendí de nuevo, y de nuevo me habeis concedido el perdon! ¡Ah! hacedme sentir un poco de aquel dolor que padecisteis en el huerto de Gethsemaní, cuando al pensar en nuestros pecados, llegasteis á sudar sangre. Yo me arrepiento, ó Redentor mio, de haber tan mal correspondido á vuestro amor. ¡Oh placeres malditos! yo os detesto y abomino ; vosotros me hicisteis perder la gracia del Señor. Ó mi amado Jesus, yo os amo ahora sobre todas las cosas, y renuncio á todas las satisfacciones ilícitas, prefiriendo morir mil veces ántes que ofenderos jamas. ¡Ah! por el afecto que me mostrasteis en la cruz, y que os obligó á ofrecer por mí esta vida divina, dadme la luz y la fuerza para resistir á las tentaciones, y recurrer en ellas á vuestra ayuda. Ó María, mi esperanza,

---

(1) Transiit messis, finita est æstas, et nos salvati non sumus. *Jer.* VIII. 20.

ya que todo lo podeis con Dios, alcanzadme la santa perseverancia, y haced que no me separe jamas de mi amor.

PUNTO III.

El tercer remordimiento del condenado será el ver cuán grande bien ha perdido. S. Juan Crisóstomo dice que los condenados tendrán mas dolor de haber perdido el cielo, del que sentirán en los suplicios del infierno (1). Isabel, reina de Inglaterra, decia: *Deme Dios cuarenta años de reinado, y renuncio al paraíso.* Esta mujer desventurada gozó de los cuarenta años de reinado: mas hoy, que ha dejado el mundo, ¿qué es lo que dice? Sin duda que no piensa del mismo modo. ¡Oh! ¡cuán afligida y desesperada debe de estar pensando que por cuarenta años de reinar en la tierra, en donde fué el juguete del temor y de las intrigas, perdió para siempre el reino del cielo!

Pero lo que mas atormentará al condenado será el ver que ha perdido el cielo y el bien soberano, que es Dios, no por efecto de mala fortuna, ni por malevolencia de otros, sino por su propia culpa. Verá que ha sido criado para el paraíso; verá que Dios puso en su mano la eleccion entre la vida y la muerte eterna: *Ante el hombre la vida y la muerte: lo que pluguiere á él, le será dado* (2). Entónces conocerá cuán en poder suyo estaba el hacerse eternamente feliz, y como quiso muy voluntariamente precipitarse en aquel lugar de tormentos, de donde no podrá salir ya mas, ni hallará persona que pueda sacarle. Verá en el cielo gran número de sus compañeros que, como él, habrán corrido los mismos peligros,

---

(1) Plus cœlo torquentur gehenna.
(2) Ante hominem vita et mors... quod placuerit ei, dabitur illi. *Eccli.* xv. 18.

ó quizá mayores, pero que supieron andar por el recto camino, encomendándose á Dios, ó que, habiendo caido, supieron volverse á levantar y darse á Dios. Mas él, por no haber querido seguir su ejemplo, ha sido arrojado al infierno, en aquel mar de tormentos, sin esperanza de salir jamas.

¡Oh hermano mio! si hasta aquí has sido tan insensato en querer perder el paraíso, y á Dios mismo por un vil placer, trata de remediarlo ahora que tienes tiempo. No permanezcas en tu locura : teme el ir á llorarla en el infierno. ¿Quién sabe si esta consideracion, que estás leyendo, es el último llamamiento que Dios te hace? Quizas, si no mudas de vida, al primer pecado mortal que cometas, el Señor te abandonará, y te enviará para siempre á la mansion de los insensatos que están en el infierno, y que allí están desesperándose y confesando su error : ¡*Luego erramos* (1)! porque dirán que ya no hay mas remedio. Cuando el demonio te incite á pecar, acuérdate del infierno : recurre á Dios y á la santa Virgen, y el pensamiento del infierno te librará de tan terrible lugar : *Acuérdate de tus postrimerías, y no pecarás jamas* (2); porque el pensamiento del infierno os hará recurrer á Dios.

AFECTOS Y SÚPLICAS.

¡Ah bien supremo! ¡cuántas veces os he perdido por nada! ¡y cuántas veces he merecido perderos para siempre! mas me consuela lo que dice vuestro profeta : *Alégrese el corazon de los que buscan al Señor* (3). Si sinceramente os busco, no debo temer el no encontraros. Ahora, Señor, deseo vuestra gracia mas que otro bien al-

---

(1) Ergo erravimus.
(2) Memorare novissima tua, et in æternum non peccabis. *Eccli.* VII. 40.
(3) Lætetur cor quærentium Dominum. *Ps.* CIV. 3.

guno. Prefiero estar privado de todo, hasta de la misma vida, ántes que de vuestro amor. Yo os amo, ó Criador mio, os amo sobre todas las cosas, y me pesa de haberos ofendido. O mi Dios, á quien tuve la desgracia de perder y de despreciar, apresuraos á perdonarme, y haced que os vuelva á encontrar, pues ya no quiero perderos mas. Si de nuevo me admitis en vuestra amistad, todo lo dejaré, y no amaré sino á vos solo. Así lo espero de vuestra misericordia. Padre eterno, escuchadme por el amor que teneis á Jesucristo. Perdonadme, y hacedme la gracia de no separarme mas de vos, pues si de nuevo os perdiese por culpa mia, debiera temer con razon que vos me abandonaríais para siempre. ¡Oh María! reconciliacion de pecadores, haced que me reconcilie con Dios, conservadme bajo vuestro manto para que no vuelva á perderle mas.

CONSIDERACION XXIX.

DEL PARAÍSO.

> *Tristitia vestra vertetur in gaudium.*
>
> Vuestra tristeza se convertirá en gozo. (Joaun. XVI. 20.)

PUNTO I.

Procuremos ahora sufrir con paciencia las aflicciones de esta vida ofreciéndolas á Dios, en union con las penas que sufrió Jesucristo por nuestro amor; y alentémonos esperando el cielo. Algun dia acabarán todas nuestras angustias, todos estos dolores, estas persecuciones, estos temores; si nos salvamos, serán para nosotros fuente inagotable de gozos y de contentos en el reino de los bienaventurados. Así es como nos exhorta el Señor á que cobremos ánimo y valor : *Vuestra tristeza se convertirá en gozo.* ¿Qué podremos decir nosotros del cielo, si los mismos santos no han podido darnos á conocer las delicias que reserva Dios á los que le son fieles? David no dijo de ello sino una palabra, esto es, que el cielo es un bien infinitamente apetecible : *¡Cuan amables son tus tabernáculos, Señor de los poderíos* (1)! Mas vos, ó

---

(1) Quam dilecta tabernacula tua, Domine virtutum! *Ps.* LXXXIII. 2.

grande Apóstol, vos que gozasteis del insigne favor de ser elevado al paraíso : *arrebatado al paraíso,* decidnos algo de lo que habeis visto. No, dice S. Pablo, yo no puedo referir lo que vi. Las delicias del paraíso son secretos, *palabras secretas, que al hombre no le es lícito hablar* (1). Los placeres, que allí se disfrutan, son tan inefables, que es imposible decir algo de ello, si no se disfrutan. No puedo decir otra cosa, añade el Apóstol, sino que nadie sobre la tierra ha visto, ni oído, ni comprendido la belleza, la armonía, el contento que Dios ha preparado á los que le aman : *Que ojo no vió, ni oreja oyó, ni en corazon de hombre subió, lo que preparó Dios para aquellos que le aman* (2).

No podemos nosotros comprender lo que son los bienes del paraíso, porque no tenemos otras ideas que las que nos vienen de los bienes terrestres. Si un caballo, cobrando el uso de la razon, supiese que su dueño, para celebrar sus bodas, tiene preparado un espléndido banquete, pensaria que en esta comida no se serviria sino paja exquisita, excelente avena, y escogida cebada, pues, en cuanto á alimento, los caballos no conocen otro. Así son nuestras ideas sobre el paraíso. ¡Cuán bello es el ver en una noche deleitosa de estío el cielo cubierto de estrellas! ¡Cuán agradable en la primavera dar un paseo sobre un lago apacible, en cuyo fondo se descubren peñascos cubiertos de musgo, y los peces que nadan! ¡Cuán delicioso es encontrarse en un jardin colmado de flores y de frutos, embellecido por fuentes cristalinas, y en el cual las aves llenan el aire con la armonía de sus cantos! Cualquiera dirá entónces : !Oh! ¡esto parece un paraíso! ¡esto es un paraíso! Pero los bienes del cielo son una cosa muy diferente. Para tener una confusa idea del pa-

(2) Raptus in paradisum :... arcana verba, quæ non licet homini loqui. 2. *Cor*. xii. 4.
(3) Quod oculus non vidit, nec auris audivit, neque in cor hominis ascendit, quæ prœparavit Deus iis qui diligunt llum. 1. *Cor.* ii. 9.

raiso se ha de considerar que allá reside un Dios todopoderoso, que desea hacer gozar á las almas que él ama. ¿Quereis saber en resúmen lo que es el paraíso, dice S. Bernardo? *No es nada de lo que no quieres, y es todo lo que quieres* (1). En el cielo no hay nada que nos desplazca, y en el cielo gozamos de todo lo que nos deleita.

¡Oh Dios! ¿qué dirá el alma fiel al entrar en aquel reino de los bienaventurados? Figurémonos que una vírgen, ó un jóven que ha consagrado sus dias á Jesucristo, acaba de morir, y que deja esta tierra de miserias. Su alma está en juicio, pero declara el Juez que está salvada. Preséntasele el ángel de su guarda y la felicita, y el alma da gracias al ángel de la proteccion que le ha dispensado, mas este le contesta: *Regocíjate, alma candida, porque te has salvado: ven á gozar del rostro del Señor.* Ved aquí el alma atravesando la region de las nubes, las esferas resplandecientes, y los astros, hasta llegar por fin al cielo. ¡Oh Dios mio! ¡qué dirá al poner por primera vez su planta en la gloriosa patria, y arrojando su primera mirada en aquella ciudad de delicias! Los ángeles y los santos saldrán á su encuentro, dándole la bienvenida entre trasportes de júbilo. ¡Qué consuelo para ella al encontrar allí sus padres, y sus amigos que le precedieron, y sus santos patronos! El alma querrá entónces doblar la rodilla para honrarlos, pero ellos le dirán: *Guárdate no lo hagas, porque yo siervo soy contigo* (2). Despues se le hará besar los piés de María, que es la reina del cielo. ¡Qué ternura no sentirá en su corazon aquella alma, al ver por la primera vez aquella divina Madre que tanto la ayudó para salvarse, pues ella verá de una ojeada todas las gracias que María le ha alcanzado, y María la abrazará en seguida con el mas dulce amor! De la Reina del cielo el alma

---

(1) Non est quod nolis, totum est quod velis.
(2) Vide, ne feceris; conservus enim tuus sum. *Apoc.* XXII. 9.

será conducida á Jesus, el cual la recibirá como esposa, diciéndole: *Ven del Líbano, esposa mia... ven, serás coronada* (1). Ó casta esposa, alégrate, pues para ti no habrá ya mas llantos, ni dolores, ni penas, ni sobresaltos. Recibe la corona eterna que yo te conseguí con mi sangre. Luego despues Jesus la conducirá delante de su Padre, para recibir allí la bendicion. Y el eterno Padre la bendecirá abrazándola y diciéndole: *Entra en el gozo de tu Señor* (2); y le dará toda la felicidad de que él mismo disfruta.

AFECTOS Y SÚPLICAS.

Mirad, ó mi Dios, mirad á vuestros piés un ingrato á quien criasteis para el paraíso, pero que tantas veces, por miserables placeres, os ha negado á la cara, y ha preferido ser condenado al infierno. Mas yo espero que vos me habeis perdonado todas las injurias que os he hecho, de las cuales me arrepiento de nuevo, y quiero arrepentirme hasta la muerte : ¡ah! yo deseo que me las perdoneis todavía. Mas ¡oh Dios mio! aunque vos me hayais ya perdonado, no por esto será ménos verdad que tuve la audacia de abrevaros de amargura, ó Redentor mio, que para conducirme á vuestro reino me habeis dado la vida. ¡Bendita y glorificada sea para siempre, ó mi Jesus, vuestra misericordia! vos que con tanta paciencia me habeis sufrido, y que en vez de castigarme me habeis colmado de gracias y de luces, y mil veces me habeis llamado á vos. Ya veo, ó mi amado Jesus, que vos quereis que me salve, y deseais que entre en vuestro reino para amaros eternamente; pero ántes quereis que

(1) Veni de Libano, sponsa mea... veni, coronaberis. *Cant.* iv. 8.
(2) Intra in gaudium Domini tui. *Matth.* xxv. 21.

os ame en este mundo. Sí, yo quiero amaros, y aun cuando no hubiera paraiso, en tanto que yo viva, os amaré con todas mis fuerzas y con toda mi alma. Bástame saber, ó mi Dios, que vos deseais que os ame. ¡ Oh mi Jesus! asistidme con vuestra gracia, y no me abandoneis. Mi alma es inmortal : ¿hállome pues en la alternativa ó de amaros siempre, ó de detestaros por toda la eternidad ? ¡Ah ! no, no, amaros quiero eternamente, y amaros lo bastante en esta vida, para amaros en la otra lo que debo. Disponed de mí como os plazca : castigadme como quisiereis. pero no me priveis de vuestro amor : haced despues de mí lo que os parezca. ¡Oh mi Jesus ! vuestros méritos son mi esperanza. ! Oh María! toda mi confianza pongo en vuestra intercesion. Vos me habeis librado del infierno, cuando yo estaba en pecado : ahora que quiero ser de Dios, hacedme santo, salvadme.

PUNTO II.

Cuando mi alma haya entrado en la beatitud de Dios, no tendrá ya el menor disgusto (1) : *Enjugará Dios todas las lágrimas de los ojos de ellos : ni habrá ya muerte, ni llanto, ni clamor, ni dolor, porque las cosas de ántes son pasadas. Y dijo el que estaba sentado en el trono : Hé aquí, yo hago nuevas todas las cosas* (2). En el cielo no hay ya mas enfermedad, ni pobreza, ni incomodidad; no hay allí noche, ni frío, ni calor. El dia de la eternidad es siempre brillante y sereno, una primavera contínua y deliciosa, no habrá persecuciones, ni envidias. En este reino de amor todo el mundo se ama tiernamen-

1) Nihil est quod nolit.
(2) Absterget Deus omnem lacrymam ab oculis eorum, et mors ultra non erit, neque luctus, neque clamor, neque dolor erit ultra, quia prima abierunt. Et dixit qui sedebat in throno : Ecce nova facio omnia. *Apoc.* XXI. 4.

te, y cada cual goza del bien de los demas como si á él perteneciese. Ya no hay temor, porque el alma, confirmada en la gracia, no puede ni pecar ni perder á Dios. *Hé aqui, yo hago nuevas todas las cosas* (1). La vista quedará plenamente satisfecha, al contemplar aquella ciudad divina, belleza tan perfecta: *Ciudad de perfecta hermosura* (2). ¡Qué hermosura el ver una ciudad cuyo pavimento fuese de cristal, y de plata y de oro los edificios, ornados con guirnaldas de esquisitas flores! ¡Oh! ¡cuánto mas bella será la ciudad del cielo! ¡Qué será el ver todos los habitantes en traje de príncipes! porque todos ellos son reyes, dice S. Agustin: *Tantos reyes como cuidadanos* (3). ¡Qué será el ver á María tan hermosa ella sola como todo el paraiso! ¡Qué será el ver el cordero sin mancha, Jesus, el divino esposo de las almas! Sta. Teresa no vió sino una vez la mano de Jesucristo, y quedó asombrada de tanta belleza. El olfato quedará tambien satisfecho, porque se percibirán olores suavísimos, pero peculiares al cielo. El alma quedará cumplidamente complacida por las celestes melodías. S Francisco con solo oir una vez un momento el sonido de un arpa angélica, tocada por un ángel, casi murió de placer ¡Qué será, pues, escuchar todos los santos y ángeles cantando en coros las alabanzas del Señor! *Por los siglos de los siglos te alabarán* (4). ¡Qué será el oir á María como glorifica á Dios! La voz de María en el cielo, dice san Francisco de Sáles, será como la de un ruiseñor en medio del bosque, porque el ruiseñor excede á todas las otras aves en la melodía del canto. En una palabra, hay en el cielo todas las delicias que pueden desearse.

Mas, todo lo dicho hasta aqui no forma sino uno de los menores bienes del paraiso. La verdadera felicidad

---

(1) Ecce nova facio omnia.
(2) Urbs perfecti decoris *Th.* II. 15.
(3) Quot cives, tot reges.
(4) In sæcula sæculorum laudabunt te. *Ps.* LXXXIII. 5

del paraiso la hace Dios, que es el bien supremo. *Todo lo que esperamos,* dice S. Agustin, *se reduce á esta sola sílaba :¡Dios* (1)! La recompensa que nos promete el Señor, no consiste solamente en la belleza, en la armonía, y en los demas inefables goces de aquella ciudad afortunada: la recompensa principal es Dios mismo, es el amarle y verle cara á cara : *Yo soy tu galardon grande sobre manera* (2). Dice S. Agustin que, si Dios dejase ver su rostro á los condenados, *el mismo infierno se convertiria en un delicioso paraíso* (3). Y añade que, si á un alma salida de este mundo se le diese á escoger entre ver á Dios y estar en el infierno, ó bien no verle, y quedar libre del infierno, *escogeria la vista de Dios con las penas del infierno* (4).

Nosotros no podemos en este miserable mundo conocer cuál sea esta felicidad de amar á Dios y de verle cara á cara; pero juzguémoslo únicamente por lo que sabemos; porque este amor es tan excesivamente dulce, que aun en la tierra eleva no solo las almas sino hasta los cuerpos de los santos. S. Felipe Neri fué una vez elevado á los cielos con el banco en que se apoyaba. S. Pedro de Alcántara fué tambien elevado desde la tierra, abrazando un árbol desarraigado. Sabemos tambien que los santos mártires sienten tanta dulzura en amar á Dios, que se regocijan aun en medio de los tormentos. Miéntras que S. Vicente era atormentado, hablaba, dice S. Agustin, como *si uno fuese el que padecia y otro el que hablaba* (5). S. Lorenzo, estando sobre las parillas, insultaba al tirano diciéndole : *Vuélveme y cómeme* (6), y en efecto, dice el mismo padre, porque S. Lorenzo, *encen-*

---

(1) Totum quod expectamus, duæ sillabæ sunt : Deus.
(2) Ego... sum, et merces tua magna nimis. *Gen.* xv. 1.
(3) Continuo infernus ipse, in amœnum converteretur paradisum. *Tom* 9. *de tripl. habit.*
(4) Eligeret potius videre Dominum, et esse in illis pœnis.
(5) Ut si alius videbatur pati, alius loqui.
(6) Versa et manduca.

dido del fuego del divino amor, *no sentia el incendio* (1).
Aun mas; ¿qué dulzura no siente un pecador en este
mundo cuando llora por sus pecados? Esto es lo que
hacia exclamar á S. Bernardo: *Si tan dulce es llorar
por ti, ¿qué será el gozar de ti* (2)? ¡Qué suavidad no
siente un alma á la cual, durante la oracion, descubre
Dios por un rayo de luz su bondad, la misericordia que
con ella ha usado, y la muerte que por ella sufrió Jesucristo! Entónces el alma siente delíciosamente consumirse en el amor; y no obstante, no vemos aqui á Dios
como él es en sí, y solo le percibimos en la oscuridad:
Ahora vemos, como por espejo en oscuridad, mas entónces cara á cara (3). Si ahora que tenemos una venda
en los ojos, y solo vemos á Dios por entre el velo de la
fe, asi sucede, no permitiendo él que le veamos; ¿qué
será, cuando Dios haya quitado la venda de nuestros
ojos, cuando el velo haya desaparecido, y gocemos de la
vista de Dios, cara á cara? Entónces veremos cuán bello,
cuán grande, cuán justo, cuán perfecto, cuán amable y
amante es el Señor.

AFECTOS Y SÚPLICAS.

¡Oh bien supremo! yo soy este miserable que he huido de vos, renunciando á vuestro amor. Por esto solo,
indigno debiera ser de veros y de amaros. Mas, tambien
vos sois aquel que por piedad de mí no la tuvisteis de vos
mismo, y quisisteis morir de dolor y cubierto de infamia
en una cruz. Vuestra muerte me hace pues esperar que
un dia podré yo veros y gozar de vuestra presencia,

---

(1) Hoc igne accensus non sentit incendium.
(2) Si tam dulce est flere pro te, quid erit gaudere de te?
(3) Videmus nunc per speculum in ænigmate, tunc autem cie ad faciem. 1. *Cor.* XIII. 12.

amándoos con todas mis fuerzas. Mas, ahora que estoy en contínuo peligro de perderos para siempre, y que os habia ya perdido por mis pecados, ¿qué haré durante el resto de mi vida? ¿Continuaré en ofenderos? No, Jesus mio, yo detesto sobremanera los ultrajes que os he hecho : contrito estoy de haberos ofendido, y os amo de todo corazon. ¿Desechariais vos un alma que se arrepiente y que os ama? No : yo sé que habeis dicho, Redentor mio, que no sabeis rechazar á los que se arrojan á vuestros piés arrepentidos: *Aquel que á mí viene, no le echaré fuera* (1). ¡Oh Jesus mio! todo lo abandono, y me convierto á vos. Os abrazo y os estrecho contra mi corazon ; dignaos vos abrazarme y estrecharme en el vuestro. Si me atrevo á hablaros así, es porque me dirijo á la bóndad infinita, y porque hablo á un Dios que ha querido morir por mi amor. Ó Salvador mio, dadme la esperanza en vuestro amor. Ó María, querida madre mia, os lo suplico por el amor qne teneis á Jesucristo : alcanzadme la perseverancia. Así lo espero, y así sea.

PUNTO III.

La mayor pena que aflige en este mundo y que desola el alma que ama á Dios, es el temor de no amarle y de no ser de él amada : *No sabe el hombre, si es digno de amor ó de odio* (2). Pero en el paraíso el alma está segura que ama á Dios y que es amada de él, pues vese abismada en el amor de Dios, y que el Señor la tiene íntimamente estrechada en su seno como su hija querida, y ve tambien que este amor no se le escapara por toda la eternidad. Y aun el alma se inflamará mas y mas,

---

(1) Eum qui venit ad me, non ejiciam foras. *Joann.* VI. 37.
(2) Nescit homo utrum amore an odio dignus sit. *Eccles* IX. 1.

cuando conozca mejor cuál sea el amor que indujo á
Dios á hacerse hombre y morir por nosotros, y el que
le movió á instituir el adorable sacramento para alimentar con su propia sustancia á un miserable gusano. Verá
entónces el alma distintamente todas las gracias que le
ha hecho Dios para librarla de las tentaciones y de los
diferentes riesgos que ha corrido, verá que las tribulaciones, las enfermedades, las persecuciones, las pérdidas, á que ella llamaba desgracias, y castigos de Dios,
eran señales ciertas de su amor y medios con que la Providencia la conducia al cielo. Verá sobre todo la paciencia que tuvo el Señor en sufrirla despues de tantos pecados, y la misericordia de que usó con ella, dándole
tantas luces, y llamándola amorosamente tantas veces.
Desde aquel lugar de felicidad verá muchísimas almas
condenadas al infierno por haber cometido muchos ménos pecados que ella, mirándose á sí misma salvada, poseyendo á Dios, y cierta de no perder este soberano bien
por toda la eternidad.

El bienaventurado gozará pues siempre de esta dicha
inefable, que durante toda la eternidad será siempre nueva, como si la gozase por la primera vez. Deseará siempre esta felicidad y la disfrutará sin cesar, siempre satisfecho y siempre deseoso, siempre anhelante y siempre saciado, pues el deseo que se tiene en el cielo no trae consigo
pena, así como la posesion no importa fastidio. En una palabra: así como los condenados son vasos llenos de cólera,
los elegidos son vasos llenos de gozo, de manera que nada
tienen que desear. Dice Sta. Teresa que aun en este mundo cuando Dios introduce un alma en su regalada despensa, es decir, en su amor, la embriaga de felicidad de
tal manera que pierde la aficion á todas las cosas terrenas. Mas, al entrar en el cielo. ¡oh! los elegidos, en
expresion de David, estarán ebrios de felicidad: *Serán
embriagados de la abundancia de tu casa* (1). Entón-

---

(1) Inebriabuntur ab ubertate domus tuæ! *Ps.* xxxv. 9.

ces será cuando el alma, arrobada á vista de aquel espectáculo, y abrazando aquel bien supremo, quedará de tal modo embriagada de amor, que se perderá en Dios, se olvidará á sí misma, y no pensará sino en amar, en ensalzar, en bendecir al bien infinito á quien ella posee.

Cuando nos aflijan las cruces de esta vida, esforcémonos á sobrellevarlas con paciencia, esperando en el cielo. Sta. María Egipcíaca, preguntada al fin de sus dias por el abad Zósimo como habia podido vivir por tantos años en el desierto, respondió : *Con la esperanza del paraíso.* Cuando fué ofrecida á S. Felipe Neri la dignidad de cardenal, exclamó, arrojando el capelo : *El paraíso, el paraíso.* El hermano Egidio, religioso franciscano, solamente al oir nombrar el paraiso, se trasportaba de alegría. Y nosotros, cuando nos vemos agobiados por las miserias de este mundo, levantamos los ojos al cielo, y nos consolamos suspirando, y diciendo : ¡Cielo! ¡cielo! Consideremos que, si somos fieles á Dios, todas estas penas acabarán un dia, así como todas nuestras angustias y temores, y que seremos admitidos en aquella patria bienaventurada, en donde seremos eternamente felices, miéntras Dios sea Dios. Allí nos aguardan los Santos y nos espera María, y Jesus está allí con la corona en la mano para anunciarnos que somos reyes de aquel reino eterno.

AFECTOS Y SÚPLICAS.

¡Oh Salvador mio! vos mismo me enseñasteis á decir en mis oraciones : *Venga á nos el tu reino* (1). Esto es lo que os digo ahora : que venga vuestro reino á mi alma á fin de que la poseais enteramente, y ella tambien os posea. ¡Oh Jesus mio.! vos nada habeis descuidado para salvarme y para adquirir mi amor. Salvadme pues, y sea

(1) Adveniat regnum tuum.

mi salud amaros siempre en la otra vida. Tantas veces que de vos he huido, y sin embargo vos me dais á entender que no os desdeñaréis de abrazarme en el cielo por toda la eternidad, y con tanto amor como si no os hubiese nunca ofendido. Y sabiendo yo esto, ¿cómo pudiera amar á otro que á vos, cuando veo que vos quereis darme el paraíso, despues de haber merecido tantas veces el infierno? ¡Ah Señor! ¡ojalá que nunca os hubiese ofendido! ¡Oh! ¡si yo pudiese volver á nacer, quisiera amaros siempre! Mas, á lo hecho no hay remedio. Ahora no puedo consagraros sino lo que me resta de vida. Sí, yo os la doy toda entera, y la consagro á vuestro amor. Salid de mi corazon, terrestres afecciones, ceded el puesto á mi Dios, que todo entero quiere poseerle. De hoy en adelante no quiero pensar sino en agradaros. Socorredme por vuestra gracia, esto es lo que espero de vuestros méritos. Aumentad siempre mas y mas en mí vuestro amor y el deseo de agradaros. ¡Oh paraíso, paraíso! ¿Cuándo será, Señor, que yo os vea cara á cara? ¿Cuándo será que os abrazaré sin temor de no mas perderos? ¡Ah Dios mio! extended sobre mi vuestra mano á fin de que no os ofenda mas. ¡Oh María! ¿cuándo será que yo me vea á vuestros piés en el cielo? Socorredme, madre mia, y no permitais que me condene y que vaya léjos de vos y de vuestro divino Hijo.

CONSIDERACION XXX.

DE LA ORACION.

> *Petite et dabitur vobis... Omnis enim qui petit, accipit.*
> Pedid y se os dará... Porque todo aquel que pide, recibe.
> (Luc. XI. 9 et 10.)

PUNTO I.

No es en este solo pasaje de la Escritura, sino en otros mil, en que Dios promete atender á los que le ruegan : *Clama á mí y te oiré* (1). — *Invócame... y te libraré* (2). — *Si algo me pidiereis en mi nombre, lo haré* (3). — *Pediréis cuanto quisiereis, y os será hecho* (4). Es decir : Cuanto me pidiereis en mi nombre, os será concedido. Y como estos hay otra infinidad de pasajes. Aunque la oracion, dice Teodoreto, sea una, puede alcanzarnos todas las cosas (5). Dice san Ber

---

(1) Clama ad me, et exaudiam te. *Jerem.* XXXIII. 3.
(2) Invoca me... eruam te. *Ps.* XLIX. 15.
(3) Si quid petieritis me in nomine meo, hoc faciam. *Joann.* XIV. 14.
(4) Quodcumque volueritis, petetis et fiet vobis. *Joann.* XV. 7.
(5) Oratio cum sit una, omnia potest.

nardo que, cuando rogamos, el Señor nos da ó la gracia que le pedimos, ó bien otra cosa que aun nos es mas útil (1). El profeta nos exhorta tambien á orar, asegurándonos que Dios es todo misericordia para aquellos que le llaman en su ayuda : *Tú, Señor, eres suave y apacible, y de mucha misericordia para con todos los que te invocan* (2). Y Santiago nos exhorta aun con mas eficacia, diciéndonos que pidamos la sabiduría de que tenemos necesidad : *Si alguno de vosotros tiene falta de sabiduría demándela á Dios, que la da á todos copiosamente, y no zahiere* (3). Quiere decir este Apóstol que, cuando el Señor es rogado, abre la mano, y concede mas de lo que se le pide: *da á todos copiosamente y no zahiere;* esto es, no nos echa en cara las penas que le hemos causado. Cuando le rogamos, parece olvidar todos los ultrajes que le hemos hecho.

Decia S. Juan Clímaco, que la oracion hace en cierto modo violencia á Dios, y le fuerza á concedernos lo que le pedimos (4). Es una violencia, pero violencia que le es dulce, y que él desea : *Esta violencia es agradable á Dios,* exclama Tertuliano (5). Y en efecto, porque, como dice S. Agustin, Dios desea mas hacernos bien, de lo que deseamos nosotros mismos (6). La razon es, que Dios es por su naturaleza la bondad infinita : *Dios, cuya naturaleza es la bondad,* escribe S. Leon (7). Por esto tiene un deseo inmenso de repartirnos sus beneficios. Y esto hacia decir á Sta. María Magdalena de Pazzis que Dios está como obligado con el alma que le ruega, pues

(1) Aut dabit quod petimus, aut quod nobis noverit esse utilius. *Serm.* 5. *in Fer.* 4. *Ciner.*
(2) Tu, Domine, suavis et mitis, et multæ misericordiæ omnibus invocantibus te. *Ps.* LXXXV. 5.
(3) Si quis vestrum indiget sapientia, postulet à Deo, qui dat omnibus affluenter, et non improperat. *Jac.* 1. 5.
(4) Oratio pie Deo vim infert.
(5) Hæc vis grata Deo.
(6) Plus vult ille tibi beneficia elargiri, quam tu accipere concupiscas.
(7) Deus, cujus natura bonitas.

que le proporciona los medios para satisfacer lo que él desea, que es el dispensarnos sus gracias. Decia David que esta bondad que tiene el Señor de escucharnos cuando le rogamos, le manifestaba que él era su verdadero Dios: *En cualquier dia que te he invocado, he aquí que yo he conocido que tú eres mi Dios* (1). Hombres hay que sin razon se lamentan, dice S. Bernardo, de que les falta el Señor, cuando el Señor podria quejarse con mucha mayor razon de que le faltan los hombres á él, rehusando ir á implorar sus gracias (2). Y parece que de esto mismo se quejaba un dia el Redentor á sus apóstoles: *Hasta aquí no habeis pedido nada en mi nombre: pedid y recibiréis, para que vuestro gozo sea cumplido* (3). Como si les dijese: no os quejeis de mí, si no sois cumplidamente felices: quejaos mas bien de vosotros mismos, porque no me habeis pedido las gracias; si en adelante me las pidiereis, quedaréis satisfechos.

Por esta razon los monjes de los primeros tiempos amonestaron en sus conferencias que el ejercicio mas útil para la salud del alma era el rogar con estas palabras: *Señor, venid en mi ayuda* (4). El venerable P. Segneri decia, hablando de sí mismo, que en las meditaciones procuraba mover el corazon con santas afecciones, y que conociendo despues la eficacia de la oracion procuraba orar conversando. Hagamos pues lo mismo nosotros. Tenemos un Dios que nos ama y que estando siempre solícito por nuestra salud, está de consiguiente siempre dispuesto á escuchar á los que le ruegan. Los príncipes de la tierra, dice san Crisóstomo, dan

---

(1) In quacumque die invocavero te: ecce cognovi, quoniam Deus meus es. *Ps.* LV. 10.

(2) Multi queruntur deesse sibi gratiam, sed multo justius gratia quereretur deesse sibi multos.

(3) Usque modo non petistis quidquam in nomine meo; petite, et accipietis, ut gaudium vestrum sit plenum. *Joann.* XVI. 24.

(4) Deus in adjutorium meum intende.

pocas audiencias, pero Dios las concede á todo el que las desea (1).

AFECTOS Y SÚPLICAS.

Dios eterno, yo os adoro y os doy gracias de tantos beneficios de que vos me habeis colmado, como son haberme criado y redimido por medio de Jesucristo, haberme hecho cristiano, haberme aguardado cuando estaba muerto por la culpa, y haberme tantas veces perdonado. ¡Ah, Dios mio! nunca mas hubiera yo recaido, si hubiese recurrido á vos en las tentaciones. Gracias os doy por la luz con que me habeís dado á conocer que mi salud no consiste sino en rogar y en pedir gracias. Ruégoos pues en nombre de Jesucristo que me deis un intenso dolor de mis pecados, la santa perseverancia en vuestra gracia, una buena muerte y el paraiso; pero sobre todo vuestro amor y una perfecta resignacion á vuestra santa voluntad. Ya sé que no merezco vuestras gracias, pero vos las habeis prometido á los que os las piden por los méritos de Jesucristo. Pues yo os las pido por estos mismos méritos, y las espero. ¡Oh María! vuestras súplicas alcanzan todo lo que pedis: rogad pues por mí.

PUNTO II.

Consideremos ademas la necesidad de la oracion. S. Juan Crisóstomo dice que, así como el cuerpo cuando está separado del alma queda muerto, asimismo el alma está sin vida cuando carece de oracion. Dice tambien que, así como el agua es necesaria á las plantas para que

---

(1) Aures principis paucis patent, Dei vero omnibus volentibus. *Lib. de Or. ad Deum.*

no se sequen, asimismo nos es necesaria la oracion para que no nos perdamos (1). Dios quiere que todos nos salvemos: *Quiere que todos los hombres sean salvos* (2). No quiere que nadie se pierda: *Espera con paciencia por amor de vosotros, no queriendo que ninguno perezca, sino que todos se conviertan á penitencia* (3). Quiere que le pidamos las gracias necesarias para salvarnos, pues que por una parte no podemos observar los divinos preceptos ni salvarnos sin la ayuda actual del Señor, y por otra él no quiere darnos las gracias, ordinariamente hablando, si no se las pedimos. Por esto dice el Concilio de Trento que Dios no impone mandamientos imposibles, pues que, ó bien nos da la gracia actual y próxima para observarlos, ó bien nos da la gracia de pedir esta gracia actual (4). Y enseña S. Agustin que, excepto las primeras gracias, que son las del llamamiento á la fe ó á la penitencia, todas las demas, sobre todo la perseverancia, Dios no las concede sino á los que ruegan (5).

De esto concluyen todos los teólogos con san Basilio, S. Agustin, S. Juan Crisóstomo, Clemente de Alejandría, y muchos otros, que la oracion es necesaria á los adultos de necesidad de medio, Así, sin la oracion es imposible á nadie el salvarse; y dice el sabio Lesio que es un artículo de fe: *Es artículo de fe que la oracion es indispensable á los adultos para salvarse, segun se colige de las Escrituras* (6).

(1) Non minus quam arbores aquis, precibus indigemus. *Tom. 1. Hom.* 77.
(2) Omnes homines vult salvos fieri. 1. *Timoth.* II. 4.
(3) Patienter agit propter vos, nolens aliquos perire, sed omnes ad pœnitentiam reverti. 2. *Petr.* III. 9.
(4) Deus impossibilia non jubet, sed jubendo monet et facere quod possis, et petere quod non possis, et adjuvat ut possis. *Sess.* 6. *cap.* 11.
(5) Constat alia Deum dare etiam non orantibus, sicut initium fidei, alia nonnisi orantibus præparasse, sicut usque in finem perseverantiam. *De dono persev. cap.* 16.
(6) Fide tenendum est orationem adulti ad salutem esse ne-

La Escritura en esta parte no puede ser mas explícita: *Es menester orar siempre* (1). — *Haced oracion, para que no entreis en tentacion* (2). — *Pedid y recibiréis* (3). — *Orad sin cesar* (4). Estas palabras, *es menester orar, haced oracion, pedid*, segun el comun sentir de los doctores y de Sto. Tomás (5), importan precepto y obligacion bajo culpa grave, especialmente en tres casos: 1º cuando el hombre se halla en pecado; 2º cuando está en peligro de muerte; 3º cuando se halla en peligro de pecar. Enseñan tambien los teólogos que el que deja de orar durante un mes ó dos, no está exento de culpa mortal. (Puede verse á Lesio en el lugar citado.) La razon es porque la oracion es un medio sin el cual no podemos obtener los socorros necesarios para salvarnos.

Pedid y recibiréis. El que pide, alcanza: luego, dice Sta. Teresa, el que no pide, no alcanza. Y Santiago habia dicho ya: *No alcanzais, porque no demandais* (6). La oracion es sobre todo necesaria para alcanzar la virtud de la continencia: *Y como llegué á entender que de otra manera no podria alcanzarla, si Dios no me la daba... acudí al Señor; y le rogué* (7). Concluyamos, pues, que quien ruega se salva, y el que no ruega se condena. Todos los que se han salvado, no lo han conseguido sino por medio de la oracion; todos los que se han condenado, lo han sido por no haber rogado; y esto será lo que mas les desesperará en el infierno, el ha-

---

cessariam, ut colligitur ex Scripturis. *De Just. lib.* 2. *cap.* 37. *n.* 9.
(1) Oportet semper orare. *Luc.* XVIII. 1.
(2) Orate, ne intretis in tentationem. *Luc.* XXII. 40.
(3) Petite, et accipietis. *Joann.* XVI. 24.
(4). Sine intermissione orate. 1. *Thess.* V. 17.
(5). 3. *p. q.* 39. *a.* 5.
(6) Non habetis, propter quod non postulatis. *Jac.* IV. 2.
(7) Et ut scivi quoniam aliter non possem esse continens nisi Deus det... adii Dominum, et deprecatus sum. *Sap.* VIII. 21.

berse tan fácilmente podido salvar por la oracion, y el no tener ya tiempo para hacerlo.

AFECTOS Y SÚPLICAS.

¡Oh Redentor mio! ¿cómo pude hasta ahora vivir tan olvidado de vos? Vos, dispuesto á concederme todas las gracias que os he pedido, no esperabais sino el momento en que os las pidiese; pero yo no pensaba sino en dar gusto á mis sentidos, importándome poco el quedar privado de vuestro amor y de vuestra gracia. Olvidad, Señor, todas mis ingratitudes, y habed piedad de mí: perdonadme todos los disgustos que os he dado: concededme la perseverancia y la gracia de pediros vuestro socorro para no ofenderos. ¡Oh Dios de mi alma! no permitais que sea yo tan descuidado como hasta ahora lo he sido. Dadme la luz y la fuerza de recomendarme siempre á vos, sobre todo cuando mis enemigos me excitan de nuevo á ofenderos. Hacedme esta gracia, ó Dios mio, os lo suplico por los méritos de Jesucristo, por el amor que vos le teneis. Harto os he ofendido, Señor, amaros quiero todo lo restante de mi vida. Dadme vuestro santo amor y haced que no me olvide de pediros vuestro socorro cuantas veces me halle en peligro de pecado. Ó María, esperanza mia: espero de vos la gracia de encomendarme á vos y á vuestro Hijo en mis tentaciones. Escuchadme, ó reina de mi corazon: os lo ruego por el amor que teneis á Jesucristo.

PUNTO III.

Consideremos por fin cuáles sean las condiciones de la oracion. Muchos son los que ruegan y no alcanzan, porque no ruegan como se debe : *Pedis y no recibis, y esto es porque pedis mal* (1). Para orar bien se necesita humildad : *Dios resiste á los soberbios, y á los humildes da gracia* (2). Es decir : Dios no escucha las súplicas de los orgullosos, pero no deja jamas estériles los ruegos de los humildes : *La oracion del que se humilla, traspasará las nubes... ni se retirará hasta que el Altísimo le mire* (3). Y así será, aun despues de haber pecado : *Al corazon contrito y humillado no lo despreciarás, ó Dios* (4).

En segundo lugar es necesaria la confianza : *Ninguno esperó en el Señor, y fué confundido* (5). Jesucristo nos enseña que, cuando pedimos gracias á Dios, no debemos darle otro nombre que el de Padre, *Padre nuestro* (6), á fin de que le roguemos con aquella confianza que tiene un hijo con su padre. El que ruega pues con confianza, todo lo consigue : *Todas las cosas que pidiereis orando, creed que las recibiréis, y vendrán* (7). ¿ Y quién puede temer, dice S. Agustin, que lo que Dios, verdad eterna, le ha prometido, llegue á faltarle (8)? Dios no es como los hombres, dice la Escritura : estos prometen y faltan á su palabra, sea porque mienten hasta cuando prometen, sea porque cambian de voluntad : *No es Dios como el hombre, para que mienta, ni como el hijo del hombre, para que se mude. ¿ Dijo pues, y no lo hará* (9) ? ¿ Y por qué, dice San Agustin,

---

(1) Petitis et non accipietis, eo quod male petatis. *Jac.* IV. 3.
(2) Deus superbis resistit, humilibus autem dat gratiam. *Jac.* IV. 6.
(3) Oratio humiliantis se, nubes penetrabit... et non discedet donec Altissimus aspiciat. *Eccli.* XXXV. 21.
(4). Cor contritum et humiliatum, Deus, non despicies. *Ps.* L. 19.
(5) Nullus speravit in Domino, et confusus est. *Eccli.* II. 11.
(6) Pater noster.
(7) Omnia quæcumque orantes petitis, credite quia accipietis, et evenient vobis. *Marc.* XI. 24.
(8). Quis falli metuit dum promittit veritas?
(9) Non est Deus quasi homo ut mentiatur; nec ut filius hominis, ut mutetur. Dixit ergo, et non faciet? *Num.* XXIII. 19.

nos exhortaria Dios á pedirle gracias, si no quisiera concedérnoslas (1)? Prometiéndolo, se ha obligado él mismo á concedernos las gracias que le pidamos (2).

Mas, puede que diga alguno : yo soy pecador y no soy digno de ser oido. Pero responde Sto. Tomás que la oracion, como que nos alcanza las gracias, no se apoya en nuestros méritos sino en la bondad de Dios (3). *Todo aquel que pide, recibe* (4). El autor de la Obra imperfecta explica así este pasaje : *Cualquiera, sea justo, sea pecador* (5). Mas aun : el mismo Redentor nos quita toda duda y temor diciéndonos : *En verdad, en verdad os digo* : *que os dará el Padre todo lo que le pidiereis en mi nombre* (6). Como si dijera : Ó pecadores, si no teneis mérito alguno, ya tengo yo por vosotros delante de mi Padre ; pedidle pues en mi nombre, y yo os prometo que conseguiréis lo que pidais. Pero es de observar que esta promesa no debe entenderse de gracias temporales, como salud, bienes de fortuna y otras semejantes, pues tales gracias muchas veces nos las niega el Señor, porque sabe que pudieran perjudicar nuestra salud eterna. *Lo que es útil al doliente mejor lo conoce el médico que el enfermo*, dice San Agustin (7). Añade el mismo padre que Dios niega por misericordia á unos lo que á otros concede en su ira (8). Así pues, no debemos pedir las gracias temporales sino con esta restriccion, si convienen á nuestra salud. Mas al contrario, las gracias espirituales, como el perdon, la perseverancia,

---

(1) Non nos hortaretur ut peteremus, nisi dare vellet. *De Verb. Dom. Serm.* 5.
(2) Promittendo debitorem se fecit. *S. Aug. ibid. Serm.* 2.
(3) Oratio impetrando non innititur nostris meritis, sed soli divinae misericordiae. 2. 2. *q.* 178. *a.* 2. *ad* 1.
(4) Omnis qui petit, accipit. *Luc.* XI. 10.
(5) Omnis, sive justus, sive peccator sit. *Hom.* 18.
(6) Amen, amen dico vobis : si quid petieritis Patrem in nomine meo, dabit vobis. *Joann.* XVI. 23.
(7) Quid infirmo sit utile, magis novit medicus, quam aegrotus. *Tom.* 3. *c.* 212.
(8) Deus negat propitius, quae concedit iratus.

el amor de Dios, debemos pedirlas sin condicion y con una firme confianza de obtenerlas. *Si vosotros, siendo malos,* dice Jesucristo, *sabeis dar buenas dádivas á vuestros hijos, ¿ cuanto mas vuestro Padre celestial dará espíritu bueno á los que se lo pidieren* (1).

Lo que sobre todo conviene en la oracion es la perseverancia. Dice Cornelio á Lápide que el Señor *quiere que perseveremos en la oracion hasta ser importunos* (2). Y esto mismo dicen las santas Escrituras : *Es menester orar siempre* (3). — *Vigilad orando en todo tiempo* (4). — *Orad sin cesar* (5). Y estas palabras : *Pedid, y se os dará; buscad, y hallaréis; llamad, y se os abrirá* (6). Bastaba decir, *Pedid ;* pero el Señor queria inculcarnos que debíamos hacer como los mendigos, que no cesan de pedir, de insistir, de llamar á la puerta, y que al fin tanto hacen que se les da limosna. La perseverancia final especialmente es una gracia que no se alcanza sino por una oracion contínua. No podemos nosotros por nosotros mismos merecer esta perseverancia. Pero dice S. Agustin que podemos en cierto modo merecerla por la oracion : *Este don de Dios puede merecerse por medio de la oracion, es decir, puede alcanzarse rogando* (7). Roguemos pues siempre, no cesemos de rogar, si queremos salvarnos. Tanto los predicadores como los confesores no cesen jamas de exhortar á la oracion si quieren salvar almas. Recurramos siempre á la intercesion de María, como dice S. Bernar-

---

(1) Si vos cum sitis mali, nostis bona data dare filiis vestris, quanto magis Pater vester de cœlo dabit spiritum bonum petentibus se ! *Luc.* XI. 13.
(2) Vult nos esse perseverantes in oratione usque ad importunitatem. *In Lucam* c. 11.
(3) Oportet semper orare. *Luc.* XVIII. 1.
(4) Vigilate omni tempore orantes. *Luc.* XXI. 36.
(5) Sine intermissione orate. 1. *Thess.* v. 17.
(6) Petite, et dabitur vobis : quærite, et invenietis : pulsate, et aperietur vobis. *Luc.* XI. 9.
(7) Hoc Dei donum suppliciter emereri potest, idest, supplicando impetrari. *De dono persev. cap.* 6.

do : *Busquemos la gracia, y busquémosla por la intercesion de María, porque ella encuentra lo que busca y no puede engañarse* (1).

AFECTOS Y SÚPLICAS.

Confío, mi Dios, que me habréis ya perdonado ; pero mis enemigos no cesarán de combatirme hasta la muerte, y si vos no venis en mi ayuda, de nuevo me perderé. En nombre de los méritos de Jesucristo os suplico me concedais la santa perseverancia : *No permitais que me separe de ti* (2). Esta misma gracia os la pido para todos cuantos están ahora en gracia vuestra. Cierto estoy, lleno de confianza en vuestra promesa, que me concederéis este favor, si persisto en pedíroslo. Y por esto temo, sí, temo dejar de recurrir á vos en la tentacion, y reincidir de nuevo. La gracia pues os pido de no cesar jamas de pedir. Haced que en las ocasiones de recaída, me encomiende siempre á vos, y que os invoque en mi auxilio en nombre de Jesus y de María. Así me propongo y espero hacerlo, ó Dios mio, con vuestra santa gracia. Escuchadme por amor de Jesucristo. Ó María, madre mia, haced que recurra siempre á vos y á vuestro Hijo, cuando esté en peligro de perder á mi Dios y Señor.

(1) Quæramus gratiam, et per Mariam quæramus; quia quod quærit invenit, et frustrari non potest. *Serm. de Aquæd.*
(2) Ne permittas me separari a te.

CONSIDERACION XXXI.

DE LA PERSEVERANCIA.

> *Qui perseveraverit usque in finem, hic salvus erit.*
>
> El que perseverare hasta el fin, este será salvo.
> (Matth. XXIV. 13.)

PUNTO I.

Dice S. Jerónimo que muchos empiezan bien, pero pocos hay que perseveren (1). Saul, Júdas, Tertuliano empezaron bien, pero despues acabaron mal, porque no perseveraron en el bien : *En los cristianos no se buscan los principios, sino el fin* (2). El Señor, dice el mismo Santo, no exige solamente el principio de una buena vida, sino tambien el fin : el fin es quien conseguirá la recompensa. Dice san Buenaventura que la corona se da á la sola perseverancia (3). Por esto S. Lorenzo Justiniani llama á la perseverancia la *puerta del cielo* (4). El que

---

(1) Incipere multorum est, perseverare paucorum. L. 1. contr. Jovin.
(2) Non quæruntur in christianis initia, sed finis. S. Hieron. Ep. ad Fur.
(3) Sola perseverantia coronatur.
(4) Cœli januam.

no halla pues la puerta del paraíso, no puede entrar en él. Ahora has cesado ya de pecar, hermano mio, y crees con razon haber sido perdonado. Sé pues amigo de Dios, pero sabe que aun no estás salvado. Y no podrás llamarte salvo hasta que hubieses perseverado hasta el fin : *El que perseverare hasta el fin, este será salvo* (1). Habeis ya comenzado la vida arreglada, dad gracias al Señor; pero S. Bernardo os dice que la recompensa se promete al que empieza, pero no se da sino al que persevera (2). No basta correr tras la corona, es menester correr lo bastante para lograrla : *Corred de tal manera que la alcanceis,* dice el Apóstol (3).

Has puesto la mano en el arado, has empezado á bien vivir, pues ahora mas que nunca has de temer y temblar : *Obrad vuestra salud con temor y con temblor* (4). ¿Y por qué? Porque si volvieres la vista atras, lo que Dios prohibe, y tornares á tu mala vida, Dios te declarará excluido del paraíso : *Ninguno que pone su mano en el arado, y mira atras es apto para el reino de Dios* (5). Huid pues las ocasiones con la ayuda de la gracia del Señor, frecuentad los sacramentos, haced la meditacion todos los dias. Felices vosotros los que continueis en portaros asi, si así os halla Jesucristo cuando venga á juzgaros : *Bienaventurado aquel siervo, á quien hallare su Señor así haciendo, cuando viniere* (6). Mas no creais que por haberos consagrado al servicio de Dios, esteis libres de tentaciones. Escuchad lo que os dice el Espíritu Santo : *Hijo, cuando te llegues al servicio de*

(1) Qui perseraverit usque in finem, hic salvus erit. *Malth.* x. 22.
(2) Incohantibus præmium promittitur, perseverantibus datur. *Serm.* 6. *De modo ben. viv.*
(3) Sic currite, ut comprehendatis. 1. *Cor.* IX. 24.
(4) Cum metu et tremore vestram salutem operamini. *Philip* II. 12.
(5) Nemo mittens manum suam ad aratrum, et respiciens retro aptus est regno Dei. *Luc.* IX. 62.
(6) Beatus ille servus, quem, cum venerit Dominus ejus, invenerit sic facientem. *Matth.* XXIV. 46.

Dios... prepara tu alma á la tentacion (1). Sabed que ahora mas que nunca debeis prepararos á combatir, porque los enemigos, el mundo, el demonio y la carne se armarán contra vosotros para haceros perder lo que habeis alcanzado. Asegura Dionisio, el Cartujano, que cuanto mas un alma se da á Dios, mas procura el infierno abatirla (2). Esta verdad se explica bastantemente en el Evangelio de S. Lúcas con estas palabras: *Cuando el espíritu inmundo ha salido de un hombre, anda por lugares secos buscando reposo, y cuando no lo halla, dice: Me volveré á mi casa, de donde salí. Entónces va, y toma consigo otros siete espíritus peores que él, y entran dentro y moran allí. Y lo postrero de aquel hombre es peor que lo primero* (3). Es decir: cuando el demonio es arrojado de un alma, no encuentra reposo y hace todos los esfuerzos para volver á entrar en ella; llama de nuevo á sus compañeros que le ayuden, y si logra apoderarse de ella, la segunda ruina de aquella alma es peor que la primera.

Considerad pues qué armas teneis para defenderos de esta clase de enemigos, y conservaros en la gracia de Dios. Y para no ser vencido por el demonio, no teneis otro sosten que la oracion. Dice S. Pablo que no tenemos que combatir contra hombres de carne y sangre como nosotros, sino contra las potestades del infierno: *Nosotros no tenemos que luchar contra la carne, y la sangre, sino contra los principados y potestades* (4). Y

---

(1) Fili, accedens ad servitutem Dei... præpara animam tuam ad tentationem. *Eccli.* II. 1.

(2) Quanto quis fortius nititur Deo servire, tanto acrius contra eum sævit adversarius.

(3) Cum immumdus spiritus exierit de homine, ambulat per loca inaquosa quærens requiem; et non inveniens, dicit: Revertar in domum meam, unde exivi. Tunc vadit, et assumit septem alios spiritus secum nequiores se, et ingressi habitant ibi. Et fiunt novissima hominis illius, pejora prioribus. *Luc.* XI. 24. *et* 26.

(4) Non est nobis colluctatio adversus carnem et sanguinem, sed adversus principes et potestates. *Eph.* VI. 12.

con esto quiere decirnos que no tenemos fuerza para resistir á tanto poder, y de consiguiente que tenemos necesidad que Dios venga á nuestro socorro; pues con la ayuda de Dios lo podemos todo : *Todo lo puedo en aquel que me conforta* (1). Esto es lo que dice él y lo que ha de decir cada uno de nosotros. Pero este socorro no se presta, si no se pide por la oracion : *Pedid y recibiréis.* Desconfiemos pues de nuestras resoluciones; si en ellas ponemos nuestra confianza, estamos perdidos : cuando seamos tentados por el demonio, pongamos toda nuestra confianza en la ayuda de Dios, encomendémonos á Jesucristo y á María; y muy en especial cuando nos sentimos tentados contra la castidad; porque esta tentacion es la mas terrible de todas, y es la que hace conseguir al demonio mas victorias. No tenemos por nosotros mismos la fuerza suficiente para conservar la castidad : solo Dios puede darnos esta fuerza. *Y como llegué á entender,* exclama Salomon, *que de otra manera no podria alcanzar continencia, si Dios no me la daba... acudí al Señor, y le rogué.* (2). En semejantes tentaciones, pues, no tenemos otro refugio que acudir á Jesucristo y á su santa madre, invocar á menudo el nombre de Jesus y de María. El que así lo hiciere, vencerá; el que lo descuidare, será perdido.

AFECTOS Y SÚPLICAS.

No me deseches de tu rostro (3). ¡Ah! Dios mio, no me arrojeis de vuestra presencia. Bien sé que no me abandonaréis jamas, si yo ántes no os abandono; pero me lo hace temer la experiencia que tengo de mi propia

---

(1) Omnia possum in eo qui me confortat. *Philip.* IV. 13.
(2) Et ut scivi quoniam aliter non possem esse continens, nisi Deus det... adii Dominum, et deprecatus sum illum. *Sap.* VIII. 21.
(3) Ne projicias me à facie tua. *Ps.* L. 13.

debilidad. Dadme, Señor, la fuerza de que necesito contra el infierno que quiere reducirme de nuevo á su esclavitud. Os lo pido por el amor de Jesucristo. Estableced, ó Salvador mio, entre vos y yo una paz perpétua que no pueda alterarse, y dadme vuestro santo amor. *El que no ama, está en muerte* (1) : el que no os ama, no es mas que un cadáver. Salvadme de esta desventura la muerte, ó Dios mio. Ya sabeis vos que yo estaba perdido, y vuestra bondad me puso en el estado en que me encuentro; yo espero permanecer en vuestra gracia. No permitais, mi dulce Jesus, en nombre de la muerte cruel que por mi sufristeis, que yo vuelva voluntariamente á mi perdicion. Sobre todas las cosas os amo, y espero ser estrechado siempre en los lazos de vuestro santo amor, y morir y vivir eternamente en tan dulces cadenas. Ó María, vos que sois llamada la madre de la perseverancia, sois la dispensadora de este grande don : á vos pues le pido, y de vos le espero.

PUNTO II.

Veamos ahora cómo podemos vencer el mundo. Grande enemigo es el demonio, pero mayor lo es aun el mundo. Si el demonio no se sirviese del mundo y de los hombres perversos (pues ellos son los que entendemos por el mundo) no obtendria tantas victorias como consigue : *Y guardaos de los hombres* (2). Los hombres son muchas veces peores que los demonios, pues los demonios huyen de ordinario por medio de la oracion, y por la invocacion de los santos nombres de Jesus y de María; pero si malos amigos excitan un hombre á pecar, y este les responde alguna palabra de vida espiritual, no por esto huyen, sino que le tientan mas y mas, se bur-

(1) Qui non diligit, manet in morte. 1. *Joann.* III. 14.
(2) Cavete autem ab hominibus. *Matth.* X. 17.

lan de él, tratándole de miserable, de loco ó de necio; y cuando no pueden otra cosa, le tratan de hipócrita que finge la santidad. Almas hay asaz flacas, que no penetran el espíritu de estos reproches ó burlas, y siguen miserablemente á estos ministros de Lucifer, volviendo otra vez al vómito de su culpa. Ten entendido, hermano mio, que, si quieres bien vivir, serás el blanco de las burlas y de los desprecios de los malos : *Los impíos abominan á los que están en camino recto* (1). El que vive mal, no puede ver á los que viven bien ; ¿y por qué? porque su vida es para ellos una inculpacion contínua, y ellos quisieran que todos los imitasen para evitar los remordimientos que les causa la vida arreglada de los otros. No hay remedio, dice el Apóstol, el que sirve á Dios ha de ser perseguido por el mundo : *Todos los que quieren vivir piamente en Jesucristo, padecerán persecucion* (2). Todos los Santos fueron perseguidos. ¿Quién mas santo que Jesucristo? El mundo no obstante le persiguió hasta hacerle morir en cruz.

Esto no tiene remedio, porque las máximas del mundo son del todo contrárias á las de Jesucristo. Lo que el mundo estima, es llamado locura por Jesucristo : *Porque la sabiduría de este mundo es locura delante de Dios* (3). Y al reves, el mundo llama locura á lo que estima Jesucristo : tales son las cruces, los sufrimientos, los desprecios : *Porque la palabra de la cruz, á la verdad locura es para los que perecen* (4). Consolémonos empero de que, si los malos nos murmuran y nos maldicen, nos bendice y nos alaba Dios : *Maldecirán ellos,*

(1) Abominantur impii eos qui in recta sunt via. *Prov.* xxix. 27.
(2) Omnes, qui pie volunt vivere in Christo Jesu, persecutionem patientur. 2. *Tim.* iii. 12.
(3) Sapientia enim hujus mundi stultitia est apud Deum. 1. *Cor.* iii. 19.
(4) Verbum enim crucis pereuntibus quidem stultitia est. 1. *Cor.* i. 18.

y tú bendecirás (1). ¿No nos basta ser alabados por Dios, por María, por todos los ángeles, por los Santos y por los hombres de bien? Dejemos, pues, decir á los pecadores lo que quieran, y esforcémonos en agradar á Dios, que es agradecido y fiel hácia el que le sirve. Cuanta mayor repugnancia y contradicciones experimentemos obrando bien, mas agradable á Dios será nuestro mérito; figurémonos que no hay en el mundo sino Dios y nosotros. Cuando los malos se burlen de nosotros, encomendémoslos á Dios; demos gracias al Señor de que nos dé la luz que niega á aquellos miserables, y sigamos nuestro camino. No nos cause rubor el parecer cristianos, porque Jesucristo nos amenaza que, si nos avergonzamos de él, él se avergonzará de nosotros, y no nos pondrá á su derecha el dia del juicio: *Porque el que se afrentare de mí, y de mis palabras, se afrentará de él el Hijo del hombre, cuando viniere con su majestad* (2).

Si queremos salvarnos, preciso es que estemos resueltos á sufrir y hacernos violencia: ¡*Qué estrecho el camino, que lleva á la vida* (3)! — *El reino de los cielos padece fuerza, y los que se la hacen, lo arrebatan* (4). El que no se hace violencia, no se salva. No hay otro medio que armarnos contra nuestra naturaleza rebelde, si queremos obrar el bien. Debemos sobre todo hacernos violencia desde un principio para estirpar los malos hábitos, y adquirir los buenos; pues los buenos hábitos tomados un vez, facilitan y dulcifican la observancia de la ley divina. Dice el Señor á Sta. Brígida que el que practica la virtud con paciencia, y que sufre con valor la primera picadura de las espinas, verá despues convertirse las espinas en rosas. Escucha, pues, cristiano, á

---

(1) Maledicent illi, et tu benedices. *Ps.* CVIII. 28.
(2) Nam qui me erubuerit et meos sermones, hunc Filius hominis erubescet cùm venerit in majestate sua. *Luc.* IX. 26.
(3) Arcta via est, quæ ducit ad vitam. *Matth.* VII. 14.
(4) Regnum cœlorum vim patitur, et violenti rapiunt illud. *Id.* XI. 12.

Jesucristo, que te dice hoy lo que decia al paralítico: *Mira que ya estás sano; no quieras pecar mas, porque no te acontezca alguna cosa peor* (1). Oye, añade S. Bernardo, si vuelves á caer en desgracia, has de saber que tu ruina será peor que todas tus primeras caídas (2). Ay de aquellos, dice el Señor, que abrazan el camino de Dios, y luego lo abandonan: *Ay de los hijos que desertan* (3). Estos son castigados como rebeldes á la luz: *Ellos fueron rebeldes á la luz* (4). Y el castigo de estos rebeldes que fueron favorecidos de Dios con grandes luces, y que le han sido infieles, es el quedar del todo ciegos, y morir así en su pecado: *Mas, si el justo se desviare de su justicia... ¿por ventura vivirá? No se hará memoria de ninguna de las obras justas... por su pecado morirá* (5).

AFECTOS Y SÚPLICAS.

¡Ah Dios mio! ¡cuántas veces he merecido yo semejante castigo! Mil veces abandoné el pecado por la misma luz que me habiais dado, y despues reincidí en él miserablemente. Agradezco infinito vuestra misericordia por no haberme abandonado á mi ceguera, y de no haberme dejado enteramente falto de luz, como yo merecia. Grande obligacion os debo, ó Jesus mio, y sería un monstruo de ingratitud si nuevamente de vos huyese. No, mi Redentor, no será asi: *Cantaré eternamente las misericordias del Señor* (6). Espero todo el tiempo que

---

(1) Ecce sanus factus es; jam noli peccare, ne deterius tibi aliquid contingat. *Joann.* v. 14.
(2) Audi recidere quàm incidere esse deterius.
(3) Væ, filii desertores. *Is.* xxx. 1.
(4) Ipsi fuerunt rebelles lumini. *Job.* xxiv. 13.
(5) Si autem averterit se justus à justitia sua... numquid vivet? Omnes justitiæ ejus quas fecerat non recordabuntur... in peccato suo morietur. *Ezech.* xviii. 24.
(6) Misericordias Domini in æternum cantabo. *Psalm.* lxxxviii. 2.

me resta de vida y por toda la eternidad cantar y ensalzar siempre vuestra misericordia, amaros siempre y no verme privado mas de vuestra gracia. Las ingratitudes de que hasta ahora me he hecho culpable, y que detesto y maldigo ahora sobre todos los males, servirán para hacerme llorar siempre amargamente las ofensas que contra vos cometí, y para excitarme á amaros, ya que tanto os ofendí, habiéndome colmado vos de gracias. Sí, yo os amo, ó Dios, digno de un amor infinito; desde ahora en adelante vos seréis mi único amor, mi único bien. ¡ Oh Padre eterno ! yo os pido por los méritos de Jesucristo la perseverancia final en vuestra gracia y en vuestro amor. Os la pediré siempre, pues sé que vos me la concederéis. ¿Pero quién me asegura que yo seré solícito en pediros esta perseverancia? Por esto, ó Dios mio, os pido la perseverancia y la gracia de solicitarla siempre. ¡Oh María mi abogada, mi refugio y mi esperanza! alcanzadme por vuestra intercesion el pedir constantemente á Dios la perseverancia final. Os ruego que me la consigais, por el grande amor que teneis á Jesucristo.

PUNTO III.

Vengamos al tercer enemigo, el mas peligroso de todos, que es la carne, y veamos cómo podemos defendernos de él. El primer medio es la oracion, punto que ya hemos tratado. En segundo lugar, huyendo las ocasiones, y este es el que vamos á analizar. S. Bernardino de Sena dice que el mayor de todos los consejos, el que casi es el fundamento de la religion, es el consejo de huir las ocasiones del pecado (1). Arrojado un dia de

---

(1) Inter consilia Christi unum celebérrimum et quasi religionis fundamentum est fugere peccatorum occasiones. *Tom.* I, *Serm.* XXI. a. 3. cap. 3.

un cuerpo un demonio, confesó que de todos los sermones el que mas le disgustaba era el de la huída de las ocasiones; y razon tenia, porque el demonio se rie de todas las resoluciones y promesas que hace un pecador que se arrepiente, si no abandona las ocasiones. La ocasion, especialmente en materia de placer sensual, es como una venda que se pone delante los ojos, y que impide al que á ella se entrega el ver las resoluciones que ha tomado, la luz que ha recibido, en suma, le torna del todo ciego, y se lo hace olvidar todo. La causa de la caída de nuestro primer padre fué por no huir la ocasion. Dios habia prohibido tocar al fruto : *Nos mandó Dios*, dijo Eva á la serpiente, *que no comiéramos y que no lo tocáramos* (1). Pero la imprudente *vió, cogió, comió*. Empezó por admirar la fruta, despues la tomó en su mano, luego la comió y la dió á su marido quien tambien la comió. El que se expone voluntariamente al peligro, perecerá en el peligro : *Quien ama el peligro, perecerá en él* (2). Dice S. Pedro que el demonio da vueltas á nuestro alrededor para devorarnos; y para entrar en un alma de la que ha sido arrojado, ¿qué hace? dice S. Cipriano; va buscando la ocasion (3). Si el alma se deja llevar para caer en la ocasion, el enemigo entrará de nuevo en ella y la devorará. El abad Guerrico añade que, cuando Lázaro se levantó del sepulcro resucitó envuelto en ataduras (4), y como habia resucitado asi, volvió á morir de nuevo. El que resucita miserable despues de la muerte del pecado, quiere decir este autor, resucita ligado por las ocasiones; á pesar de su resurreccion, morirá de nuevo. El que quiere, pues, salvarse, ha de abandonar no solo el pecado, sino tambien las ocasiones de pe-

(1) Præcepit nobis Deus ne comederemus, et ne tangeremus illud. *Gen.* III. 3.
(2) Qui amat periculum, in illo peribit. *Eccli.* III. 27.
(3) Explorat an sit pars, cujus aditu penetretur.
(4) Prodiit ligatus manibus et pedibus.

car, es decir, tal compañero, tal casa, tal correspondencia.

Diréis quizas: yo he mudado de vida, y no hago ningun mal con esta ó aquella persona, y así, no debo temer las tentaciones. Á esto contestaré lo que se cuenta de ciertos osos de Mauritania que van á la caza de los cisnes, y que cuando los ven venir los cisnes se salvan en los árboles. ¿Qué hace entónces el oso? Se tiende como muerto debajo del árbol, y cuando ve que los cisnes han bajado, se levanta, los coge y los devora. Así obra el demonio: presenta la tentacion como enteramente adormecida; pero cuando la persona está dispuesta á exponerse á las tentaciones, levanta una que la devora. ¡Oh! ¡cuántas desgraciadas almas que frecuentaban la oracion, la comunion, y que podian llamarse santas, han venido á ser la presa del infierno por haberse dejado caer en las ocasiones! Cuéntase en las historias eclesiásticas que una santa señora, cumpliendo con el piadoso deber de sepultar los mártires, halló cierta vez uno que aun no habia exhalado el último suspiro, le condujo á su casa y le curó. ¿Qué sucedió? La ocasion era próxima, y aquellos dos santos (pues así podia llamárselos) perdieron luego la gracia de Dios, y despues abandonaron la fe.

Mandó el Señor á Isaías predicar que toda carne es heno: *Clama: toda carne es heno* (1). S. Crisóstomo hace sobre esto una reflexion. ¿Es posible, dice, que el heno no queme, cuando se le arrima fuego? *Arrima luz al heno y luego atrévete á negar que el heno arda* (2). Imposible es, dice S. Cipriano, estar en las llamas y no quemarse (3). El profeta nos advierte que nuestra fuerza es semejante á la fuerza de la estopa puesta en la

---

(1) Clama, omnis caro fœnum. *Is.* XL. 6.
(2) Lucernam in fœnum pone, actum aude negare quod fœnum exuratur.
(3) Impossibile est flammis circumdari, et non ardere. *De Sing. Cler.*

llama: *Y será vuestra fuerza como pavesa de estopa* (1). Dice asimismo Salomon que quien pretendiese caminar sobre carbones encendidos sin quemarse, sería un loco : ¿ *Por ventura puede el hombre... andar sobre ascuas, de suerte que no se le abrasen las plantas* (2) ? Del mismo modo, el que pretende correr las ocasiones sin caer, es un insensato. Es menester, pues, huir el pecado como de la vista de la serpiente : *Como de la vista de la serpiente huye de los pecados* (3). No solo se ha de huir de la mordedura de la serpiente y no permitir su contacto, sino que hasta se ha de evitar que se acerque, dice Gualfrido ; *Guárdate de que te toque, y de que ni aun se te acerque* (4). Pero dirás que estas relaciones, que aquella casa conviene á tus intereses. ¡ Ah ! ya veo, si esto dices, que aquella casa es para ti el camino del infierno : *Caminos del infierno son su casa* (5). No hay remedio, es preciso abandonarla, si quieres salvarte. Si tú vieses, dice el Señor, que tu ojo derecho fuese para ti motivo de condenacion, deberias arrancarle, y arrojarle léjos de ti : *Si tu ojo derecho te sirve de escándalo, sácale, y échale de ti* (6). Notad bien estas palabras : *échale de ti;* preciso es arrojarle, no cerca, sino léjos. Todo esto se reduce á que se han de evitar todas las ocasiones. S. Francisco de Asís decia que el demonio tienta las personas espirituales y consagradas á Dios de un modo muy diverso de las personas que viven mal. En un principio se guarda bien de atarlos con una cuerda : conténtase con atarlos por un cabello, luego con un hilo, despues con un lazo, y al fin con una cuerda, hasta que los arrastra al pecado. El que quiera,

---

(1) Et erit fortitudo vestra ut favilla stuppæ, *Is.* I. 31.
(2) Numquid potest homo... ambulare super prunas, ut non comburantur plantæ ejus? *Prov.* VI. 28.
(3) Quasi à facie colubri fuge peccata. *Eccli.* XXI. 2.
(4) Fuge etiam tactus, etiam accessum.
(5) Via inferi domus ejus. *Prov.* VII. 27.
(6) Si oculus tuus dexter scandalizat te, erue eum, et projice abs te. *Matth.* V. 29.

pues, librarse de este peligro, deseche desde un principio todos los cabellos, todas las ocasiones, esos saludos, esos presentes, esos billetes y mil otras cosas semejantes. Y en cuanto al que ha tenido la costumbre del vicio de la impureza, no le bastará huir las ocasiones mas próximas, porque, si no huye hasta las mas remotas, recaerá de nuevo.

Al que de véras quiere salvarse le es necesario formar y renovar continuamente la resolucion de no querer jamas separarse de Dios, cuéstele lo que le costare, repitiendo á menudo aquella palabra de los Santos: *Perderlo todo, pero jamas á Dios*. No basta empero tomar solamente la resolucion de no querer jamas perderle, es menester tambien emplear los medios para ello. El primero es huir las ocasiones, de lo cual acabamos de hablar. El segundo consiste en frecuentar los sacramentos de la Penitencia y de la Eucaristía. No se encuentran escombros en las casas que se barren á menudo. Por medio de la confesion el alma queda siempre pura, y alcanza no solo la remision de los pecados, sino tambien la fuerza para resistir á las tentaciones. La comunion se llama el pan celestial; pues, así como el cuerpo no puede subsistir sin el alimento de la tierra, tampoco puede vivir el alma sin el celestial alimento: *Si no comiereis la carne del Hijo del hombre, y bebiereis su sangre, no tendréis vida en vosotros* (1). Al contrário, al que come á menudo este pan está prometido que vivirá eternamente: *Si alguno comiere de este pan, vivirá eternamente* (2). Por esto el Concilio de Trento llama á la comunion una medicina que nos libra de los pecados veniales y nos preserva de los mortales (3). El tercer

---

(1) Nisi manducaveritis carnem Filii hominis, et liberitis ejus sanguinem, non habebitis vitam in vobis. *Joann*. v. 54.
(2) Si quis manducaverit ex hoc pane, vivet in æternum. *Joann*. vi. 52.
(3) Antidotum, quo liberemur à culpis quotidianis, et à peccatis mortalibus præservemur. *Trid. Sess*. 13. *cap*. 2.

medio es la meditacion, ó bien la oracion mental: *Acuérdate de tus postrimerías, y no pecarás jamas* (1). El que tiene siempre á la vista las verdades eternas, la muerte, el juicio, la eternidad, no caerá en el pecado. Dios nos envía sus luces en la meditacion: *Llegaos á él, y seréis iluminados* (2). Allı nos habla y nos enseña lo que debemos hacer: *La llevaré al desierto, y le hablaré al corazon* (3). La meditacion es aquella feliz hoguera en donde se enciende el amor divino: *En mi meditacion se inflamará fuego* (4). Ademas, como tantas veces lo tengo dicho, para conservarse en la gracia de Dios es absolutamente necesario rogar siempre y pedir las gracias de que necesitamos: el que no hace oracion mental, dificilmente ruega, y no rogando, es cierto que se perderá.

Es necesario, pues, tomar los medios para salvarse, y llevar una vida arreglada. Por la mañana al levantarse se han de practicar los actos cristianos de agradecimiento, de amor, de ofrenda y de resolucion, rogando á Jesus y á María que por todo aquel dia nos preserven de pecado; hacer la meditacion, y oir misa, tener durante el dia una lectura espiritual, visitar al Santísimo Sacramento y á la divina Madre. Por la tarde rezar el rosario, y hacer exámen de conciencia. Comulga muchas veces la semana, segun el consejo del director, que debe seguirse exactamente. Y sería tambien muy útil hacer ejercicios espirituales en alguna casa religiosa. Se ha de honrar tambien con un respeto especial á la Santísima Vírgen; por ejemplo, con el ayuno del sábado. María es llamada madre de la perseverancia, pues la promete al que la sir-

---

(1) Memorare novissima tua, et in æternum non peccabis. *Eccli.* VII. 40.
(2) Accedite ad eum, et illuminamini. *Ps.* XXXIII. 6.
(3) Ducam eam in solitudinem, et loquar ad cor ejus. *Os.* II. 14.
(4) In meditatione mea exardescet ignis. *Ps.* XXXVIII. 4.

ve : *Los que obran por mí no pecarán* (1). Y por último y sobre todo se ha de pedir siempre á Dios la santa perseverancia, especialmente durante la tentacion, invocando entónces con mucha frecuencia los sagrados nombres de Jesus y de María, miéntras dure la tentacion. Si así obrais, os salvaréis indudablemente; si no lo haceis, es cierta vuestra condenacion.

AFECTOS Y SÚPLICAS.

Gracias os doy, ó dulcísimo Redentor mio, por estas luces que me acabais de dar, y por haberme dado á conocer los medios para salvarme. Yo os prometo ponerlos en práctica con la mayor firmeza : Concededme la gracia de que necesito para seros fiel; ya veo ser vuestra voluntad el que yo me salve, y yo quiero tambien salvarme, en especial para dar gusto á vuestro corazon divino, que con tanto ardor desea mi salvacion. No, no quiero resistir, ó Dios mio, por mas tiempo al amor que me teneis. Este amor ha sido causa que vos me hayais sufrido con tanta paciencia, cuando yo os ofendia. Vos me llamais á vuestro amor, y yo no deseo sino amaros. Os amo, bondad infinita, os amo, ó bien supremo é infinito; y os suplico hoy dia por los méritos de Jesucristo no permitais que yo sea jamas ingrato á vuestra bondad. Haced ó que cese de ser ingrato, ó poned fin á mi vida. Señor, ya que habeis empezado la obra, dignaos ahora completarla : *Confirma, ó Dios, lo que has hecho en nosotros* (2). Dadme la luz, dadme la fuerza, dadme el amor.

---

(1) Qui operantur in me, non peccabunt. *Eccli.* XXIV. 30.
(2) Confirma hoc, Deus, quod operatus es in nobis. *Psalm.* LXVII. 29

¡Oh María! vos que sois la dispensadora de las gracias, socorredme. Admitidme por servidor vuestro, pues quiero serlo, y rogad á Jesus por mí. Los méritos de Jesucristo, y despues vuestros ruegos, son los que han de salvarme.

CONSIDERACION XXXII.

DE LA CONFIANZA EN EL PATROCINIO DE LA SANTÍSIMA VÍRGEN.

Qui me invenerit, inveniet vitam, et hauriet salutem à Domino.

Quien me hallare, hallará la vida, y sacará salud del Señor. (Prov. VIII. 35.)

PUNTO I.

¡Cuántas acciones de gracias debemos á la misericordia de nuestro Dios de habernos dado á María por protectora, pues ella puede por sus oraciones conseguir todas las gracias que deseamos! *¡Oh ciertamente admirable bondad de nuestro Dios*, exclama S. Buenaventura, *el cual te da, Señora, á los pecadores como abogada, para que con tu auxilio puedas alcanzar para ellos lo que fuere de tu voluntad* (1)*!* Pecadores, hermanos mios, si somos culpables hácia la divina justicia, y ya condenados al infierno por nuestros pecados, no desesperemos, recur-

---

(1) O certe Dei nostri mira benignitas, qui suis reis te Dominam tribuit advocatam, ut auxilio tuo quod volueris valeas impetrare! *In Salve Reg.*

ramos á esta divina Madre; pongámonos bajo su protección, y ella nos salvará. Solo exige de nuestra parte la buena intencion de querer mudar de vida; tengamos, pues, una buena intencion y una grande confianza en María, y seremos salvos. ¿Y por qué? Porque María es una poderosa protectora, una abogada llena de misericordia que quiere salvarnos á todos.

Consideremos primeramente que María es una poderosa abogada que todo lo puede con el soberano Juez, para el bien de aquellos que se consagran á su devocion. Este es un privilegio singular que le está concedido por el mismo Juez, que es su hijo : *Es un gran privilegio que María sea poderosísima para con su Hijo* (1). Gerson dice (2) que nada pide á Dios la bienaventurada Vírgen, con firme voluntad, que no lo consiga; añadiendo que en su calidad de reina envía á los ángeles para iluminar, purificar y perfeccionar á sus servidores. Por esto la Iglesia, á fin de inspirarnos confianza en esta grande protectora, nos la hace invocar bajo el nombre de Vírgen poderosa (3). ¿Y por qué es tan poderoso el patrocinio de María? porque es la madre de Dios. Los ruegos de María en su calidad de madre, dice S. Antonino, tienen cierto aire de mandato con respecto á Jesucristo ; así que, es imposible que, cuando ella ruegue, no sea oida (4). S. Gregorio, arzobispo de Nicomedia, dice que el Redentor, como para satisfacer la obligacion que con su madre tiene, por haberle dado la existencia humana, atiende á todas sus súplicas : *Tu Hijo te concede cuanto le pides, como en satisfaccion de una deuda* (5). Y despues S. Teofilo, obispo de Alejandría, dijo

---

(1) Grande privilegium quod Maria apud Filium sit potentissima. *S. Bonav. in Spec. lect.* 6.
(2). *Tr.* 6. *sup. Mag.*
(3) Virgo potens, ora pro nobis.
(4) Oratio Deiparæ habet rationem imperii; unde impossibile est eam non exaudiri. *Part.* 4. *tit.* 25. *c.* 17. § 4.
(5) Filius, quasi exsolvens debitum, petitiones tuas implet. *Orat. de Exitu Mar.*

también: «El Hijo desea ser rogado por su Madre, por- que quiere concederle lo que pide, para recompensar en cierto modo el favor que de ella recibió por haberle dado la carne.» Por esta razon, exclama el mártir S. Metodio: Regocíjate, ó María, regocíjate, ya que tienes a dicha de tener por deudor un Hijo, á quien si bien todos nosotros somos deudores, él no debe mas que á tí (1).

Cosme de Jerusalen decia que la proteccion de María era todopoderosa (2). Verdaderamente es todopoderosa, añade Ricardo de S. Lorenzo, porque es justo que la Madre participe del poder de Hijo. El Hijo pues, que es todopoderoso, ha hecho todopoderosa á su Madre (3). El Hijo es omnipotente por naturaleza; la Madre es omnipotente por gracia, lo que equivale á decir que alcanza por sus súplicas lo que pide, segun aquel tan celebrado verso:

Tú puedes con tus ruegos lo que Dios con su imperio (4).

Esto fué precisamente lo que se reveló á Sta. Brígida. Oyó un dia esta Santa que hablando Jesus con María, le dijo: Pedidme, Madre mia, lo que querais, pues sabeis que no puedo dejar de atender vuestra demanda (5). Y da despues la razon. Ya que vos nada me negasteis cuando vivia yo en la tierra, justo es que nada os niegue yo ahora que estais conmigo en el cielo (6).

En suma, nadie hay, por malvado que sea, á quien

(1) Euge, euge, quæ debitorem habes Filium! Deo enim universi debemus, tibi autem ille debitor est. *Orat. Hyp. Dom.*
(2) Omnipotens auxilium tuum, ò Maria.
(3) Cùm autem eadem sit potestas Filii et Matris, ab omnipotente Filio omnipotens Mater facta est. *Lib. 4. de Laud. Virg.*
(4) Quod Deus imperio, tu prece, Virgo, potes.
(5) Pete quod vis à me; non enim potest esse inanis petitio tua. *Rev. Lib. 1. cap. 4.*
(6) Quia tu mihi nihil negasti in terris, ego nihil tibi negabo in cœlis.

María no pueda salvar con su intercesion. Ó Madre de Dios, decia S. Gregorio de Nicomedia, tú tienes un poder invencible, para que la multitud de los pecados no pueda mas que tu clemencia: nada resiste á tu poderío; porque el Criador mira como suya tu gloria (1). Todo pues lo podeis vos, asi lo dice S. Pedro Damiano, porque podeis salvar hasta á los desesperados (2).

AFECTOS Y SÚPLICAS.

Ó Reina, ó Madre mia, os diré con S. German: *Todo lo podeis para salvar á los pecadores: ni teneis necesidad de otra recomendacion para con Dios, pues sois la madre de la verdadera vida* (3). Si recurro pues á vos, Señora mia, todos mis pecados no pueden hacerme desesperar de mi salud. Con vuestras súplicas lograis todo lo que quereis; si por mí rogais, indudablemente seré salvo. Rogad pues por un miserable, os diré con S. Bernardo, ó poderosa Madre de Dios, ya que vuestro Hijo os atiende, y os concede cuanto le pedis (4). Verdad es que yo soy pecador, pero quiero enmendarme y ser otro de vuestros mas afectos servidores. Indigno soy, verdad es, de vuestra proteccion; pero tambien sé que nunca habeis abandonado al que ha puesto en vos su confianza. Vos podeis y quereis salvarme, en vos confío. Cuando estaba yo perdido y no pensaba en vos, vos me teniais presente, y me habeis alcanzado la gracia de enmendarme: ¿cuánto mas debo confiar en vuestra

---

(1) Habes vires insuperabiles, ne clementiam tuam superet multitudo peccatorum. Nihil tuæ resistit potentiæ, tuam enim gloriam Creator existimat esse propriam. *Orat. de Exitu B. V.*
(2) Nihil tibi impossibile, quæ etiam desesperatos in spem salutis potes revelare. *Serm. 1. de Nativ. B. V.*
(3) *Serm. 3. in Dom. B. V.*
(4) Loquere, Domina, quia audit Filius tuus, et quæcumque petieris, impetrabis.

misericordia, habiéndome ahora consagrado á vuestro servicio? ¡Oh María! rogad por mí, y hacedme santo. Alcanzadme la santa perseverancia; obtenedme un grande amor á vuestro Hijo y á vos, ó amable Madre mia. Yo os amo, ó Reina, y espero amaros siempre. Amadme tambien, y convertidme por vuestro amor de pecador en santo.

PUNTO II.

Consideremos en segundo lugar que, siendo María una abogada tan poderosa, es al propio tiempo tan misericordiosa que no sabe negar su proteccion á ninguno de los que á ella recurren. Fijos están, dice David, sobre los justos los ojos del Señor; pero esta Madre de misericordia, como dice Ricardo de S. Lorenzo, tiene fijos los ojos tanto sobre los justos como sobre los pecadores, para que no caigan, ó si han caido ya, los levanta ella por su intercesion (1). Decia S. Buenaventura que, mirando á María, le parecia mirar la misma misericordia (2). S. Bernardo nos exhorta tambien á recurrir en todas nuestras necesidades á esta poderosa abogada con la mayor confianza, pues toda ella es dulzura y bondad para los que á ella se encomiendan, diciendo : *¿Por qué razon la humana fragilidad teme acercarse á María? Nada tiene de severa ni de terrible; toda ella es dulzura* (3). Ved ahí porque María es llamada oliva : *Como oliva vistosa en los campos* (4). Así como de la oliva no mana sino aceite, símbolo de la misericordia, asimismo de las

---

(1) Sed oculi Dominæ super justos et peccatores, sicut oculi matris ad puerum, ne cadat; vel si ceciderit, ut sublevet.
(2) Certe, Domina, cum te aspicio, nihil nisi misericordiam cerno.
(3) Quid ad Mariam accedere trepidat humana fragilitas? Nihil austerum in ea, nihil terribile; tota suavis est.
(4) Quasi oliva speciosa in campis *Eccli.* XXIV 19.

manos de María no manan sino las gracias y las misericordias, que dispensa á cuantos se refugian bajo su patrocinio. Dionisio el Cartujano la llama con razon abogada de todos los pecadores que á ella recurren (1). ¡Oh Dios! ¡qué pena pára el cristiano que se condene, cuando pensare que con tanta facilidad podia salvarse en vida recurriendo á esta Madre de misericordia, y que no lo hizo! Mas, ¡ay! ¡que entónces no será ya tiempo! Dijo un dia la Vírgen á Sta. Brígida: Á mí me llaman la madre de la misericordia, y lo soy en efecto, porque así lo ha querido la misericordia de Dios (2). Y en la realidad, ¿quién es el que nos ha dado esta proteccion para defendernos, sino la misericordia de Dios que quiere salvarnos? *Por tanto,* añade María, *será un desgraciado el que pudiendo no acude á la misericordia* (3). Es decir: miserable es, y lo será eternamente el que, pudiendo encomendarse en esta vida á mí, que tan buena y compasiva soy para todos, no acude á mi amparo en su desgracia, y se condena.

¿Temeremos quizá, dice S. Buenaventura, que, si imploramos la proteccion de María, ella nos la niegue? No, dice el Santo, no, María no sabe ni ha sabido nunca dejar de compadecerse ni dejar de proteger á los desgraciados que á ella acuden (4). Ella no sabe ó no puede hacerlo, pues Dios la elevó al rango de reina de misericordia, y está como obligada á cuidar de los desgraciados: *Tú eres la reina de la misericordia,* dice S. Bernardo, *y ¿ quiénes son los súbditos de la misericordia, sino lo desgraciados* (5)? ¿Y si sois la reina de la mise

(1) Advocata omnium iniquorum ad se confugentium.
(2) Ego vocar ab omnibus mater misericordiæ, et vere misericordia illius misericordem me fecit. *Rev. lib.* 1. *cap.* 6.
(3) Ideo miser erit, qui ad misericordem, cum possit, non accedit.
(4) Ipsa enim non misereri ignorat, et misereri non satisfacere nunquam scivit.
(5) Tu regina misericordiæ, et qui subditi misericordiæ, nisi miseri?

ricordia, quiénes serán los súbditos de la misericordia sino los desgraciados y miserables pecadores? Y despues, humillándose el mismo Santo, añade estas palabras: Ya que vos sois, ó Madre de Dios, la reina de la misericordia, debeis tener mas cuidado de mí que soy el mas miserable de los pecadores (1). Como madre de misericordia, debe aplicarse á librar de la muerte á sus hijos enfermos, de quienes es ya madre por el efecto de su misericordia. Así la llama S. Basilio: *Hospital público* (2). Los hospitales públicos se instituyeron para los pobres enfermos, y cuanto mas pobres, mas derecho tienen de ser en ellos admitidos. Así pues, segun S. Basilio, María debe recoger con mas piedad y atencion los mas grandes pecadores que recurren á su amparo.

No dudemos pues de la piedad de María. Un dia Sta. Brígida escuchó que el Salvador decia á su Madre: *Aun al mismo diablo concederias misericordia, si te la pidiese con humildad* (3). El orgulloso Lucifer no se humillará jamas hasta rogar, pero, si el desdichado se humillase ante esta divina Madre, y le rogase que le protegiera, María le sacaria del infierno por su intercesion. Por esto quiere darnos á entender Jesucristo, y María misma lo ha declarado á la Santa, que, cuando un pecador recurre á ella, por culpable que sea, no atiende á sus pecados, sino únicamente á la intencion con que viene; y si viene con la decidida resolucion de enmendarse, le acoge y le cura de todas sus llagas: *Por mucho que un hombre peque, si acude á mí con verdadero propósito de enmendarse, al momento estoy pronta á recibirle, no atendiendo á sus pecados sino á la intencion con que viene. Ni me desdeño de ungir y curar sus llagas, porque me llamo y soy verdaderamente*

---

(1) Tu regina misericordiæ et ego miserrimus peccator, subditorum maximus, rege nos ergo, ò regina misericordiæ.
(2) Publicum valetudinarium.
(3) Etiam diabolo misericordiam exhiberes, si humiliter peteret.

madre de misericordia (1). Fundado en esto nos alienta S. Buenaventura diciendo : *Confiad en María, pecadores estraviados, y ella os llevará á puerto* (2). Esto es : Pecadores que os habeis perdido, no desespereis, alzad los ojos á María, y tened confianza en la compasion de esta buena madre. Busquemos pues, dice S. Bernardo, la gracia que hemos perdido, y busquémosla por la intercesion de María (3). Esta gracia, ella la ha encontrado, dice Ricardo de S. Lorenzo, dirijámonos pues á ella para encontrarla : *Los que deseamos hallar la gracia, procuremos encontrar la luz de gracia* (4).

Cuando el ángel Gabriel anunció á María su divina maternidad, le dijo : *No temas, María, porque has hallado gracia* (5). Y si María nunca estuvo privada de la gracia, porque fué siempre llena de ella, ¿ cómo podia decirle el ángel que ella la habia encontrado? Responde el cardenal Hugo que María no halló la gracia para ella, pues siempre la habia disfrutado, sino para nosotros que la habíamos perdido. Por esto dice Hugo que debemos presentarnos á María y decirle: Vírgen santa, debe restituirse el tesoro al que lo ha perdido. Esta gracia que habeis hallado vos, no os pertenece, porque vos la habeis poseido siempre ; es pues nuestra : nosotros la perdimos por culpa nuestra, á nosotros la habeis de restituir : *Acudan pues, acudan presurosos á la Vírgen los*

---

(1) Quantumcumque homo peccet, si ex vera emendatione ad me reversus fuerit, statim parata sum recipere revertentem : nec attendo quantum peccaverit, sed cum quali voluntate venit. Nam non dedignor ejus plagas ungere et sanare, quia vocor, et vere sum mater misericordiæ.
(2) Respirate ad illam, perditi peccatores, et perducet vos ad portum. *In. Ps.* 8.
(3) Quæramus gratiam, et per Mariam quæramus. *Serm. de Aquæd.*
(4) Cupientes invenire gratiam, quæramus invenire lucem gratiæ. *De Laud. Virg. Lib.* 2.
(5) Ne timeas, Maria, invenisti enim gratiam. *Luc.* I. 30.

*que pecando hubieren perdido la gracia, y digan con
confianza: Vuélvenos el bien que hallaste* (1).

AFECTOS Y SÚPLICAS.

Ó poderosa Madre de Dios, á vuestros piés teneis un miserable pecador, que ha perdido una y muchas veces la gracia divina que vuestro Hijo le habia adquirido con su muerte. ¡ Oh Reina de misericordia ! á vos viene un alma cubierta de heridas y de llagas : no me desdeñeis por esto, sino habed piedad de mí y prestadme vuestro socorro. Ved la confianza que en vos tengo, y no me abandoneis. No os pido bienes de la tierra, os pido la gracia de Dios, el amor de vuestro Hijo. ¡ Oh madre mia! rogad por mí incesantemente. Los méritos de Jesucristo y vuestra intercesion han de salvarme. Obligacion vuestra es interceder por los pecadores : os diré pues con Sto. Tomás de Villanueva: *Cumple con tu oficio, tú que eres nuestra abogada* (2). Haced vuestro deber, encomendadme á Dios, y defendedme. No hay causa, por desesperada que sea, que se pierda cuando por vos está defendida: vos sois la esperanza de los pecadores. ¡ Oh María ! yo no cesaré de serviros, de amaros, de recurrir siempre á vos, y vos no ceseis de socorrerme, sobre todo cuando me veais en peligro de perder de nuevo la gracia de Dios. ¡ Oh María ! ¡ oh Madre de Dios ! ¡ habed piedad de mi !

(1) Currant ergo, currant peccatores ad Virginem, qui gratiam ami serant peccando, secure dicant : Redde nobis rem nostram, quam invenisti.
(2) Advocata nostra, imple officium tuum.

PUNTO III

Consideremos en tercer lugar que María es una madre tan misericordiosa, que socorre no solamente á los que á ella recurren, sino que ella misma va á buscar á los desgraciados para defenderlos y salvarlos. Ved ahí lo que á todos nos dice para alentarnos á esperar toda especie de bienes, si á ella recurrimos : *En mí toda esperanza de vida y de virtud : pasad á mí todos* (1). El devoto Pelbart comenta así este pasaje: *Llama á todos, justos y pecadores* (2). El demonio va dando siempre vueltas, dice S. Pedro, y busca alguno para devorar: *Alrededor de vosotros buscando á quien devorar (*3). Pero esta divina Madre, dice Bernardo de Bustis, da vueltas tambien, y busca por si puede salvar alguno (4). María es Madre de misericordia, porque la misericordia que nos tiene hace que se compadezca de nosotros y que procure siempre los medios de salvarnos, como una madre que no puede ver á sus hijos en peligro de perderse, y que no puede dejar de protegerlos. ¿ Quién mas que vos, despues de Jesucristo, dice S. German, cuida de nuestra salud, oh madre de misericordia (5)? Añade S. Buenaventura que María se apresura tanto en socorrer á los desgraciados, que parece ser este su único deseo (6).

Grande es por cierto su auxilio, cuando recurrimos á

---

(1) In me omnis spes vitæ et virtutis : transite ad me omnes. *Eccli.* XXIV. 25 *et* 26.
(2) Vocat omnes, justos et peccatores.
(3) Circuit quærens quem devoret. 1. *Petr.* V. 8.
(4) Ipsa semper circuit, quærens quem salvet. *Marial. p.* 3. *Serm.* 3.
(5) Quis post Filium tuum curam gerit generis humani sicut tu? *Serm. de Zona Virg.*
(6) Undique sollicita es de miseris ; solum misereri videris appetere. *Super Salve Reg.*

ella y nadie ha quedado nunca desechado : *Es tan grande su bondad,* dice el Idiota, *que á nadie rechaza* (1). Mas esto no basta al corazon misericordioso de María, añade Ricardo de S. Víctor; ellas ananticipa ánuestras súplicas, y nos ayuda aun ántes que se lo roguemos (2). Dice ademas el mismo autor que María está tan llena de bondad, que, cuando ve nuestra miseria, la socorre al momento, y que no puede ver á nadie necesitado sin socorrerle (3). Así obraba cuando vivia en este mundo, como lo sabemos por lo que le sucedió en las bodas de Caná en Galilea. Cuando faltó el vino, no esperó á que la rogasen, sino que considerando la aflicion y la afrenta de los esposos, pidió á su Hijo que les diese consuelo, diciéndole: *No tienen vino* (4); y al momento alcanzó que su Hijo convirtiese por un milagro el agua en vino. Con que, si tan grande fué, dice S. Buenaventura, la piedad de María con los afligidos, estando aun en este mundo, ¿cuánto mas lo será ahora que está en el cielo, desde donde ve mejor nuestras necesidades, y las compadece mas (5)? Y Novarino añade: si María, sin ser rogada, muéstrase tan solícita á socorrer, ¿cuánto mas pronta estará á socorrer al que la ruega (6)?

¡Ah! no dejemos nunca en nuestras necesidades de acudir á esta divina Madre, que está siempre pronta á ayudar al que la ruega, dice Ricardo de S. Lorenzo (7);

---

(1) Tanta est ejus benignitas, ut nemo ab ea repellatur. *Præfac. in Cantic.*

(2) Velocius occurrit ejus pietas, quam invocetur, et causas miserorum anticipat. *In Cant. cap.* 23.

(3) Adeo replentur ubera tua misericordia, ut alterius miseriæ notitia facta, lac fundant misericordiæ, nec possis miserias scire, et non subvenire.

(4) Vinum non habent. *Joann.* II. 3.

(5) Magna fuit erga miseros misericordia Mariæ adhuc exultantis in mundo, sed multo major est regnantis in cœlo. *In Spec. B. V. cap.* 8.

(6) Si tam prompta ad auxilium currit non quæsita, quid quæsita præstitura est?

(7) Inveniens semper paratam auxiliari.

y Bernardo de Bustis añade que desea concedernos gracias con mas ardor que nosotros deseamos recibirlas (1). Y por esto dice que, cuando recurramos á María, la hallaremos siempre con los manos llenas de gracias y de misericordia (2). Tanto desea ella hacernos bien y vernos salvos, dice S. Buenaventura, que se cree ofendida no solo por los que cometen contra ella una injuria positiva, sino hasta por los que no le piden gracias: *Pecan contra ti, Señora, no solo los que te injurian, sino tambien los que no te piden gracias* (3). Y al contrário, afirma el mismo Santo que el recurre á María (con la recta voluntad de enmendarse, se entiende), es ya salvo, y por esto llama: ¡ *Oh salud de los que te invocan* (4) ! Recurramos pues siempre á esta divina Madre, y digámosle siempre lo que le decia este Santo: *En ti, Señora, esperé, no quede yo para siempre confundido* (5). Ó reina, ó María, madre de Dios, no, ya no me condenaré, porque en vos he puesto toda mi confianza.

AFECTOS Y SÚPLICAS.

¡ Oh María! ved á vuestros piés un desdichado esclavo del infierno que implora vuestra piedad. Verdad es que no merezco favor alguno, pero vos sois madre de misericordia, y la piedad se emplea con aquellos que no la merecen. Todo el mundo os llama refugio y esperanza de pecadores: vos, pues, sois mi refugio y mi esperanza. Soy una oveja descarriada, pero el Verbo eterno

---

(1) Plus vult illa bonum tibi facere et gratiam largiri, quam tu accipere concupiscas. *Mar.* 1. *Serm.* 5. *de Nom. Mar.*
(2) Invenies eam in manibus plenam misericordia, et liberalitate.
(3) In te, Domina, peccant non solum qui tibi injuriam irrogant, sed etiam qui te non rogant. *S. Bon. in Spec. Virg.*
(4) O salus te invocantium!
(5) In te, Domina, speravi, non confundar in æternum.

vino del cielo para salvarla y quiso ser hijo vuestro, y quiere que recurra á vos y que vos me socorrais con vuestras súplicas: *Santa María, madre de Dios, ruega por nosotros pecadores* (1). Ó poderosa Madre de Dios, vos rogais por todos, rogad tambien á vuestro Hijo por mí. Decidle que soy un siervo consagrado á vos, y que vos me dispensais vuestra proteccion. Decidle que en vos he puesto mi esperanza. Decidle que me perdone, y que me arrepiento de todas las ofensas que contra él he cometido. Decidle que me dé por su misericordia la santa perseverancia. Decidle que me conceda la gracia de amarle con todo mi corazon. Decidle, en fin, que vos quereis que yo me salve : él hace cuanto vos le pedis. Ó María, mi esperanza, en vos confío, habed piedad de mí.

(1) Sancta Maria, mater Dei, ora pro nobis peccatoribus.

CONSIDERACION XXXIII.

DEL AMOR DE DIOS.

> *Nos ergo diligamus Deum, quoniam Deus prior dilexit nos.*
>
> Pues amemos nosotros á Dios, porque Dios nos amó primero.
> (1. Joan. IV. 19.)

PUNTO I.

Considerad ante todo que Dios merece que le ameis, porque él os ha amado ántes que vosotros le amaseis, y que ha sido en amaros el primero de todos : *Con amor perpétuo te amé* (1). Los primeros que os han amado en este mundo, son los autores de vuestros dias, pero estos no os han amado sino despues de haberos conocido. Dios empero os amaba ántes que existierais : no eran todavia en el mundo vuestros padres, cuando Dios ya os amaba : el mundo no era aun criado, y Dios os amaba ; ¡ y cuánto tiempo ántes de la creacion del mundo os amaba Dios ! ¡ Quizás de mil años, mil siglos ántes ! No os toca contar los años ni los siglos, contentaos con saber que Dios os ha amado de toda eternidad : *Con amor perpétuo te amé;*

(1) In charite perpetua dilexi te. *Jer.* XXXI. 8.

por esto te atraje, teniendo misericordia (1). En fin, Dios, desde que es Dios, os ha amado siempre; desde que se ama á sí mismo, os ha amado tambien. Tenia pues razon de decir aquella jóven vírgen Sta. Inés : *Otro se ha anticipado en amarme* (2); cuando el mundo y las criaturas le solicitaban su amor, ella respondia : *No, mundo, criaturas, yo no puedo amaros: mi Dios fué el primero en amarme, es pues justo que consagre á Dios solo todo mi amor.*

Así pues, hermano mio, vuestro Dios os ha amado de toda eternidad, y solo por su amor os ha escogido entre tantos hombres como podia crear, os ha dado la existencia, y os ha colocado en el mundo. Y por amor á vos ha criado tantas otras agraciadas criaturas para que os sirviesen, y os recordasen el amor que él os tuvo y os tiene, y el amor que le debeis : *El cielo y la tierra,* decia S. Agustin, *y todas las cosas me están diciendo que te ame* (3). Cuando este Santo miraba el sol, la luna, las montañas, los rios, parecíale que todos estos objetos le hablaban y le dician : *Agustin, ama á Dios, pues él nos ha criado por ti, para que tú le ames.* El abate de Rancé, fundador de la Trapa, decia al contemplar con admiracion las colinas, las fuentes, las flores, que todas estas criaturas le recordaban el amor que Dios le habia tenido. Decia asimismo Sta. Teresa que las criaturas le echaban en cara su ingratitud hácia Dios. Cuando Sta. María Magdalena de Pazzi s tenia en su mano alguna hermosa flor, ó algun bello fruto, sentia herido su corazon como por una flecha de amor para con su Dios, y decia entre otras cosas : *Mi Dios pensó, pues, de toda la eternidad en criar estas flores para que yo le diese mi amor.*

Considerad tambien el amor especial de Dios en ha-

---

(1) In charitate perpetua dilexite : ideo attraxi te, miserans tui. *Ibid.*
(2) Ab alio amatore præventa sum.
(3) Cœlum et terra, et omnia mihi dicunt, ut amemte.

cernos nacer en país cristiano, ó en el seno de la verdadera Iglesia. ¡Cuántos hay que nacen entre idólatras, judíos, mahometanos ó herejes, que se pierden todos! Muy corto es el número de los hombres que tienen la dicha de nacer en donde reina la verdadera fe. Y sin embargo el Señor os ha hecho de este pequeño número. ¡Oh! ¡cuán inmenso es el don de la fe! ¡Cuántos millones de personas están privadas de sacramentos, de sermones, de ejemplos, de buenas compañías, y de todos los demas socorros que tenemos en nuestra Iglesia, para procurar nuestra salud! Dios sin embargo ha querido concederos todos estos auxilios, sin mérito alguno de vuestra parte, y aun previendo todos vuestros pecados; pues, cuando pensó en criaros y concederos todas estas gracias, preveia ya las injurias que habiais de hacerle.

AFECTOS Y SÚPLICAS.

¡Oh soberano Señor del cielo y de la tierra, bien infinito, majestad infinita! habiendo vos amado tanto á los hombres ¿cómo pueden estos despreciaros? Vos me habeis amado, Dios mio, de un modo particular, concediéndome gracias especiales que á tantos otros habeis negado, y yo os he despreciado mas que ellos. Á vuestros piés me arrojo, ó Jesus mi Salvador : *No me deseches de tu rostro* (1). Ya veo que mereceria ser desechado á causa de mi ingratitud, pero habeis dicho vos mismo que no sabeis desechar un corazon arrepentido que vuelve á vos : *Aquel, que á mí viene, no le echaré fuera* (2). ¡Oh Jesus mio! ¡yo me arrepiento de haberos ofendido, yo, que os desconocí hasta ahora! mas ahora ya os reconozco por mi Señor y Redentor, que moristeis para salvarme y

(1) Ne projicias me à facie tua. *Ps.* L. 13.
(2) Eum qui venit ad me, non ejiciam foras. *Jo.* VI. 37.

para obtener mi amor. ¿Cuándo cesaré yo, ó mi Jesus, de ser con vos ingrato? ¿Cuándo empezaré de véras á amaros? Desde hoy tomo la resolucion de amaros con todo mi corazon, y de no amar sino á vos solo. ¡Oh bondad infinita! yo os adoro por todos aquellos que no os adoran, y os amo por todos aquellos que no os aman. Creo en vos, espero en vos, os amo y me consagro á vos enteramente; dadme vuestra gracia. Conoceis ya mi debilidad; pero, si tanto me protegisteis, cuando yo no os amaba, ni deseaba amaros, ¿cuánto mas debo esperar en vuestra misericordia ahora que os amo, y que no deseo sino vuestro amor? Dadme, Señor, vuestro amor, pero un amor ferviente que me haga olvidar todas las criaturas, que me haga vencer todas las dificultades, á fin de complaceros; un amor constante que no pueda cesar. ¡Oh Jesucristo! todo lo espero por vuestros méritos, y por vuestra intercesion, ó madre mia, María.

PUNTO II

No solo nos ha dado el Señor criaturas tan bellas, sino que no hubiera quedado satisfecho, si no se nos hubiese dado á sí mismo: *Me amó, y se entregó á sí mismo por mí* (1). El pecado nos habia hecho perder la gracia divina y el paraíso, y nos habia hacho esclavos del infierno. Pero el Hijo de Dios, con asombro del cielo y de la naturaleza, quiso descender á la tierra para humanarse con el fin de rescatarnos de la muerte eterna, y hacernos conseguir la gracia y el paraíso que habíamos perdido. ¡Qué maravilla no fuera ver á un monarca hacerse gusano por amor á los gusanos! Debe, pues, ser infinitamente mas asombroso para nosotros el ver la maravilla de un Dios hecho hombre por amor de los hom-

(1) **Dilexit** me, et tradidit semetipsum pro me. *Gal.* II. 20.

bres : *Se anonadó á sí mismo tomando forma de siervo y reducido á la condicion de hombre* (1). ¡Un Dios encarnado! *Y el Verbo fué hecho carne* (2). Crece aun el prodigio al ver lo que el Hijo de Dios hizo y sufrió despues por nuestro amor. Para redimirnos bastaba una sola gota de sangre, una lágrima, una simple oracion, porque esta oracion, viniendo de una persona divina tenia un precio infinito, y bastaba para salvar todo el mundo é infinitos mundos. Mas no, dice S. Crisóstomo, lo que bastaba para redimirnos, no dejaba satisfecho el amor inmenso que Dios nos tenia (3). Quiso salvarnos, pero, como él nos habia amado tanto, queria tambien que le amásemos. Por esto quiso escoger para si una vida llena de pesares y de disgustos; y una muerte mas cruel que todas las muertes; á fin de manifestarnos el amor infinito que nos tenia : *Se humilló á sí mismo, hecho obediente hasta la muerte, y muerte de cruz* (4). ¡Oh exceso de amor divino, que todos los hombres y todos los ángeles no podrán jamas comprender! Exceso he dicho, pues así lo han llamado precisamente sobre el Tabor Moisés y Elías, hablando de la pasion de Jesucristo : *Hablaban de su salida que habia de cumplir en Jerusalen* (5). — *Exceso de dolor, exceso de amor*, dice S. Buenaventura (6). Si el Redentor no hubiese sido Dios, sino puramente uno de nuestros amigos ó de nuestros parientes, ¿hubiera podido darnos mejor prueba de afecto que la de morir por nosotros? *Ninguno tiene mayor amor que este, que es poner su vida por sus amigos* (7). Si Jesucristo hu-

(1) Semetipsum exinanivit, formam servi accipiens et habitu inventus ut homo. *Phil.* II. 7.
(2) Et Verbum caro factum est. *Joann.* I. 14.
(3) Quod sufficiebat redemptioni, non sufficiebat amori.
(4) Humiliavit semetipsum, factus obediens usque ad mortem, mortem autem crucis. *Phil.* II. 8.
(5) Dicebant excessum, quem completurus erat in Jerusalem. *Luc.* IX. 31.
(6) Excessus doloris, excessus amoris.
(7) Majorem hac dilectionem nemo habet, ut animam suam ponat quis pro amicis suis. *Joann.* XV. 13

biese tenido que salvar á su propio Padre, ¿hubiera podido hacer mas por amor á él? Ó hermano mio, si hubieses tú sido Dios y el criador de Jesucristo, ¿hubiera podido hacer otra cosa por ti que perder su vida en medio de desprecios y de tormentos? Si el mas vil de los hombres hubiese hecho por ti lo que hizo Jesucristo, ¿podrias vivir sin amarle?

Pero ¿qué decis á esto, cristianos? ¿Creeis en la encarnacion y en la muerte de Jesucristo? ¿Creeis en una y otra, y no le amais? ¿Y podeis pensar en amar otra cosa que Jesucristo? ¿Dudais, quizá, si os ama? Él vino á la tierra, dice S. Agustin, á sufrir y á morir por vosotros á fin de mostraros el amor inmenso que os tiene: *Por esto vino Jesucristo, para que el hombre conociese cuánto le ama Dios* (1). Ántes de la encarnacion podia dudar el hombre del amor y de la ternura de Dios; pero despues de la encarnacion y de la muerte de Jesucristo, ¿quién podrá ponerlo en duda? ¿Y qué mayor prueba de su afecto podia darnos, que el sacrificio de su vida divina? Habituados estamos á oir hablar de la creacion, de la redencion, de un Dios en un pesebre, de un Dios en una cruz. ¡Oh fe santa, ilumina nuestras almas!

AFECTOS Y SÚPLICAS.

¡Oh Jesus mio! ya veo que nada que hacer os queda para ponerme en la necesidad de amaros, y veo tambien que por mi ingratitud os he puesto en la obligacion de abandonarme. ¡Bendita sea mil veces vuestra paciencia que os ha hecho sufrirme tanto! Yo merecia un infierno, criado expresamente para mí; pero vuestra muerte reanima mi confianza. Dadme pues á conocer, ó bien in-

---

(1) Propterea Christus advenit, ut cognoceret homo quantum eum diligat Deus.

menso, cuánto mereceis ser amado, y el deber en que me hallo de daros mi amor. Bien sabia, ó Jesus mio, que vos habiais muerto por mí : ¿cómo pues, Dios mio, he podido vivir tantos años alejado de vos? ¡Oh!¡cuánto quisiera, Señor, volver á empezar mi vida para dárosla toda entera! Pero, los años no vuelven; haced, pues, que á lo ménos el tiempo que me queda de vida sea todo consagrado á amaros y á complaceros. ¡Oh mi dulcísimo Redentor! yo os amo con todo mi corazon, aumentad en mí este amor; recordadme siempre lo que habeis hecho por mí, y nunca permitais que yo sea mas ingrato. No, no quiero resistir por mas tiempo á las luces que me habeis dado. Quereis que os ame, y amaros quiero. ¿Y á quién amaré, si no doy mi amor á mi Dios, que es la misma belleza y la misma bondad infinita? ¿un Dios que murió por mí? ¿un Dios que me sufrió con tanta paciencia, y que en vez de castigarme, como merecia, trocó los castigos en gracias y favores? Sí, yo os amo, ó Dios, digno de un amor si límites, y no deseo ni busco otra cosa que vivir ocupado enteramente en amaros, y separado de todo lo que no sea vos. ¡Oh caridad infinita de mi Dios! Socorred un alma que no suspira sino por el momento de ser toda vuestra. Ó María, madre de Dios, socorredme por vuestra intercesion : rogad á Jesus que haga de mí una propiedad suya.

PUNTO III.

El prodigio se hace mucho mas asombroso, al ver el deseo inmenso que tenia Jesus de sufrir y de morir por nosotros : *Con bautismo es menester que yo sea bautizado* (decia él durante su vida) *¿y cómo me angustio hasta que se cumpla* (1)? Esto es, debo ser bautizado con

---

(1) Baptismo autem habeo baptizari, et quomodo coarctor usquedum perficiatur? *Luc.* XII. 50.

el bautismo de mi propia sangre; y espero con ánsia ardiente ver llegar el instante de mi pasion y de mi muerte, para que por ahí conozca el hombre el intenso amor que le profeso. Ved tambien lo que dice en la noche que precede á su pasion: *Con deseo he deseado comer con vosotros esta Pascua* (1). Nuestro Dios, dice S. Basilio de Seleucia, no puede saciarse de amar á los hombres (2).

¡Ah Jesus mio! los hombres no os aman, porque no consideran el amor que les habeis tenido. ¡Oh Dios! ¿cómo es posible que un alma que considera un Dios muerto por su amor, y el grande deseo que tenia de morir para manifestarle su amor, pueda vivir sin amarle? *El amor de Cristo nos estrecha* (3). Dice S. Pablo que no tanto lo que Jesucristo ha hecho y sufrido por nosotros, como el amor que nos ha manifestado en sus sufrimientos, es lo que nos obliga á amarle. Al hacer estas reflexiones, exclama S. Lorenzo Justiniani: *Hemos visto á un sabio entontecido por causa de un excesivo amor* (4). ¿Quién pudiera nunca creer, si no nos lo afirmarse la fe, que el Criador haya querido morir por sus criaturas? Sta. María Magdalena de Pazzis, en un éxtasis que tuvo, teniendo en sus manos un Crucifijo, llamaba tambien á Jesucristo desatinado de amor. Esto es cabalmente lo que decian los gentiles, cuando se les predicaba la muerte de Jesucristo: la llamaban una locura increible: así lo testifica el Apóstol: *Predicamos á Cristo crucificado; que es escándalo para los judios, y locura para los gentiles* (5). ¿Cómo, decian ellos, un Dios felicísimo en sí mismo, que de nadie necesita, ha podido descender sobre la tierra, hacerse hombre, y morir por el amor de los hombres,

---

(1) Desiderio desideravi hoc Pascha manducare vobiscum. *Luc.* XXII. 15.
(2) Hominum amore nequit expleri Deus. *S. Bas. cap.* 416.
(3) Charitas Christi urget nos. 2. *Cor.* v. 14.
(4) Vidimus sapientem præ nimietate amoris infatuatum.
(5) Prædicamus Christum crucifixum, judæis, quidem scandalum, gentibus autem stultitiam. 1. *Cor.* I. 23.

criaturas suyas? Sería esto lo mismo que creer en un Dios vuelto loco por el amor de los hombres. Pero es de fe que Jesucristo, el verdadero Hijo de Dios, se dejó dar la muerte por nuestro amor: *Nos amó, y se entregó á sí mismo por nosotros* (1).
¿Por qué, pues, obró así? Para que nosotros no viviésemos mas para el mundo, sino solamente para el Señor, que quiso morir por nosotros: *Cristo murió por todos; para que los que viven, no vivan ya para sí sino para aquel, que murió por ellos* (2). El fin que tuvo, fué el atraerse el afecto de nuestros corazones por el afecto que nos ha manifestado: *Porque por esto murió el Señor, y resucitó; para ser Señor de muertos y de vivos* (3). Y así, cuando los Santos tenian á la vista la muerte de Jesucristo, creían hacer poco dando su vida por el amor de un Dios tan amante. ¡Cuántos hombres ilustres, cuántos príncipes abandonaron sus padres, sus riquezas, su patria, y hasta su trono para retirarse á un claustro y vivir en el solo amor de Jesucristo! ¡Cuántos mártires le han hecho el sacrificio de su vida! ¡Cuántas jóvenes vírgenes han renunciado á brillantes enlaces, y han caminado llenas de gozo á la muerte para recompensar en lo que podian el afecto de un Dios muerto por ellas! Y tú, hermano mio, ¿qué has hecho hasta ahora por el amor de Jesucristo? Así como murió él por los Santos, por S. Lorenzo, por Sta Lucía, por Sta. Inés, murió tambien por ti. ¿Qué piensas hacer á lo ménos por el tiempo que de vida te queda, y que Dios te concede para que le ames? Pon ante tus ojos á menudo la imágen de un Crucifijo, y al contemplarla, recuerda el amor que por ti tuvo, y dí en tu interior: Dios mio, ¿con que vos habeis muerto por mí? Haced esto á lo ménos, os repito, y hacedlo con

1) Dilexit nos, et tradidit semetipsum pro nobis. *Eph.* v. 2.
2) Pro omnibus mortuus est Christus, ut et qui vivunt, jam non sibi vivant, sed ei qui pro ipsis mortuus est. 2. *Cor.* v. 15.
(3) In hoc enim Christus mortuus est, et resurrexit; ut et mortuorum et vivorum dominetur. *Rom.* xiv. 9.

frecuencia, pues entónces no podréis menos que sentiros dulcemente excitado al amor de un Dios que tanto os amó.

AFECTOS Y SÚPLICAS.

¡Ah, dulcísimo Redentor mio! Verdad es que no os he amado porque no he reflexionado el amor que me habeis tenido. ¡Ah Jesus mio! harto ingrato he sido con vos, pues habiendo vos por mí venido al mundo y sufrido la mas cruel de todas las muertes, ¿he podido ser tan ingrato de no haber ni aun querido pensar en vos? ¡Ah! perdonadme, pues os prometo, ó Jesus, mi amor, que desde hoy en adelante seréis el único objeto de mis pensamientos y de todas mis afecciones. Cuando el mundo ó el demonio me presenten alguna fruta prohibida, recordadme, ó amado Salvador mio, los tormentos que sufristeis por mi amor, de manera que desde ahora no haga sino amaros, sin jamas ofenderos. ¡Ah! si uno de mis criados hubiese hecho por mí lo que vos habeis hecho, no tendria yo valor para desecharle. ¡Y yo he tenido el de huir tantas veces de vos que habeis sufrido muerte por mí! Ó llama preciosa de amor, tú que obligas á un Dios á dar su vida por mí, ven, inflama, llena todo mi corazon, destruye todo lo que ha quedado en mí de apego á las cosas criadas. ¡Ah, mi amado Redentor! ¿cómo puedo yo consideraros ó en el establo de Belen, ó en la cruz sobre el Calvario, ó en el Sacramento del Altar, sin derretirme en amor para con vos? Yo os amo, Jesus mio, con toda mi alma: durante todo el resto de mi vida vos seréis mi único bien, mi único amor. Basta ya de años infelices pasados miserablemente léjos de vuestro amor. Todo me doy á vos, y si no acierto á darme como debiera, tomadme, y reinad sobre mi corazon: *Venga á nos el tu reino* (1). El corazon quiere ser esclavo de vuestro amor;

(1) Adveniat regnum tuum.

no habla, ni piensa, ni suspira sino por vuestro amor; ni otra cosa desea que seros agradable. Asistidme siempre con vuestra gracia, á fin de que os sea fiel : en vuestros méritos pongo, ó mi Jesus, la confianza. Ó Madre del bello Amor, haced que yo ame mucho á vuestro Hijo, que tan amable es, y que tanto me ha amado.

CONSIDERACION XXXIV.

DE LA SANTA COMUNION.

Accipite et comedite : hoc est corpus meum.

Tomad, y comed : este es mi cuerpo. (Matth. XXVI. 26.)

PUNTO I.

Examinemos la grandeza de la Eucaristía; el grande amor que manifestó Jesucristo, haciéndonos tan precioso regalo, y el grande deseo que tiene de que nosotros le recibamos. Consideremos en primer lugar la grandeza del don que nos hace Jesucristo, dándose á sí mismo por alimento en la comunion. Dice san Agustin que Jesus, siendo un Dios omnipotente, no ha podido darnos mas (1). ¿Y qué tesoro mayor, añade S. Bernardino de Sena, puede recibir ó desear un alma que el cuerpo sagrado de Jesucristo (2)? El profeta Isaías exclama : *Haced notorios sus consejos* (3). Publicad, ó hombres, las amorosas invenciones de nuestro Dios. Y si nuestro Redentor

---

(1) Cnm esset omnipotens, plus dare non potuit.
(2) Quis melior thesaurus in corde hominis esse potest, quam corpus Christi?
(3) Notas facite ad inventiones ejus. *Is.* XII. 4.

no nos hubiese hecho esta dádiva, ¿quién de nosotros hubiera tenido la osadía de decirle: Señor, si quereis darnos á conocer vuestro amor, ocultaos bajo las apariencias de pan, y permitid que podamos de vos alimentarnos? Semejante idea se hubiera reputado por locura· ¿ *No parece una locura,* dice S. Agustin, *el decir : Comed mi carne, bebed mi sangre* (1)? Cuando Jesucristo dispensó á sus discípulos este don de la Eucaristía, que queria dejarnos, algunos de ellos no pudieron creerlo, y se separaron de él diciendo : *Cómo nos puede dar este su carne á comer ?... Duro es este razonamiento, ¿ y quién lo puede oir* (2)? Pero lo que los hombres no podian imaginar, el grande amor de Jesucristo lo concibió y lo ejecutó.

Dice S. Bernardino que el Señor nos ha dejado este Sacramento en memoria del afecto que nos ha manifestado en su pasion : *Este Sacramento es una memoria de su amor* (3). Y esto es conforme con lo que nos ha dicho el mismo Jesucristo por boca de S. Lúcas : *Esto haced en memoria de mí* (4). Nuestro Salvador, añade san Bernardino, no se contenta en su amor con sacrificar su vida por nosotros; ántes de morir este mismo amor le fuerza á hacernos el don mayor que nunca nos hizo, á darse él mismo á nosotros en alimento : *En aquel exceso de fervor, cuando estaba pronto á morir por nosotros, el exceso de su amor le obligó á consumar la obra mayor que jamas hubiese hecho, cual fué la de darnos su cuerpo por alimento* (5). El abate Gueri dice que

(1) Nonne insania videtur, dicere : Manducate meam carnem, bibite meum sanguinem?
(2) Quomodo potest hic nobis carnem suam dare ad manducandum? Durus est hic sermo, et quis potest eum audire? Joann. VI. 53 *et* 61.
(3) Hoc Sacramentum est memoriale suæ dilectionis.
(4) Hoc facite in meam commemorationem. *Luc.* XXII. 19.
(5) In illo fervoris excessu, quando paratus erat pro nobis mori, ab excessu amoris majus opus agere coactus est, quem unquam operatus fuerat, dare nobis corpus in cibum. *S. Bernardi Sen. tom.* 2. *Serm.* 54. *art. cap.* 1.

Jesus hizo en este Sacramento el mayor esfuerzo de su amor: *Derramó sobre sus amigos toda abundancia de amor* (1). El concilio de Trento lo expresa mejor, diciendo que Jesucristo en la Eucaristía sacó de su corazon todas las riquezas de su amor para derramarlas sobre los hombres: *Derramó en cierto modo las riquezas de su amor para con los hombres* (2).

¿Qué refinamiento de amor, dice S. Francisco de Sáles, sería el de un príncipe, que estando en la mesa enviase á un pobre una porcion de sus platos? ¿Qué sería aun, si le enviase su dinero? ¿Qué sería, por fin, si le enviase una porcion de su brazo, para que sirviese al pobre de alimento? Jesus en la Santa comunion nos da por alimento no solamente una parte de su cena, una parte de su cuerpo, sino todo su cuerpo: *Tomad y comed, este es mi cuerpo* (3). Tambien nos da con su cuerpo su alma y su divinidad. En fin, dice S. Juan Crisóstomo, dándose él mismo á vosotros en la sagrada comunion, Jesucristo os da todo lo que tiene, y nada se reserva: *Todo te lo ha dado, nada ha reservado para sí* (4). Y el Doctor Angélico añade: *Dios nos ha dado en la Eucaristía todo lo que es y tiene* (5). Ved ahí á ese gran Dios, que no cabe en el mundo, exclama absorto san Buenaventura, que se hace nuestro prisionero en el augusto Sacramento (6). Si el Señor se nos da á sí mismo todo entero en la Eucaristía, ¿cómo podemos temer que nos deniegue gracia alguna de las que le pedi-

---

(1) Omnem vim amoris effudit amicis. *Serm.* 5. *de Ascens.*
(2) Divitias sui erga homines amoris velut effudit. *Sess.* 13. *cap.* 2.
(3) Accipite et comedite, hoc est corpus meum. *Matth.* XXVI. 26.
(4) Totum tibi dedit nihil sibi reliquit.
(5) Deus in Eucharistia totum quod est et habet, dedit nobis.
(6) Ecce quem mundus capere non potest, captivus noster est.

mos? ¿*Cómo no os donó tambien con él todas las cosas* (1)?

AFECTOS Y SÚPLICAS.

¡Oh Jesus mio! ¿qué pudo moveros á daros á nosotros todo entero en alimento? ¿qué os queda para darnos, despues de este don, para obligarnos á que os amemos? ¡Ah Señor! ¡dadnos la luz, y descubridnos, cómo habeis podido trasformaros en manjar para uniros con nosotros, miserables pecadores! Y si vos os dais todo entero á nosotros, ¿qué mas justo que darnos nosotros á vos enteramente? ¡Oh, Redentor mio! ¿cómo he podido ofenderos, habiéndome vos amado tanto, y habiendo como agotado todos los medios para conquistar mi amor? Por mí os hicisteis hombre, por mí moristeis cruelmente, por mí os redujisteis á alimento; decidme, ¿qué mas os queda para hacer? Yo os amo, bondad infinitas yo os amo, amor infinito. Venid, Señor, á menudo á mi alma, abrasadla en vuestro santo amor, y haced que lo olvide todo para no pensar sino en vos, y no amar sino á vos. Santísima María, rogad por mí, y por vuestra intercesion hacedme digno de recibir con frecuencia á vuestro Hijo sacramentado.

PUNTO II.

Consideremos en segundo lugar el grande amor que nos mostró Jesucristo, haciéndonos un don semejante. El santísimo Sacramento es un don hecho solamente por amor. Para salvarnos fué necesario desde luego, segun el decreto de Dios, que el Redentor muriese, y que

---

(1) Quomodo non etiam cum illo **omnia nobis donavit**? *Rom.* VIII. 32.

con el sacrificio de su vida, satisficiese por nuestros pecados á la divina justicia. Pero ¿qué necesidad habia que Jesucristo, para despues de muerto, se nos dejase en alimento? Asi lo quiso su amor. ¿Para qué instituyó el sacramento de la Eucaristía, dice S. Lorenzo Justiniani, sino para darnos á conocer el amor inmenso que nos profesa (1)? Esto es precisamente lo que nos dice S. Juan: *Sabiendo Jesus que era venida su hora de pasar de este mundo á su Padre, habiendo amado á los suyos, los amó hasta el fin* (2). Es decir : Sabiendo Jesus que el tiempo para salir de este mundo habia llegado, quiso dejarnos la señal mas estupenda de su amor, el don del santísimo Sacramento. He aqui el sentido absoluto de estas palabras: *los amó hasta el fin,* esto es, *los amó con un amor extremo,* segun explican Teofilato y S. Crisóstomo (3).

Advertid, como observa el Apóstol, que el tiempo escogido por Jesucristo para hacernos este don, fué el de su muerte : *En la noche en que fué entregado, tomó el pan. y dando gracias, lo partió y dijo: Tomad, y comed, este es mi cuerpo* (4). Cuando los hombres estaban preparando los azotes, las espinas y la cruz para hacerle morir, el Salvador, siempre amante, queria dejarnos está última prueba de su amor. ¿Y por qué instituyó este Sacramento tan cerca de su muerte y no ántes? Responde S. Bernardino que las muestras de amor, que dan los amigos en la hora de la muerte, quedan mas fácilmente en la memoria, y se conservan con mas afecto (5). Jesucristo, dice el Santo, se nos habia dado án-

---

(1) Ob suæ eximiæ charitatis indicium.
(2) Sciens Jesus, quia venit hora ejus, ut transeat ex hoc mundo ad Patrem; cum dilexisset suos, in finem dilexit eos. Joan. XIII. 1.
(3) Extremo amore, summe dilexit eos.
(4) In qua nocte tradebatur, accepit panem, et gratias agens, fregit, et dixit : Accipite et manducate, hoc est corpus meum. 1. Cor. XI. 23 et 24.
(5) Quæ in fine in signum amicitiæ celebrantur, firmius memoriæ imprimuntur, et cariora tenentur.

tes de muchas maneras; se nos habia dado por compañero, por maestro, por padre, por luz, por ejemplo y por víctima: quedábale un postrer grado de amor, cual era él de dársenos en alimento para unirse todo é íntimamente á nosotros, como se une el alimento al que lo toma. Y lo hizo, dándosenos á nosotros en el santísimo Sacramento (1). Así nuestro Redentor no se contentó de unirse solamente á nuestra naturaleza humana, sino que hasta quiso en este Sacramento hallar el medio de unirse á cada uno de nosotros en particular.

Decia S. Francisco de Sáles: « La accion mas tierna y mas amorosa del Salvador es aquella en la que se anonada por decirlo asi, y se reduce á alimento, para penetrar en nuestras almas, y unirse al corazon de sus fieles. » Por esto, dice S. Juan Crisóstomo á aquel Señor, á quien los ángeles no se atreven á mirar: *Á este nos unimos, y somos hechos un mismo cuerpo y una misma carne de Cristo* (2). ¿Cuál es el pastor, añade este Santo, que alimentaria sus ovejas con su propia sangre? Madres hay que dan sus hijos á amas de leche para que los alimenten; pero Jesus en su Sacramento nos alimenta con su propia sangre y nos une á él (3). ¿Para qué se hizo nuestro alimento? Porque, dice este Santo, tan tiernamente nos amaba, que queria por este medio unirse y ser una misma cosa can nosotros (4). Jesucristo quiso, pues, obrar el mayor de los milagros: *Dejó memoria de sus maravillas, dió suste to á los que le te-*

---

(1) Ultimus gradus amoris est, cum se dedit nobis cibum, quia dedit se nobis ad omnimodam unionem, sicut cibus et cibans invicem uniuntur.
(2) Huic nos unimur, et facti sumus unum Christi corpus et una caro.
(3) Quis pastor oves proprio pascit cruore? et quid dico, pastor? Matres multæ sunt, quæ filios suos tradunt nutricibus; hoc autem ipse non est passus, sed ipse nos proprio sanguine pascit. *Hom.* 60.
(4) Semetipsum nobis immiscuit, et unum quid simus; ardenter enim amantium hoc est. *Hom.* 51.

men (1); á fin de saciar el deseo que tenia de estar con nosotros, y de unir con el nuestro su adorable corazon: *¡Oh admirable amor tuyo,* dice S. Lorenzo Justiniani, *Señor Jesus, que quisiste incorporarnos enteramente á tu cuerpo, para que tuviésemos inseparablemente contigo el cuerpo y el alma* (2).

El P. de la Colombiere, gran siervo de Dios, decia : Si alguna cosa pudiere hacer vacilar mi fe con respecto al sacramento de la Eucaristía, no dudaria yo del poder sino del vivísimo amor que nos muestra Dios en este sacramento. Que el pan se convierta en el cuerpo de Jesucristo, que Jesucristo se halle en muchos lugares á la vez, ya lo entiendo, pues Dios lo puede todo. Pero, si me preguntais, ¿cómo Dios ama tan intensamente al hombre que quiera hacerse su alimento? no sé qué responder, como no sea, que no lo comprendo, y que el amor de Jesus es incomprensible. Señor, el reduciros á alimento es un exceso de amor que parece no corresponde á vuestra majestad inmensa. Á esto responde S. Bernardo que el amor hace olvidar al que ama su propia dignidad (3). Tambien responde S. Crisóstomo que el amor no se para en conveniencias, cuando trata de darse á conocer al objeto amado. No va adonde conviene que vaya, sino adonde le conduce su deseo: *El amor carece de razon y va, no adonde debe, sino adonde es conducido* (4). Razon, pues, tenia el angélico Sto. Tomás de llamar á este Sacramento : *Sacramento de amor, y prenda de amor* (5). S. Bernardo le llamaba *amor de amores* (6). Y Sta. María Magdalena

(1) Memoriam fecit mirabilium suorum, escam dedit timentibus se. *Ps.* cx. 4. *et* 5.
(2) O mirabilis dilectio tua, Domine Jesu, qui tuo corpori taliter nos incorporari voluisti, ut tecum unum cor et animam unam haberemus inseparabiliter colligatam!
(3) Amor dignitatis nescius.
(4) Amor ratione caret, et vadit quo ducitur, non quo debeat. *Serm.* 145.
(5) Sacramentum charitatis, charitatis pignus. *Opusc.* 68.
(6) Amor amorum.

de Pazzis daba al juéves santo, dia en que fué instituido este Sacramento, el nombre de *dia de amor.*

AFECTOS Y SÚPLICAS.

¡Oh amor infinito de Jesus, digno de un amor infinito! ¿cuándo, pues, ó mi Jesus, os amaré como vos me habeis amado? ¡Todo lo habeis hecho para conseguir mi amor, y yo he tenido valor para abandonaros, siendo vos el bien infinito, para volver á los bienes viles y miserables de la tierra! Iluminadme, ó Dios mio, descubridme siempre la grandeza de vuestra bondad, hasta que yo me dé todo á vos, y que procure como seros agradable. Yo os amo, ó mi Jesus, mi amor, mi todo; quiero unirme á menudo con vos en este Sacramento, para desasirme de todo y no amar sino á vos, ó vida mia. Socorredme, ó Redentor mio, á nombre de los méritos de vuestra pasion. Sed tambien mi protectora, ó madre de Jesus, y madre mia; rogadle que me abrase todo entero en su santo amor.

PUNTO III.

Consideremos en tercer lugar cuál es el deseo que tiene Jesucristo que le recibamos en santa comunion: *Sabiendo Jesus que era venida su hora* (1). ¿Cómo podia llamar Jesus hora suya aquella noche en la que debia comenzar su cruel pasion? Sí, llámala *su hora,* porque debia en aquella noche darnos este divino Sacramento, á fin de unirse enteramente con sus queridos. Este deseo es el que le hizo decir entónces: *Con deseo*

(1) Sciens Jesus, quia venit hora ejus. *Joann.* XIII. 1.

he deseado comer con vosotros esta Pascua (1). Palabras con las que quiso mostrarnos el Redentor que deseaba con avidez unirse á cada uno de nosotros en aquel Sacramento. *Con deseo he deseado,* así le hace hablar el amor inmenso que nos tiene, dice S. Lorenzo Justiniani (2). Quiso darse bajo las apariencias de pan á fin de que cualquiera pueda recibirle; pues, si se hubiese puesto bajo las apariencias de algun alimento precioso, los pobres no hubieran podido recibirle. Y si se hubiese puesto bajo las apariencias de cualquier otro alimento no precioso, este no se hubiera quizás encontrado en todos los pueblos de la tierra. Jesus, pues, quiso darse bajo las apariencias de pan, porque el pan es de poco precio, se halla en todas partes, y así todo el mundo puede encontrarle y recibirle en todo lugar.

El deseo que tiene el Redentor de que nosotros le recibamos es tan grande, que no solamente nos exhorta y nos invita á recibirle, diciendo: *Venid, comed mi pan, y bebed el vino, que os he mezclado* (3). — *Comed, amigos, y bebed, embriagaos, los muy amados* (4), sino que nos impone tambien la obligacion de hacerlo, bajo precepto: *Tomad y comed, este es mi cuerpo* (5). Mas aun, á fin de que vayamos á recibirle, nos atrae prometiéndonos la vida eterna: *El que come mi carne, tiene vida eterna* (6). — *Quien come este pan, vivirá eternamente* (7). Si rehusamos, nos amenaza con la exclusion del paraiso: *Si no comiereis la carne del Hijo*

---

(1) Desiderio desideravi hoc pascha manducare vobiscum. *Luc.* XXIII. 15.
(2) Flagrantissimæ charitatis est vox hæc.
(3) Venite, comedite panem meum, et bibite vinum quod miscui vobis. *Prov.* IX. 5.
(4) Comedite, amici, et bibite, et inebriamini, carissimi. *Cant.* V. 1.
(5) Accipite et comedite, hoc est corpus meum. *Matth.* XXVI. 26.
(6) Qui manducat meam carnem, habet vitam æternam. *Joann.* VI. 55.
(7) Qui manducat hunc panem, vivet in æternum. *Ibid.* 58.

del hombre, no tendréis vida en vosotros (1). Estas invitaciones, estas promesas y estas amenazas nacen todas del deseo que tiene Jesucristo de unirse con nosotros en este Sacramento. Y este deseo nace del grande amor que nos tiene; porque, como dice san Francisco de Sáles, el amor no se propone otro objeto que unirse al objeto amado; y por esto en este Sacramento Jesus se une enteramente todo á nuestras almas: *El que come mi carne, y bebe mi sangre, en mí mora, y yo en él* (2). Y desea á mas que le recibamos. El amoroso ímpetu con que la abeja, dijo un dia el Señor á Sta. Matilde, se arroja sobre las flores para extraer de ellas la miel, no puede compararse al ardor con que vengo á las almas que me desean.

¡Oh! ¡si los fieles comprendiesen el bien inmenso que hace al alma la comunion! Jesus es el dueño de todas las riquezas, porque su Padre le hizo señor de todo: *Sabiendo Jesus que el Padre le habia dado todas las cosas en las manos* (3). Cuando, pues, Jesus entra en un alma por la santa comunion, lleva consigo tesoros inmensos de gracias: *Me vinieron todos los bienes juntamente con ella* (4), dice Salomon, hablando de la eterna Sabiduría.

Decia S. Dionisio que el santísimo Sacramento tiene una grandísima virtud para santificar las almas (5). Y S. Vicente Ferrer dice en los escritos, que nos ha dejado, que una comunion hace mayor bien al alma que una semana de ayuno á pan y agua. La comunion, como nos lo enseña el concilio de Trento, es aquel grande remedio

---

(1) Nisi manducaveritis carnem Filii hominis, non habebitis vitam in vobis. *Ibid.* 54.
(2) Qui manducat meam carnem, et bibit meum sanguinem, in me manet, et ego in illo. *Joann.* VI. 57.
(3) Sciens Jesus, quia omnia dedit ei Pater in manus. *Joann.* XIII. 3.
(4) Venerunt autem mihi omnia bona pariter cum illa. *Sap.* VII. 11.
(5) Eucharistia maximam vim habet perficiendæ sanctitatis.

que borra los pecados veniales, y nos preserva de los mortales (1). San Ignacio mártir llama al santísimo Sacramento, *Farmacopea inmortal* (2). Inocencio III dice que Jesucristo nos libró por su pasion de las penas del pecado, pero por la Eucaristía nos preserva del pecado mismo (3).

Este Sacramento inflama, ademas, en amor divino: *Me introdujo en la cámara del vino, ordenó en mí la caridad. Sostenedme con flores, cercadme de manzanas, porque desfallezco de amor* (4). S. Gregorio de Nisa dice que la comunion es aquella celestial bodega en que el alma se embriaga de amor divino, hasta el punto de olvidar la tierra y todas las criaturas; y esto es lo que propiamente se llama desfallecer de un santo amor. El venerable P. Francisco Olimpo, teatino, decia que nada es mas propio para abrasarnos de amor hácia Dios que la santa comunion. Dios es amor y fuego de amor: *Dios es caridad* (5). — *Es fuego consumidor* (6). Y el verbo eterno vino á encender esta llama de amor en la tierra: *Fuego vine á poner en la tierra: ¿que quiero sino que arda* (7)? ¡Oh! ¡cuán bellas son las llamas de amor que enciende Jesus en las almas que le reciben con tal deseo en este Sacramento! Sta. Catalina de Sena vió un dia en las manos de un sacerdote á Jesus sacramentado semejante á una hoguera de amor, y la Santa quedó admirada de que los corazones de todos los hombres no

---

(1) Antidotum, quo à culpis quotidianis liberemur, et à mortalibus præservemur. *Trid. Sess.* 13. c. 2.
(2) Pharmacum immortalitatis.
(3) Per crucis mysterium liberavit nos à potestate peccati; per Eucharistiæ Sacramentum liberat nos à potestate peccandi.
(4) Introduxit me rex in cellam vinariam, ordinavit in me charitatem. Fulcite me floribus, stipate me malis, quia amore langueo. *Cant.* 2.
(5) Deus charitas est. 1. *Joann.* IV. 8.
(6) Ignis consumens est. *Deut.* IV. 24.
(7) Ignem veni mittere in terram, et quid volo nisi ut accendatur? *Luc.* XII. 49.

fuesen abrasados y reducidos á cenizas por tan grande incendio. Decia Sta. Rosa de Lima que parecia en la comunion recibir al sol, de donde salian rayos tan brillantes que le ofuscaban la vista, y que su boca exhalaba un ardor tan extraordinario, que la persona que á ella se acercaba para darle de beber, despues de la comunion, sentia quemar su mano, como si hubiera sido puesta en un horno. El venerable S. Venceslao, solo con visitar al santísimo Sacramento, se animaba exteriormente de un fuego tal, que su compañero, caminando sobre la nieve, ponia sus piés en las pisadas del Santo y no sentia frio Decia el Crisóstomo que el augusto Sacramento es un fuego que abrasa, por manera que debiéramos, al retirarnos del altar, respirar tales llamas de amor, que el demonio no tuviese la osadía de tentarnos (1).

Dirá tal vez alguno : yo no comulgo mas á menudo, porque soy frío en el amor divino. Este hombre, dice Gerson, se pareciera al que no quisiese acercarse al fuego, porque tiene frío. Cuanto mas helados estamos, pues, con mayor frecuencia hemos de acercarnos al santísimo Sacramento, si tenemos un verdadero deseo de amar á Dios. Si se os pregunta, dice S. Francisco de Sáles en su *Filotea* (*cap.* 21.), por qué comulgais tan á menudo, respondedles que hay dos especies de personas que deben comulgar con frecuencia, los perfectos y los imperfectos : los perfectos para conservarse en la perfeccion, los imperfectos para llegar á ella. Y asimismo dice S. Buenaventura : Aunque sientas alguna tibieza, con todo, acércate, confiando en la misericordia de Dios, á la sagrada mesa, pues cuanto mas uno se conoce enfermo, mas necesidad tiene de médico (2). Y Jesucristo dijo á Sta. Ma-

(1) Carbo est Eucharistia, quæ nos inflammat, ut tanquam leones ignem spirantes ab illa mensa recedamus, facti diabolo terribiles.
(2) Licet tepide, tamen confidens de misericordia Dei accedas ; tanto magis eget medico, quanto quis senserit se ægrotum. *De Prof. Rel. c.* 77.

tilde : *Cuando hayas de comulgar, desea todo el amor que un corazon puede tener por mí, y yo tomaré este deseo, como si fuese realmente el amor mismo que deseas* (1).

AFECTOS Y SÚPLICAS.

Ó Jesus mio, amigo de las almas, ya no teneis mas pruebas que darnos de vuestro amor. ¿Qué mas os queda que hacer para que os amemos? Haced, bondad infinita, que desde hoy os ame con todas mis fuerzas, y con toda la ternura posible. ¿Pues á quien ha de amar con mas ternura mi corazon que á vos, Redentor mio, que despues de haber dado vuestra vida por mí, os dais todo entero á mí en este Sacramento? ¡Ah, Señor! yo recordaré siempre vuestro amor, á fin de desasirme de todo, y de no amar sino á vos solo, continuamente y sin reserva. Yo os amo, ó Jesus mio, sobre todas las cosas, y á vos solo quiero amar. Alejad, os ruego, de mi corazon todas las afecciones que no sean por vos. Gracias os doy del tiempo que me concedeis á fin de amaros y de expiar las amarguras que os he ocasionado. ¡Oh Jesus mio! yo deseo que seais el único objeto de todas mis afecciones: socorredme, salvadme, haced que os ame con todo mi corazon y siempre, en esta vida y en la otra. María, mi dulce madre, ayudadme á amar á Jesus, y rogadle por mí.

(1) *App. Blos. in Concl. An. fidel. cap.* 6. *num.* 6.

CONSIDERACION XXXV.

DEL AMOR CON QUE RESIDE JESUS SOBRE EL ALTAR EN EL ADORABLE SACRAMENTO.

Venite ad me omnes qui laboratis, et onerati estis, et ego reficiam vos.

Venid á mi todos los que estais trabajados, y cargados, y yo os aliviaré. (Matth. XI. 28.)

PUNTO I.

Nuestro amorosísimo Salvador, debiendo partir de este mundo, despues de haber consumado por su muerte la obra de nuestra redencion, no quiso dejarnos solos en este valle de lágrimas. « No hay lenguas, dice S. Pedro de Alcántara, que puedan declarar la grandeza del amor que tiene Dios á todas las almas : y así, queriendo este Esposo divino dejar el mundo, y no dar por su ausencia ocasion de olvidarle, nos dejó en recuerdo el santísimo Sacramento, en el cual reside él mismo, para que de este modo él mismo fuese entre él y nosotros la prenda de su memoria. » Esta grande nuestra de amor por parte de Jesucristo merece todo el nuestro ; y por esta razon en nuestros últimos tiempos quiso que se instituyese una fiesta en honor de su sagrado corazon, como lo reveló á su sierva, sor Margarita María Alacoque, á fin de que le rindiéramos nuestros homenajes y nuestro amor, en retorno de la amorosa residencia suya en nuestros altares, y que le compensásemos los agravios que ha recibido en este Sacramento de amor, y que recibe todos los dias por parte de los herejes y de los malos cristianos.

Jesus se da á nosotros en el santísimo Sacramento: 1º para hacerse accesible á todos. 2º Para dar audiencia á odos. 3º Para dispensar gracia á todos. En primer lugar, hállase en tantos altares diversos para estar al alcance de todos cuantos desean encontrarle. La noche en que el Redentor se despidió de sus discípulos para marchar á la muerte, derramaban estos lágrimas de dolor, al pensar que habian de separarse de su querido maestro; pero Jesus los consoló, diciendoles (y por ellos á todos nosotros): Hijos mios, yo voy á morir por vosotros, para daros prueba del amor que os profeso; pero al morir, no quiero dejaros solos, y miéntras estuviereis sobre la tierra, quiero quedar con vosotros en el santísimo Sacramento del altar. Yo os dejo mi cuerpo, mi alma, mi divinidad, á mí mismo, todo enteramente. No, en tanto que estuviereis en la tierra, no quiero separarme de vosotros: *Mirad que estoy con vosotros hasta la consumacion de los siglos* (1). Queria el Esposo, dice S. Pedro de Alcántara, dejar á su Esposa una compañia en un tan grande apartamento para que no quedase sola, y asi dejó este Sacramento en el cual él mismo reside; esta era la mejor companía que podia dejarle. Los gentiles que se forjaron tantos dioses, no supieron hacerse un Dios mas amoroso que el nuestro, que habita cerca de nosotros, y que nos ama con un amor tan inmenso: *Ni hay otra nacion tan grande, que tenga tan cercanos á sí los dioses, como el Dios nuestro está presente á todos nos-*

---

(1) Ecce vobiscum sum usque ad consummationem sæculi. *Matth.* xxvij. 20.

otros (1): la santa Iglesia aplica precisamente este pasaje del Deuteronomio á la fiesta del santísimo Sacramento (2).

Ved, pues, á Jesus que reside sobre los altares como encerrado en una prison de amor. Los sacerdotes le sacan del tabernáculo para exponerle ó para dar la comunion, y despues le vuelven á encerrar de nuevo. Jesus se contenta con estar allí dia y noche; mas ¿de qué os sirve, oh mi Redentor, quedaros en tantas iglesias hasta por la noche, pues que los hombres cierran las puertas y os dejan solo? ¿No bastaria habitar con nosotros solamente en las horas del dia? No, quiere quedarse tambien por la noche, aunque esté solo, á fin de que el que le busca por la mañana, pueda encontrarle. La Esposa de los Cantares iba buscando á su amado, y preguntaba á cuantos veía: ¿*Visteis por ventura al que ama mi alma* (3)? ¿Acaso habeis encontrado al que ama mi corazon? Y no encontrándole, levantaba la voz, diciendo: *Muéstrame tú... dónde apacientas, dónde sesteas al mediodía* (4). Dime en dónde apacientas tu ganado, en dónde haces la siesta al mediodía. No le encontraba la Esposa, porque no estaba todavía en el santísimo Sacramento. Pero ahora, si un alma quiere hallar á Jesucristo, que vaya á su parroquia ó á algun monasterio, y alfi encontrará á su amado que la está aguardando. No hay aldea, por miserable que sea, no hay monasterio de religiosos, que no posea el santísimo Sacramento. El Rey del cielo se contenta con habitar en todos estos lugares, encerrado en un copon de madera ó en una piedra, en donde está muchas veces solo, iluminado apénas por el aceite de una lámpara, sin nadie que le asista. Pero, Señor, dice san Bernardo, esto no corresponde á vuestra

(1) Nec est alia natio tam grandis, quæ habeat Deos appropinquantes sibi, sicut Deus noster adest nobis. *Deut.* IV. 7.
(2) *Resp. Noct.* 3.
(3) Num quem diligit anima mea vidistis? *Cant.* III. 3.
(4) Indica mihi... ubi pascas, ubi cubes in meridie. *Cant.* I. 6.

majestad : poco importa, responde Jesus; si esto no conviene con mi majestad, conviene, y mucho, con mi amor.

¡Oh! ¡cuánto amor deben sentir los peregrinos que tienen la dicha de visitar la santa casa de Loreto, ó los lugares de la Tierra Santa, la cueva de Belen, el Calvario, el santo Sepulcro, lugares en que narió Jesus, ó habitó, ó murió, ó fué sepultado! Mas ¡cuánto mas grande ha de ser el nuestro, cuando estamos en una iglesia, en presencia de Jesucristo mismo que reside en el augusto Sacramento! Decia el venerable P. Juan de Avila que una iglesia, en donde estaba Jesus sacramentado, era para él un santuario de grande devocion y de grande consuelo. Y al contrário lloraba el P. Baltasar Alvarez, al ver los palacios de los príncipes henchidos de gente, en tanto que las iglesias que encierran á Jesucristo, están abandonadas y desiertas. ¡Oh Dios! si el Señor se hubiese dado á una sola iglesia de la tierra, como por ejemplo San Pedro de Roma, y fuese menester ir á visitarle solamente un dia del año, ¡oh! ¡cuántos peregrinos, nobles y monarcas se procurarian la felicidad de ir á visitarle aquel dia para ir á hacer su corte al Rey del cielo, que ha descendido sobre la tierra! ¡Qué brillante tabernáculo de preciosa pedrería se le tuviera preparado! ¡Con qué aparato de luces se solemnizara en aquel dia aquella mansion de Jesucristo! Pero no, dice el Redentor, no quiero habitar en una sola iglesia y por un solo dia; no busco tanta ostentacion de luces y riquezas; quiero constantemente habitar en todos los lugares en donde se hallan mis fieles, á fin de que puedan hallarme fácilmente á todas horas.

¡Ah! si Jesus no hubiese pensado en este refinamiento de amor ¿quién hubiera podido concebirle? Si cuando subió á los cielos, alguno le hubiese dicho: Señor, si quereis mostrarnos vuestro afecto, quedaos con nosotros sobre los altares bajo las especies de pan, á fin de que podamos hallaros allí cuando queramos : qué demanda mas temeraria! Lo que hombre alguno no supo discurrir, nuestro Salvador lo ha concebido y ejecutado. Mas, ¡ay! ¡cuál es nuestro reconocimiento por un tan asombroso beneficio! Si un príncipe de la tierra hiciese un lejano viaje únicamente á fin de recibir la visita de un simple aldeano, ¡cuán ingrato sería este último, si rehusase visitarle, ó verle en su tránsito!

AFECTOS Y SÚPLICAS.

¡Oh Jesus, Redentor mio! ¡oh amor de mi alma! ¡cuánta es la grandeza del sacrificio que habeis hecho, viniendo á residir con nosotros en este Sacramento! Ántes debisteis sufrir la muerte para poder residir en nuestros altares; en seguida habeis tenido que sufrir infinitas injurias en este Sacramento á fin de asistirnos con vuestra presencia. ¡Y nosotros tan perezosos y descuidados para visitaros, sabiendo no obstante que vos deseais ardientemente nuestras visitas, á fin de colmarnos de bienes cuantas veces vengamos delante de vos! Perdonadme, Señor, á mí, que he sido el mas ingrato de todos. De hoy en adelante, Jesus mio, quiero visitaros á menudo, y permanecer cuanto pueda en vuestra presencia, ocupado en daros gracias, en amaros y en pediros favores, pues solo con este fin habeis quedado en este mundo, encerrado en el tabernáculo, y os habeis hecho por amor prisionero nuestro. Yo os amo, bondad infinita, yo os amo, ¡oh Dios de amor! yo os amo, ó soberano bien, el mas amable de todos los bienes. Haced que lo olvide todo, hasta á mí mismo, para no acordarme sino de vuestro amor, y para pasar el tiempo que me queda de vida únicamente solícito de agradaros. Haced que desde hoy ponga todas mis delicias en conversar con vos, postrado á vuestros piés. Abrasadme todo en las llamas de vuestro santo amor. ¡Oh madre mia María! inspirad en mi alma un intenso amor hácia el santísimo Sacramento, y cuando me viereis indiferente, recordadme la promesa que os hago ahora de ir á visitarle todos los dias.

PUNTO II.

Jesucristo, en segundo lugar, puesto en el santísimo Sacramento, da á todos audiencia. Decia Sta. Teresa que en esta tierra no es dado á todos el hablar con el príncipe; los pobres pueden apénas hablarle y descubrirle su necesidad por medio de una tercera persona; pero con el Rey del cielo no se necesita tercera persona; así los pobres como los ricos pueden hablarle cara á cara en el adorable Sacramento. Por esto Jesus se llama á sí mismo flor de los campos: *Yo flor del campo, y lirio de los valles* (1). Las flores de los jardines están cercadas y reservadas; pero las flores de los campos están á la vista de todos: *Yo flor del campo,* comenta el cardenal Hugo, *porque me dejo hallar de cualquiera* (2).

Todo el mundo, pues, y á cualquiera hora del dia puede hablar á Jesucristo en el santo Sacramento. S. Pedro Crisólogo, hablando del nacimiento de Jesucristo en el establo de Belen, dice que los reyes no siempre dan audiencia: sucede á menudo que, si alguno va á hablar al príncipe, se ve despedido por los grandes, que le dicen que vuelva mas tarde, porque no ha dado aun la hora de la audiencia. Pero el Redentor quiere nacer en una cueva abierta, sin puertas y sin guardias, para dar audiencia á todos y á todas horas: *No hay satélite que diga: No es hora* (3). Lo mismo sucede con Jesus

---

(1) Ego flos campi, et lilium convallium. *Cantic.* II. 1.
(2) Ego flos campi, quia omnibus me exhibeo ad inveniendum.
(3) Non est satelles, qui dicat: Non est hora.

en el santísimo Sacramento. Las iglesias están continuamente abiertas; cualquiera puede ir á hablar con el Rey del cielo todas las veces que quiera. Jesucristo quiere que nos dirijamos á él con toda confianza, y por esto se puso bajo las apariencias de pan. Si Jesus apareciese sobre nuestros altares en un trono de luz, como aparecerá en el último juicio, ¿quién de nosotros tuviera valor para acercársele? Pero el Señor desea que le hablemos y le pidamos gracias, con confianza y sin temor, y por esta razon ha velado su majestad bajo las especies de pan. Desea, como dice tambien Tomás de Kémpis, que le tratemos como un amigo trata á otro amigo (1).

Cuando un alma tiene amorosos coloquios al pié de un altar, Jesus le dice estas palabras de los Cánticos: *Levántate, apresúrate, amiga mia, hermosa mia, y ven* (2). *Levántate*, ó alma, le dice, no temas. *Apresúrate*, acércate á mí, *amiga mia*, no eres ya mi enemiga, pues que tú me amas, y te arrepentiste de haberme ofendido. *Hermosa mia*, no eres ya deforme á mis ojos, mi gracia te ha hermoseado. *Y ven*, pídeme lo que quieras, que para escucharte estoy yo en este altar. ¿Qué gozo tuvieras, mi querido lector, si el rey, llamándote en su gabinete, te preguntase: ¿ *Qué quieres? Pídeme lo que necesites, te amo, y solo deseo favorecerte*. Pues Jesucristo, el Rey del cielo, usa de este lenguaje con los que le visitan: *Venid á mí todos lo que estais trabajados, y cargados, y yo os aliviaré* (3). Venid, pobres, enfermos, afligidos; yo puedo y quiero enriqueceros, curaros y consolaros; por esto resido sobre los altares: *Clamarás y dirá: Aquí estoy* (4).

(1) Ut amicus ad amicum.
(2) Surge, propera, amica mea, formosa mea, et veni. *Cant.* II. 10.
(3) Venite ad me omnes qui laboratis, et onerati estis, et ego reficiam vos. *Matth.* XI. 28.
(4) Clamabis, et dicet: Ecce absum. *Is.* LVIII. 9.

AFECTOS Y SÚPLICAS.

Ya que habitais sobre nuestros altares, mi amado Jesus, para escuchar las súplicas de tantos infelices que á vos recurren, escuchad las que os dirijo en este dia, siendo como soy un miserable pecador. Ó Cordero de Dios, sacrificado y muerto en cruz, yo soy un alma redimida con vuestra sangre; perdonadme todas las injurias que os he hecho, y asistidme con vuestra gracia de modo que nunca mas llegue á perderos. Hacedme partícipe, ó Jesus mio, de los dolores que por mi sufristeis en el huerto de Gethsemaní. ¡Oh Dios mio! ¡cuánto quisiera no haberos jamas ofendido! ¡Señor! si yo muriese en el pecado, ya no podria amaros mas; pero vos me habeis aguardado hasta que os amase. Os agradezco este tiempo que me concedeis, y quiero amaros ya que ahora lo puedo. Dadme la gracia de vuestro santo amor, y haced que sea tal que me haga olvidar todo lo terreno, para no pensar únicamente sino en agradar á vuestro amante corazon. ¡Ah Jesus! ya que vos me consagrasteis toda vuestra vida, haced que yo os consagre á lo ménos el tiempo que de la mia me queda. Alentadme á amaros: volvedme vuestra propiedad ántes que yo muera. Todo lo espero por los méritos de vuestra pasion. Tambien espero en vuestra intercesion, ó María: vos ya sabeis que os amo; compadeceos de mí.

PUNTO III.

Jesus en este Sacramento da audiencia á todos para dispensar su gracia á todos. Dice san Agustin que el Señor tiene mas deseo de dispensarnos gracias, que nosotros de recibirlas.(1). La razon es porque Dios es la bondad infinita, y la bondad es comunicativa por su naturaleza, y así él desea comunicar sus bienes á todos. Quéjase Dios cuando las almas no acuden á pedirle gracias: *¿Por ventura he sido yo para Israel un desierto, ó tierra tardía? ¿pues por qué ha dicho mi pueblo: Nos hemos retirado, no vendremos mas á ti* (2)? ¿Por qué, dice el Señor, no quereis ya venir á mí? ¿Será porque, cuando me habeis pedido, me hayais encontrado como una tierra estéril ó tardía? Vió san Juan al Señor con el pecho henchido en leche, es decir, en misericordia, y ceñido con una faja de oro, esto es de amor, con el cual desea derramar sus gracias sobre nosotros: *Ví... al Hijo del hombre ceñido por los pechos con una cinta de oro* (3). Jesucristo está siempre dispuesto á concedernos sus beneficios; pero dice el discípulo amado que dispensa especialmente y con mayor abundancia sus gracias en el santísimo Sacramento. El bienaventurado Enrique Suson decia que Jesus oye con mas agrado las súplicas que le dirigimos en su Sacramento

Asi como una madre con el pecho henchido de leche va en busca de sus hijuelos para hacerlo chupar, y á fin de que la descarguen de aquel peso, del mismo modo el Señor nos llama á todos á este Sacramento de amor y nos dice: *Llevados seréis á los pechos... como la madre acaricia á su hijo, asi yo os consolaré* (4). El P. Baltasar Alvarez vió precisamente á Jesus en el augusto Sacramento con las manos llenas de gracias para distri-

(1) Plus vult ille tibi benefacere, quam tu accipere concupiscas.
(2) Numquid solitudo factus sum Israeli? aut terra serotina? Quare ergo dixit populus meus, non veniemus ultra ad te? *Jer.* II. 31.
(3) Vidi... Filii hominis præcinctum ad mamillas zona aurea. *Apoc.* I. 12 *et* 13.
(4) Ad ubera portabimini... quomodo si cui mater blandiatur, ita ego consolabor vos. *Is.* LXVI. 12 *et* 13.

buirlas á los hombres, y no hallando á nadie que quisiese recibirlas.

¡Oh cuán feliz es aquella alma que se halla al pié de un altar, pidiendo gracias á Jesucristo! La condesa de Feria, cuando era Religiosa de Santa Clara, permanecia tanto tiempo como le era posible delante del santísimo Sacramento, y por esto se la llamaba la esposa del santo Sacramento; y allí recibia de contínuo tesoros de gracias. Un dia le preguntaron qué hacia tantas horas delante del santísimo Sacramento, y ella respondió: «Yo estaria allí si pudiese por toda la eternidad. ¿Preguntais qué se hace ó deja de hacer delante del santo Sacramento? ¿Qué hace un pobre delante de un rico? ¿Qué hace un enfermo delante de su médico? ¿Qué hace? ó da gracias, ó ama, ó pide.» ¡Oh! ¡cuánto valen estas últimas palabras para estar con fruto ante el adorable Sacramento!

Quejábase Jesucristo á sor Margarita Alacoque de la ingratitud culpable con que le corresponden los hombres en el Sacramento de amor, y le descubrió su corazon coronado de espinas, cargado con una cruz en un trono de llamas, dándole á entender con esto el amor con que moraba en el santo Sacramento; y despues le dijo: «Ahí tienes este corazon que tanto ha amado á los hombres, y que ningun sacrificio ha perdonado, cual se consume ahora para mostrarles su amor. Pero yo, en recompensa no recibo sino ingratitudes de la mayor parte de ellos, por las irreverencias y desprecios con que me agobian en este sacramento de amor. Y me son tanto mas sensibles estos ultrajes, en cuanto me vienen de corazones que me están consagrados.» Los hombres no van á conservar con Jesucristo porque no le aman. ¡Gustan hablar con un amigo horas enteras, y se muestran tibios cuando se trata de conversar média hora con Jesucristo! Se me dirá: ¿Mas por qué Jesucristo no me concede su amor? Y respondo yò: Si no desterrais de vuestro corazon las cosas de la tierra, ¿cómo quereis que tenga en él entrada el amor divino! ¡Ah! si pudieseis vosotros decir con sinceridad lo que decia S. Felipe Neri á vista del santísimo Sacramento: *Ved ahí mi amor, ved ahí mi amor;* no sentiriais fastidio en conversar horas y dias enteros delante del santísimo Sacramento.

Para un alma que ama á Dios, las horas que pasa delante de Jesus en la Eucaristía, parecen momentos. S. Francisco Javier pasaba todo el dia trabajando para la salud de las almas, y por la noche, ¿cuál era su reposo? Conversar con el santísimo Sacramento. S. Juan Francisco Regis, aquel grande misionero de Francia, despues de haberse ocupado todo el dia en confesar y en predicar, iba por la noche á la iglesia. Cuando á veces la encontraba cerrada, quedábase delante de la puerta, expuesto al frio ó al viento, conversando con su amado Señor, y haciéndole la corte á lo léjos. S. Luis Gonzaga deseaba estar siempre delante del santísimo Sacramento; mas, como tuviese órden de sus superiores de retirarse, cuantas veces pasaba por delante del altar, sintiéndose atraido por Jesucristo para ir á conversar con él, se veia obligado á alejarse por obediencia de aquel lugar: esta violencia hacia decir al santo jóven amorosamente: *Apártate de mí, Señor, apártate* (1). Señor, no me atraigais hácia vos, dejad que de vos me separe, así lo exige la obediencia. Pero, si tú, hermano mio, no te sientes encendido de tanto amor hácia Jesucristo, procura á lo ménos tener la dicha de visitarle todos los dias, y él te inflamará tu corazon. ¿Te sientes frio? acércate al fuego, decia Sta. Catalina de Sena. ¡Feliz si Jesus te hace la gracia de abrasarte en su amor! Entónces por cierto que le amarás mas, y menospreciarás todas las cosas de la tierra. San Francisco de Sáles decia: Cuando la casa se quema, todo se arroja por las ventanas.

(1) Recede à me, Domine, recede.

AFECTOS Y SÚPLICAS.

¡ Ah Jesus mio ! daos á conocer, y haceos amar. Tan amable sois, que nada mas teneis que hacer para haceros amar de los hombres. ¿ Y cómo es tan corto el número de los que os aman? ¡Ah! yo era uno de estos ingratos. Si las criaturas me han hecho algun don ó me han dispensado un favor, no les he faltado al reconocimiento. No he sido ingrato sino con vos, que os disteis todo á mí, y mil veces os he gravemente ofendido y ultrajado con mis pecados. Pero veo con asombro que, léjos de abandonarme, persistis en venir á mí, y en pedirme mi amor. Ya conozco que quereis penetrarme de aquel amoroso precepto : *Amarás al Señor, tu Dios, con todo tu corazon* (1). Ya pues que quereis os ame, á pesar de toda mi ingratitud, yo promete amaros. Vos deseais mi amor y ahora que me hallo favorecido por vuestra gracia, no tengo mas deseo que amaros. Os amo, ó amor mio, y todo mi bien. Ayudadme á amaros en nombre de aquella sangre que derramasteis por mí. En esta sangre pongo todas mis esperanzas, ó amado Redentor mio, y en la intercesion de vuestra santísima Madre, cuyos ruegos quereis vos que ayuden á nuestra salud. Ó María, mi cariñosa madre, rogad á Jesus por mí : abrasad á todos los que os aman, abrasadme sobre todo á mí, que tanto os amo.

(1) Diliges Dominum Deum tuum ex toto corde tuo.

CONSIDERACION XXXVI.

DE LA CONFORMIDAD CON LA VOLUNTAD DE DIOS.

Et vita in voluntate ejus.
Y la vida en su voluntad.
(Ps. XXIX. 6.)

PUNTO I.

Toda la economía de nuestra salud y toda nuestra perfeccion consiste en el amor de Dios. El que no ama, se queda en la region de la muerte : *El que no ama está en muerte* (1). La caridad es el lazo de la perfeccion, dice el Apóstol : *La caridad es el vínculo de la perfeccion* (2). Pero la perfeccion del amor consiste en la conformidad de nuestra voluntad á la voluntad divina, porque el efecto principal del amor consiste, como lo dice S. Dionisio Areopagita, en unir la voluntad de los amantes, de manera que no tengan sino un solo corazon y una sola voluntad. Asi todas nuestras obras, las penitencias, las comuniones, las limosnas no agradan á Dios sino en cuanto se conforman con su voluntad, pues de

---

(1) Qui non diligit manet in morte. 1. *Joann.* III. 14.
(2) Charitas est vinculum perfectionis. *Coloss.* III. 14.

otro modo dejan de ser meritorias, y son ántes bien defectuosas y dignas de castigo.

Esto es lo que el Salvador nos vino á enseñar principalmente en este mundo con su ejemplo. Esto es lo que dijo al entrar en el mundo, como escribe el Apóstol : *Sacrificio y ofrenda no quisiste, mas me apropiaste cuerpo... Entónces dije : Héme aquí que vengo..., para hacer, ó Dios, tu voluntad* (1). ¡Oh Padre mio! vos habeis rehusado las víctimas de los hombres, quereis que os sacrifique, muriendo, este cuerpo que me habeis dado; vedme pronto á cumplir vuestra voluntad. Jesucristo declara en varios pasajes que solo vino á la tierra para hacer la voluntad de su Padre : *Descendí del cielo, no para hacer mi voluntad, sino la voluntad de aquel que me envió* (2). Presto quiso que conociéramos el amor que á su Padre tenia, cuando vemos que, si va á la muerte, es por obedecer su voluntad : *Mas, para que el mundo conozca que amo al Padre, y como me dió el mandamiento el Padre, así hago : levantaos, y vamos de aquí* (3). Dijo despues que él no reconocia por suyos sino los que hacian su divina voluntad: *Porque todo aquel que hiciere la voluntad de mi Padre, que está en los cielos, ese es mi hermano, y hermana y madre* (4). El único fin y el único deseo de todos los Santos en sus obras es el cumplimiento de la divina voluntad. El bienaventurado Enrique Suson tenia costumbre de exclamar : Prefiriera ser el gusano mas vil de la tierra por la voluntad de Dios, que un serafin por la mia. Y Sta. Teresa

---

(1) Hostiam, et oblationem noluisti, corpus autem optasti mihi... Tunc dixi : Ecce venio... ut faciam, Deus, voluntatem tuam. *Hebr.* x. 5 *et* 7.

(2) Descendi de cœlo, non ut faciam voluntatem meam, sed voluntatem ejus, qui misit me. *Joann.* vi. 38.

(3) Ut cognoscat mundus, quia diligo Patrem, et sicut mandatum dedit mihi Pater, sic facio : surgite', eamus hinc. *Joann.* xiv. 31.

(4) Quicumque enim fecerit voluntatem Patris mei, qui in cœlis est, ipse meus frater et soror, et mater est. *Matth.* xii. 50.

decia : Lo que ha de procurar el que practica el ejercicio de la oracion, es conformar su voluntad con la de Dios; en esto, añade, consiste la mas encumbrada perfeccion; el que en ella sobresaliere, recibirá de Dios los dones mas inefables, y hará los mayores progresos en la vida interior. Los bienaventurados del cielo aman á Dios perfectamente, porque están en todo conformes con la voluntad de Dios. Y Jesucristo nos enseña á pedir la gracia de hacer la voluntad de Dios en la tierra, como los Santos la hacen en el cielo : *Hágase tu voluntad así en el cielo como en la tierra* (1). El que hace la voluntad de Dios, llegará á ser un hombre segun el corazon de Dios, como de David lo decia el Señor : *He hallado... hombre segun mi corazon, que hará todas mis voluntades* (2). ¿Y por qué? David estaba siempre dispuesto á hacer lo que Dios queria de él : *Preparado está mi corazon, ó Dios, preparado mi corazon* (3). David solo pedia á Dios que le enseñase á hacer su voluntad : *Enséñame á hacer tu voluntad* (4).

¡Oh! ¡cuánto valor tiene un acto de perfecta resignacion á la voluntad de Dios! Bastaria él solo para hacer un santo. Cuando S. Pablo perseguia la Iglesia, Jesus se le apareció, le iluminó, le convirtió, y Pablo se ofreció al momento á hacer la voluntad de Dios : *Señor, ¿qué quieres que yo haga* (5)? Apénas pronunció estas palabras, Jesucristo le declaró vaso de eleccion y Apóstol de las acciones : *Este me es un vaso escogido para llevar mi nombre delante de las gentes* (6). El que ayuna, que hace limosnas, que se mortifica por Dios,

(1) Fiat voluntas tua, sicut in cœlo et in terra. *Matth.* VI. 10.
(2) Inveni... virum secundum cor meum, qui faciet omnes voluntates meas. *Act.* XIII. 22.
(3) Paratum cor meum, Deus, paratum cor meum. *Ps.* LVI. 8. et *Ps.* CVII. 2.
(4) Doce me facere voluntatem tuam. *Ps.* CXLII. 10.
(5) Domine, quid me vis facere? *Act.* IX. 6.
(6) Vas electionis est mihi iste, ut portet nomem meum coram gentibus. *Act.* IX. 15.

le da una parte de sí mismo; pero el que le da su voluntad, se lo da todo. El corazon ó la voluntad, he aquí lo que Dios nos pide : *Dadme, hijo mio, tu corazon* (1). El objeto de nuestros deseos, de nuestras devociones, de nuestras meditaciones, de nuestras comuniones ha de ser el cumplir la voluntad de Dios. Todas nuestras súplicas deben tender á pedir la gracia de hacer lo que Dios quiere de nosotros. Por esto debemos implorar la intercesion de nuestros santos patrones y de María sobre todo, á fin de obtener la luz y la fuerza de conformarnos á la voluntad de Dios en todas las cosas, y de abrazar lo que repugna á nuestro amor propio. El venerable Juan de Avila decia : *Un bendito sea Dios,* durante la adversidad, vale mas que mil acciones de gracias en la prosperidad.

AFECTOS Y SÚPLICAS.

¡ Oh Dios mio ! lo que ha causado mi ruina es no haber querido hasta ahora conformarme á vuestra santa voluntad. Detesto y maldigo mil veces aquellos dias, aquellos momentos en los que para hacer mi voluntad contrariaba la vuestra. Ahora os la doy toda, ó Dios mio : recibidla, Señor, y unidla de tal modo á vuestro amor, que no pueda mas levantarse contra vos. Os amo, ó bondad infinita ; y por el amor que os profeso, me ofrezco todo á vos. Disponed á vuestro gusto de mí y de todo lo mio : libradme de la desgracia de obrar algo contra vuestra voluntad, y en lo demas tratadme como os plazca. Padre eterno, escuchadme por el amor que teneis á Jesucristo. Ó Jesus mio, escuchadme por los méritos de vuestra pasion. Y vos, María, ayudadme ; obtenedme la gracia de cumplir la voluntad de Dios, pues en esto consiste mi salud ; otra cosa no os pido.

(1) Præbe, fili mi, cor tuum mihi. *Prov.* xxiii. 26.

PUNTO II.

Es necesario no solo aceptar las cosas contrárias que nos vienen directamente de parte de Dios, como son las enfermedades, las aflicciones de espíritu, la pérdida de nuestros bienes, la muerte de nuestros padres; sino que debemos tambien aceptar aquellas que nos vienen de Dios indirectamente, esto es, por medio de los hombres, como son las infamias, los desprecios, las injusticias, y todas las demas especies de persecucion. Sepamos que, cuando alguno nos ofende en nuestros bienes, en nuestro honor, Dios no quiere el pecado de aquel que nos ofende, tan solo quiere nuestra pobreza, nuestra humillacion. Es indudable que cuanto sucede es por la voluntad de Dios : *Yo el Señor... que formo la luz y las tinieblas, que hago paz y crio el mal* (1). El Eclesiástico habia dicho ántes : *Los bienes y los males, la vida y la muerte... vienen de Dios* (2). En suma, bienes y males todos nos vienen de Dios. Si á ciertos accidentes los llamamos males, es porque les damos este nombre, y los hacemos tales; pues si los aceptáramos como debemos, entregándonos resignados entre las manos de Dios, no serian males para nosotros, sino bienes. Los florones que mas enriquecen la corona de los Santos, son las tribulaciones que han aceptado por Dios, pensando que todo viene de su mano. Cuando se anunció al santo Job que los sabeos le habian quitado sus riquezas, ¿qué respondió? *El Señor lo dió, el Señor lo quitó* (3). No dijo : el Señor me habia dado estos bienes, los sabeos me los

---

(1) Ego Dominus... formans lucem et tenebras, faciens pacem, et creans malum. *Is.* XLV. 7 *et* 8.
(2) Bona et mala, vita et mors... à Deo sunt. *Eccli.* XI. 14.
(3) Dominus dedit, Dominus abstulit. *Job.* I. 21.

han quitado; sino el Señor los dió y el mismo Señor me los quita. Diciendo estas palabras, bendecia al Señor, porque sabia que nada sucede sino por su voluntad: *Como agradó al Señor, así se ha hecho: bendito sea el nombre del Señor* (1). Los santos mártires Epicteto y Aton eran atormentados con garfios de hierro y con hachas encendidas, pero no decian mas que estas palabras: ¡Señor! ¡cúmplase en nosotros vuestra voluntad! Y al espirar dijeron: *Bendito seais, eterno Dios, pues nos haceis la gracia de que se cumpla en nosotros vuestra santa voluntad.* Cuenta Cesario (2), que habia un monje, que sin llevar una vida tan austera como otros muchos, tenia el don de hacer milagros. Admirado el abad, le preguntó un dia, qué obras buenas practicaba. Y él le respondió que era mucho mas imperfecto que varios otros, pero que ponia especial cuidado en conformarse en todo con la voluntad de Dios. Y qué, replicó el superior, ¿no sentis vos la menor pena al ver el destrozo que en nuestras posesiones ha hecho el enemigo? No, padre mio, respondió, yo doy gracias por ello al Señor, pues todo lo hace y todo lo permite para nuestro bien. Estas palabras dieron al abad una alta idea de la santidad de aquel religioso.

Así debiéramos practicarlo todos cuando nos vemos contrariados por las adversidades. Aceptémoslas todas de la mano de Dios, no solamente con paciencia, sino hasta con alegría, á imitacion de los Apóstoles que se regocijaban de verse maltratados por Jesucristo: *Salieron gozosos de delante del concilio, porque habian sido hallados dignos de sufrir afrentas por el nombre de Jesus* (3). ¿Y qué mayor satisfaccion que soportar cruces, y saber que abrazándolas nos hacemos agrada-

(1) Sicut placuit Domino, ita factum est; sit nomen Domini benedictum. *Ibid.*
(2) *Lib.* 10. *cap.* 6.
(3) Ibant gaudentes à conspectu concilii, quoniam digni habiti sunt pro nomine Jesu contumeliam pati. *Ac. t.* v. 41.

bles á Dios? Si queremos vivir, pues, en una paz contínua, tratemos en adelante de conformarnos con la divina voluntad, y de exclamar siempre en lo que nos suceda : *Así es, Padre, porque así fué de tu agrado* (1). Señor, si así os place, ¡ bien, sea así! Á este fin debemos dirigir todas nuestras meditaciones, nuestras comuniones, nuestras visitas al santísimo Sacramento, nuestras súplicas todas. Al rogar á Dios que nos haga conformar con su voluntad, ofrezcámonos siempre diciendo : ¡Oh Dios mio! aquí me teneis, haced de mí lo que os guste. Sta. Teresa se ofrecia á Dios á lo ménos cincuenta veces al dia, y le rogaba que dispusiese de ella á su voluntad.

AFECTOS Y SÚPLICAS.

Ó Rey divino, Redentor amado, venid y reinad desde este momento vos solo sobre mi alma. Aceptad entera mi voluntad, pues no deseo ni quiero sino lo que vos quereis. ¡ Oh Jesus! ¡ cuánto disgusto os he causado hasta ahora, oponiéndome á vuestra voluntad! ¡Ah! lo siento mas que si hubiese sufrido la mayor de las desgracias. Arrepiéntome, y me pesa con todo mi corazon. Merezco el castigo, no le rehuso, le acepto, no me priveis de vuestro amor, haced de mí lo que quisiereis. Yo os amo, ó Redentor mio, yo os amo, ó mi Dios, y así quiero hacer lo que sea de vuestro agrado. ¡ Oh voluntad de mi Dios! vos sois mi amor. ¡Oh sangre de Jesus! vos sois mi esperanza. Por vos espero de aquí en adelante estar unido con la voluntad divina; ella será mi guía, mi deseo, mi amor, mi paz. No quiero vivir ni descansar sino en ella : *En paz dormiré juntamente y reposaré* (2). Siempre repetiré estas palabras : Dios mio,

---

(1) Ita, Pater, quoniam sic fuit placitum ante te. *Matth.* XI. 26.
(2) In pace in idipsum dormiam et requiescam. *Ps.* IV. 9.

todo lo quiero como vos lo quereis : cúmplase en mi vuestra voluntad : *Hágase tu voluntad* (1). ¡Oh Jesus mio! por vuestros méritos concededme la gracia de que os diga á menudo esta palabra de amor : *Hágase tu voluntad, cúmplase tu voluntad* (2). ¡ Oh María, mi dulce madre¡ cuán dichosa sois por haber siempre cumplido la voluntad de Dios! Alcanzadme la gracia de que yo la cumpla en adelante. ¡ Oh Reina de mi corazon! por el amor que habeis tenido á Jesucristo, conseguidme esta gracia : de vos es de quien la espero.

PUNTO III.

El que está unido con la divina voluntad goza ya en este mundo de una paz perpétua : *No se contristará el justo por cosa que le acontezca* (3). No, no puede ciertamente un alma gozar de mayor satisfaccion que viendo que nada le sucede que ella no quiera. El que no quiere sino lo que Dios quiere, tiene todo lo que desea, pues todo cuanto le sucede es por la voluntad de Dios. Si las almas resignadas, dice Salviano, sufren humillaciones, ya las quieren; si son pobres, ya quieren serlo; en una palabra, ellas quieren todo lo que sucede, y asi pasan una vida feliz : *Si son humildes les agrada la humildad, si son pobres, se deleitan en la pobreza; por lo que se los ha de llamar dichosos* (4). Cuando viene el frío, el calor, la lluvia, el viento, el que tiene unida con la de Dios su voluntad, exclama · Yo quiero este frio, este calor, pues esta es la voluntad de Dios. Cuando ex-

---

(1) Fiat voluntas tua.
(2) Fiat voluntas tua, fiat voluntas tua.
(3) Non contristabit justum, quidquid ei acciderit. *Prov.* XII. 21.
(4) Humiles sunt, hoc volunt; pauperes sunt, paupertate delectantur : itaque beati dicendi sunt.

perimenta una pérdida, una persecucion, una enfermedad, cuando la muerte se le acerca, exclama: Yo quiero ser desgraciado, perseguido, enfermo, yo quiero morir, porque Dios así lo quiere. El que descansa en la voluntad de Dios, y se complace en lo que dispone el Señor, es como un hombre colocado sobre las nubes que mira formarse á sus piés las tempestades, sin que le conmuevan ni le hieran. Esta es la paz de que habla el Apóstol: *que sobrepuja todo entendimiento* (1); paz preferible á todas las delicias del mundo: paz estable, independiente de toda vicisitud: *El necio se muda como la luna... el santo se mantiene en la sabiduría como el sol* (2). Es decir, el insensato, el pecador cambia, como la luna, que hoy alumbra y mañana no: hoy se le ve reir, mañana llorar; hoy esta tranquilo, mañana afligido y furioso. Cambia, en una palabra, segun sopla la prosperidad ó la desgracia. Mas el justo es como el sol siempre igual y uniforme en su tranquilidad, suceda lo que quiera, porque su paz dimana de que se conforma con la voluntad de Dios: *Y en la tierra paz á los hombres de buena voluntad* (3). Sta María Magdalena de Pazzis sentia tanta abundancia de consuelo al oir hablar de la voluntad de Dios, que caía en un éxtasis de amor. En la parte inferior sentiremos alguna pena por la desgracia que nos ha sucedido; pero en la superior reinará la paz en tanto que nuestra voluntad sea unida á la de Dios: *Ninguno os quitará vuestro gozo* (4). Mas ¡qué locura la de aquellos que se resisten á la voluntad de Dios! Es preciso á lo ménos que se cumpla lo que Dios quiere: *Porque ¿ quién resiste á su voluntad* (5)? Así es que

---

(1) Quæ exsuperat omnem sensum. *Philipp.* IV. 7.
(2) Stultus sicut luna mutatur... sanctus in sapientia manet sicut sol. *Eccli.* XXVII. 12.
(3) Et in terra pax hominibus bonæ voluntatis. *Luc.* II. 14.
(4) Gaudium vestrum nemo tollet à vobis. *Joann.* XVI. 22.
(5) Voluntati enim ejus quis resistit? *Rom.* IX. 19.

los desgraciados descontentos sufren las penas, pero sin fruto y sin paz: *¿ Quién le resistió, y tuvo paz* (1)?

¿ Y qué quiere Dios sino nuestro bien? *La voluntad de Dios vuestra santificacion* (2). Él quiere que seamos santos, para que estemos contentos en esta vida y seamos felices en la otra. Penetrémonos bien que las cruces que nos vienen de Dios, cooperan á nuestro bien: *Todas las cosas les contribuyen al bien* (3). Así que los castigos no nos vienen en esta vida para nuestra ruina, sino para que nos corrijamos, y alcancemos de este modo la felicidad eterna: *Creamos que nos han venido para enmienda, y no para nuestra perdicion* (4). Dios nos ama tanto que no solo desea nuestra salud, sino que está por ella solícito. ¿ Qué puede rehusarnos este Dios que nos ha dado su mismo Hijo? *El que á su propio Hijo no perdonó, sino que le entregó por todos nosotros, ¿cómo no nos donó tambien con él todas las cosas* (5)? Abandonémonos pues siempre en manos de Dios, porque desea nuestro bien, en tanto que estamos en esta vida: *Echando sobre él toda vuestra solicitud ; porque él tiene cuidado de vosotros* (6). Piensa conmigo, dijo el Señor á Sta. Catalina de Snea, y yo pensaré siempre contigo. Digamos á menudo con la esposa de los Cantares: *Mi amado para mí y yo para él* (7). Mi amado piensa en mi felicidad, y yo no quiero pensar sino en darle gusto y en unirme á su voluntad. No debe-

(1) Quis resistit ei, et pacem habuit? *Job.* IX. 4.
(2) Voluntas Dei sanctificatio vestra. 1. *Thess.* IV. 4.
(3) Omnia cooperantur in bonum. *Rom.* VIII. 28.
(4) Ad emendationem, et non ad perditionem nostram evenisse credamus. *Jud.* VIII 27.
(5) Qui etiam proprio Filio suo non pepercit, sed pro nobis omnibus tradidit illum, quomodo non etiam eum illo omnia nobis donavit? *Rom.* VIII. 32.
(6) Omnem sollicitudinem vestram projicientes in eum, quoniam ipsi cura est de vobis. 1. *Petr.* V. 7.
(7) Dilectus meus mihi et ego illi. *Cant.* II. 16.

mos pedir que Dios haga lo que queremos, sino hacer lo que Dios quiere.

El que así obrare siempre tendrá una vida feliz y hará una santa muerte. El que así muere, resignado á la voluntad de Dios, deja á los demas una certeza moral de su salud. Pero el que no estuviere unido con la voluntad de Dios durante la vida, no lo estará en la muerte, y no se salvará. Tratemos, pues, de familiarizarnos con algunos pasajes de la Escritura, por cuyo medio nos conservaremos siempre unidos á la voluntad de Dios. *Señor, ¿ qué quieres que yo haga* (1) ? Decid, Señor, lo que quereis de mí, pues yo quiero hacerlo. *He aquí la esclava del Señor* (2) : aquí teneis mi alma, esclava vuestra : mandad y seréis obedecido : *Tuyo soy yo, sálvame* (3) : salvadme, Señor, y haced de mí lo que os plazca : quiero estar á disposicion vuestra, y no á la mia. Cuando nos sobrevenga alguna desgracia mayor, digamos al momento : *Así es, Padre, porque así fué de tu agrado* (4).¡Oh Dios mio! ya que así lo quereis, hágase segun vuestro beneplácito. Y sobre todo no olvideis la tercera peticion del Padre nuestro : *Hágase tu voluntad así en el cielo como en la tierra* (5). Digámosla con frecuencia y con amoroso fervor, y repitámosla muchas veces. Felices nosotros si tanto en vida como en muerte podemos siempre exclamar : *Hágase tu voluntad.*

AFECTOS Y SÚPLICAS.

¡Oh Jesus, Redentor mio! vos consumasteis vuestra vida en la cruz á fuerza de tormentos, para ser la causa

(1) Domine, quid me vis facere? *Act.* IX. 6.
(2) Ecce ancilla Domini.
(3) Tuus sum ego, salvum me fac. *Ps.* CXVIII. 94.
(4) Ita, Pater, quoniam sic fuit placitum ante te. *Matth.* XI. 26.
(5) Fiat voluntas tua sicut in cœlo et in terra.

de nuestra salud. Habed pues piedad de mí y salvadme; no permitais que un alma, que habeis con tantas penas y con tanto amor redimido, pueda aborreceros eternamente en el infierno. Nada mas podiais hacer para obligarme á amaros, y esto es lo que quisisteis darme á entender, cuando espirando en la cruz proferisteis aquellas amorosas palabras : *Consumado es* (1). ¿Mas como he recompensado yo vuestro amor? Puedo decir que hasta ahora solo os he causado disgustos, forzándoos á que me odiaseis. Gracias os doy por haberme con tanta paciencia sufrido, y por haberme dado tiempo de remediar el mal que hice, y de amaros ántes de morir. Sí, amaros quiero, y hacer todo lo que os agrade : os doy toda mi voluntad, toda mi libertad y todo lo que me pertenece. Os sacrifico hasta mi vida aceptando la muerte que me enviareis con todos los accidentes y dolores que la acompañen. Desde ahora uno este sacrificio al de vuestra vida que hicisteis en la cruz, ó Jesus mio. ¡Ah! por los méritos de vuestra pasion, hacedme la gracia de estar toda mi vida á lo que vos dispusiereis, y cuando venga la muerte, haced que yo la abrace, uniéndome á vuestra voluntad. Quiero morir, ó Jesus mio, para complaceros; quiero morir, diciendo : *Hágase tu voluntad.* ¡Oh María, dulcísima Madre mia! ¡así moristeis vos : alcanzadme tambien la gracia de morir como vos moristeis!

Viva Jesus *nuestro amor y* Maria *esperanza nuestra.*

(1) Consummatum est. Joann. XIX. 30.

FIN.

ÍNDICE

DE LAS MATERIAS QUE CONTIENE ESTA OBRA.

El traductor . . . . , ... 5
Dedicación del autor á María 10
Plan de la Obra. 15
Consideracion I. — Pintura de un hombre que acaba de morir. . . . 17
Consideracion II. — Todo acaba con la muerte. 27
Consideracion III. — Brevedad de la vida 37
Consideracion IV. — Certeza de la muerte . . . . ; . . 46
Consideracion V. — Incertidumbre de la hora de la muerte. 56
Consideracion VI. — Muerte del pecador. 66
Consideracion VII. — Sentimientos de un moribundo presuntuoso que ha pensado poco en la muerte durante su vida 77
Consideracion VIII. — Muerte del justo 87
Consideracion IX. — Paz de un justo en la hora de la muerte 100
Consideracion X. — Medios de prepararse para la muerte. 111
Consideracion XI. — Precio del tiempo 120
Consideracion XII. — Importancia de la salvacion. 130
Consideracion XIII. — Vanidad del mundo 141
Consideracion XIV. — La vida presente es un viaje hacia la eternidad . 151
Consideracion XV. — De la malicia del pecado mortal. 160
Consideracion XVI. — De la misericordia de Dios. 171
Consideracion XVII. — Abuso de la divina misericordia. 181
Consideracion XVIII. — Del número de los pecados 194
Consideracion XIX. — Cuán grande bien sea el estar en gracia con Dios, y cuán terrible mal el incurrir en su desgracia. 206

Consideracion XX. — Locura del pecador. 216
Consideracion XXI. — Vida desgraciada del pecador, y vida feliz del que ama á Dios 227
Consideracion XXII. — De los malos hábitos 239
Consideracion XXIII. — De los lazos que tiende el demonio al espíritu de los pecadores 251
Consideracion XXIV. — Del juicio particular 261
Consideracion XXV. — Del juicio universal 273
Consideracion XXVI. — De las penas del infierno. 285
Consideracion XXVII. — De la eternidad del infierno. 298
Consideracion XXVIII. — Remordimientos del condenado. 309
Consideracion XXIX. — Del paraíso 317
Consideracion XXX. — De la oracion 329
Consideracion XXXI. — De la perseverancia. 340
Consideracion XXXII. — De la confianza en el patrocinio de la Santísima Virgen 356
Consideracion XXXIII. — Del amor de Dios 369
Consideracion XXXIV. — De la santa Comunion 380
Consideracion XXXV. — Del amor con que reside Jesus sobre el altar en el adorable Sacramento. 395
Consideracion XXXVI. — De la conformidad con la voluntad de Dios. . 405

www.ingramcontent.com/pod-product-compliance
Lightning Source LLC
Chambersburg PA
CBHW060450090426
42735CB00011B/1958